한국 대외교류의 역사

한국
대외교류의 역사

—— 김당택 지음

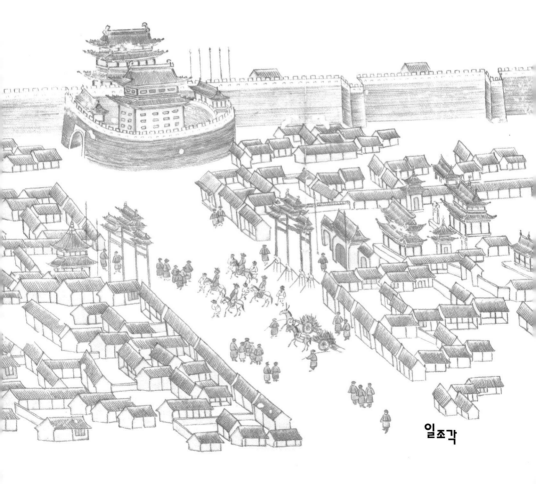

일조각

일러두기

1. 일본 인·지명 표기는 국립국어연구원에서 제시한 외래어표기법에 따랐다.
2. 중국 인·지명 표기는 조선의 개항을 기준으로 이전은 한자음으로 표기하고, 이후는 외래어표기법에
   따랐다.

책을 내면서

오늘날은 세계화시대라는 표현이 말해주듯 다른 나라와 관계를 맺지 않고는 생존해나갈 수 없는 시대가 되었다. 한 나라에서 일어난 일이 그 나라에 그치지 않고 다른 여러 나라에 영향을 미치게 된 것이다. 따라서 대외교류사 연구에 학자들의 관심이 모아진 것은 당연하다. 다른 나라와의 관계를 올바로 이해하는 것은 자국의 생존을 위해서도 매우 중요한 일이기 때문이다.

대외교류사는 한국사를 폭넓게 이해하는 데도 필요하다. 예컨대 1884년에 일어난 갑신정변은 베트남을 둘러싼 청불전쟁과 밀접한 관계를 맺고 있었다. 청불전쟁으로 서울에 주둔했던 청의 군대 일부가 베트남에 투입된 것을 계기로 김옥균 등이 정변을 계획했던 것이다. 따라서 당시의 국제정세에 대한 지식 없이 갑신정변을 올바로 이해한다는 것은 불가능해 보인다. 한편 해방 이후 미국과 소련에 의한 한반도 분할통치는 남북분단으로 이어졌다. 그리고 1950년 북한의 남침으로 시작된 6·25전쟁은 국제전으로 비화하였다. 최근 국제적 관심사로 떠오른 북한의 핵문제도 남·북한만의 문제가 아님이 입증되었다. 서구 열강, 특히 미국과 소련의 태도가 한국의 현대사를 결정짓는 중요한 변수가 되어왔던 것이다. 대외교류사의 중요성은 아무리 강조해도 지나침이 없다.

한국의 대외교류사를 다룬 기왕의 연구 가운데는 민족의 우수성을 강조한 것이 적지 않았다. 여기에는 일제식민주의 역사학자들이 '한국사의 타율성'에 입각해서 한국의 대외교류사를 다룬 데 대한 비판의 의미가 담겨 있다. 수와 당의 침입에 대한 고구려인의 항쟁이나 고려 윤관의 여진정벌, 임진왜란 때의 의병항쟁, 일제에 대한 독립군의 투쟁 등이 한국사에서 특히 강조된 이유가 여기에 있을 것이다. 이러한 연구들이 한국인의 자긍심을 부추겨 당당하게 현재를 살아가는 데 큰 기여를 했음은 부인하기 어렵다.

그런데 한국의 대외교류사가 꼭 바람직하게 전개된 것만은 아니다. 원의 간섭을 받았는가 하면 일제의 식민지로 전락한 시기도 있었던 것이다. 이러한 시기의 역사를 외면하거나 그렇게 된 책임을 다른 이에게 전가할 수는 없다. 만일 대한제국이 일본의 식민지가 된 책임을 친일파와 일제의 탓으로만 돌린다면 우리가 역사에서 배울 것은 없다. 외세의 침입에 끈질기게 저항하고 이를 물리친 사실을 강조하는 것 못지않게 그들의 지배를 받게 된 원인을 밝혀 그러한 불행이 되풀이되지 않게 하는 것이 중요하다고 믿는다. 과거의 역사적 사실이 오늘날의 우리에게 불리하거나 설사 치욕으로 느껴지는 것이라 하더라도 이를 무시하거나 외면해서는 안 되는 것이다. 사실 우리 역사가 꼭 훌륭하고 자랑스러워야 하는 것도 아니다. 인생이 우리의 뜻대로 되는 것이 아니듯 역사 역시 우리의 바람대로 전개된 것은 아니기 때문이다.

대외교류사의 중요성을 반영하듯 최근 이에 관한 저서가 많이 출판되고 있다. 그러나 대부분이 한·중관계, 한·일관계, 한·미관계와 같은 특정한 분야 또는 특정한 시기만을 다루고 있어 한국의 대외교류사 전반을 알아보는 데는 부족함이 있다. 그리고 이러한 연구 중 상당수는 전문적인 것으로 일반인들이 이를 통해 대외교류사를 가까이 하기도 쉽지 않다. 이에 저자는 이 책을 쓰게 되었다. 아울러 연구성과를 토대로 사실만이라도 정리해놓으면 이를 디딤돌 삼아 다른 연구자들이 더 좋은 저서를 출간하리라는 기대도 저자를 부추겼다. 구체적인 연구도 중요하지만 이를 바탕 삼아 전체를 정리해보는 노력도 필요한 것이다.

이 책을 쓰는 데 외국의 역사를 전공하는 교수들의 도움을 많이 받았다. 일본사의 박수철 교수, 러시아사의 박상철 교수, 중국사의 송한용·이병인 교수, 미국사의 이영효 교수는 저자가 끊임없이 질문을 해도 귀찮아하지 않고 성심껏 답해주었다. 맞춤법뿐 아니라 책의 구성에 대해서도 많은 조언을 해준 일조각출판사 편집부 여러분께도 감사드린다.

2009년 5월
김당택

차례

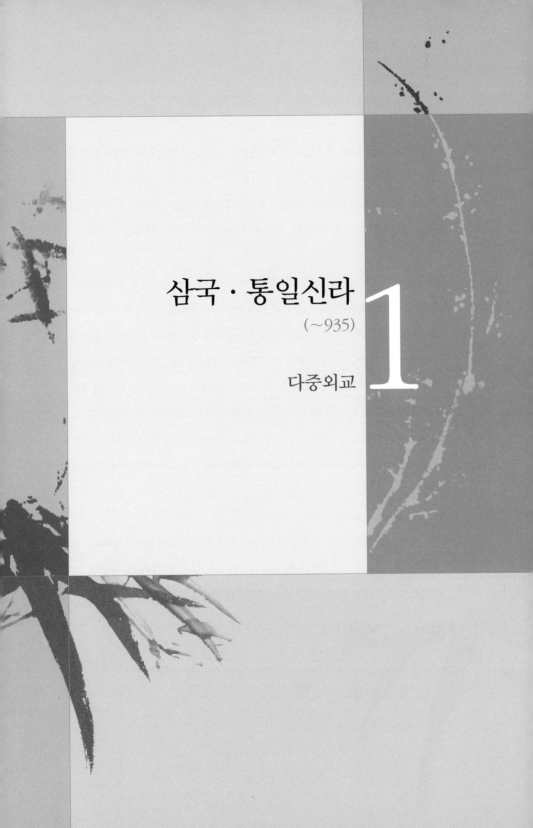

삼국·통일신라
(~935)

다중외교

1

한반도의 국가들은 고조선의 예에서 알 수 있듯이 삼국시대 이전에도 중국의 여러 국가들과 교류하였다. 그러나 여기에서는 편의상 삼국시대의 대외교류부터 서술을 시작하려고 한다. 다만, 고조선과 중국의 교류는 고구려가 중국 군현郡縣을 축출하는 과정을 설명하는 가운데 자연스럽게 언급될 것이다.

고구려, 백제, 신라는 자국의 세력 확대를 위해 다른 국가들과 빈번히 접촉하였다. 그런데 이들과 동맹했거나 적대한 국가는 국제정세의 변화에 따라 늘 달랐다. 백제는 고구려와 국경이 맞닿게 되면서 중국의 동진東晉에 조공하고 왜倭를 끌어들였다. 한편 고구려는 중국의 남조南朝와 북조北朝로부터 동시에 책봉을 받는 등 활발한 외교활동으로 대중국관계를 안정시킨 후 이를 바탕으로 백제와 신라를 억압하였다. 이에 백제와 신라는 동맹을 맺어 고구려에 맞섰다. 이후 한강 유역을 차지하게 된 신라는 중국의 수隋와 당唐을 끌어들여 고구려를 견제하였다. 이는 고구려로 하여금 돌궐突厥과 관계를 맺고, 백제와 연합하게 하는 결과를 초래하였다.

신라의 한반도 통일 이후 북쪽에는 발해가 세워졌다. 신라와 발해 사이에는 삼국시대 때 세 나라가 그러했던 것처럼 치열한 외교전이 전개되었다. 신라가 당과 우호관계를 맺자 발해는 일본과 연계하였던 것이다.

고구려 · 백제의 성장

삼국 가운데 가장 먼저 중국과 접촉한 국가는 고구려였다. 고구려는 중국과의 관계를 대부분 투쟁으로 일관하였지만, 중국의 선진문물을 수용하는 데는 주저함이 없었다. 그러한 만큼 고구려는 한반도의 여러 나라 가운데 가장 선진적이었다. 한편 한강을 배경으로 건국한 백제의 성장도 눈부셨다. 한강 유역은 인적 · 물적인 자원의 보고였을 뿐만 아니라, 중국과의 통교가 가능한 지역이었기 때문이다. 백제가 한때 강성함을 자랑했던 이유가 여기에 있다.

고구려와 백제는 낙랑군樂浪郡과 대방군帶方郡이 양국 사이에서 완충지대 역할을 하는 동안에는 직접 충돌할 기회가 없었다. 그러나 고구려에 의해 낙랑군이 축출되고 대방군이 멸망한 이후 양국의 충돌은 불가피하였다. 백제는 활발히 외교활동을 함으로써 이에 대처하였다. 중국의 동진은 물론이고 왜와도 밀접한 관계를 유지했던 것이다. 한편 한반도 동남쪽에 위치한 신라는 고구려와 긴밀한 관계를 맺고 있었다. 신라는 왜를 끌어들인 백제의 공격을 고구려의 힘에 의존하여 물리쳤다. 당시의 국제관계는 백제-왜의 연합에 고구려-신라가 대항하는 형세로 전개되었다.

고구려의 중국 군현 축출

고구려 초기의 대외관계는 중국, 특히 한漢이 설치한 낙랑군과 후일 공손 씨公孫氏가 설치한 대방군과의 대립 속에서 전개되었다. 널리 알려져 있듯 이 한이 낙랑군을 비롯한 사군을 설치한 것은 조선(위만조선衛滿朝鮮)과의 갈 등에서 비롯되었다. 한과 남쪽 진국辰國의 중간에 위치한 조선은 진국 등이 한과 직접 교역하는 것을 금하였다. 중간무역의 이익을 독점하려 함이었 다. 한은 이러한 조선의 행동을 불쾌하게 여겼다. 그리고 몽고에서 만주로 세력을 넓혀오고 있는 흉노匈奴가 조선과 연결되는 경우에 받을 위협도 두 려워하고 있었다.[1]

조선과 한의 관계는 한의 관리인 섭하涉何를 조선군이 살해한 것을 계기 로 위기를 맞았다. 위만의 손자인 조선의 우거왕右渠王이 진국의 입조入朝를 방해하자 한은 섭하를 사신으로 파견하여 시정을 요구하였다. 우거왕이 한의 제의를 거부함으로써 성과 없이 귀국길에 오른 섭하는 자신을 호송 하던 조선의 장수를 살해하고 본국으로 달아나버렸다. 그런데 후일 그가 요동군 동부도위東部都尉에 임명되어 조선의 국경 가까운 곳으로 부임해오 자 조선은 복수를 내세워 그를 살해하였다. 이를 계기로 한의 무제武帝는 수륙 양면으로 군대를 보내 조선을 침략하였다. 좌장군 순체荀彘는 요동을 거쳐 조선으로 향했고, 누선장군樓船將軍 양복楊僕은 5만 군사를 거느리고 산동반도에서 바다를 건너 조선의 수도 왕검성王儉城으로 쳐들어갔다. 조 선왕이 자신에게 입조하지 않고, 이웃한 국가가 한과 직접 교통하는 것을 방해했다는 것이 침략의 이유였다. 조선은 1년에 걸쳐 그들에게 맞서 싸 웠다. 그러나 주화파와 주전파가 갈등을 빚자 전력이 크게 약화되었고 주 화파의 일부는 투항하였으며 우거왕은 주화파 가운데 한 사람에게 살해되 었다. 이후에도 대신大臣 성기成己가 저항을 꾀했으나, 순체의 지시를 받은

인물들에게 살해됨으로써 왕검성은 함락되고 조선은 멸망하게 되었다 (B.C. 108).**2**

한은 조선을 멸망시킨 그 해에 조선의 영토 안에다 낙랑, 진번眞番, 임둔臨屯의 세 군을 두고, 그 다음해에 압록강 중류 일대에 현도군玄菟郡을 두었다. 이로써 이른바 한사군이 성립되었다. 그러나 이 사군은 각기 그 지방 사회의 저항을 받아 변화를 강요당하였다. 즉 사군 설치 후 불과 20여 년 만에 한은 진번과 임둔 두 군을 폐하고, 그 관할하에 있던 지역을 각기 낙랑과 현도 두 군에 맡겼다(B.C. 82). 그 후 또 10년도 지나지 않아 현도군은 압록강 지방에서 만주의 홍경興京 방면으로 이동하였다. 그곳에서 성장한 고구려의 반항에 부딪쳤기 때문으로 생각된다.**3** 그 결과 낙랑군은 현도군으로부터 본래 임둔군에 속해 있던 지역의 관할을 다시 물려받았다. 이후 중국에서는 왕망王莽이 신新을 세움으로써 한漢 왕조가 일시 단절되었는데, 이와 아울러 낙랑의 지배권도 신에게 넘어갔다(A.D. 8).

고구려는 흉노정벌을 둘러싸고 왕망의 신과 대립하였다. 흉노가 신에 반란을 일으키자 왕망은 흉노정벌을 위한 지원군을 고구려에 요청하였다. 마지못해 출동한 고구려군은 결국 국경지대에 이르러 흉노정벌을 거부함으로써 신의 군대와 충돌하였다. 이후 왕망은 고구려를 '하구려下句麗'라고 멸시하여 불렀다. 그럼으로써 손상된 자존심을 회복하려 했던 것이다 (A.D. 12).**4** 그러나 신은 단명으로 끝나고, 후한後漢이 그를 대신하였다.

후한 말에 접어들면서 요동에서 공손씨가 세력을 떨쳤다. 공손도公孫度가 후한의 요동태수가 된 이후(A.D. 189) 그 지위는 4대 50여 년간 그의 자손에게 계승되었는데, 그들 정권은 후한으로부터 사실상 독립되어 있었다. 공손씨는 대동강 유역의 낙랑군을 지배하고, 3세기 초에는 오늘날의 황해도 지방에 대방군을 설치하였다.**5**

요동에 웅거하던 공손씨는 후한을 멸망시킨 위魏에 정복되었다. 그러한 와중에 일찍부터 요동지방으로 진출하기 위해 빈번하게 낙랑군과 현도군을 공격했던 고구려는 동천왕東川王대(227~248)에 이르러 압록강 하구의 서안평西安平을 공격하여 위와 낙랑군 간의 통로를 차단하려 하였다.[6] 이에 위는 유주자사幽州刺史 관구검毌丘儉으로 하여금 고구려를 침략케 하였다(244, 동천왕 18). 이에 따라 고구려는 서울 환도성丸都城(국내성國內城으로도 불림)을 점령당했을 뿐만 아니라 국왕이 멀리 동해안까지 피난을 가는 위기를 맞았다.

위는 다시 중국을 통일한 진晉에 의해 멸망하였다. 이후 진이 북방민족의 침입으로 곤경에 처하자 이 틈을 타서 고구려는 낙랑군을 축출하고 대동강 유역을 차지하는 데 성공하였다(313, 미천왕 14). 그리고 그 다음해에는 대방군을 멸망시켜 중국 군현지배에 종지부를 찍었다. 진이 흉노족에게 멸망을 당하여 남쪽으로 내려가자 북중국은 5개의 종족(5호)에 의해 16개의 국가가 세워진 5호16국五胡十六國시대에 돌입하였다. 그러한 가운데 5호의 하나인 선비족鮮卑族의 모용씨慕容氏가 요동에서 세력을 떨쳤다. 따라서 고구려는 모용씨와 요동의 지배권을 놓고 대립하지 않으면 안 되었다.

고구려는 모용씨가 만주로 진출해오자 외교적인 노력을 기울여 그들을 견제하였다. 미천왕美川王은 모용씨와 대립하고 있던 후조後趙와 연합하여 그들을 압박했던 것이다. 이에 연燕을 세운(전연前燕, 337) 모용황慕容皝은 고구려에 침입하여 환도성을 함락한(342, 고국원왕 12) 후 고국원왕故國原王의 부왕父王인 미천왕의 묘를 파헤쳐 시신을 가져가고 왕의 생모와 남녀 5만 명을 포로로 잡아갔다. 고국원왕은 사신을 전연에 보내 신하를 칭하고 조공을 약속함으로써 부왕의 시신과 왕모를 되돌려 받았다. 이로써 고구려의 요동 진출은 일단 저지되었다.

전연에 의해 요동지역 진출이 저지된 고구려는 안으로 국력배양에 힘쓰면서 대외팽창의 방향을 남쪽에서 모색하는 남진정책을 추구하였다. 따라서 백제와의 충돌이 불가피해졌다. 고구려와 백제 양국 사이에서 완충지대 역할을 하던 낙랑군이 고구려에 의해 축출되고 대방군이 멸망한 이후부터 낙랑과 대방이 차지하고 있던 땅을 확보하기 위한 대립의 기운이 조성되고 있었던 것이다.[7]

백제의 성장

백제는 고구려에 비해 국가의 출발은 늦었으나, 한강 유역의 점유를 바탕으로 빠른 발전을 이루었다. 관구검에 의한 고구려 침략이 일단락을 맺자 위는 한강 유역에 있던 여러 세력들을 통제하려고 하였다. 한강 유역의 세력들이 여기에 반발했음은 물론인데, 이에 관구검은 대방태수 궁준弓遵으로 하여금 이들을 진압케 하였다. 그러나 궁준은 이들과의 싸움에서 전사하고 말았다(246). 당시 궁준을 전사케 한 인물은 백제의 고이왕古爾王(234~286)으로 추측된다.[8]

백제의 획기적인 발전은 근초고왕近肖古王대(346~375)를 전후한 시기에 이루어졌다. 율령을 반포하여 귀족국가의 기틀을 마련했는가 하면, 박사博士 고흥高興으로 하여금 국사國史인『서기書記』를 편찬케 하였다. 강화된 왕권과 정비된 국가의 면모를 과시하기 위함이었다. 또한 근초고왕은 고구려와의 싸움을 유리하게 이끌기 위해 활발한 외교활동을 전개하였다. 우선 중국의 동진에 사신을 파견하여 조공하고 책봉을 받았다(372, 근초고왕 27). 그리고 왜의 힘을 빌려 자신의 배후를 이루고 있던 가야지방과 마한지방을 안정시켰다.『일본서기日本書紀』에 진구황후神功皇后 49년, 즉 근초고왕 24년(369)에 "왜군이 한반도에 출동하여 신라를 공격하여 이겼다"거나 "가야 등 7국을 복속시켰다" 그리고 "마한지방을 공략했다"라는 기록은 이런 사실을 알려주는 것으로 해석된다. 백제의 요청에 따라 출병한 왜군이 백제를 도와 가야 등 7국과 마한지역을 공격한 사실을 『일본서기』는 위와 같이 기술했던 것이다.[9]

『일본서기』 진구황후 52년(근초고왕 27, 372)에는 "(백제국에서) 칠지도七枝刀(칼) 한 자루, 칠자경七子鏡(거울) 한 개, 그 밖에 여러 가지 보물을 헌상하였다"라는 기록이 있다. 한편 일본에서는 좌우에 나뭇가지 형태의 서로 다른 검신이 세 개씩 튀어나온 특이한 모양의 칼이 발견되어(1873), 나라현奈良縣 텐리시天理市 이소노카미신궁石上神宮에 전해오고 있다. 이 칼의 앞뒷면에는 칠지도七支刀라는 명칭과 아울러 제작 연대, 제작 동기 등이 다음과 같이 새겨져 있다.

  (앞면) 태(화)사년 ( )월십육일 병오정양 조백련(철)칠지도
       泰(和)四年 ( )月十六日 丙午正陽 造百鍊(鋧)七支刀

       (생)피백병 의(공)공후왕( )( )( )작
       (生)辟百兵 宜(供)供侯王( )( )( )作

  (뒷면) 선세이래 미유차도 백제왕세(자)기생성(음)
       先世以來 未有此刀 百濟王世(子)奇生聖(音)

       고위왜왕지조 전시후세
       故爲倭王旨造 傳示後世

학자들은 우선 이 칼이 『일본서기』의 칠지도와 동일한 것인지의 여부를 두고 논란을 벌였다. 학계의 일반적인 견해에 따라 '七支刀'의 제작 연대

『일본서기』의 연대 표시 『일본서기』에 나와 있는 연대는 120년씩 내려서 이해하는 것이 일반적이다. 예를 들면 진구황후 49년은 서기 249년인데 실제 연대는 369년이므로 근초고왕 24년이 된다.

를 369년(동진 태화太和 4)으로 이해한다면, 이 칼은 『일본서기』에 언급된 '七枝刀'와 같은 것이라고 할 수 있다. 그리고 누가 누구를 위해 이 칼을 제작했는지도 문제이다. 대체로 일본학자들은 백제가 복속한다는 징표로 칼을 제작해서 왜왕에게 바쳤다고 해석하는 반면, 한국학자들은 윗사람인 백제왕이 아랫사람인 왜왕에게 칠지도를 하사했다고 주장한다. 또한 동진의 연호를 사용했다는 점에 근거하여 동진이 백제왕에게 칼의 제작을 명령해서 왜왕에게 선물했다는 해석도 있다. 그런데 분명한 것은 주는 사람이 백제의 왕세자로 되어 있고, 받는 사람이 왜왕으로 되어 있다는 사실이다. 왜왕을 백제의 왕세자에 대응하는 존재로 묘사한 것이다. 따라서 칠지도는 백제 왕세자가 왜와 우호관계를 다지기 위해 왜왕에게 준 선물로 파악할 수 있는데, 『일본서기』는 이를 헌상한 것으로 기술했던 것이다.[10] 이 칠지도의 존재는 백제의 활발한 외교활동을 알려주는 증거이다. 고구려와의 전쟁을 앞둔 백제는 이로써 후방에 대한 근심을 덜게 되었다.[11]

백제와 고구려의 군사적 충돌은 고구려 고국원왕의 선제공격으로 시작되었다. 고국원왕은 두 차례에 걸쳐 백제를 침공하였다. 그러나 근초고왕은 침입을 모두 격퇴하고, 결국에는 군대를 이끌고 평양성까지 침입하였다. 그 과정에서 백제는 고국원왕을 전사케 하고(371), 적지 않은 지역을 영역으로 확보하였다. 백제가 이런 성과를 거둘 수 있었던 것은 남쪽 지역이 안정되어 있었기 때문이었다.

한편 중국 측 기록에는 백제가 요동의 서쪽을 점유하였다는 기록이 있다. 다음이 그것이다.

백제는 본래 고(구)려와 더불어 동쪽 천여 리 밖에 있었다. 그 후 고(구)려가 요동을 침략하여 점령하니, 백제는 요서를 경략하여 차지하였다. 백제가 통치한 곳은 진평군晉平郡 진평현이다(『송서宋書』 97 이만전夷蠻傳 백제국).

이와 흡사한 내용이 『양서梁書』에도 나타난다. 그리고 이를 뒷받침하듯 『삼국사기』 최치원전에는,

고구려와 백제의 전성기에는 강병이 백만이어서 남으로 오월吳越을 침공하고 북으로 연燕, 제齊, 로魯를 위협하여 중국의 두통거리가 되었다.

고 하였다. 이러한 기록을 근거로 한국의 사학자들은 백제의 '요서경략설'[12], '화북華北진출설'[13] 등을 제기하였다. 경략한 시기에 대해서는 근초고왕대 혹은 근구수왕近仇首王대(375~384) 등 견해가 다양하다. 만일 백제가 그곳에 진출한 것이 사실이라면 백제는 고구려를 사이에 두고 있었던 만큼 바다를 이용할 수밖에 없었다. 따라서 후대 역사가들은 백제의 우수한 해군력을 강조하기도 하였다.

그러나 이와는 달리, 요동의 서쪽을 점유했다는 중국 측 기록의 '백제'가 실은 '낙랑'일 것이라는 주장이 있다. 낙랑을 백제로 잘못 기록했다는 것이다. 당시 낙랑이 요서에 있었기 때문이다. 실제로 『양직공도梁職貢圖』(양에 사행使行한 각국 사신의 초상과 그 나라의 종족, 기원, 중국과의 교섭 등을 약술한 책)의 「백제국 제기題記」에는 요서지방을 점유한 것이 백제가 아닌 낙랑이라 기술되어 있다.[14] 백제가 고구려와의 싸움에 대비하여 동진에 대한 외교를 강화하고 왜를 끌어들여 후방을 안정시키려고 했던 당시의 정세로 미루어 보면, 근초고왕이나 근구수왕 재위기간 중에 요동 서쪽을 점유했다는 것은 사실로 받아들이기 어렵다.

광개토왕의 정복활동

백제와의 평양성전투에서 왕이 전사하는 비극을 경험한 고구려는 소수림왕小獸林王(371~384) 때에 이르러 불교를 공인하고, 율령을 반포하여 국가체제를 정비하였다. 그리고 밖으로는 모용씨의 전연을 멸망시키고 요동을 장악한 전진前秦과 화친을 도모하여 중국으로부터의 위협요인을 없앴다. 아울러 신라와도 우호관계를 유지하였다. 이는 신라가 377년(나물마립간 22)에 전진에 사자를 보낸 것으로 미루어 짐작할 수 있다. 대중국 통로가 백제와 고구려에 막혀 중국 국가들과 교섭하지 못한 신라가 사신을 전진에 파견할 수 있었던 데에는 고구려의 도움이 컸을 것으로 이해되기 때문이다.[15] 실제로 신라의 나물마립간奈勿麻立干은 후일 마립간이 된 실성實聖을 인질로 파견하는(392, 영락 2) 등 고구려와의 우호관계 유지에 노력하였다.

고구려의 대외 정복활동은 광개토왕廣開土王에 의해 강력하게 추진되었다. 글자 그대로 영토를 널리 개척한 이 왕은 거란契丹을 정벌하고 동북의 숙신肅愼을 복속시켜 만주의 주인공이 되었다. 그는 재위기간 중 영락永樂이라는 독자적인 연호를 써서 중국과 대등한 입장을 과시하기도 하였다.

광개토왕은 396년(영락 6)에 백제에 대한 대규모의 공격을 감행하였다. 광개토왕의 아들 장수왕이 후일 부왕의 업적을 기념하여 수도 국내성에 세운 광개토왕릉비문에 따르면 이 전투에서 광개토왕은 58개 성을 빼앗았는데, 항복한 백제의 아신왕阿莘王은 영원히 신하(노객奴客)가 될 것을 맹세했다 한다. 여기서 궁금한 것은 광개토왕이 왜 백제 공격을 감행했는가 하는 점이다. 이와 관련해서 주목할 만한 것은 광개토왕릉비문의 이른바 신묘년辛卯年(391) 구절이다. 이는 뒤에서 다시 거론할 것이므로 여기에서 좀더 자세하게 언급해두는 것이 좋을 듯하다.

백잔신라구시속민유래조공 이왜이신묘년래도해파백잔( )( )(신)라 이위신민
百殘新羅舊是屬民由來朝貢　而倭以辛卯年來渡海破百殘( )( )(新)羅　以爲臣民

일본학자들은 ( )( )에 임나任那를 넣고, 도해渡海와 파破 사이에서 문장을
끊었다. 그리하여,

백제와 신라는 원래 고구려의 속민으로 고구려에 조공해왔다. 그런데 왜가 신묘
년에 바다를 건너 와서 백제·임나·신라를 격파하고, 이로써 신민으로 삼았다.

라고 해석하였다. 이러한 해석이 타당한지의 여부를 여기에서 단언하기가
어렵다. '파백잔( )( )(신)라'의 주체가 왜인지 아니면 고구려인지 그리고
'이위신민(신민으로 삼았다)'의 주체가 왜인지, 아니면 백제인지를 두고 매우
다양한 해석이 존재하기 때문이다.[16] 다만 신묘년 구절에 적지 않은 과장
이 섞여 있다는 점은 지적되어야 할 것이다. 불과 얼마 전에 근초고왕의
침입으로 국왕을 잃은 고구려가 백제를 속국이라고 지칭한 것은 그 구체
적인 예이다.[17] 이 구절은 실제의 역사적 사실을 전하는 것이 아니기 때문
에 사료로 직접 이용하기보다는 그것이 의미하는 바가 무엇인지를 밝히는

광개토왕릉비문의 석회도부작전 역사학자 이진희李進熙는 광개토왕릉비문의 개찬改竄과 석회도부작전
石灰塗付作戰을 주장하였다. 광개토왕릉비문은 서체의 아름다움 때문에 세상에 알려지면서 특히 서예가
들의 관심을 끌었다. 따라서 많은 사람들이 비문을 탁본했는데, 탁본 가운데는 선명한 것이 있는가 하면
흐린 것도 있었다. 이러한 사실에 의문을 품은 이진희는 처음 비문을 탁본한 일본의 육군참모본부 장교인
사카와 가케노부酒勾景信가 비문을 자신들에게 유리하게 고치고 석회를 칠했다고 주장하였다. 그에 따르
면, 이러한 석회도부작전은 그 후에도 두 차례 더 행해졌다 한다. 일본 육군이 러일전쟁 후 이 비를 도쿄로
옮기려는 계획을 수립했다는 사실은 이진희의 주장에 설득력을 보탠다(이진희 지음, 이기동 옮김, 『광개
토왕릉비의 탐구』, 일조각, 1982, 91~106쪽). 그러나 일본군 중위가 난해한 이 비문을 읽고 고쳤다는
것은 좀처럼 이해하기 어렵다. 그보다는 탁본의 수요가 급증하자 비문의 탁본을 판매한 중국인이 선명한
탁본을 위해 석회를 발라 비면을 고르게 했을 것이라는 주장이 더 타당해 보인다.

데 초점을 모아야 할 것으로 생각한다.

　신묘년의 구절은 광개토왕의 정복사업을 설명하는 가운데 등장한다. 즉 395년(영락 5)의 비려碑麗에 대한 정벌과 396년의 백제에 대한 정벌 기사 사이에 신묘년 구절이 들어 있는 것이다. 따라서 이 구절은 광개토왕의 396년 백제 정벌 이유를 설명하기 위한 것으로 생각한다.[18] 이에 한국의 역사학자 천관우千寬宇는 이 부분을 '이왜이신묘년래도해 고백잔장침신라 이위신민'이라고 하여, '파破'를 '고故'로 고쳐 읽고, ( )( )에 각각 '장將'과 '침侵'을 넣었다. 그리하여,

　　백제와 신라는 원래 고구려의 속민으로 고구려에 조공해왔다. 그런데 (백제가 끌어들인) 왜가 신묘년 이래로 바다를 건너왔다. 고로 (왜와 연계한) 백제가 장차 신라를 공격하여 신민으로 삼으려고 하였다.

라고 해석하였다. 그는 당시의 상황을 '왜의 도움을 받은 백제가 신라를 치자 신라는 고구려에 구원을 요청했고, 이에 광개토왕은 군대를 이끌고 백제를 쳤다'고 이해한 것이다. 천관우의 이러한 해석은 '破'가 '故'처럼 보이기도 한 데 착안한 것이다. 따라서 그는 '故'가 아니고 '破'가 맞다면 자신의 견해는 타당하지 않다고 했는데,[19] 설사 '破'가 맞아 신묘년 구절이 그의 견해와는 다르게 해석되더라도 당시 국제정세에 대한 천관우의 이해

신묘년 구절에 대한 해석 일본의 역사학자 하마다 고사쿠濱田耕策는 신묘년 구절을 종래 일본학자들과 다를 바 없이 "왜가 신묘년에 바다를 건너와 백제를 파하고 또한 신라를 토벌하여 신민으로 삼았다"라고 해석한 다음, 왜 때문에 백제·신라로부터 조공이 중단되자 광개토왕이 종래의 조공관계를 회복하기 위하여 백제를 친정했다고 하였다. 하마다의 이러한 주장에 대해 정두희의 비판이 있다. 그는 이러한 하마다의 설명은 '파백잔'의 주어를 왜로 본 자신의 해석을 합리화하기 위해 본문에도 없는 내용을 자의대로 부연한 것일 뿐이라면서, 그렇다면 광개토왕이 신라에 침입하지 않은 이유는 어떻게 설명해야 하는지를 반문했다(정두희, 「광개토왕릉비문 신묘년 기사의 재검토」, 『역사학보』 82, 1979, 208쪽).

는 설득력이 있다.

광개토왕릉비문에서 고구려는 백제와 왜에 대해 특히 강한 적대감을 드러냈다. 우선 백제를 '백제 도적(백잔)'이라고 경멸적으로 표현하였다. 그리고 399년(영락 9)의 기록에서 '백제가 맹세를 어기고 왜와 화통'한 사실을 강력하게 비난하고, 이것이 다음해의 출병으로 이어진 사실에서는 고구려의 왜에 대한 적대감을 읽을 수 있다.[20] 이는 왜와 연결되는 어떠한 행위도 용납하지 않겠다는 의지를 드러낸 것과 다를 바 없다. 그런데 신묘년 구절에는 백제와 왜가 함께 언급되어 있다. 이는 396년 광개토왕의 백제 정벌 원인이 양자가 연결된 데 있었음을 암시해준다. 따라서 신묘년 구절을 설사 일본학자들처럼 해석한다 하더라도 그것이 의미하는 실제의 역사적 상황은 백제와 왜의 연계였던 것이다.

광개토왕의 침입으로 굴욕적인 패배를 당한 백제는 그 다음해에 태자 전지腆支를 왜에 파견하였다(397). 왜와 우호관계를 돈독히 함으로써 원병을 확보하게 된 백제는 가야군까지 동원하여 다시 신라를 공격하였다. 그러자 신라는 이전처럼 고구려에 도움을 요청했고, 여기에 응해 광개토왕은 군대를 파견하였다(400, 영락 10). 광개토왕릉비문의 이른바 경자년庚子年 출병이 그것이다. 이때 고구려군은 낙동강 유역에서 왜군을 격파하고 임나가야까지 추격하였다.

두 차례에 걸친 신라 공격이 고구려의 원병 때문에 실패로 끝나자 백제는 다시 왜를 끌어들여 고구려의 영토인 대방지역 공격에 나섰다. 그러나 이 역시 패하고 말았다(404, 영락 14). 광개토왕릉비문에는 이때 고구려를 공격한 것이 왜로 되어 있다. 그러나 왜는 백제의 후원세력에 불과하였다. 백제의 아신왕이 고구려를 칠 목적으로 왜와 우호관계를 유지하기 위해 노력했다는 것으로 미루어 이 전투는 백제가 주축이었고 왜가 원병으로 참전했음을 알 수 있다. 당시의 국제관계는 백제와 왜의 연합에 고구려와

신라가 대항하는 형세로 전개되었던 셈이다.[21]

　신라에 침입한 백제와 왜의 연합군을 격퇴한 고구려는 신라를 지킨다는
명분을 내세워 신라 영토 내에 군대를 주둔시켰다. 그리고 실성마립간(402
~417)이 살해된 후 눌지訥祗마립간(417~458)이 즉위하는 데 결정적인 역할
을 하는 등 왕위계승과 같은 신라의 중요 국사까지 관여하였다.[22] 고구려
의 후원은 동시에 신라의 고구려에 대한 의존도를 높여 신라의 발전에 제
약이 되었다. 신라가 고구려의 간섭에서 벗어나기 위해 노력했음은 물론
인데, 실성마립간이 나물마립간의 아들 미사흔未斯欣을 왜에 파견하여 관
계 개선을 시도한 것도 그러한 노력의 일부였다(실성마립간 1, 402). 그러나 왜
는 미사흔을 억류함으로써 신라의 의도를 외면하였다. 이에 신라는 박제
상朴堤上을 왜에 보내 미사흔을 구출하도록 했는데, 미사흔을 탈출시키는
데는 성공했으나 그 자신은 죽임을 당하였다.

고구려의 한강 유역 점유

광개토왕의 뒤를 이은 고구려 장수왕長壽王은 평양으로 천도하였다. 여기에 위협을 느낀 백제의 개로왕蓋鹵王은 북위北魏와 연결하여 고구려를 견제하려고 하였다. 그러나 고구려의 강성함을 잘 알고 있던 북위는 백제의 청을 거절하고 도리어 고구려와 우호관계를 유지하였다. 한편 백제의 태도에 분개한 장수왕은 백제를 침략하여 개로왕을 죽였다. 그리고 한성을 포함한 한강 유역을 송두리째 차지하였다.

백제는 웅진熊津(공주)으로 천도함으로써 겨우 명맥을 유지할 수 있었다. 대북위외교의 실패가 백제를 멸망의 위기로까지 몰아갔던 것이다. 이후 백제는 중국의 남조 및 왜와 활발한 외교활동을 전개하는 한편, 고구려의 굴레에서 벗어나기 위해 애쓰던 신라와 동맹을 맺어 고구려에 대항하였다. 그렇다고 백제와 신라의 이해가 일치된 것은 아니었다. 백제는 가야를 두고 신라와 갈등을 빚기도 하였다. 결국 신라는 백제와 왜의 지원을 받아온 가야를 멸망시켰다.

장수왕의 평양 천도

고구려 장수왕은 국내성(환도성)에서 평양으로 천도하였다(427, 장수왕 15). 고구려의 평양 천도는 북중국에 새로 등장한 북위의 강성함 때문에 더 이상 서방 진출이 어렵다고 판단하여 진출 방향을 남쪽으로 돌려야 했던 데에도 원인이 있었지만,[23] 근본적으로는 국내성 일대에 깊게 뿌리내린 5부의 세력 기반을 약화시키려는 정치적인 의도 아래 추진된 것이었다.[24] 이후 중국에 서는 북위가 북중국을 통일함으로써(439) 5호16국시대가 끝나고 새로 남북 조시대가 열렸다. 즉 북조의 북위와 남조의 송宋(후일 조광윤趙匡胤이 세운 조송趙宋과 구별하기 위해 유송劉宋이라고도 부름)이 대립하는 형세를 취했던 것이다.

고구려는 북위와 국경을 접하게 되자 우호관계를 적극 추진하였다. 한 반도의 비옥한 농경지역을 확보하고 신라나 백제를 공략하기 위해서는 북 위와의 관계 개선이 필요했던 것이다. 북위 역시 북쪽 몽고고원의 유목민 족이 세운 유연柔然과 남조의 송과의 관계를 고려하여 고구려와의 관계 개 선을 원하였다. 북위는 유연과 전쟁상태에 있었으며, 송 역시 북위와의 전 쟁을 준비하면서 고구려에 이에 필요한 말을 요청하고 있었기 때문이다.[25] 북위와의 관계가 안정되자 고구려는 남쪽으로의 진출을 적극적으로 도모 하였다.

고구려의 평양 천도에 위협을 느낀 백제는 신라에 화해를 청하였다. 신 라는 백제의 제의에 적극 호응하였다. 고구려의 간섭에서 벗어나기 위해 서는 백제와의 결속이 불가피하다고 판단했던 것이다. 더구나 당시 신라 는 동해안 방면에서 사냥 중이던 고구려 변장邊將을 신라의 성주가 살해한 사건을 계기로(450, 눌지마립간 34) 고구려와의 관계가 악화되어 있었다. 결국 고구려는 백제와 신라를 모두 적으로 돌려 두 나라를 공격하기 시작하였 다. 이에 백제와 신라는 점점 밀착되어갔고 군사동맹으로까지 이어졌다.

백제의 개로왕은 송에 사신을 보내어 자신의 측근 신하에게 관작을 제 수해줄 것을 요구하는 한편, 북위에도 사신을 보내어 고구려가 송과 내통 한 사실을 비난하면서 함께 고구려를 정벌할 것을 요청하였다(472, 개로왕

18). 그러나 북위는 백제의 군대파견 요구를 거절하였다. 고구려의 강성함을 두려워했기 때문이다.[26] 이는 약간 후의 일이기는 하지만, 북위가 그 주변국들 가운데 고구려왕의 지위를 가장 높게 책봉했는가 하면, 외교적 의전에서 고구려를 남조의 제齊(남제)와 동등하게 취급한 사실로 미루어 짐작할 수 있다. 고구려는 제로부터도 책봉을 받고 있었으므로[27] 제가 이러한 북위의 처사에 항의했음은 물론인데, 그러나 북위는 이를 묵살하였다〔장수왕이 북위와 제(남제)로부터 동시에 책봉을 받았다는 사실은 당시 중국으로부터의 책봉이 어떤 구속력을 가지는 것이 아니고, 의례적인 것이었음을 알려준다〕.

한편 북위는 백제 사신이 귀국할 때 자신들의 사신을 동행시켜 육로로 고구려를 거쳐 가게 하였다. 백제의 군대파견 요청 사실을 고구려에게 과시하기 위함이었다. 고구려의 장수왕은 북위 사신의 국경 통과를 거부하고 그들을 국경에서 되돌려 보냄으로써 단호한 태도를 보였다. 그리고 백제에 대한 대규모 공격을 계획하고, 이를 실행에 옮기기 위해 승려 도림道琳을 첩자로 파견하였다. 도림은 개로왕의 신임을 얻어 그로 하여금 토목공사를 일으켜 국가재정을 탕진하게 한 후 고구려로 돌아왔다. 도림이 가져온 백제에 대한 정보를 토대로 장수왕은 직접 3만 대군을 거느리고 백제의 서울 한성을 함락한 후 개로왕을 붙잡아 목 베었다(475, 장수왕 63). 그들은 더 이상 백제군을 추격하지 않고 단기전으로 전쟁을 마무리하였는데, 이는 북위의 개입을 우려했기 때문이었다.[28]

이후 고구려는 개로왕에게 원병을 보낸 신라를 응징하기 위해 실직성悉直城(삼척)을 공격하여 함락하였다. 이제 고구려의 영토는 한반도의 죽령 일대까지 뻗치게 되었다. 당시 고구려의 지위가 어떠했는지는 신라왕을 '동이東夷 매금寐錦(마립간)' 이라고 호칭한 중원고구려비의 기록에서 잘 드러난다. 이는 고구려가 스스로를 중국과 같은 위치에 놓고, 신라를 자기의 주변에 있는 저급한 국가(이夷)로 보았음을 나타내는 것이다. 중국이 동방의

여러 나라에 대해서 그러했듯이 고구려는 신라에 대해서 종주국으로 자처했던 것이다.[29]

백제 · 신라 · 가야와 왜

장수왕의 공격을 받아 한성(위례성)이 포위되기 직전, 개로왕은 그의 아들 문주文周(475~477, 개로왕의 동생이라는 견해도 있다)를 파견하여 신라에 원병을 요청하였다. 문주는 신라로부터 원병 1만을 얻어 한성으로 향했으나 이때는 이미 개로왕이 죽고 한강 유역을 빼앗긴 뒤였다. 문주는 왕위에 오른 뒤 곧장 수도를 웅진으로 옮기고 국가 재건에 힘을 쏟았다. 그러나 한성에서 남하해온 구 귀족세력 간의 분열과 갈등으로 정치정세가 매우 불안하였다.

이러한 정치적 불안을 극복하기 위해 동성왕東城王(479~501)은 신라의 왕족과 혼인하였다. 이를 통해 왕비족의 대두를 예방하고 신라와의 동맹체제를 군건히 하여 고구려의 압력을 저지하기 위함이었다.[30] 그 후 양국은 고구려에 대한 군사적 공동작전을 여러 차례 펼쳤다. 그리고 중국 남조의 제와 활발하게 교류하였다. 그런데 이처럼 백제가 어려웠던 시기에 갑자기 백제가 북위와 전쟁을 했다는 기록이 역사책에 나타난다. 『삼국사기』에는 488년(동성왕 10) "북위가 백제에 침입했다가 패했다"라는 기록이 있으며, 중국의 『남제서南齊書』에도 북위가 "기병 수십만으로 백제에 침입했으나 모대牟大(동성왕)에게 패했다"라는 기록이 있다. 이 기록들은 앞에서 언급한 백제의 '요서경략설'을 뒷받침하는 간접 사료로 자주 인용된다. 그러나 백제의 '요서경략설'을 부인하는 학자들은 『삼국사기』와 『남제서』의 찬자들이 백제와 고구려의 전쟁을 백제와 북위의 전쟁으로 잘못 기술한 것으로 이해하고 있다.[31]

동성왕의 뒤를 이은 무령왕武寧王(501~523)은 비록 소규모의 전투였지만 고구려를 여러 차례 격파하고 중국 양으로부터 영동대장군寧東大將軍의 관작官爵을 받는 등 국제적으로 고구려와 대등한 지위를 인정받았다. 이를 바탕으로 그는 가야지역으로 진출을 꾀하기 시작하였다. 이 과정에서 백제는 왜를 끌어들였다. 왜가 임나지역(가야지역)의 일부를 백제에게 할양했다는 『일본서기』의 기사(512)는 그러한 사실을 전하는 것으로 이해할 수 있다. 이는 무령왕이 왜와 긴밀한 관계를 맺은 인물이었기에 가능한 일이었다. 실제로 무령왕릉에서 출토된 목관은 일본열도에서만 자생하는 금송金松으로 만들어졌는데, 이는 백제와 왜의 교류가 활발했음을 알려준다. 백제가 진출해오자 대가야(고령가야) 왕은 신라왕실에 혼인을 청하였다. 신라와 제휴하여(522, 법흥왕 9) 백제로부터의 위협을 피해보려고 했던 것이다.[32]

당시 신라는 국가체제 정비에 박차를 가하고 있었다. 지증왕智證王(500~514)은 신라라는 국호를 제정하고 지방제도의 정비 등을 추진했으며, 마립간 대신 중국식인 왕의 칭호를 사용하였다. 두 차례에 걸쳐 북위에 사신을 파견했다는 기록이 말해주듯 중국과의 교섭이 이러한 결과를 낳은 듯하다. 그리고 법흥왕法興王(514~540)은 율령을 반포하고 불교를 수용하였다. 따라서 신라는 가야의 여러 나라들을 압도하게 되었고 종국에는 대가야와 맺은 결혼동맹을 폐기하고 도리어 남쪽의 가야국들을 공격하였다.

신라의 공격에 직면한 남쪽의 가야 국가들은 왜에 군대 파견을 요청하였다. 여기에 응해 왜가 출병하여(528), 함안지방에 있었을 것으로 추정되는 안라安羅가야(아라阿羅가야)에 주둔하였다. 안라가야는 이후 백제군의 진

가야 가야는 그 명칭 때문에도 이해하기가 쉽지 않다. 가야라는 국명을 가진 나라는 금관가야, 아라가야, 비화가야 등 여럿이 있었는데, 별다른 수식어 없이 '가야국'이라는 국명을 썼던 나라만도 둘이 있었다. 그 가운데 하나는 후일 금관가야라고 불린 경상남도 김해의 가야국이고, 또 하나는 경상북도 고령의 가야국이다(김태식, 『미완의 문명 7백년 가야사』 1권, 푸른역사, 2002, 45~52쪽).

주도 허락함으로써 왜군과 함께 백제군도 머물렀다.[33] 그러나 안라가야에 주둔한 왜군이나 백제군은 신라군을 효과적으로 제어하지 못하였다. 따라서 법흥왕에 의해 금관金官가야(본가야)가 멸망된 것을 시작으로(532) 가야연맹은 신라에 병합되어갔다. 특히 신라의 진흥왕眞興王은 뒤에 언급하겠지만, 고구려와 백제로부터 한강 유역을 빼앗은 자신감을 바탕으로 가야에 대한 공격을 시도하여 562년(진흥왕 23)을 전후한 시기에 대가야를 비롯한 가야의 여러 나라들을 병합하였다.

신라에 의해 가야가 멸망될 무렵, 『일본서기』에는 일본부 또는 임나일본부任那日本府라는 용어가 몇 차례 등장한다. 여기에 착안하여 일본의 일부 학자들은 '임나일본부설'을 주장해왔다. 그들의 '임나일본부설'에 따르면, 왜는 369년(백제 근초고왕 24) 한반도에 군대를 출동시킨 이후 임나일본부라는 통치기관을 처음에는 금관가야에 설치했다가 532년 금관가야가 멸망한 이후에는 안라가야에 설치하여 562년까지 가야지역을 직접 지배하고 백제와 신라를 간접 지배했다는 것이다. 그들은 이를 뒷받침하는 근거로 369년 왜의 진구황후가 군대를 파견하여 신라를 공격하여 이기고 가야 등 7국을 복속시켰다는 『일본서기』의 기록, 앞에서 언급한 칠지도 명문과 광개토왕릉비문의 신묘년 구절 그리고 중국에서 책봉한 왜의 다섯 왕에 대한 칭호를 들고 있다.[34]

일본학자들은 백제왕이 왜왕에게 칠지도를 헌상했다고 이해하여 이를 '임나일본부설'을 뒷받침해주는 근거로 들고 있다. 그러나 칠지도가 왜와 외교관계를 강화하려는 백제의 노력을 보여주는 것이라는 점은 앞에서 밝혔다. 그리고 광개토왕릉비문의 신묘년 구절은 이를 설사 일본학자들의 견해대로 "그런데 왜가 신묘년에 바다를 건너 와서 백제·임나·신라를 격파하고, 이로써 신민으로 삼았다"라고 해석한다 하더라도 이를 당시의 사실로 이해하기는 어렵다는 점도 지적하였다. "백제와 신라가 고구려의 속민으로서 고구려에 조공해왔다"라는 기록이 고구려의 일방적인 주장으로 믿을 수 없는 것과 마찬가지인 것이다.

왜의 다섯 왕에 대한 칭호란, 421년부터 502년에 걸쳐 중국의 남조가 다섯 명의 왜왕을 책봉하면서 내린 관직을 말한다. 예컨대 478년 왜왕 부武(일반적으로 『일본서기』의 유라쿠雄略 천황으로 이해하고 있다)가 송의 황제로부터 받은 칭호는 '사지절도독왜신라임나가라진한모한육국제군사안동대장군왜국왕使持節都督倭新羅任那加羅秦韓慕韓六國諸軍事安東大將軍倭國王(황제의 명을 받들어 왜, 신라, 임나, 가라, 진한, 모한 여섯 나라 군사를 지휘하고 동쪽지방을 안정시키는 왜국 왕)'이었다. 그는 백제를 포함한 칠국제군사의 승인을 요청했는데, 백제가 제외된 육국제군사를 승인받았던 것이다. 일본학자들은 이를 '임나일본부설'과 연결해 이해하였다. 그러나 『송서』의 왜왕 책봉 기사를 가지고 '임나일본부설'을 입증하기는 어렵다. 4세기에 백제와 신라에 각각 편입됨으로써 당시 한반도에는 존재하지도 않았던 마한과 진한이 칭호에 포함된 것으로 미루어 이는 실효성이 없는 외교적 편의에 따른 것임을 알 수 있다.[35] 그리고 송은 왜왕보다 백제왕에게 더 높은 칭호를 내렸다. 즉 백제왕이 이미 420년에 받은 진동대장군鎭東大將軍의 칭호를 왜왕은 479년에야 얻은 것으로 알 수 있듯이 왜왕은 백제왕보다 언제나 낮은 장군의 칭호를 중국으로부터 받았던 것이다.[36] 송이 왜왕이 요청한 칠국제군사에서 백제를 제외하고 신라와 임나를 포함한 육국제군사라는 칭호를 승인한 것은 당시 신라와 임나가 송과 교류하지 않았던 것과 관련이 있어 보인다. 고구려와 백제에 의해 대중국 통로를 차단 당한 신라와 가야의 여러 나라는 송과의 교류가 불가능했던 것이다.

720년에 완성된 『일본서기』는 천황 통치의 정당화를 목적으로 편찬된 책으로, 이의 내용을 그대로 믿기 어렵다는 점은 그간 여러 학자들이 지적해왔다. 예컨대 『일본서기』에는 541년에서 552년 사이에 '임나일본부'라는 용어가 등장하고 있는데, '일본'이라는 용어는 당시보다 100여 년 뒤인 7세기 중반 이후에 생긴 것으로서 당시에는 존재하지도 않았다.[37] 그렇다고 왜가 한반도의 국가들과 빈번하게 교류했고, 또한 여러 차례 군대를 파견한 사실 자체를 부인하기는 어렵다. 왜는 369년 고구려와의 전쟁을 앞두고 후방을 안정시킬 필요가 있던 백제의 요구에 따라 군대를 파견했으며, 400년에도 백제를 도와 신라를 쳤다가 광개토왕의 출병을 불러왔다. 그리고 안라가야의 요청으로 군대를 파견했음도 위에서 언급한 바와 같다. 그렇다면 임나일본부는 바로 이들 왜의 군대를 지칭한 것이 아닌가 생각한다. 『일본서기』에는 임나일본부와 더불어 안라일본부도 나오는데, 안라일본부가 '안라에 주재한 여러 왜신들〔在安羅諸倭臣〕'이라고 설명되어 있는 것은 이와 관련하여 참고할 만하다.

삼한·삼국의 일본열도 분국설 임나일본부에 대한 북한의 역사학자 김석형金錫亨의 견해는 주목할 만하다. 그는 『일본서기』의 초기 기록과 송이 왜왕에게 내린 칭호에 주목하였다. 송이 왜왕에게 내린 칭호 가운데 보이는 진한秦韓은 진한辰韓을, 모한慕韓은 마한馬韓을 가리킨다. 당시 이러한 국가가 한반도에 존재하지 않는다는 것을 잘 알고 있었던 송이 이러한 국가의 군사권을 장악한 인물로 왜왕을 책봉한 까닭은 진한과 모한이 당시 일본 열도에 존재했기 때문에 그러했다는 것이다. 그는 당唐에 있는 신라인의 거주지를 신라방新羅坊이라고 하며 미국에 있는 중국인의 거주지를 차이나타운China town이라고 하는 것처럼 한반도 국가의 이주민들이 일본에 이주한 이후에도 자신들이 살았던 한반도 국가의 명칭을 그대로 사용했다고 주장하였다. 즉 마한인은 일본에 가서 자신들의 거주지를 마한이라고 했으며, 진한인은 진한이라고 했다는 것이다. 그리하여 김석형은 삼한과 삼국의 분국이 일본에 존재했다는 이른바 '삼한·삼국의 일본열도 분국설分國說'을 내놓았다. 그에 따르면, 임나일본부란 야마토정권이 일본 열도에 존재한 고구려, 백제, 신라 등 한반도계 분국들을 지배하기 위해 설치한 기관이었다는 것이다〔김석형, 「삼한 삼국의 일본렬도 내 분국들에 대하여」, 『력사과학』 1963년 1호 ; 『북한의 우리고대사 인식』 (1), 대륙연구소 출판부, 1991, 511~520쪽〕.

신라의 한강 유역 점유

고구려에 대항해서 동맹관계를 유지해오던 신라와 백제는 한강 유역 점유를 둘러싸고 적대적인 관계로 변하였다. 신라가 백제를 배반하고 한강 유역을 차지했기 때문이다. 이에 백제는 이제까지 적이었던 고구려에 접근하였다. 그리하여 갈등이 전혀 없었던 것은 아니지만, 대체로 고구려와 우호관계를 맺고 신라에 대항하였다.

한편 고구려는 수·당에 대항하기 위해 그들과 대립하고 있던 돌궐세력과 접촉했으며, 백제는 왜와 긴밀한 관계를 유지하였다. 이에 반해 당항성黨項城(남양)을 통해 중국과 연결할 수 있게 된 신라는 수·당을 자신의 후원세력으로 끌어들였다. 결국 신라가 한강 유역을 점유한 시기의 동아시아 국제관계는 대체로 돌궐, 고구려, 백제, 왜의 한 축과 신라, 수·당이 또 다른 축을 형성해 대립하는 형세를 취하면서 전개되었다.[38]

신라의 한강 유역 점유

무령왕의 뒤를 이은 백제의 성왕聖王은 사비泗沘(부여)로 천도하고, 국호를 남부여南夫餘로 개칭하였다(538, 성왕 16). 국호의 개칭은 고구려 건국의 중심세력이 북부여에서 이주한 집단임을 의식한 데서 비롯된 것으로 북부여에 대비된 남부여라는 명칭을 사용함으로써 고구려에 대한 적의를 다지고 새로운 출발의 계기로 삼으려는 의도가 내포되어 있었다.[39] 성왕은 개로왕의 피살로 빼앗긴 인적·물적 자원의 보고인 한강 유역 탈환에 목표를 두었다. 이를 위해 그는 활발한 외교활동을 전개하였다. 우선 왜에 불상과 경론經論 등을 보내는 한편, 금관가야의 부흥을 명분으로 왜의 군대를 끌어들이려고 하였다.[40] 또한 중국 양의 무제武帝에게 사절단을 파견하였다(549, 성왕 27). 북벌을 위한 군사적인 도움을 받기 위함이었다.[41] 그러나 양에서 후경侯景의 반란이 일어나 뜻을 이루지 못하자 성왕은 신라의 진흥왕과 동맹하였다(551). 위에서 지적했듯이 당시 신라는 지증왕과 법흥왕의 내부체제 정비를 통해 정복활동을 수행할 수 있는 토대를 마련해놓고 있었다.

고구려는 안장왕安臧王(531)과 안원왕安原王(545)이 정쟁政爭의 와중에 살해되는 등 귀족들의 내분이 심화되고 있었다. 따라서 국제정세의 변화에 신속히 대처하지 못하였다. 이 시기 북방에서는 유연을 대신하여 돌궐이 새로운 강자로 등장하였으며, 북위의 뒤를 이은 북제北齊는 끊임없이 고구려에 무력을 시위하였다. 결국 고구려는 귀족들의 내분과 서쪽 변경의 위협이 주된 요인이 되어 백제와 신라의 동맹군에 의해 한강 유역을 잃었다 (551, 양원왕 7).[42]

백제의 성왕은 일시 한강 하류를 점령하여 그 목적을 달성하였다. 그러나 도리어 신라의 공격을 받아 오랜 동안의 노력이 무위로 돌아갔다. 신라는 백제가 차지하고 있던 한강 하류를 점령하고, 이 지역에 신주新州를 설치하여 자국의 영토로 편입해버렸다. 이에 분격한 성왕이 가야와 왜에서 군대를 끌어들여 보복전쟁을 감행함으로써 120년간이나 계속되던 두 나라의 동맹관계는 깨지고 말았다. 당시의 정황에 대해서는 『삼국사기』보다도 『일본서기』의 기록이 자세하다. 두 기록을 종합하여 정리해보면 다음과 같다.

성왕의 아들 태자 여창餘昌은 신라를 쳐 관산성管山城(옥천)을 점거하였다. 이에 신라는 김유신의 할아버지인 신라의 신주군주新州軍主 김무력金武力을 불러들여 관산성 탈환에 총력을 기울였다. 성왕은 태자의 진영에 합류하기 위해 소수의 병력만을 이끌고 야간행군을 하던 중 신라 복병의 기습을 받아 전사하고 말았다(554). 이후 신라군은 승승장구하여 백제군을 전멸시키다시피 하였다. 관산성전투에서 목숨을 건진 여창은 위덕왕威德王이 되었으나 부왕을 위하여 왕위를 버리고 출가하여 불도를 닦고자 했다 한다. 이를 통해 성왕을 잃은 백제의 충격이 얼마나 컸는지를 알 수 있다.[43]

한강 유역을 독점한 신라의 진흥왕은 남양만에 당항성을 쌓아 바다를 통하여 직접 중국과 통교할 수 있는 발판을 마련하였다. 진흥왕이 고구려와 적대관계에 있던 북조의 북제 그리고 남조의 진陳에 동시에 사신을 파견할 수 있었던 것도 한강 유역을 장악했기 때문에 가능한 일이었다. 여기에서 자신감을 얻은 진흥왕이 가야연맹을 병합하여 낙동강 유역을 완전히 차지하였음은(562, 진흥왕 23) 앞에서 언급한 바와 같다. 그런데 신라의 한강 유역 점유는 신라로 하여금 고구려와 백제를 모두 적으로 돌릴 수밖에 없게 만들었다. 고구려와 백제가 한강 유역의 탈환을 위해 신라를 공격했던 것이다. 그러한 가운데서도 신라는 고구려의 총사령관인 온달溫達을 전사시킨 것으로 알 수 있듯이 고구려의 공격을 효과적으로 저지하였다.

고구려와 수·당의 전쟁

한강 하류지역을 점령함으로써 중국 국가들과 독자적으로 통할 수 있는 교두보를 확보한 신라는 수가 남조의 진을 멸하고 중국을 통일하는 데 성공하자(589) 사신을 보내 조공하였다. 한강을 신라에게 빼앗긴 백제도 수와 연결되려는 노력을 게을리 하지 않았다. 남조뿐만 아니라 북조의 북제에도 조공하는 등 다중외교를 펼쳐온 백제로서는 당연한 일이었다. 한편 수의 중국 통일 소식을 접한 고구려는 장차 있을지도 모를 수나라의 침략에 대비하여 병기를 수리하는 등 전쟁준비에 착수하였다. 이를 눈치 챈 수 문제文帝는,

(고구려) 왕은 요수遼水가 넓다고 하겠지만 어찌 장강長江에 비할 수 있으며, 고구려 인구가 많다고 하겠지만 어찌 진에 비교할 수 있겠는가(『삼국사기』 19, 평원왕 32년).

라 하여 수가 고구려보다 크고 강한 진도 멸했음을 내비쳐 고구려를 협박하였다. 이와 함께 "비록 (말로는) 번속藩屬이라고 하면서도 성의를 다하지 않는다"라고 비난함으로써 고구려에 대한 침략의지를 분명히 밝혔다. 그러한 가운데 고구려 영양왕嬰陽王이 즉위하자(590), 수는 그를 요동군공遼東郡公에 책봉하였다. 후일 고구려의 요구에 응해 고구려왕으로 다시 책봉되기는 했지만, 이는 요동지방의 지배자로서 남북조로부터 독자적인 지위를 인정받던 고구려의 자존심을 손상시키는 일이었다.[44] 따라서 양국 사이에는 점차 긴장감이 조성되었다. 결국 선제공격을 감행한 것은 고구려였다. 요동 서쪽에 대한 공격에서 고구려가 큰 승리를 거두자(598, 영양왕 9), 수 문제는 30만 대군으로 고구려를 쳤다. 그러나 실패하고 중도에서 돌아갔다.

수와의 관계가 악화되자 고구려는 왜와 우호관계를 맺기 위해 노력하였다. 고구려의 승려 혜자慧慈가 도일하여 커다란 업적을 남긴 것으로 알 수 있는 일이다. 혜자는 쇼토쿠聖德 태자의 스승으로 왜에서 활동하면서 대왜외교에 중요한 역할을 하였다. 그 결과 왜는 몇 차례에 걸쳐 수에 사신을 파견했는데, 607년에는 "해 뜨는 곳의 천자가 해 지는 곳의 천자께 글을

드립니다[日出處天子致書日沒處天子]"로 시작되는 왜왕의 국서가 수에 보내져 수 양제煬帝를 격노하게 하였다. 이 국서는 왜와 연계하여 수를 견제하려는 고구려의 전략적 의도가 반영된 것이었다.[45]

고구려는 고구려와 돌궐의 영향 아래 있던 거란족이 수에 내속한 것을 계기로 돌궐과도 빈번한 접촉을 가졌다. 그러한 가운데 고구려의 사신이 동돌궐에서 수 양제와 맞닥뜨린 일이 일어났다. 6세기 중엽 몽골의 동쪽과 북만주 일대에 걸쳐 거대한 제국을 건설한 돌궐은 수에 의해 동서로 양분되었으나 여전히 위협적인 세력이었으므로, 이를 회유하기 위해 수 양제가 동돌궐을 방문했던 것이다.[46] 따라서 수 양제는 고구려와 돌궐의 연계 가능성을 의심하였다.[47] 수 양제는 왕이 입조하지 않으면 고구려를 치겠다고 고구려 사신을 협박하였다. 한편 신라도 수의 고구려 공격을 부추겼다. 진평왕眞平王은 승려 원광圓光으로 하여금 「걸사표乞師表」를 수 양제에게 올리게 했는데(608), 이는 군대를 파견하여 고구려를 칠 것을 요청하는 글이었다. 진나라에 유학했던 원광은 후에 수나라의 수도에서도 그 이름을 널리 떨쳤는데, 진평왕은 그의 이름을 외교에 이용했던 것이다.

드디어 수 양제는 대군을 직접 지휘하여 고구려를 침략하였다(612). 고구려의 일선 근거지인 요동성遼東城을 공격하였으나 성공하지 못하자 30만의 별동대를 편성하여 평양을 직접 공격케 하였다. 그러나 을지문덕乙支文德의 뛰어난 용병으로 살수薩水(청천강)에서 대패하였다. 중국 측 기록에 따르면 이때 살아서 요동으로 돌아간 자는 겨우 2,700명에 불과했다 한다. 양제는 이후에도 두 차례의 침입을 더 감행했으나 모두 실패하였는데, 결국 수는 고구려 원정의 실패가 주요 원인이 되어 멸망하고 말았다.

수에 이어 당이 서자(618) 고구려, 백제, 신라는 각각 사신을 파견하여 조공하였다. 이후 당을 둘러싼 삼국의 외교전이 치열하게 전개되었다. 우선 고구려는 수와의 전쟁 중에 잡힌 포로를 당과 상호 교환하였다. 또한 당의

도사道士가 고구려에 와서 도덕경道德經을 강의한 것을 계기로 고구려는 당에 유학생을 파견하기도 하였다. 그러나 당은 고구려에 사람을 보내어 고구려와 수의 전쟁 때 전사한 수나라 군인의 뼈를 거두어 묻어주고 위령제를 지냈는가 하면, 고구려가 수의 침략을 물리치고 세운 전승기념물인 경관京觀을 헐어버림으로써(631) 고구려를 자극하였다. 고구려는 천여 리에 이르는 장성을 수축하여 당의 침략에 대비했는데, 당시 이 공사를 총감독한 인물이 연개소문淵蓋蘇文이다.

백제 역시 대당관계에 힘을 기울였다. 무왕武王(600~641) 때는 20년 동안 무려 15회의 견당사遣唐使를 보냄으로써 당과의 친선을 과시하였다. 당 태종太宗은 "처음과 끝이 한결같았다"라고 무왕을 칭찬하면서 신뢰를 보였다. 또한 의자왕義慈王은 당의 고구려 원정에 적극 참여하겠다는 의사를 전달하기도 하였다. 그러나 후일 당이 고구려 침공을 감행하고 신라가 당을 돕기 위해 군대를 출동시키자 의자왕은 당에 대한 종전의 군사원조 약속을 저버리고 도리어 신라를 공격함으로써(646) 백제와 당의 관계는 파탄을 맞게 되었다.[48]

신라는 한강 유역을 빼앗긴 이후 복수할 기회를 노리고 있던 백제로부터 642년(선덕여왕 11) 이후 지속적인 공격을 받았다. 백제가 대야성大耶城(합천)을 공격했을 때는 김춘추金春秋의 사위와 딸인 대야성주 김품석金品釋 부부가 살해당하기도 하였다. 선덕여왕의 후원자로서 정치적 실권을 장악하고 있던 김춘추는 고구려와 제휴하여 백제에 보복하기로 결심하고, 고구려를 방문하였다.[49] 그런데 정변을 일으켜 정권을 장악하고 있던 고구려의 연개소문은 출병의 대가로 한강 유역의 반환을 요구하였다. 김춘추가 이를 거절함으로써 고구려와 신라의 협상은 깨지고 말았다.

신라는 백제와 고구려가 연합하여 신라의 대당 통로인 당항성을 공격할 것 같다고 하면서 당에 대규모의 구원병을 요청하였다(643). 그런데 당시 고구려와 백제는 비록 백제가 친고구려정책을 채택했다 하더라도 연합군을 편성할 만큼 우호적인 관계가 아니었다. 따라서 이는 신라 측의 과장이었다는 견해가 있다. 당을 자극하여 고구려 침공을 유도하기 위함이었다는 것이다.[50] 당은 고구려와 백제가 입공로入貢路를 막는다는 신라의 호소를 외면하기 어려웠다. 7백여 년 전 한 무제가 조선(위만조선)을 침략한 표면적인 이유도 조선이 남쪽의 진국이 한에 국서를 바치려는 것을 중간에서 방해한다는 것이었듯이 이른바 공도貢道의 차단은 당의 책봉질서에 대한 명백한 도전이었던 것이다.[51]

당 태종은 우선 신라에 대해 여왕통치의 문제점을 지적하였다. 즉 왕이 여왕이기 때문에 고구려, 백제 두 나라의 업신여김을 받고 있다고 주장하면서 당 황족 중에서 한 사람을 뽑아 신라의 왕으로 삼을 것을 제안하였다. 그리고 고구려와 백제에 대해서는 신라와 화친할 것을 종용하였다. 그러나 당 태종의 이러한 권유를 고구려와 백제는 무시하였다. 특히 고구려의 연개소문은 당의 사신을 연금하기까지 하였다. 연개소문은 이러한 대당 강경노선을 취함으로써 자신의 정치적인 입지를 강화하려 했던 것 같다. 이를 통해 내부의 권력투쟁을 종식시키고 대당 전쟁을 주도할 수 있었기 때문이다.[52] 사태가 이에 이르자 당 태종은 드디어 고구려를 침략하였다(645, 보장왕 4). 그는 국왕을 살해한 연개소문을 징치하고, 전사한 수나라 군인들의 원수를 갚는다는 등을 침략의 명분으로 내세웠다. 그러나 평양으로 진군하는 길목의 요해처인 안시성安市城을 공략하는 데 실패하자 회군하였다. 당시 안시성 성주는 양만춘楊萬春이라고 전해진다. 결국 당은 태종의 죽음을 계기로(649) 고구려 원정을 중단하였다. 한편 고구려가 당과 전쟁을 벌이고 있을 때 신라는 군사 3만 명을 동원하여 당을 도왔다. 이로써 신라는 당과 신뢰관계를 구축할 수 있었으나, 그 틈에 백제의 공격을 받아 7개 성을 잃는 등 대가를 치렀다.[53]

신라 · 당과 백제 · 고구려의 전쟁

고구려와 청병교섭에 실패한 김춘추는 왜로 건너갔다. 왜는 이제까지 백제와 우호관계를 맺어왔는데, 다이카개신大化改新으로 불린 율령제정을 목표로 한 정치개혁을 시작하면서(645) 외교노선에도 약간의 변화가 생겼다. 백제 · 고구려와 우호관계를 강화하면서 신라에 대해서도 양국관계를 보장할 수 있는 인물을 파견하라고 요구했던 것이다. 여기에 부응하여 신라는 김춘추를 파견하였다(647). 그는 왜에게 백제보다는 신라를 중시하는 외교정책을 펴도록 요구하였다. 비록 왜와의 관계 개선에는 성공했지만 그의 애초 목표는 결실을 맺지 못하였다.⁵⁴

왜를 신라의 편으로 끌어들이는 데 실패한 김춘추는 이후 셋째 아들 김문왕金文王을 데리고 당에 들어갔다(648). 그는 당 태종에게 공동으로 백제를 칠 것을 제의하면서 자신의 아들을 숙위宿衛시켜 달라고 청하였다. 숙위란 기본적으로 인질이었다. 따라서 김춘추가 자신의 아들을 숙위시켜 달라고 요구한 것은 곧 신라가 당의 신하로서 복종하겠다고 서약한 것과 다를 바 없었다. 거듭되는 고구려 원정 실패로 의기소침해 있던 당 태종이 이를 반겼음은 두말할 나위가 없다. 이로써 신라와 당 사이에는 군사동맹이 체결되었다. 김춘추와 당 태종은 고구려와 백제를 평정한 후 평양 이남의 백제 영토는 신라가 차지하고 고구려의 땅은 당이 차지한다는 밀약을 맺었다. 그러나 태종의 죽음으로 당의 출병은 이루어지지 않았다.

당 태종에 이어 고종高宗이 즉위하자 신라는 당의 환심을 사기 위해 중국식 의관衣冠을 수용하고 고종의 연호인 영휘永徽를 사용하였다(650). 또한 진덕여왕眞德女王은 당 태종의 업적을 칭송하는 5언시五言詩「태평송太平頌」을 손수 비단에 수놓아 김춘추의 맏아들 김법민金法敏(후일의 문무왕)을 통해 고종에게 바치기도 하였다. 그리고 김춘추의 둘째 아들 김인문金仁問을 당에 보내어 숙위케 하였다. 신라는 자주국으로서의 명분을 버리면서까지 군사동맹이라는 실리를 취하려고 했던 것이다.[55] 그러나 백제가 아닌 고구려 정벌에 관심을 가지고 있던 당은 출병을 유보함으로써 신라의 애를 태웠다.

진덕여왕 사후 김춘추(무열왕)가 왕위에 올랐다(654). 그의 즉위는 김유신金庾信의 무력을 앞세운 비정상적인 방법에 따른 것이었다. 그리고 그는 장자인 김법민을 태자太子에 책봉함으로써 왕위계승 문제에 대한 귀족들의 간여를 사전에 봉쇄하였다. 이러한 조치는 귀족들의 반발을 불러일으킬 수 있는 것이었다. 따라서 무열왕은 귀족들의 불만을 누그러뜨리기 위한 방법을 모색하는 가운데, 당을 끌어들여 백제를 침공하려는 계획을 다시 추진하였다.[56] 백제가 신라 국경지대로 침범해 오자(659), 무열왕은 당에 사신을 보내어 백제에 대한 양면공격을 제안하였다.

당은 660년(무열왕 7) 한반도에 군대를 출동시켰다. 김춘추가 백제를 칠 군대 파견을 당에 요청한 이래 12년 만의 일이었다. 신라와 군사동맹을 맺은 이후에도 당은 여러 차례 독자적으로 고구려를 공격했으나 별다른 성과를 거두지 못하였다. 당은 우선 백제를 친 다음, 신라의 도움을 받아 자신들의 목표인 고구려를 정벌한다는 전략을 세웠다. 당 고종은 소정방蘇定方으로 하여금 산동반도山東半島를 출발하여 황해 바다를 거쳐 백제를 치게 하였다. 여기에 호응하여 신라는 김유신 등으로 하여금 백제로 진격하게 하였다. 그리하여 당의 군대는 금강 입구에 상륙하고, 신라의 군대는 탄현炭峴(대전 동쪽)을 넘어서게 되었다.

김유신은 계백階伯의 결사 항전에 부딪혀 사비성 공격을 위해 당나라 군대와 만나기로 약속한 기일을 어기고 말았다. 소정방이 기일을 지키지 못한 책임을 물어 신라장군 김문영金文穎을 목 베려고 하자 이에 분노한 김유신은 먼저 당과 싸움을 벌인 후에 백제를 치기로 작정하였다. 『삼국사기』

에는 당시의 상황이 다음과 같이 묘사되어 있다.

(김유신이) 도끼를 들고 군문 앞에 서니, 머리털은 꼿꼿이 곤추서고 허리춤의
보검은 칼집에서 절로 튀어나왔다(『삼국사기』 5, 무열왕 7년 7월).

이 사태는 소정방이 후퇴함으로써 마무리되었다.

신라와 당의 군대에 의해 수도 사비는 함락되고, 웅진으로 몸을 피했던
의자왕이 항복함으로써 백제는 멸망하고 말았다(660, 의자왕 20). 소정방은
의자왕과 부여융夫餘隆을 비롯한 왕자 및 대신들을 인질로 삼아 당으로 돌
아갔다. 당은 처음 백제의 5방五坊에 해당하는 지역에 도독부 5개를 둘 계
획이었으나, 웅진도독부熊津都督府만을 설치하여 왕문도王文度(곧 유인궤劉仁軌
로 바꿈)로 도독을 삼아 백제지역을 관할케 하였다.

백제를 멸망시킨 당은 예정대로 고구려를 공격하였다. 한편 신라에서는
무열왕이 죽고 문무왕文武王이 즉위하였는데(661), 문무왕은 김유신으로 하
여금 당나라 군대를 지원하게 하였다. 이에 따라 출정한 김유신의 신라군
은 고구려와 직접 전투를 수행하지 않고, 당나라 군대에게 군량만을 제공
하였다. 소정방이 연개소문에게 패하여 퇴각하자 김유신도 군대를 이끌고
되돌아왔다. 신라는 당을 대신하여 고구려와 전투를 벌일 생각이 없었던
것이다.

고구려에서는 연개소문이 죽고 그의 동생 및 아들들 간에 권력쟁탈전이
벌어졌다. 연개소문의 맏아들 연남생淵男生이 대막리지大莫離支가 되어 정권
을 잡았으나 동생인 연남건淵男建과 연남산淵男産에게 쫓겨나고, 연남건이
대막리지가 되었다. 연남생은 옛 서울인 국내성으로 가서 당에 원군을 청
하였다. 그리고 연개소문의 동생 연정토淵淨土는 신라에 투항하였다. 당은
이 기회를 이용하여 이세적李世勣(이적李勣으로도 불림)으로 하여금 고구려를

신라통일 직전의 삼국항쟁도

침략케 하였다. 신라도 김유신의 지휘 아래 군대를 출동시켜 이에 호응하였다. 문무왕 역시 평양으로 향했으나 이세적이 철군했다는 소식을 듣고 곧 되돌아왔다. 이 전투에서도 신라는 적극적이지 않았다. 이때 연남생은 당의 향도가 되어 고구려를 멸망시키는 데 큰 역할을 담당하였다. 고구려는 1년간 항쟁을 계속하였으나 지탱하지 못하고, 보장왕寶藏王이 연남건과 함께 당에 잡혀감으로써 멸망하고 말았다(668, 고구려 보장왕 27, 신라 문무왕 8).

백제가 멸망한 직후 왕족인 복신福信과 승려인 도침道琛 등이 주류성周留城(한산)을 근거로 군사를 일으켰다. 여기에 임존성任存城(대흥)을 근거로 나당군에 반항하던 흑치상지黑齒常之 등이 호응하였다(660). 그들은 왜에 있던 의자왕의 아들 부여풍夫餘豊을 맞아다가 국왕을 삼아 당과 전투를 전개하였다. 다이카정부의 요구로 김춘추가 왜에 들어가는 등 신라와 왜가 가까워졌음은 앞서 언급했는데, 이에 대응하여 의자왕은 왕자 부여풍을 왜에 파견하여 우호를 다졌던 것이다. 백제부흥군은 이러한 부여풍을 내세움으로써 정당한 왕위계승자를 옹립한다는 명분을 얻고, 왜의 지원도 기대하였다.[57]

그러나 복신이 도침을 죽이고 또 부여풍이 복신을 죽이는 등 내분이 일어나 부흥운동은 위기를 맞았다. 부여풍은 이러한 위기를 타개하기 위해 왜에 군대를 요청하였다. 여기에 응해 왜는 2만 7천여 명의 군대를 백제에 파견했는데, 왜가 군대를 파견한 이유에 대해서는 왜 정권의 내부 결속을 도모하기 위함이었다는 견해가 있는가 하면,[58] 백제와 동맹을 맺어 나당군의 압력을 극복하려 했다는 견해도[59] 있다. 백제부흥군과 왜군은 백촌강白村江(혹은 백강, 오늘날의 금강) 입구에서 신라·당 연합군과 일대 격전을 치렀다. 백촌강전투로 불리는 이 전투에서 백제와 왜의 연합군은 패배하였고(663), 이로써 백제의 부흥운동은 막을 내렸다.

당이 백제를 멸한 후 그곳에 웅진도독부를 설치하였음은 위에서 언급하였다. 그런데 곧이어 당은 신라에도 계림대도독부鷄林大都督府를 두고 문무왕을 계림주대도독鷄林州大都督에 임명하였다(663, 문무왕 3). 이는 신라가 당의 한 지방에 불과하다는 것을 나타내는 것이었다. 그리고 다음 해 당의 유인궤를 대신하여 의자왕의 아들 부여융을 웅진도독으로 삼았다. 이민족 지배에 대한 백제유민들의 반감을 무마하고, 아울러 신라의 백제 옛 땅에 대한 연고권 주장을 봉쇄하고자 함이었다.[60] 그뿐만 아니라 문무왕으로 하여금 부여융과 서로 화친할 것을 맹약케 하여 문무왕과 부여융은 웅진의 취리산就利山에서 만나 서로의 강역을 침범하지 않기로 약속하였다(665). 당의 의도는 신라를 낮추어 신라와 백제가 모두 당의 울타리 국가(번방藩邦)로서 대등하다는 것을 알리려는 것이었다.[61]

당은 또한 고구려 땅에 9개의 도독부를 설치하고, 평양에 안동도호부安東都護府를 설치하여 설인귀薛仁貴로 하여금 이를 통괄하여 다스리게 했다(668). 고구려만이 아니라 백제, 신라 지역을 모두 관할케 함으로써 이들 지역 모두를 자신의 지배하에 놓으려는 의도를 드러낸 것이었다.[62] 신라는 백제와 전쟁을 치렀으면서도 아무런 대가를 얻지 못한 채 당의 치다꺼리에 국력만 소비하고, 당의 한 지방으로 전락해버린 셈이었다. 신라가 당과 새로운 전투를 벌였음은 당연하다.

통일신라와 발해의 대외관계

백제와 고구려를 멸한 신라는 당세력 축출에 부심하였다. 그리하여 당과 또다시 전투를 벌였다. 당시 당은 돌궐, 토번吐蕃 등에게 시달려 신라와의 전쟁에만 매달릴 수 없는 상황이었다. 결국 당이 신라에서 후퇴함으로써 신라는 대동강 이남의 지배권을 행사할 수 있었다. 이후 신라는 북쪽에 세워진 발해와 치열한 외교전을 전개하였다. 대체로 신라는 당과, 발해는 일본과 긴밀한 관계를 유지하였다. 그러한 가운데 두 나라는 대당외교에서 우위를 차지하기 위해 대립하기도 하였다.

신라의 당 축출

신라는 백제와 고구려의 옛 땅에서 당과 전투를 치렀다. 우선 고구려지역에서는 고구려부흥군을 지원함으로써 당에 대항하였다. 검모잠劍牟岑이 보장왕의 서자庶子 안승安勝을 받들고 고구려 부흥운동을 전개하자 문무왕은 군대를 보내 지원하였다. 그 후 안승이 검모잠을 죽이고 신라에 망명하자 (670), 신라는 그를 금마저金馬渚(익산)에 머물게 하고 고구려왕(뒤에 보덕왕報德王)에 봉封하였다. 이는 백제의 부여융에 대항시키기 위함이었다.[63]

신라의 고구려부흥군에 대한 지원이 구체화되자 당의 장군 설인귀는 문무왕에게 편지를 보내 이것이 잘못임을 지적하고, 이를 그치지 않는다면 당의 군대로 신라를 침략하겠다고 협박하였다. 문무왕은 답서를 보내 평양성 함락에 신라의 공이 컸음을 주장하면서 당이 평양 이남의 백제 영토를 신라에 주겠다는 약속을 어겼음을 지적하였다. 강수強首가 지었을 것으로 추측되는 이 「답설인귀서答薛仁貴書」는 문장이 유려한 것으로 유명한데, 여기에는 당시 양국의 불편한 관계가 잘 드러나 있다.

신라는 백제지역에서 당의 후원을 받고 있던 웅진도독 부여융과 전투를 벌였다. 문무왕은 부여융을 격파하고 사비성을 함락한 후 여기에 소부리주所夫里州를 설치함으로써 백제의 옛 땅에 대한 지배권을 완전히 장악하였다(671, 문무왕 11). 신라가 백제의 옛 땅을 모두 점유하자 당은 문무왕의 동생인 김인문을 그의 동의 없이 신라왕에 임명하고, 문무왕의 관작을 취소하였다(674, 문무왕 14).

이후 당은 여러 차례에 걸쳐 대군을 동원하여 신라를 침략해왔다. 그러나 신라군은 매번 이들을 패퇴시켰다. 매소성買肖城(연천)에서 말갈계의 이근행李謹行이 거느린 당나라 육군 20만 명을 몰살하고(675), 금강 하류의 기벌포伐伐浦(장항)전투에서는 설인귀가 거느린 당의 해군을 격파하였다(676). 신라는 이처럼 유리한 전황을 배경으로 외교교섭을 병행하여 추진함으로써 결국 당나라 군대를 축출하는 데 성공하였다. 이후 당은 재차 한반도 원정계획을 세우기도 했으나 실패를 예감한 고위 관리들의 반대로 이루어지지 못하였다.[64]

당의 패배는 신라의 저항에 기인한 것이지만, 당시 돌궐·토번 등이 당을 위협한 것과도 무관하지 않다. 특히 토번은 설인귀의 10만 대군을 궤멸하고 당의 서역을 장악하였다. 당은 정규군을 한반도에 투입하여 신라를 상대로 한 전쟁에만 전력을 기울일 수 없는 상황에 봉착했던 것이다. 당의 대신라전에 말갈鞨鞨, 거란인 등이 당나라 군대의 주력부대로 활약한 사실을 통해서 알 수 있는 일이다. 당은 서쪽 변경의 우환을 극복하기 위해서는 나당전쟁의 종결이 필요하다는 사실을 깨달았다.[65] 그들은 안동도호부를 평양에서 요동으로 옮김으로써(676) 한반도에 대한 신라의 실질적인 지배권을 인정하였다.

안동도호부를 요동으로 옮긴 당은 이를 통해 고구려 지배 아래 있던 요동지방을 지배하려고 하였다. 그러나 고구려 유민의 반발에 부딪혀 뜻대로 되지 않자 보장왕을 요동도독遼東都督으로 삼고 조선왕으로 봉하여 요동의 고구려 유민을 거느리게 하였다(677). 그러나 이 역시 당의 의도대로 되지 않았다. 보장왕이 말갈과 통하여 당에 반란을 꾀했기 때문이다. 당은 보장왕을 소환하고, 이에 가담한 고구려인들도 끌고 갔다. 그리고 보장왕의 아들 고덕무高德武를 안동도독安東都督으로 임명하여 요동지방의 고구려 유민을 통치하게 하였다. 이후 그의 자손들은 그 직을 계승하여 점점 독립적인 지위를 확보하기에 이르렀다. 역사가들은 이를 소고구려국小高句麗國이라고 부른다.[66]

당과의 대립 상태가 지속되는 동안 신라 조정은 이제 하나의 국가로 통합된 삼국인 간의 융합에 주력하였다. 수도의 6부민에게만 주던 중앙의 관등체계인 경위京位를 지방민과 고구려, 백제의 일부 지배층에게 부여한 것은 그러한 조치의 하나였다. 삼국인 또한 이질적인 당과의 전쟁을 치르는 동안 서로의 동질성에 대한 자각이 심화되었다. 중국에서는 삼국을 삼한三韓이라고 통칭함으로써 고구려, 백제, 신라를 다른 나라나 종족들과는 구별되는 동일 족속의 나라들로 인식했는데도 삼국인은 이제까지 동질성을 지닌 자신들의 존재를 깨닫지 못했는데 이러한 과정을 거치면서 '삼한은 하나'라는 의식이 강조되었던 것이다.[67]

신라의 대당외교

한반도에서 당의 세력을 축출한 데 성공한 신라는 이후에도 당과 대립관계를 지속해나갔다. 신문왕神文王(681~692)은 당의 고종으로부터 신라왕에 책봉되었으나 사은사謝恩使를 파견하지 않았다. 이러한 신문왕의 태도에 불만을 품은 당의 중종中宗은 신라 측이 무열왕의 사후 칭호로 '태종'이라는 묘호廟號를 사용하는 것을 문제 삼아 이의 개칭을 요구하였다. 신라의 무열왕이 당 태종과 같은 칭호로 불리는 것을 용납하기 어려웠던 것이다. 그러나 신문왕은 이의 불가피성을 정중하게 피력함으로써 당의 요구를 묵살하였다.[68]

신라와 당의 관계가 호전된 것은 성덕왕聖德王 이후였다. 신라는 동북방인 하슬라도何瑟羅道(강릉지역)에 장성을 쌓아(721, 성덕왕 20) 발해의 군사적 위협에 대비했는데, 당은 이러한 신라와 손잡고 발해를 견제하는 것이 유리하다고 판단하였다. 이후 당은 신라가 실질적으로 지배하고 있던 패강 이남지역에 대한 지배권을 승인하였다(735, 성덕왕 34). 신라가 당의 발해공격에 호응하여 군대를 파견한 데 대한 대가였다.[69]

신라는 정기적으로 사신을 보내 신라의 사정을 당에 알렸고, 당도 신라의 왕위교체 때 책봉사를 파견함으로써 양국은 우호관계를 유지하였다. 특히 경덕왕景德王(742~764)은 당의 대종代宗이 불교를 숭상한다는 말을 듣고, 공장에게 명하여 나무로 모조 산을 만들고 거기에 만개의 불상을 안치하여 그에게 보냈다. '만불산萬佛山'이라고 부르는 이 조각물은 바람이 불

조공·책봉의 의미 신라는 당에 조공하고 책봉을 받았지만, 당이 신라의 자주권을 인정하지 않자 당을 상대로 전쟁을 벌였다. 그러나 당이 신라의 영토를 인정하자 곧이어 다시 조공사절을 파견하였다. 이는 신라가 당에 조공하고 책봉을 받았다고 해서 신라의 자주성이 훼손되는 것이 아니었음을 알 수 있게 해준다.

어 종이 울리면 중들이 엎드려 절을 하는 장치도 갖추었다 한다. 대종은 이 만불산을 보고 "신라(인)의 재간은 하늘의 솜씨이지 사람의 재주가 아니다"(『삼국유사』 3 탑상 4)라고 높이 찬양하였다고 한다.[70]

신라는 사신과 별도로 당에 숙위를 파견하였다. 진덕여왕 때 김춘추의 아들 김문왕을 당에 보낸 이래, 통일 이후에도 지속적으로 숙위를 파견하였다. 숙위란 원래 세력가의 자제가 군주의 신변을 호위하는 것으로, 기본적으로 질자의 의미를 가지고 있었다. 그런데 신라의 숙위 종사자들은 질자로서의 임무뿐만 아니라 정치·경제·문화적 교량으로서의 역할도 수행하였다. 따라서 통일신라시대에는 숙위외교가 대당외교의 한 특징으로 자리 잡았다.[71] 숙위로 파견되어 몇 년간 당에 머문 인물들은 중국어에 능통했을 뿐만 아니라 당에 대한 해박한 지식을 갖추고 있었다. 이러한 요건은 당 관리들과의 교유와 원활한 외교활동을 전개해야 하는 견당사에게 필요한 것들이었다. 그러므로 숙위로 파견되었던 인물들은 김충신金忠信과 김사란金思蘭의 경우에서 볼 수 있듯이 견당사로 다시 당에 파견되기도 하였다.[72]

도당유학생渡唐留學生 역시 신라의 대당교섭에서 정치적·문화적으로 중요한 역할을 수행하였다. 신라는 640년(선덕여왕 9) 처음으로 당의 국학國學에 학생을 입학시킨 이래, 많은 유학생들을 파견하였다. 이들은 숙위하면서 국학에서 학습했으므로 '숙위학생'이라고 불리었는데, 그 수가 매우 많았던 것으로 짐작된다. 당이 수학 연한 10년이 경과하여 마땅히 귀국하여야 함에도 귀국하지 않은 숙위학생 105명을 집단 귀국시켰다는 기록으로 미루어(840, 문성왕 2) 알 수 있다. 이러한 숙위학생 역시 질자로서의 의미보

신라의 대당 사절 신라가 당에 파견한 사절로는 신년에 보내는 하정사賀正使가 있었는데, 이들은 당 황제에게 올리는 표문表文과 공물을 지참하였다. 그리고 고마움을 표시하기 위한 사은사謝恩使, 사건의 진상을 알리기 위한 고진사告陳使, 특정사안을 요구하기 위한 주청사奏請使 등이 있었다.

다는 중국문화 수용을 위해 당의 수도에 상주한 외교사절로서의 의미가 강하였다.[73]

도당유학생은 당이 외국인을 위해 실시한 과거시험인 빈공과賓貢科에 응시할 수 있었다. 그들은 여기에 합격함으로써 당의 관직을 얻을 수 있었을 뿐만 아니라, 귀국 후의 벼슬도 보장받을 수 있었다. 따라서 유학생들은 유학기간 중에 이 시험에 합격하는 것을 최고의 목표로 삼았다. 고려 말의 인물인 최해崔瀣가 쓴 『졸고천백拙藁千百』에 따르면, 당이 멸망할 때까지 이 과거에 합격한 신라 유학생은 58명에 이르렀으며, 그 후 5대五代시대에 또 32명이 합격하였다 한다. 이른바 삼최三崔로 불린 최치원崔致遠, 최언위崔彦撝, 최승우崔承祐는 모두 빈공과 출신이었다.

유학생들은 당의 문인들과 시우詩友를 맺어 명성을 날리는 등 신라의 유학을 비롯한 학문의 수준을 높이는 데 기여하였다. 당에 문장으로 이름을 날린 신라 유학생으로는 김운경金雲卿, 김가기金可紀, 최치원 등이 있다. 특히 최치원은 황소의 난 토벌에 참여하여 「격황소서檄黃巢書」를 지은 것으로 유명하다. 그가 귀국할 때 당의 시인 고운顧雲은 송별시를 지어 그와의 이별을 아쉬워했는데, 『삼국사기』 최치원전에 실려 있는 그 시에,

12세에 배를 타고 바다를 건너와,
그 문장 중화국中華國을 감동시켰네.

라는 대목이 있어 최치원이 일찍부터 당에서 문명을 날렸음을 알려준다.

발해와 당

고구려의 장군이었던 대조영大祚榮은 고구려 멸망 후 당나라에 의해 영주營州지방(조양朝陽)에 끌려가 살고 있던 고구려 유민들을 규합하여 나라를 세우고, 진국震國이라고 불렀다(698). 당의 압력을 배제하면서 건국한 진국은 처음에는 당과 적대적이었다. 최치원에 따르면, 대조영이 신라에 사신을 보내왔기에 신라는 대조영에게 제5품 대아찬大阿餐의 벼슬을 주었다고 한다. 최치원의 말이 사실이라면, 대조영은 신라로부터 외교적 수모를 당하면서까지 당에 대한 공동전선 마련을 위해 노력했다고 볼 수 있다.[74]

이후 대조영은 그의 아들 대문예大門藝를 숙위로 당에 파견하는 등 당과 우호관계를 유지하기 위해서 노력하였다(706). 그 결과 대조영은 당으로부터 '발해군왕渤海郡王'에 책봉되었다(713). 이후부터 진국은 발해로 불리었다. 그러나 당이 대조영을 '발해국왕'이 아닌 '발해군왕'으로 책봉한 것으로 미루어 알 수 있듯이 양국의 우호관계에는 한계가 있었다.[75]

대조영의 뒤를 이어 즉위한 대무예大武藝, 즉 무왕武王은 발해의 배후에 있던 흑수말갈黑水靺鞨이 당과 통교하자(726), 자신의 동생 대문예를 파견하여 흑수말갈을 공격케 하였다. 그런데 대문예는 일찍이 당에 파견되어 숙위한 경험을 가지고 있었기에 발해가 흑수말갈을 치면 당이 곧 발해를 공격할 것을 예상하고, 무왕의 조치에 반대하면서 당에 망명하였다. 무왕은 사신을 당에 보내 대문예를 죽이기를 요청하였으나 거절당하였다. 당은 도리어 대문예를 우대하여 그를 통하여 발해의 내부 분열을 획책하려고 했던 것이다. 이 사건을 계기로 발해와 당의 관계는 급속히 악화되었다. 결국 발해는 거란과 돌궐의 측면지원을 받아 당의 등주登州를 공격하였다. 당은 대문예를 앞세워 발해로 진격하는 한편, 신라에게 발해의 남쪽을 칠 것을 요청하였다. 당의 요구에 부응하여 신라의 성덕왕은 김유신의 손자인 김윤중金允中과 김윤문金允文 형제를 지휘관으로 삼아 출병시켰다. 그러나 신라군은 발해군의 저항과 추위 때문에 다수의 동사자를 낸 채 퇴각하고 말았다(733, 성덕왕 32).

당은 762년(문왕 26년)에야 발해왕을 '군왕郡王'에서 '국왕國王'으로 격상하였다. 안사安史(안록산安祿山 · 사사명史思明)의 난(755~763) 이후 발해의 도움이 필요했기 때문이다. 당은 발해를 공격하기도 했지만 정치 · 군사적 필요에 따라서는 회유하기도 했던 것이다. 따라서 발해와 당의 교섭은 빈번할 수밖에 없었다. 발해가 신라와 5차례, 일본과 34차례 교섭한 기록을 가진 데 반해 당과는 100여 차례의 교섭기록을 가지고 있다는 사실이 이를 입증해준다.[76] 실제로 발해는 명칭은 달랐지만 당나라의 정치체제인 3성 6부三省六部 제도를 상당 부분 그대로 모방하였다.

신라 · 발해와 일본

왜와 백촌강에서 전투를 벌였던 신라는 5년 후 김동암金東嚴을 왜에 사신으로 파견함으로써(668, 문무왕 8) 다시 공적인 교류를 시작하였다. 신라는 당과 새로운 전쟁을 시작하였으므로 당의 위협에 대처하는 데 왜를 이용하려 했던 것 같다. 한편 왜에서는 당에 의해 백제와 고구려가 멸망하자 위기의식이 고조되었다. 더구나 당시 왜는 당의 제도를 모범으로 한 율령체제 구축에 주력했는데, 당과 외교관계가 두절되었으므로 신라로부터 법률, 학술, 사상, 제도 등을 도입할 수밖에 없었다. 왜에서 많은 유학생이 신라에 와 있었고, 이들이 귀국하여 후일 왜의 율령제정에 참여했던 사실로 미루어 그렇게 생각된다. 따라서 왜 역시 신라와의 교섭에 적극 응하였다.[77]

그러나 신라와 왜의 관계를 악화시키는 일이 잇달아 일어났다. 701년 왜는 다이호大寶 율령을 공포하고, '일본'이라는 국명과 '천황'이라는 칭호를 쓰기 시작하였다. 그런데 일본이 천황국가가 되기 위해서는 조공국이 필요하였다. 이에 일본은 신라를 조공국으로 인식했고, 따라서 신라와 일본은 외교형식을 둘러싸고 갈등을 빚었다.[78] 신라에서 파견된 사신이 자신이 가지고 온 물품을 '조調'라고 하지 않고, '토모土毛'라고 했다가 당시 일본의 대외업무를 전담한 기관인 다자이후大宰府에서 추방된 것은(743) 그 구체적인 예이다.[79] 조는 조공국이 보내는 공물이지만, 토모는 단지 그 지방의 산물을 가리키는 용어였기 때문이다. 그러한 가운데 752년(신라 경덕왕 11) 도다이사東大寺 대불大佛이 완성되었을 때는 왕자 김태렴金泰廉을 포함한 700명의 신라 사절단이 대불개안식大佛開眼式에 초대되었다. 일본은 신라 사절의 대불개안식 참여를 황제의 권위를 높이는 데 이용하려고 했던 것이다. 한편 신라는 자신의 상업적 이익을 위해 일시적으로 일본의 천하관을 인정하면서 대규모의 사절단을 파견하였다.[80] 이 사절단은 대불개안식에 참석한 뒤 교역활동을 했는데, 이때 교역한 물건의 목록을 적은 「매신라물해買新羅物解」라는 문서가 도다이사 쇼소인正倉院에서 발견되었다. 이에 따르면, 신라는 신라산 방석과 먹 그리고 당과 서아시아에서 들여온 진귀한 물품들을 일본과 교역하였다.[81]

일본이 신라를 조공국으로 여긴 것과 마찬가지로, 신라 또한 스스로를 대국으로 인식하고 일본을 조공국으로 생각하는 경향이 있었다. 734년(성덕왕 33) 일본에 갔던 신라 사신은 자신을 '왕성국王城國'의 사자라고 했다가 일본에서 추방되었다. 왕성국이란 '신라를 종주국으로 하고 주변 여러 나라를 조공국으로 삼았다'는 의미를 가지고 있다.[82] 경덕왕이 두 차례에 걸쳐 일본에서 파견한 사신의 접견을 허락하지 않고 돌려보낸 것도(742, 753) 일본을 조공국으로 여겼기 때문으로 생각된다. 신라가 일본의 조공국이었다면 있을 수 없는 일이다.[83]

한편 '고려 국왕'을 자칭한 발해의 무왕은 일본에 사신을 파견하였다 (727, 무왕 9). 후일 당의 원병 요구에 응해 신라가 발해를 공격하는 군대를 파견했음을 감안하면(733), 발해는 당과 신라에 대항하기 위해 일본과 연계할 필요를 느끼고 있었던 듯하다. 일본 역시 발해의 사절을 정중하게 대접하고 일행을 무사히 귀국시켰다. 신라와 발해가 적대적이었던 것과는 달리, 발해와 일본은 밀착되어갔던 것이다.

일본은 자기 나라의 사신이 두 차례나 신라왕을 만나지 못하고 돌아오자 이를 수치로 여겨 신라를 공격할 계획을 세웠다(758~764). 그리하여 신라에 가서 모욕을 당하고 돌아온 인물을 발해에 사신으로 파견하여 도움을 요청하였다. 당에서 안사의 난이 일어났기 때문에 당이 신라를 돕기는 어렵다고 판단한 일본은 발해와 함께 신라를 협공하려 했던 것이다. 그러나 일본은 곧이어 정치적 혼란에 빠져 신라를 공격할 만한 여유를 갖지 못하게 되었다. 발해도 처음에는 일본의 요구에 동의했으나 안사의 난으로 당이 혼란한 틈을 타서 요동반도를 차지하려는 욕심을 가지고 있었으므로 일본의 제안을 받아들일 수 있는 형편이 아니었다. 결국 일본과 발해의 신라 협공계획은 무산되었다.[84] 그리고 779년(혜공왕 15)을 끝으로 신라와 일본의 사신 왕래는 끊어졌다.

이처럼 신라와의 관계가 좋지 않았던 발해는 일본과의 교역로로 신라 연안을 이용하지 못하였다. 이에 따라 황해를 직접 횡단하여 일본으로 가다가 조난을 당하는 경우가 많았다. 당시 발해에서 일본에 전한 교역품은 발해에서 생산되는 모피, 약재 그리고 당과의 교역에서 얻은 것들이었고, 발해가 일본에서 들여온 물건은 주로 직물류였다. 발해와 일본은 919년(애왕 19)까지 사신이 왕래했으나, 926년 발해가 멸망함으로써 양국의 교류도 막을 내렸다.

신라와 발해의 외교적 대립

중국의 『신당서新唐書』에는 "용원龍原의 동남쪽 연해는 일본도日本道이고, 남해는 신라도新羅道이다"라는 기록이 있어 발해가 일본과 신라로 통하는 통로를 개설했음을 알려준다. 『삼국사기』에 인용된 또 다른 중국 측 기록에는 "신라의 천정군泉井郡(함경남도 덕원)에서 발해의 책성柵城(혼춘琿春)까지 이르는 사이에 39개의 역이 있다"라고 되어 있다. 후대의 학자들은 이 두 사료에서 신라와 발해 사이의 빈번한 인적 교류의 흔적을 찾으려고 하였다. 신라도를 신라와 발해의 문물 교류에 커다란 역할을 한 주요 교통로로 해석했던 것이다. 그러나 200여 년 동안 양국 사이의 사절 파견은 불과 몇 번에 불과하였다. 신라와 발해는 교섭보다는 대립의 시기가 더 많았던 것이다.[85]

신라와 발해의 대립관계는 당에서 있었던 두 나라 사신의 이른바 윗자리다툼사건(쟁장사건爭長事件, 897)을 통해 알 수 있다. 발해의 사신은 발해의 국세가 신라보다 강성하니 자신을 신라의 사신보다 윗자리에 앉게 해달라고 당에 요청하였다. 그러나 당은 이를 거부하고, 그 이전대로 신라를 우선으로 하였다. 이를 전해 들은 신라는 당의 소종昭宗에게 감사하는 글(「사불허북국거상표謝不許北國居上表」)을 보냈는데, 신라왕을 대신하여 최치원이 쓴 이 글은 『동문선東文選』에 실려 있다.

신라와 발해의 대립은 당이 외국인들을 위해 설치한 빈공과 시험을 둘러싸고도 벌어졌다. 빈공과 급제자의 대부분은 신라인이었고 여기에 소수의 발해인이 포함되어 있었다. 그런데 875년(신라 헌강왕 2) 실시된 빈공과에서 발해 유학생이 신라 유학생보다 높은 점수를 얻어 수석의 영광을 차지하자 신라는 이를 매우 수치스럽게 여겼다. 그러다가 906년(효공왕 10)에 실시된 빈공과에서 신라의 최언위가 발해 유학생 오광찬吳光贊보다 상위의 성적으로 합격함으로써 신라는 30년 전의 굴욕을 씻을 수 있었다. 발해는 이미 확정된 빈공과의 급제 순위를 외교적 힘으로 바꾸려 하였으나, 당에게 거절당하였다.[86]

　이처럼 대립관계에 있었음에도 발해는 거란의 공세에 부딪히자 신라에 사신을 파견하여 도움을 청하였다. 신라가 여기에 어떻게 대응했는지는 알 수 없는데, 『요사遼史』에는 거란이 발해 정벌에 공이 있는 신라에게 상을 주었다는 기록이 있어 마치 신라가 발해를 돕기보다는 도리어 거란의 발해 멸망을 도운 것처럼 되어 있다. 그런데 발해가 멸망할 당시(926) 신라는 후삼국의 내란시기를 맞아 다른 나라에 군대를 파견할 수 있는 여력이 없었다. 따라서 신라가 거란을 도왔다는 것은 이해하기 어렵다. 신라가 발해를 돕지 않은 사실이 거란을 도운 것으로 와전되었을 가능성이 있다.[87]

신라인의 해상활동

통일 이후 신라의 당, 일본과의 무역은 국가의 강력한 관리와 통제를 받는 공무역이 중심을 이루었다. 그 공무역을 매개하고 활성화시킨 것은 신라의 견당사, 견일본사遣日本使들이었다. 신라의 견당사는 외교활동을 펼치는 한편 당의 허용 아래 진귀한 당물唐物을 가지고 신라에 돌아왔다. 이 당물 중 일부는 신라에서 소비되었고, 일부는 신라물新羅物과 함께 견일본사를 통해 일본에 수출되기도 하였다.

　신라, 당, 일본 삼국 간의 공무역은 8세기 후반부터 점차 쇠퇴하였다. 공무역체제를 유지하기 위해서는 강력한 왕권(황제권)이 전제되어야 하는데, 이들 세 나라의 왕권이 점차 와해되기 시작했기 때문이다. 당의 경우에는 안사의 난을 기점으로 황제권에 도전하는 절도사들의 발호가 줄을 이었다. 이에 당은 지방의 유력자에게 무역을 위임하는 편법을 썼다. 765년부터 819년까지 평로치청절도관찰사平盧淄靑節度觀察使의 직명을 받고 산동반도 일대에서 신라와 발해를 상대로 통상업무를 진행한 이정기李正己 일가가 그 대표적인 경우이다. 따라서 사무역이 활발해졌다. 당으로 건너가 하급 무관을 역임하던 장보고張寶皐는 이러한 사실을 잘 알고 있었다.[88]

당시 당나라 동해안지역에는 많은 신라인들이 거주하고 있었다. 그들 대부분은 기근 등 경제적 어려움 때문에 본국을 떠나 당에서 해상무역에 종사하였다. 그리고 신라에 돌아오지 않고 당에 남은 유학생과 구법승도 있었다. 이 지역에는 그들의 거주지인 신라방新羅坊이 있었는데, 그곳에는 어느 정도의 자율성이 보장되었다.[89] 또한 신라의 여행객들을 임시로 거류케 하는 신라관新羅館과 사원인 신라원新羅院이 있었다. 신라원 가운데 유명한 것으로는 장보고가 문등현文登縣 적산촌赤山村에 설립한 법화원法花院이 있다. 항해의 안전을 기원하고 신라인 사회를 결집하는 구심체 역할을 했을 것으로 이해되는 법화원은 200여 명을 한꺼번에 수용할 수 있는 대규모의 강당이 있었을 정도로 규모가 컸다고 한다. 이러한 사실은 일본승 엔닌圓仁의 『입당구법순례행기入唐求法巡禮行記』에서 확인할 수 있다. 이 책은 엔닌이 당에 조공사로 갔다가 거기에서 이탈하여 독자적으로 구법활동을 하며 기록한 기행문으로, 838년부터 847년까지 9년 여 동안의 내용을 담고 있는데, 이에 따르면 중국을 순례하고 법화원에서 신세를 진 엔닌은 장보고와 그의 부하들에게 본국으로 돌아갈 배편을 부탁하기도 했다고 한다.[90] 장보고의 활발한 무역활동은 이정기 일가와 산동 등지를 기반으로 대외무역에 종사하였던 재당 신라인들의 선구적인 역할이 있었기에 가능한 것이었다.

장보고는 귀국하여 해적을 소탕하기 위해 청해淸海(완도)에 진鎭을 설치하였다(828). 그의 공식 직명은 청해진대사인데, 이는 신라의 중앙정부가

경주 괘릉의 서역인 석상

수여한 관직이라기보다는 장보고
가 스스로 사용한 것을 신라정부
가 묵인한 것이다. 청해는 당에서
황해를 건넌 다음 남해안을 거쳐
일본의 규슈에 이르는 국제 무역
항로의 중간 기항지였다. 아울러
경주의 관문인 울산항을 왕래하는
신라와 당의 상인들은 물론이고,
일본과 당 사이를 왕래하는 사람
들을 통제하고 장악할 수 있는 천
연의 요새지였다. 장보고는 이 청
해진을 거점으로 해상무역활동을
전개하였다. 그는 개인적으로 당
에는 교관선交關船(무역선)을 이끄는
매물사買物使를, 일본에는 회역사廻
易使를 파견하였다. 또한 자신의 부하인 이충李忠을 일본에 파견하여 조공
형식의 공적인 무역을 시도하기도 하였으나(840), 일본이 공적 사절로 대접
할 수 없다고 이를 거절함으로써 무산되었다.

장보고는 그의 정치적 주도권 장악을 두려워한 신라 귀족들에게 제거되
었다. 그런데 그가 제거된 이후에도 민간의 해상무역 활동은 활발하게 이
루어졌다. 장보고의 사망이 도리어 청해진의 위세에 눌려 지내던 서남해
안 지방의 군소 무역업자들에게 재기의 호기를 마련해준 것이다.[91] 고려를
건국한 왕건王建의 선대는 이들 가운데 하나였다. 당시는 새로운 대중국 항
로가 개설되어 시간이 크게 단축됨으로써 신라와 남중국 간의 교섭이 더
욱 활기를 띠었다. 종전에는 경기도 화성군 남양만의 당항진黨項津에서 황

해를 횡단하여 중국 등주에 이르는 황해 횡단로를 이용했는데, 9세기 후반에 이르러서는 오늘날의 전남 나주군 다시면 영산강 하구의 회진會津에서 황해 남부를 가로지르는 항로가 열렸던 것이다.[92]

한편 8세기경에는 '남해로南海路'가 크게 확대되어 그 동쪽 끝이 신라와 일본까지 이르렀다. 남해로란 로마에서 중국 동남해안에 이르는 바닷길을 말한다. 이 남해로는 '해상 실크로드'로 지칭되기도 하는데, 비단이 '육상 실크로드'를 통해 유통된 반면, 도자기·향료 등은 주로 이 길을 통해 이동되었다. 신라인들이 "사치와 호화를 일삼고, 오로지 외래품의 진기한 것만을 숭상하고, 도리어 토(국)산품의 야비한 것을 싫어하게 된"(『삼국사기』 33 색복 신라 흥덕왕) 것은 이러한 활발한 국제무역의 결과였을 것이다.

남해로를 내왕하면서 동서 문물교류를 주도한 사람들은 페르시아인(파사인波斯人)과 아라비아인(대식인大食人) 등이었다. 이들의 활동이 신라까지 미쳤음은 처용설화處容說話나 경주 괘릉掛陵의 서역인 석상 등을 통해 짐작할 수 있다. 실제로 당시의 아랍 문헌에서는 신라를 소개한 내용도 찾아볼 수 있다.[93]

문화의 교류

삼국은 중국과 관계를 맺기 시작한 이래 늘 선진적인 중국의 문화를 흡수하기 위해 힘써왔다.[94] 중국에서 문자와 불교 등을 수용한 것이 그 예이다. 그런데 이렇게 중국에서 수용된 문화는 삼국의 고유 문화와 융합되며 발전하여 다시 중국으로 역수출되었는가 하면,[95] 일본에 전해지기도 하였다.

삼국의 문화와 중국·왜

중국에서 전해진 것 가운데 무엇보다 주목할 것은 한자漢字이다. 한자는 일찍이 철기문화와 함께 전래되었다. 서기전 2세기경에 진국이 한에 대하여 직접 통교를 희망하는 국서를 보낸 것으로 미루어보아 당시에 이미 외교문서를 작성할 수 있을 정도의 한자가 사용되고 있었음을 알 수 있다. 한의 군현이 설치된 뒤로 한자는 널리 보급되었으며, 삼국시대 초기에는 이미 문자로서 그 기반을 다지고 있었다.[96]

불교는 고구려에서 처음으로 수용하였다. 372년(소수림왕 2) 전진前秦에서 순도順道가 와서 불상과 불경을 전한 것이 그 시작이었다. 그리고 그 후 12

년 뒤에는 동진에서 마라난타摩羅難陀가 와서 백제에 불교를 전하였다(384, 침류왕 1). 신라에서는 눌지마립간 때 고구려를 거쳐 온 인도승 아도阿道(묵호자墨胡子)가 불교를 처음으로 전파하였으나 그의 전도는 지방에서의 개인 전도로 끝났다. 신라왕실에 불교가 알려진 것은 남조의 양 무제가 사신으로 보낸 원표元表라는 승려에 의해서였는데, 이차돈異次頓의 순교를 계기로 535년경(법흥왕 22) 불교가 수용되었다.[97]

삼국이 불교를 수용한 이후 많은 승려들이 중국에 유학하였다. 그들은 중국에서 불경 번역에 종사하여 중국 불교 발전에 크게 공헌하였다. 예컨대 고구려의 승랑僧朗은 중국 강남에 가서 삼론학三論學을 깊이 연구하여 양 무제 때에는 대가大家로서 활동하였으며, 백제의 유학승들 역시 양에 파견되었다. 특히 겸익謙益은 인도까지 가서 불교를 연구한 것으로 알려져 있다.

도교道敎 역시 중국에서 전래되었는데, 그것이 본격적으로 수용되기 시작한 것은 삼국시대 말기, 특히 고구려에서였다. 고구려는 당과 외교관계를 수립한 후 당으로부터 도사道士와 천존상天尊像 등을 받아들였다(624, 영류왕 7). 그 후 연개소문은 도교를 국가종교의 위치까지 올리려고 노력했는데, 이 때문에 다수의 고구려 승려들이 백제와 일본에 망명하였다.[98]

중국에서 삼국에 전래된 문화는 삼국에 의해 다시 일본에 전해졌다. 일찍이 백제의 아직기阿直岐, 왕인王仁 등은 일본에 유학을 전하였다. 그리고 삼국의 불교는 일본 불교에 커다란 영향을 끼쳤다. 고구려의 승려 혜관慧灌은 중국 삼론종三論宗의 태조라고 불리는 길장吉藏 문하에서 배웠는데, 도일하여(625, 영류왕 8) 일본 삼론종의 시조가 되었다. 역시 삼론학의 대가인 백제의 승려 관륵觀勒은 일본 초대 승정僧正이 되었다. 한국 측의 기록에 전혀 보이지 않는 『백제기百濟記』, 『백제신찬百濟新撰』, 『백제본기百濟本記』 등 이른바 백제 3서가 『일본서기』의 백제와 왜의 교섭관계 서술에 주기로서 인

용되고 있는 사실은 백제와 일본의 문화적 교류가 활발했음을 알려주는 구체적인 예이다.[99]

종이를 만들고 염색하는 방법을 알았다는 고구려의 담징曇徵은 일본에 가서(610, 영양왕 21) 호류사法隆寺의 금당金堂벽화를 그렸으며, 백제의 아좌태자阿佐太子(위덕왕의 아들)는 쇼토쿠태자 상像을 그린 것으로 전해지고 있다. 백제가 왜에 역박사, 의박사 등을 보냈다는 기록이 있는 것으로 미루어 (554), 역법 및 의약도 일본에 전했을 것으로 짐작할 수 있다. 가야 역시 일본에 선진문물을 전수하였다. 일본에서는 4세기 후반에 가야의 철을 수입하여 철제 갑옷과 투구를 제작해 사용하였으며, 일본열도에 급격한 변화를 초래한 철의 생산과 단야鍛冶는 5세기 후반 또는 6세기 전반기에 가야에서 건너간 이주민에 의해 시작되었다. 가야는 이러한 선진문물을 전해주고 그 대가로 정치적·경제적 이득을 취하고자 하였다.[100]

신라불교의 국제적 성격

삼국이 불교를 수용한 이래 많은 승려들이 중국에 유학했음은 위에서 언급하였다. 그러한 현상은 통일신라도 마찬가지였다. 『삼국유사』는 원광법사가 중국에서 귀국한 뒤 승려들의 발길이 끊이지 않았다고 하였다. 자장慈藏, 의상義湘, 원측圓測 등이 그 뒤를 이었다. 또한 인도까지 간 승려들도 있었다. 혜초慧超는 723년(성덕왕 22) 무렵 인도의 성지를 순례하고, 『왕오천축국전往五天竺國傳』이라는 여행기를 남긴 것으로 유명하다. 그리고 김교각金喬覺과 같은 승려는 당에 머물면서 많은 중국의 불도들을 교화하였다. 그는 생시에 사람들로부터 활불活佛로 신봉되었고, 803년 입적한 후에는 지장보살地藏菩薩로 추앙받았다. 그가 수행하고 교화한 안휘성安徽省의 구화산

九華山은 그로 인해 중국의 4대 불교 명산 중 하나가 되었을 정도였다.[101]

당에 유학하고 돌아온 승려의 수가 많아질수록 당에서 성립된 여러 종파가 신라에도 전해졌다. 예컨대 당의 지엄智儼에게 화엄종華嚴宗의 교리를 배우고 귀국한 의상은 신라 화엄종의 개조開祖가 되었다. 신라 하대에 크게 유행한 선종 9산의 조사祖師들도 대부분 당나라에 들어가 공부한 승려들이었다. 가지산파迦智山派를 개창한 도의道義를 비롯하여, 실상산實相山의 홍척洪陟, 동리산桐裏山의 혜철惠哲, 봉림산鳳林山의 현욱玄昱, 사자산獅子山의 도윤道允, 성주산聖住山의 무염無染, 사굴산闍崛山의 범일梵日 등은 모두 중국에 유학하고 돌아와 산문山門을 열었다.[102]

중국에서 전해진 신라의 불교는 발전하여 다시 거꾸로 중국에 전래되어 중국의 불교 발전에 적지 않은 기여를 하였다. 의상의 학문은 그의 동문이자 당 화엄종의 교리를 완성한 현수賢首(법장法藏)에게 큰 영향을 끼쳤다. 또한 당에 유학한 적이 없는 원효元曉 역시 현수의 학문을 계발하는 데 도움을 준 것으로 알려지고 있다. 즉 현수의 『대승기신론의기大乘起信論義記』는 원효의 『대승기신론소大乘起信論疏』에 영향을 받은 것이었다. 그리고 그의 『십문화쟁론十門和諍論』은 산스크리트어(범어梵語)로 번역되어 인도의 불교계에 소개되었다. 당의 불교계에 영향을 미친 승려로는 또한 원측이 있다. 그는 유식의 이론을 깊이 터득하여 이를 당에서 크게 선양하였다. 그리고 그의 『해심밀경소解深密經疏』는 티베트어(서장어西藏語)로 번역되어 티베트어 대장경에 수록되었다. 그러므로 그의 사상은 멀리 서역까지 알려졌던 셈이다. 한편 신라의 불교는 일본에 큰 영향을 미쳤다. 의상, 원효를 위시하여 경흥憬興, 의적義寂 등 많은 신라승들의 저술이 일본 불교계에서 널리 읽혔던 것이다. 현존하지 않는 그들의 저술 내용을 단편적으로나마 찾아볼 수 있는 것도 일본승들이 그들의 저술을 많이 인용했기 때문이다.[103]

고려

(918~1392)

북방민족과의 항쟁

2

고려는 중국의 여러 나라와 외교관계를 맺었다. 고려 초에는 5대五代의 여러 나라와 거란 그리고 송宋과 외교관계를 맺었으며, 거란(요遼)이 멸망한 후에는 송과 금金에 동시에 사신을 파견하였다. 이후 한동안 원元의 지배를 받은 고려는 명明이 서자 명과 외교관계를 수립하였다. 그러나 이처럼 중국의 여러 나라를 상대한 것과는 달리, 일본과는 공식적인 외교관계를 맺지 않았다.

고려와 중국 여러 국가 간의 관계사는 양국의 필요성 때문이라기보다는 제삼국을 의식해서 전개되는 경우가 많았다. 예컨대 거란의 대고려정책은 송을 의식한 측면이 많았으며, 고려의 대거란정책은 중국의 정세변화와 밀접한 관련을 맺고 있었다. 그리고 고려와 몽고는 거란에 대한 공격 과정에서 외교관계를 수립했으며, 이후 고려를 침략한 몽고가 집요하게 항복을 받아내려 한 이유 가운데 하나는 일본을 정벌하는 데 고려를 이용하기 위함이었다.

고려의 정치세력들은 국내에서 정치적 주도권을 장악하는 데 대외관계를 이용하기도 하였다. 숙종과 예종은 전시체제 유지를 통해 국왕의 권위를 높이고 나아가 문신들을 장악하기 위해 여진정벌을 추진하였다. 그리고 몽고가 다루가치達魯花赤를 설치하여 내정에 간여하려는 데 불만을 품은 최씨무신정권은 정권 유지를 위해 강화도로 천도하여 몽고에 대한 항쟁을 지속했던 것이다.

고려와 거란(요) · 송

고려는 건국 이후 줄곧 거란과 긴장관계를 유지하였다. 발해의 멸망으로 거란과 직접 국경이 닿게 된 고려로서는 불가피한 일이었다. 이러한 양국의 관계는 송의 건국과 더불어 더욱 악화되었다. 송과의 연계를 의심한 거란은 고려를 세 차례에 걸쳐 대규모 침입하였다. 이후 고려는 거란에 조공하고 그들의 연호를 사용하였다. 그러한 가운데서도 송과 간헐적으로 통교하였는데, 송의 선진문화를 수용하고 송을 이용하여 거란을 견제하려는 의도를 가지고 있었기 때문이다. 그러나 고려와 송의 가장 중요한 정치 · 외교적 상대는 아무래도 인접한 강대국인 거란이었으므로 고려와 송의 관계는 정치 · 외교적 측면보다 경제 · 문화적인 측면이 중시될 수밖에 없었다.[1]

최근의 연구에 따르면 고려인들은 다원적 천하관天下觀을 가지고 있었다 한다. 이는 고려도 중국 등의 천하와 병존하는 천하의 중심이라는 천하관이다. 이에 따라 고려는 중국대륙의 여러 나라에 대해 밖으로는 왕을 칭하면서도 안으로는 황제국체제를 지향하는 외왕내제外王內帝의 입장을 취하였다.[2] 중국대륙을 차지한 요 · 금을 오랑캐로 인식한 데다가 국왕의 측근들이 국왕의 권위를 높이려는 데서 비롯된 현상이 아닌가 생각되는데, 이 때문에 고려는 중국대륙의 국가들과 매우 복잡한 외교교섭을 벌일 수밖에 없었다.

고려 초의 동북아 정세

고려가 건국할(918) 무렵, 중국에서는 당이 망하고(907) 다섯 왕조, 즉 후량後梁, 후당後唐, 후진後晉, 후한後漢, 후주後周가 잇따라 교체되었다. 가장 오래 존속한 후량이 16년이었고, 후한이 불과 4년 만에 망했을 정도로 이들 왕조는 단명하였다. 그리고 주변지역에서는 오월吳越을 비롯한 여러 국가들이 분립하였다. 이른바 5대(907~960)가 시작된 것이다. 그러한 시기에 오늘날의 만주지방에서는 거란족의 야율아보기耶律阿保機가 부족을 통일하고 거란을 세웠다(916).

고려는 중국의 여러 나라 가운데 오월에 맨 처음 사신을 파견하였다(919). 바다를 통해 쉽게 왕래할 수 있는 지리적인 조건 때문이었다. 그런데 고려보다 후백제가 먼저 오월과 사절을 교환했음을 감안하면, 고려는 오월과 후백제가 결탁하는 것을 막기 위해 사신을 파견했던 것으로 추측할 수 있다. 태조 왕건은 오월의 중재에 따라 후백제의 견훤과 서신을 교환하고 화의를 모색하기도 하였다. 아울러 거란과도 평화적 관계를 맺기 위해 노력하였다. 이 역시 다분히 후백제를 의식한 조치였다. 후백제가 거란에 사신을 파견하여 우호관계를 맺고 있었기 때문이다. 고려는 발해장군 신덕申德이 고려에 투항한 사실을 거란에 통보하기까지 했을 정도로 발해보다는 거란과의 관계를 중시하였다(925).[3] 팽창하는 거란을 자극하기보다는 모든 군사 역량을 대후백제전에 집중하는 것이 현명하다고 판단했던 듯하다.[4]

그러나 거란이 발해를 멸망시키자(926), 고려는 거란보다는 후당과의 외교에 주력하였다. 고려 태조는 후당이 자신을 고려왕으로 책봉하자 이제까지 사용해왔던 독자적인 연호인 천수天授를 버리고, 후당의 장흥長興 연호를 사용하였다. 발해의 멸망으로 거란과 국경을 접하게 되자 후당을 끌어들여 거란을 견제하고자 함이었다. 고려는 원교근공遠交近攻 정책을 추진했던 것이다.

후삼국을 통일한 고려는 후진(936~946)과 빈번하게 교류하였다. 후진의 천복天福 연호를 사용하고(938, 태조 21), 많은 인물들이 후진에 유학하였다. 유학하던 도중 거란의 포로가 된 최광윤崔光胤을 통해서 짐작되는 일이다. 따라서 양국 간의 통교에서 후진보다는 고려가 더 적극적이었다고 할 수 있다.[5] 거란을 견제하는 데 후진이 도움이 된다고 판단했기 때문이다. 한편 후진 역시 고려로부터 군사적 도움을 기대했던 듯하다. 일찍이 거란의 도움을 받아 후진을 세운 석경당石敬瑭은 그에 대한 대가로 거란에게 신하의 예를 갖추고 북경 근방의 연운16주燕雲十六州를 넘겨주었다. 이로써 거란은 중국에 거란의 국가를 세울 수 있는 발판을 마련한 반면, 후진은 이를 되찾기 위해 거란과 끊임없이 갈등을 빚었다.

942년(태조 25) 거란은 고려에 사신을 파견하여 낙타 50필을 바쳤다. 고려가 후진의 연호를 사용하는 등 자신들과 대립하고 있던 후진과 밀착되어갔기 때문에 이를 막기 위함이었던 것 같다. 그러나 고려 태조는 거란이 발해를 까닭 없이 멸망시켰음을 지적하고, 이런 무도한 나라와는 교빙할 수 없다고 하여 사신을 섬으로 귀양 보내고 낙타는 만부교萬夫橋 밑에 붙들어 매어 굶어죽게 하였다. 이는 거란에 적대적인 후진 등 중국 국가와 발해의 유민을 의식한 행동으로서[6] 거란을 견제하기 위해서는 거란에 적의를 품은 이들의 도움을 필요로 했기 때문이다. 당시 후진은 거란과 전쟁을 시작했으며, 발해의 유민들은 발해부흥운동을 일으켜 후일 정안국定安國으로 이름을 바꾼 후발해를 세웠다. 태조가 발해의 유민 일부가 망명해 오자 이들을 적극 받아들여 토지와 가옥을 지급하고, 세자인 대광현大光顯에게는 왕계王繼라는 성명을 주고 종적宗籍에 넣어 조상에 대한 제사를 받들게 한 까닭도 여기에 있었다. 그러한 가운데 거란은 후진을 멸망시키고, 나라 이름을 요遼로 바꾸었다(947). 그러나 후일 다시 거란이라고 일컫는 등 국

호로 요와 거란을 번갈아 사용하였다.[7]

거란에 대한 태조의 강경책은 후대의 국왕들에게 계승되었다. 혜종은 후진과 통교하여 거란을 견제하려 했으며, 정종은 거란의 침입에 대비하여 광군光軍 30만을 조직하기도 했다(947, 정종 2). 한편 광종은 후주에서 귀화한 쌍기雙冀의 건의를 받아들여 과거제도를 시행하였다(958, 광종 9). 후주의 과거에 합격한 쌍기는 사신을 따라 왔다가 병이 나서 고려에 머물렀는데, 후주의 황제가 재야 인재를 널리 등용하여 이들로 하여금 황제권을 신장시키는 데 기여하도록 한 사실을 안 광종은 쌍기를 중용하고, 그의 건의에 따라 과거제도를 시행했던 것이다.[8]

거란의 침입

고려와 거란의 대립은 후주의 뒤를 이어 송이 건국함에 이르러(960) 더욱 심각해졌다. 송이 5대의 분열을 극복하고 중국을 통일하자 고려는 사신을 보내 조공하고 송의 연호를 사용하였다(962, 광종 13). 고려가 송과 친선외교를 추진한 것은 정치적으로는 거란과 여진女眞을 견제하고, 문화적으로는 송의 선진문화를 수입하기 위함이었다. 송 역시 고려와 연계하여 거란과 여진을 견제하려는 의도를 가지고 있었다.[9]

송은 후진이 거란에 떼어준 연운16주를 되찾기 위해 거란을 공격했다가 대패한 후 다시 공격할 기회를 엿보면서 고려의 도움을 얻기 위해 노력하였다. 거란의 어린 황제 성종聖宗이 즉위한 것을 계기로 송은 다시 거란

거란의 국호 태조 때는 종족명을 그대로 사용하여 '대거란'이라 하였다가 태종 때 '대요'로 고쳤고, 성종 때 '대거란'으로 환원하였다가 도종道宗 때 다시 '대요'라고 하였다. 한편 『고려사』에는 요보다는 거란이라는 국호가 훨씬 빈번하게 사용되었다.

에 대한 원정군을 일으키면서 고려에 원병을 요청하였다(985, 고려 성종 4). 고려는 부질없이 거란과 전쟁을 시작하는 것은 무모하다고 판단하여 출병을 거부하였다.[10]

송에 대한 공격을 목표로 하고 있던 거란은 송에 앞서 고려를 공격할 계획을 세웠다. 거란은 고려 토벌의 준비 작업으로 고려 북쪽에 위치한 여진족을 공격하고, 이어 발해의 유민들이 압록강 중류지역에 세운 후발해, 즉 정안국을 멸망시켰다(985). 이 지역은 중국과의 해상교통이 매우 발달한 지역으로서 그들은 바다를 통해 송과 교류했을 뿐만 아니라, 특히 정안국은 송의 제의를 받아들여 거란을 협격하려는 움직임을 드러내고 있던 터였다.[11]

거란은 소손녕蕭孫寧(이름은 항덕恒德이고, 손녕은 그의 자字)을 사령관으로 하여 고려에 침입하였다(제1차 침입, 993, 고려 성종 12). 소손녕은 신라의 땅에서 일어난 고려가 자신들의 소유지인 고구려 땅을 침식하고 있으며, 자신들과 경계를 접하고 있으면서 바다 건너 송을 섬기고 있다는 점을 침략 이유로 들었다. 그리고 지금이라도 땅을 떼어 바치고 조공하면(수조빙修朝聘) 무사할 것이라고 하였다. 고려 조정은 대책회의를 열었는데, 항복하자는 의견과 서경 이북의 땅을 떼어 주자는 할지론割地論 등이 제기되었다. 성종은 할지론에 따르려고 했으나, 서희徐熙가 그들과 승부를 겨루어볼 것을 강력하게 건의하자 그의 의견을 수용하였다. 서희는 고려가 고구려를 계승한 국가임을 분명히 하고, 거란의 수도인 동경東京도 고구려의 영토였다고 하여 소손녕의 주장을 비판하였다. 그리고 고려가 거란과 교류하지 않은 것은 압록강 동쪽 주변을 여진이 차지하고 있기 때문이므로 만일 여진을 쫓아내어 도로가 통하면 조공하겠다고 하였다. 거란의 침입 이유가 고려와 송의 교빙관계를 고려와 거란의 그것으로 대치하려는 데 있음을 간파한 서희는 고려와 거란 사이에 국교가 통하지 않은 것을 여진의 탓으로 돌렸던 것이다.[12]

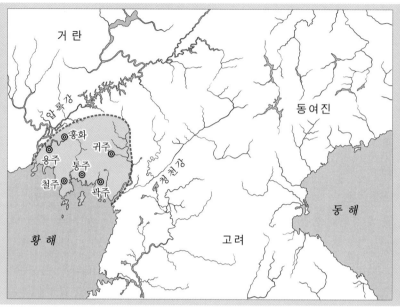

강동 6주

　　고려는 송과의 통교를 끊고 거란과 우호관계를 맺겠다고 약속함으로써 거란의 군대를 철수시켰다. 아울러 소손녕에게는 고려가 청천강 이북에서 압록강 이남에 이르는 280리 지역의 땅을 개척하는 데 동의하는 글을 받아냈다. 이에 따라 서희는 거란에 조공하는 길을 닦는다는 구실 아래, 군사를 이끌고 종래 여진의 거주지역에 홍화진興化鎭(의주 동쪽), 용주龍州(용천龍川), 통주通州(선천宣川), 철주鐵州(철산鐵山), 귀주龜州(귀성龜城), 곽주郭州(곽산郭山)의 6개 성을 쌓았는데, 이 6개의 성을 후대의 역사가들은 '강동 6주江東六州'라고 부른다.[13] 이로써 청천강 이북에서 압록강 이남의 280리에 이르는 지역이 고려의 영토로 편입되었다. 고려는 거란에 대해 형식적인 사대의 예를 취한 대신 강동 6주를 확보하는 실리를 얻게 된 것이다.[14] 이처럼 서희가 자신의 외교적 활동을 성공으로 이끌 수 있었던 것은 당시의 국제정

세와 그러한 국제정세 아래서의 고려의 위치를 올바르게 인식하고 있었기에 가능한 것이었다.[15]

이후 고려는 거란에 사대의 예를 갖추면서도 송과의 통교를 단절하지 않았다. 목종穆宗(997~1009) 때는 두세 차례 사신을 파견하여 요의 방해로 통교가 여의치 못함을 알리고, 송이 국경지대에 군대를 주둔시켜 거란을 견제해줄 것을 요청하기도 하였다. 물론 이러한 고려의 대송제휴정책은 성공을 거둘 수 없었다. 송이 거란과의 싸움에서 거듭 패하고 있었으므로 이에 응하지 못했던 것이다.[16] 특히 1004년에 송은 거란과 '전연澶淵의 맹약'을 맺기에 이르렀다. 이 맹약은 송을 형으로, 거란을 동생으로 한 반면, 송이 매년 10만 냥과 비단 20만 필의 세폐歲幣를 거란에 주는 것이었다.[17] 송은 명분을, 거란은 실리를 취한 셈이다. 그러나 거란은 고려와 송의 관계에 여전히 불안을 느끼고 있었다. 그리고 강동 6주의 전략적 가치를 깨닫게 되면서 고려에 반환을 요구하였다. 동여진 공략을 위해서는 이 지역의 확보가 필요하다고 여겼던 것이다.[18] 고려는 강동 6주의 군사력을 강화하고 거란의 요구를 거절하였다.

여기에 불만을 품은 거란은 강조康兆가 정변을 일으켜 목종을 폐하고 현종顯宗을 옹립한 것을 구실로 성종聖宗 자신이 직접 군대를 이끌고 침입해 왔다(제2차 침입, 1010, 현종 1). 거란은 강조의 죄를 묻는다는 점을 침략의 이유로 내세웠지만 이것은 구실에 불과하였다. 강조에 대한 문죄를 위해 황제가 직접 40만이나 되는 대군을 거느리고 고려에 침입했다는 것은 납득이 잘 되지 않는다. 실제로는 고려와 송의 통교를 철저히 차단하고 강동 6주를 탈환하는 데 그 목적이 있었던 것이다.[19]

세폐 매년 일정액의 재물을 상대국에 바치는 것을 말한다. 종속국에서 종주국에 보내는 것이 공貢이고, 종주국에서 종속국에 보내는 것이 사賜이며, 대등한 국가 간의 증여를 폐幣라고 한다.

거란군은 개경으로의 진격을 서둘렀기에 서북지방의 성들은 미처 함락하지 못하였다. 따라서 개경을 함락한 그들은 보급로의 차단을 두려워하였다.[20] 아울러 송이나 여진의 공격에도 대비해야 하였다. 송과의 연계를 꺼려 고려에 침입했던 만큼 후방을 비워둔 채 고려와의 전쟁에 전념할 수도 없었다. 이에 거란은 고려의 화전 제의를 받아들여 현종의 입조入朝를 조건으로 물러갔다. 이후 거란은 현종의 입조와 강동 6주의 반환을 누차 요구하였다. 이 두 가지 요구가 실현되지 않자 인질로 잡아간 하공진河拱辰을 죽임으로써 불만을 표시하는 한편, 강동 6주 지역의 보주保州(의주)와 선주宣州(의주 부근)에 성을 쌓아 고려를 침입하기 위한 군사기지로 활용하였다(1014).[21] 그러한 시기에 고려가 송에 사신을 파견하여 교빙을 요청하고 송의 연호를 사용하자 거란은 다시 침입하였다(제3차 침입, 1018, 현종 9). 이때 소배압蕭排押(소손녕의 형)이 거느린 거란군은 개경 가까이까지 진격하였다가 실패를 예감하고 퇴각하였는데, 귀주龜州에서 강감찬姜邯贊의 공격을 받아 거의 전멸되다시피 하였다. 침략군 10만 명 중에 살아간 자가 겨우 수천 명밖에 되지 않을 정도로 고려의 대승리였다. 이것이 유명한 귀주대첩이다. 이후 고려와 거란 사이에는 강화가 이루어져 평화관계가 유지되었다(1019, 현종 10).

여러 차례에 걸쳐 거란의 침입을 당한 고려는 그에 대한 대책에 골몰하였다. 그러한 가운데 관리들은 대거란 강경론을 주장한 자들과 온건론을 주장한 자들로 나뉘어 갈등을 빚었다. 대조영의 7대손이라고 밝힌 거란의 동경장군東京將軍 대연림大延琳이 반란을 일으켜 흥료국興遼國을 세우고 고려에 구원병을 요청했을 때 강경론자들은 이를 계기로 거란을 치자고 하였다. 그러나 온건론자들의 반대로 성사되지 못하였다(1029, 현종 20).[22] 덕종德宗(1031~1034) 때도 대거란 강경론자들에 의해 거란에 대한 출병론이 제기되었는가 하면, 거란의 위협에 대처하기 위해 압록강 입구부터 시작하여

동으로 영흥永興에 이르는, 흔히 천리장성이라고 불리는 길이 천여 리의 장성을 쌓기 시작했다(1033, 덕종 2). 거란에 대한 출병은 온건론자들의 반대 때문에 실현되지는 않았으나, 고려의 대거란 강경책은 양국 간의 마찰을 불러일으켜 거란이 정주靜州에 침입하는 사태가 발생하기도 하였다.

일찍이 신채호申采浩는 "고려의 대외관계에서 자존自尊의 강경론을 편 인물들은 거의 낭파郎派나 혹 간접으로 낭파의 사상을 받은 자요, 사대론事大論을 주장한 자는 대개 유학자들이었다"라고 하였다.[23] 그런데 대거란 강경론을 편 강감찬이나 온건론을 편 채충순蔡忠順 등이 모두 유학자로서 과거 급제자였다는 사실은 신채호의 주장이 꼭 정당한 것만은 아님을 알 수 있게 한다. 대거란 강경론을 주장한 인물은 대체로 국왕의 측근들로서 대외관계를 이용하여 왕권을 강화하려고 하였다. 고려와 거란 간의 긴장관계는 왕권을 강화하는 데 도움이 되었기 때문이다. 이에 반해 왕권이 강화되는 것에 반대한 대부분의 문신들은 대거란 온건론을 주장하였다.

고려와 거란 간에는 전쟁과 긴장상태가 지속된 가운데 문화적인 교류도 있었다. 특히 불교문화의 교류가 주목된다. 원효元曉의 『대승기신론소』가 거란에 전해져 반포되었는가 하면, 거란의 대장경은 그중 일부가 대각국사大覺國師 의천義天의 『속장續藏』에 포함되었다.[24] 또 불교자전이면서 일반인의 일용자전으로도 가치가 높은 거란의 『용감수경龍龕手鏡』이 고려에 전해져 증보되고 널리 유포되었다. 거란이 대장경을 고려에 전한 것은 1063년(고려 문종 17)의 일로, 당시는 문종文宗이 송과의 외교관계 재개를 시도하고 있을 때였다. 거란은 송의 대장경이 고려에 전래된 것을 의식하지 않을 수 없었다. 자신들이 문화적으로 송에 뒤지지 않는다는 것을 고려에 과시하기 위해 거란은 대장경을 전했을 것이다.[25]

고려와 거란 사이에는 무역도 이루어졌다. 양국 간의 교역은 규모나 내용으로 보아 여송무역을 따르지는 못했으나, 사행무역使行貿易과 함께 양국의 무역장소인 각장榷場이 보주에 설치되어(1005, 목종 8) 금, 은, 공예품이 수출되고 단사丹絲, 양羊 등이 수입되었다. 그러나 고려가 각장 설치를 군사적 위협으로 받아들여 국경에서의 무역은 활기를 띠지 못하였다.[26]

송과의 교류

고려는 일찍부터 송과 우호적인 관계를 유지하였다. 고려는 송의 선진문화를 수입하려 했고, 송은 고려의 군사적·정치적 지원을 얻어 거란과 여진을 견제하려 했기 때문이다.[27] 고려가 거란과 사대관계를 맺은 이후에도 송과의 외교관계를 완전히 단절하지 않고 간헐적으로 지속한 이유가 여기에 있었다. 거란의 눈치를 보아가며 송에 사신을 파견하는가 하면, 송의 연호를 사용하기도 했던 것이다. 이러한 송과의 우호관계가 또 다른 거란의 침입을 야기했음은 앞에서 언급한 바와 같다.

고려인 가운데는 송의 국자감에 입학하여 수학한 후 그곳의 과거에 합격한 인물이 적지 않았다. 경종景宗(975~981) 때의 김행성金行成과 성종成宗(981~997) 때의 최한崔罕, 목종穆宗 때의 김성적金成積, 예종睿宗(1105~1122) 때의 권적權適 등이다. 또한 고려에 귀화한 송나라 사람들도 있었는데 목종 때의 주저周佇, 예종 때의 호종단胡宗旦, 인종仁宗(1122~1146) 때의 임완林完은 그 대표적인 인물이다. 그리하여 송의 문화는 고려에 적지 않은 영향을 미쳤다. 송의 판본版本이 고려의 목판인쇄 발달에, 그리고 송의 자기磁器는 고려청자 발달에 각기 이바지하였다. 이밖에 음악과 의술 등에서도 고려는 송의 영향을 받았다.[28] 한편 송은 진귀한 서적들을 고려에서 구해가기도 하였다.

고려와 송 사이의 문물교류는 외교적 형식을 띤 공적인 무역보다도 사적인 민간교역에 힘입은 바 컸다. 송은 무역을 관리하는 시박사市舶司를 광주廣州, 명주明州 등지에 설치하고 명주의 시박사로 하여금 고려와 일본으로 향하는 선박을 관리하게 하는 등 적극적인 무역진흥책을 폈다. 여기에 힘입어 송의 상인들은 고려의 예성항禮成港을 드나들면서 활발한 무역활동을 전개하였다.[29] 고려는 금, 은, 동, 인삼, 잣 등의 원료품과 종이, 붓, 먹, 부채 등 송나라 사람들이 애호하는 수공품들을 수출하고 그 대신 비단, 책, 자기, 약재, 향료, 악기 등을 수입하였다. 송나라 상인들은 또한 고려의 국가 제사 가운데 하나인 팔관회八關會의 외국인 조하朝賀 의식에 여진인과 탐라인, 때로는 일본인과 함께 참여하였다. 그들은 조공국의 사절을 본떠 고려 국왕을 배알하면서 특산물을 헌상하였다.[30]

고려와 마찬가지로 송 역시 빈번하게 거란의 침입을 받았다. 송이 거란과 '전연의 맹약'을 맺었음은 앞에서 언급했는데, 이후로도 거란은 전연의 맹약을 개정할 것을 요구하는 등 송을 압박하였다. 따라서 고려와 거란이 강화한(1019) 후 고려와 송의 통교는 단절되었다. 고려와 송의 국교가 재개된 것은 1071년(문종 25)의 일이었다. 송과의 통교로 얻은 이익보다는 거란과의 외교적 분쟁이 더욱 우려된다는 일부 관리들의 반대에도 문종이 국교 재개를 결정한 것은 황실의 내분으로 거란의 국세가 기울어진 데다가[31] 송의 제도를 수용할 필요성 때문이었다. 고려가 문종 30년(1076)에 전시과 제도를 고치고 관제를 재정비한 사실은 이와 관련하여 주목된다. 관제 정비를 위해서는 송의 제도를 참고할 필요가 있었던 것이다. 한편 왕안석王安石을 등용하여 개혁정치를 실시하던 송의 신종神宗은 거란에 대항하기 위해서는 고려와의 제휴가 필요하다고 여겨 고려와의 통교에 적극적이었다.

송과의 국교 재개 이후 고려는 거란의 연호와 함께 송의 연호도 사용하였고, 양국 사이에는 사신의 왕래가 빈번해졌다. 송은 고려 사신의 격을 올려 국신사國信使라고 부르는 등 고려 사신을 거란의 사신과 같이 예우함으로써 성의를 표시하였다. 또한 1080년(문종 34)에 사신으로 간 박인량朴寅亮과 김근金覲의 시문을 『소화집小華集』이라는 이름으로 간행해주기도 하였다.[32] 한편 송의 사신으로 고려를 다녀간 서긍徐兢은(1123, 인종 1) 귀국하여 고려의 역사, 지리, 인물 등을 그림으로 그리고(도圖) 글로 써서(경經) 소개한 『선화봉사고려도경宣和奉使高麗圖經』을 휘종徽宗에게 바쳤다(1124, 송 선화 6). 이 책은 송이 금에게 멸망당함으로써 유포되지 못하고 있다가 20세기 들어서야 그 존재가 널리 알려졌다.[33]

송의 신종대(1067~1085)는 신법당新法黨과 구법당舊法黨이 정치적으로 대립하고 있었다. 신법당으로 불렸던 왕안석은 황제권을 강화하고 고위관리 세력을 억제하기 위한 개혁을 실시하였다. 이를 위해 그는 국가 재정을 충실히 하고 군사력을 강화하려고 하였다. 이에 반해 사마광司馬光과 소식蘇軾 등은 황제권의 강화에 반대하면서 왕안석의 개혁을 비판했는데, 그들은 구법당으로 불린다. 이러한 송의 정치사상은 고려에 커다란 영향을 미쳤다. 신법당과 구법당에 속한 인물들에 대한 김부식金富軾과 윤언이尹彦頤의 평가를 통해 알 수 있다. 김부식은 왕안석을 비난하고 사마광을 옹호하였다. 그는 사마광의 『자치통감資治通鑑』을 본받아 『삼국사기』를 저술했으며, 자신의 이름 한 자를 구법당의 소식으로부터 따왔을 정도였다. 이는 그가 사마광 등 구법당의 정치사상에 공감하고 있었음을 알려준다. 한편 김부식과 정치적 갈등을 빚은 윤언이는 고려 인종仁宗에게 「만언서萬言書」를 올렸다. 그런데 「만언서」는 왕안석이 송의 인종에게 올린 상서문의 이름이었다. 윤언이가 왕안석의 「만언서」를 올렸는지 아니면 자신의 상서문을 「만언서」라고 이름 붙였는지는 알 수 없지만, 어느 경우라도 그가 왕안석을 동경하고 그에게 큰 영향을 받고 있었음은 의심의 여지가 없다.[34]

고려와 금 · 남송

거란이 쇠퇴할 무렵, 고려의 북쪽에서는 여진이 흥기하였다. 그들은 한때 고려에 정벌되기도 했으나, 곧 부족을 통일하고 금을 세웠다. 금은 고려에 군신관계를 강요하는 한편으로 송을 멸망시켜 중국을 차지하였다. 이후 고려는 금으로부터 책봉을 받고 금의 연호를 사용함으로써 금과 이렇다 할 외교적 갈등을 빚지 않았다. 그러한 시기에 고려 일각에서는 금국정벌론이 대두되었다. 금국정벌론은 실제로 금국을 정벌하자는 것이 아니라, 이를 통해 위기의식을 조장하여 국왕의 위상을 높이기 위한 하나의 정치적 수단이었다.

여진정벌

여진족은 삼국 · 통일신라시대에는 말갈이라고 불리던 종족으로서 후일 청淸을 세운 만주족滿洲族과 동일한 계통의 족속이다. 그들은 발해의 지배 아래 있다가 발해가 망한 뒤로는 정치적 구심체를 마련하지 못하고 여기저기 흩어져 살면서 여진이라는 이름으로 불리었다. 고려는 함경도 방면의 여진을 동여진 혹은 동번東蕃이라 하고, 압록강 방면의 여진을 서여진 혹은 서번西蕃이라고 불렀다. 여진족은 식량, 포목, 철제농구, 철제무기 등

의 수요를 고려에서 충족하고, 그 대신 마필이나 모피를 고려로 가져오곤
하였다.

여진족 가운데는 고려에 의탁하여 오는 자들이 있었는가 하면 침략행위
를 하는 무리도 있었다. 고려는 이들에 대해 응징과 회유를 함께하는 은위
병용정책恩威幷用政策을 펴나갔다.[35] 태조 때부터 여진족의 침범에 대비해
군대를 파견하여 변경을 지키게 했으며, 또한 해구 행위를 하던 동여진을
겨냥해서는 각지에 수군을 설치했는데, 현종 때부터 나타나는 도부서都部
署는 바로 이를 통할하던 기관이었다.[36] 고려가 천리장성을 오늘날의 동해
안 도련포都連浦(광포廣浦)까지 연장한 것은(1055, 문종 9) 여진에 대비하기 위
함이었다.

여진족은 고려와 이렇다 할 갈등을 빚지 않았다. 『금사金史』에 금의 시
조가 고려에서 왔다고 기록되었는가 하면, 후일 동여진이 9성을 돌려줄 것
을 요청하면서(1109, 고려 예종 4) "우리 조종祖宗은 대방大邦(고려)에서 나왔다"
라고 한 것을 보면, 그들은 고려를 부모의 나라로 인식하고 있었던 듯하
다. 금의 태조 아골타阿骨打가 고려에 형제의 맹약을 맺자고 요구하면서 보
낸 국서(1117, 예종 12) 가운데도 "(여진은) 고려를 부모의 나라로 생각하여
정성껏 섬겼다"라는 기록이 보인다.[37] 따라서 여진족 가운데는 원주지에
살면서 고려에 공물을 바치고 관직을 받은 향화인向化人, 고려로 이주하여
온 투화인投化人이 적지 않았다. 이에 고려는 여진족 추장이 의탁해오면 무
산계武散階나 향직鄕職 등의 직계를 내려주고, 의탁해온 여진인들에게는 가
옥과 토지를 주어 그들의 생활 근거를 마련해주거나 변경을 방비하는 군
대에 편입시키는 등의 조치를 취하였다. 또한 공물을 바칠 경우에는 회사
품廻賜品을 후하게 내렸다. 그리고 여진의 거주지에 기미주羈縻州정책을 시
행하였다. 기미주는 고려에 귀순한 여진촌락에 이름을 내려주고 여진추장
을 도령都領에 임명하여 다스리게 하는 귀순 여진인의 자치주 같은 것이었

다. 이것은 거란에 대한 사대관계와 대비되는 고려 중심의 주변종족에 대한 포용정책이었다.[38]

그러나 완옌完顔이라는 부족에서 오아속烏雅束이라는 추장이 나타나 여진족 전체가 통일되어가는 새로운 기운이 일어남에 이르러 정세는 변하였다. 오아속은 군대를 파견하여 이미 고려에 복속하고 있던 여진부락을 경략하고, 고려에 의탁해오는 여진인을 추격하여 막았다. 이에 고려 숙종肅宗은 임간林幹을 보내 그들을 치게 하였으나 실패하고 돌아오자(1104, 숙종 9), 다시 윤관尹瓘을 파견하여 싸우게 하였다. 하지만 그 역시 패배함으로써 정주定州 이북의 여진 부락은 모두 오아속의 통치 아래 들어갔다.

윤관은 패전 이유로 적은 기병인데 아군은 보병이라는 점을 들었다. 이에 고려는 기병인 신기군神騎軍과 보병인 신보군神步軍, 승려로 조직된 항마군降魔軍을 포함한 별무반別武班을 조직하였다. 그리하여 예종 때에 윤관을 원수, 오연총吳延寵을 부원수로 삼아 다시 여진을 정벌하였다(1107, 예종 2). 윤관은 여진을 공격해 그 지역에 함주咸州 등의 성을 쌓고, 남쪽의 백성들을 옮겨 살게 한 후 돌아왔다. 이른바 윤관의 9성이 그것인데, 그러나 멀리 떨어진 9성을 방비한다는 것은 용이한 일이 아니었다. 오아속도 9성을 돌려줄 것을 애원했으므로 고려는 그들의 조공을 조건으로 삼아 9성을 돌려주었다(1109, 예종 4).

숙종 · 예종 때의 여진정벌은 많은 문신들의 반대 속에 이루어졌다. 숙종의 여진정벌에는 최사추崔思諏 등이 반대했으며, 예종 때는 김인존金仁存 등이 반대하였다. 간관諫官들은 여진정벌의 총사령관인 윤관을 "망령되게 명분 없는 군사를 일으켰다"라고 탄핵하였다. 실제로 당시 여진과의 관계는 전쟁을 일으킬 만큼 심각하지 않았다. 여진은 자기의 부족이 고려에 의탁하는 것을 막는 정도였으며, 예종이 즉위함에 이르러서는 사신을 보내오는 등 싸울 뜻이 없음을 스스로 드러내기도 했던 것이다. 특히 윤관의 9

성 설치에는 여진정벌에 참여한 인물들마저도 반대하였다. 사실 9성의 설치가 꼭 필요했던 것도 아니었다. 9성을 설치한 다음 해에 그곳을 여진에게 돌려준 것으로도 알 수 있는 일이다. 그런데도 여진정벌이 단행되고 9성이 설치된 것은 당시의 정치상황과 무관하지 않다.

숙종은 11세인 조카 헌종獻宗을 제거하고 왕위에 올랐는데, 그 과정에서 관리들, 특히 문신들의 반발에 부딪쳤다. 숙종은 군사적 기반을 강화하고, 전시체제를 이용하여 관리들을 장악할 필요를 느꼈다. 여진정벌은 이를 위해 시도된 것이었다. 별무반의 징발 대상에 재상의 자손들이 포함되어 있었는가 하면, 별무반이 숙종의 시위를 담당했던 사실이 이를 말해준다. 한편 예종이 여진정벌을 단행하고 9성을 설치한 것도 숙종의 경우와 크게 다르지 않았다. 예종의 즉위 직후 국왕의 명령을 문신 관리들이 무시하는 등 국왕의 권위는 여지없이 추락하고 있었다. 자신들에 대한 숙종의 견제에 불만을 품었던 문신들은 예종이 즉위하자 그와의 관계에서 기선을 제압하려고 했던 것이다. 이에 예종은 문신들의 국왕에 대한 지나친 간섭은 방관하지 않겠다는 의사를 분명히 밝히면서 여진정벌을 추진하였다. 그리고 9성이 설치된 것은 이를 통해 전시체제를 유지하려는 예종의 의도 때문이었다. 9성을 유지하기 위해서는 지속적인 군사작전이 필요했던 것이다. 결국 숙종·예종대의 여진정벌은 전시체제를 유지함으로써 국왕의 권위를 높이고, 나아가 문신들을 장악하기 위해 추진된 것이었다.

고려와 금

오아속을 이은 그의 아우 아골타는 금을 건국하고 자신을 황제라고 칭하였다(1115). 고려의 여진정벌이 그들의 통일을 앞당겼던 셈이다. 아골타는 곧 거란에 대한 군사행동을 개시하였다. 그러자 거란은 고려에 구원병을 요청하였다. 고려의 예종은 관리들을 소집하여 이 문제를 논의하였는데, 대부분이 출병을 찬성한 가운데 척준경拓俊京과 김부식은 그들 사이의 분쟁에 휘말릴 필요가 없다는 점을 들어 반대하였다(1115, 예종 10).

금이 거란을 격파하는 등 세력을 떨치자 송은 금과 손잡고 거란이 차지한 연운16주를 되찾으려고 하였다. 그리고 고려에도 후원을 부탁하였다. 고려는 금의 야만성을 지적하면서 송이 금과 연합하여 거란을 치는 것은 옳지 않다고 하여 이를 거절하였다. 한편 금과 송의 공격을 받아 전세가 불리해진 거란은 그들이 일찍이 여진이 송과 통교하는 길을 끊기 위해 쌓은 전략상 요충지인 보주를 접수하라고 고려에 통보한 후 철수하였다(1117, 예종 12). 자신들과 금의 전쟁에 고려를 끌어들이기 위함이었다. 고려는 보주를 점령하여 의주로 고치고, 방어사를 두어 국방상의 요충지로 삼았다. 아울러 거란의 연호를 사용하지 않음으로써 거란과의 공식적인 외교관계를 종결지었다.

한편 금은 고려에 사신을 보내, '형인 대여진 금국황제가 아우인 고려국왕에게 서신을 보낸다'는 글로 시작하여 서로 형제관계를 맺고 화친하자는 제의를 해왔다(1117, 예종 12). 김부의金富儀는 한이 흉노에, 당이 돌궐에 대하여 혹은 속국으로 칭하고 혹은 공주를 시집보낸 사실 등을 들어 금의 요구를 들어주어 국가를 보전하는 것이 옳은 방책이라고 건의하였다. 그러나 예종과 고위관리들은 이를 무시하고 대답을 유보함으로써 금의 제의를 묵살하였다.[39]

결국 송과 함께 거란을 협공하여 멸망시킨 금은 고려에 군신관계를 강요하였다(1125, 인종 3). 금에 보내는 국서를 '표表'라고 하고 고려를 '신臣'으로 칭할 것을 요구했던 것이다. 거란을 멸망시킨 마당에 더 이상 거란을 의식하여 고려에 유화정책을 펼 필요가 없다는 판단에서 취한 조치였다.

고려의 관리들은 이 요구가 무례하다 하여 분개하였으나, 당시 정치의 실권을 쥐고 있던 이자겸李資謙은 금의 요구를 승낙하였다. 고려는 금에 사신을 파견하여 신하를 칭하고 표를 올림으로써 금의 침략을 받지 않았다. 이자겸의 이러한 결정에 대해서는 자신의 정권을 유지하기 위함이었다는 비난이 일반적인 가운데, 고려의 현실적인 선택이었다는 긍정적인 평가도 있다.[40]

금은 거란을 멸망시킨 여세를 몰아 도리어 자신에게 협력한 송을 쳤다. 송은 고려에 사신을 보내어 위급함을 알리고, 금에 대한 협공을 요구하였다(1126, 인종 4). 그러나 고려는 이미 금에 대해 사대의 예를 갖추기로 결정한 직후였을 뿐만 아니라, 나라의 흥망을 걸고 송을 지원할 수도 없는 일이었다. 금이 강하다는 사실을 잘 알고 있었기 때문이다. 과연 금은 송을 쳐서 금을 백부伯父로 하고 송을 조카로 하는 숙질叔侄관계를 맺더니, 이듬해에는 송의 도읍지인 변경汴京을 함락하고 휘종과 새로운 황제 흠종欽宗을 잡아간, 이른바 '정강靖康의 변'을 일으켰다(1127, 인종 5). 이로써 송은 망하고, 그 일부가 양자강 이남으로 피신하여 명맥을 유지하였다.[41]

중국을 차지한 금은 보주문제를 들어 또다시 고려를 압박하였다. 자신들이 보주를 할양한 데 대해 고려가 감사를 표시해야 하며, 아울러 속국으로서 갖추어야 할 충성을 서약해야 한다고 주장했던 것이다. 고려의 인종은 금으로부터 책봉을 받고 금의 연호를 사용하는 등 금에 대해 충성을 맹세함으로써 이 문제를 매듭지었다(1142, 인종 20).[42] 이로써 고려와 금 사이에는 조공·책봉관계가 성립되어 커다란 외교적 갈등은 일어나지 않았다.

이러한 시기에 고려 국내에서는 금국정벌론이 제기되었다. 이를 제기한 인물은 정지상鄭知常 등 인종의 측근들이었다. 그들은 송이 금을 쳐서 이겼다는 헛된 소문을 그 근거로 내세웠다. 김부식이 송에서 돌아와 그 소문이 거짓임을 알게 되었음에도 국왕의 측근들은 계속하여 금국정벌론을 주장하였다. 그들의 금국정벌론은 이에 반대한 인물들이 주장했듯이 무모한 것이었다. 그들도 금국이 강국이라는 사실을 모르지 않았다. 따라서 금국 정벌론은 실제로 금국을 정벌하자는 것이 아니라, 이로써 위기의식을 조장하여 국왕의 위상을 높이려는 데 목적이 있었다.

이렇다 할 외교적 갈등이 없었던 고려와 금은 무신란 이후 국왕의 책봉을 둘러싸고 마찰을 빚었다. 무신들은 의종毅宗을 내쫓고 명종明宗을 옹립한 다음, 고주사告奏使를 금에 보내 왕위교체 사실을 알렸다. 의종의 병이 깊어 제후로서의 도리를 제대로 할 수 없다는 이유를 들었다. 금은 사전에 알리지 않고 국왕을 교체한 데 대해 불쾌감을 드러낸 후 사실을 조사하기 위해 사신을 파견하였다. 따라서 명종이 금의 책봉을 받는 데에는 상당한 진통이 뒤따랐다. 한편 무신정권에 반기를 들고 서경에서 난을 일으킨 조위총趙位寵은 금에 사신을 보내어 자신을 도와달라고 하였다(1174, 명종 4). 그러나 금은 조위총이 보낸 사신을 고려에 압송함으로써 그의 청을 거절하였다.

명종 이후의 왕들은 금에 즉위를 알리는 고주사와 책봉을 요청하는 청책사請冊使를 몇 차례에 걸쳐 파견한 이후에야 비로소 책봉을 받았다. 이는 정상적이지 못한 왕위계승 때문이었다. 예컨대 이의민李義旼을 제거하고 정권을 장악한 최충헌崔忠獻은 명종을 폐위하고 신종神宗을 옹립했는데, 그는 정권을 안정시키는 데는 금의 책봉이 필수적이라고 생각하고 사신을 파견하여 금에 신왕의 책봉을 요구하였다. 그러나 금은 책봉을 유보하고, 사신을 파견하여 내막을 조사한 연후에 신종을 책봉하였다. 따라서 무신정권기에 가장 심각했던 외교현안은 신왕의 책봉문제였다.[43] 그러나 강종康宗을 마지막으로 이후의 고려 국왕은 금으로부터 책봉을 받지 않았다. 내부의 반란으로 황제가 폐위되는 등 금이 무력해졌기 때문에 더 이상 책봉을 요청할 필요가 없었던 것이다. 따라서 거란족이 일으킨 반란의 진압을 위해 금이 원병을 요청했을 때도 고려는 이를 거절하였다. 결국 고려는 금의 연호 사용을 중지함으로써 금과의 외교관계를 마감하였다(1224, 고종 11).

고려와 남송

강남으로 피신한 송(남송)은 고려와 연결하여 금을 제압하려는 정책(연려제금책聯麗制金策)을 수립하였다. 남송은 금에 잡혀간 휘종과 흠종을 구하는 데 고려가 가도假道, 즉 금으로 가는 길을 열어주거나 군사를 빌려주기를 청하였다(1128, 인종 6). 고려는 만일 남송에 길을 빌려주면 금 역시 고려의 길을 경유하여 남송을 공격할 것이라는 점을 들어 이를 거절하였다. 이로써 양국의 관계는 악화되었다. 고려는 가도문제로 일어날지도 모를 남송의 오해와 감정을 풀기 위해 사신을 파견하여 두 번이나 그들의 요구를 거부한 데 대해 사과함으로써 그들을 달랬다(1132, 인종 10).

고려에서 묘청妙淸의 난이 일어나자(1135, 인종 12), 남송은 난의 진압을 돕기 위해 10만의 원병을 파견할 의사가 있다고 고려에 알려왔다. 이는 금의 침략에 시달린 송이 고려를 끌어들여 금을 도모하려는 책략의 일부였다. 고려는 남송의 제의를 거절하였다. 남송의 대금전에 휘말릴 우려가 있을 뿐만 아니라, 국내의 내란을 진압할 목적으로 외국의 군대를 끌어들이는 것은 외국의 간섭을 초래하는 것이므로 받아들일 수 없기 때문이었다.[44]

남송에서는 금을 토벌하자는 주전론과 강화하자는 주화론이 맞서 국론이 분열하였다. 주전론자인 악비岳飛는 북벌군을 일으켜 금군을 격파하는 전과를 거두었음에도 주화론자에 의해 살해되었다. 결국 남송은 휘종의 시신을 송환하는 조건으로 금에 신하를 칭하였다(1142). 고려와 마찬가지로 금에 조공하는 나라가 되었던 것이다. 이후 남송은 금의 침공을 받자 고려에 구원을 요청하였는데, 고려는 이 역시 거절하였다. 이때부터 고려와 남송 사이에는 국가 차원의 공식적인 관계가 완전히 단절되었다 (1161, 의종 15).

고려와 원

1231년(고종 18) 몽고의 침입을 받은 고려는 강화도로 천도를 단행하면서 약 40년 동안 항전하였다. 그러나 1270년(원종 11) 개경에 환도함으로써 몽고, 즉 원의 정치적 간섭을 받게 되었다. 이후 전개된 고려와 원의 관계는 고려와 다른 중국 국가들과의 관계와는 전혀 다른 형태를 드러냈다. 원은 고려를 독립국으로 온존시켰으나 고려의 내정을 간섭했을 뿐만 아니라 자신들의 체제를 강요하였다. 그리고 고려 국왕의 책봉 및 폐위도 원에 의해 결정되고 실행되었다. 원은 왕위를 미끼로 고려국왕을 통제했던 것이다. 결국 충혜왕忠惠王이 원에 잡혀가서 사망한 것을 계기로 고려의 관리들 사이에는 반원적 분위기가 싹텄고, 공민왕恭愍王은 이러한 분위기를 바탕으로 반원정책反元政策을 수행하여 원의 간섭에서 벗어났다(1356, 공민왕 5).

몽고의 침입과 항쟁

몽고족은 지금의 몽고 평원에 자리 잡고 있던 유목민족이었다. 그들은 오랫동안 거란과 금에 예속되어 있었으나 차츰 내부에서 통일의 기운이 일어났다. 12세기 말 드디어 테무친鐵木眞이라는 자가 나타나 부족을 통일하고, 귀족들로부터 칭기즈칸成吉思汗이라는 칭호를 받고 황제가 되었다

(1206). 칭기즈칸은 금에 대한 공격을 개시하여 금의 장군 포선만노浦鮮萬奴가 만주지방에 세운 동진국東眞國을 복종시키고, 그들과 함께 거란족을 공격하였다. 당시 거란족은 금이 몽고의 공격에 시달리고 있던 틈을 타서 요동지방을 점령하고 위세를 떨치고 있었다. 몽고군에게 쫓긴 거란족은 압록강을 건너 고려의 영내로 침입하였다. 그들은 북방지역을 노략하고, 마침내는 수도 개경까지 위협하였다. 고려는 조충趙沖, 김취려金就礪 등을 파견하여 그들을 저지하게 하였다. 고려의 공격을 받은 거란군은 평양의 동쪽에 있는 강동성江東城에 들어가 버텼다(1218).

고려가 강동성 공략을 추진 중일 때, 거란족을 토벌하기 위해 동진국군과 함께 그곳에 도착한 몽고군은 강동성에 대한 공동작전을 고려에 제의하였다. 고려는 군량미를 보내어 그들의 요구에 응하는 한편, 조충과 김취려로 하여금 강동성을 공격하는 몽고군을 돕게 하였다. 강동성이 평정되자 몽고의 장군 합진哈眞은 몽고가 형이고 고려가 동생이 되는 형제의 맹약을 고려에 강요하였다. 고려가 이를 받아들임으로써 고려는 몽고와 국교를 수립하였다(1218, 고종 5).

이후 몽고는 고려의 은인임을 자처하고 매년 사신을 보내 공물貢物을 취하여갔다. 그런데 몽고가 요구한 공물의 양이 지나치게 많았을 뿐만 아니라, 몽고 사신들이 고려조정에서 취한 오만불손한 태도는 고려인들의 불만을 자아내기에 충분하였다.[45] 이 때문에 고려는 몽고의 요구에 불응하는 일이 종종 있었다. 이를 계기로 고려와 몽고의 사이는 벌어지기 시작했는데, 그러한 가운데 고려에 공물을 징수하러 왔던 몽고의 사신 저고여著古與가 귀국하는 도중 압록강 부근에서 살해되는 사건이 발생하였다(1225, 고종 12). 고려는 이 사건이 금나라의 소행이라고 주장했지만, 몽고는 고려의 주장을 묵살하면서 외교관계를 단절하였다. 이는 곧 몽고군의 출병을 의미하는 것이었다.[46]

칭기즈칸의 뒤를 이어 몽고의 황제에 오른 태종(오고타이窩闊台)은 금나라 정벌에 나서면서 살례탑撒禮塔(또는 살리태撒里台)으로 하여금 고려를 침공하게 하였다(1231, 고려 고종 18). 살례탑이 거느린 몽고군이 압록강을 건너 인주麟州로 진격해 오자 그곳 주진군의 지휘관이던 홍복원洪福源은 자진 투항하였다. 인주는 무신란 이후 자주 민란이 발생하는 등 무신정권에 대한 반감이 고조되어 있던 지역이었다. 따라서 홍복원의 투항은 무신정권에 대한 반감에서 비롯되었을 가능성이 크다. 그러나 몽고군은 귀주에서 박서朴犀에게 패했으며, 자주慈州(평양 북쪽)에서도 최춘명崔椿命의 완강한 저항에 부딪쳐 이를 함락시키지 못하였다. 살례탑은 이들을 외면하고 수도 개경을 압박하였다.

고려의 무신집권자 최이崔怡(우瑀)는 몽고군에 맞서 싸우기 위해 각도의 군사를 징집하였다. 그러나 대패하자 화의를 추진하였는데, 살례탑이 여기에 응함으로써 화의가 성립되었다. 살례탑은 많은 공물을 고려에 강요하고, 서경을 비롯한 서북면 지방에 다루가치를 설치하여 행정을 감독하게 한 후 철수하였다. 그리고 도단都旦이라는 자를 파견해 고려의 국사를 다스리게 하였다. 이로써 다루가치가 수도인 개경에도 설치되었다. 그러자 최이는 강화도로 천도를 결정하였다. 이는 몽고에 대한 항쟁을 선언한 것과 다를 바 없었다. 최이가 천도를 결정한 이유는 몽고가 다루가치를 설치하여 고려의 내정을 간섭하려 했기 때문이다. 다루가치가 설치되면 최씨정권이 몽고의 제재를 받게 될 것은 당연했으므로 설사 고려왕조가 존속되더라도 최이에게 이로울 것은 없었던 것이다. 정권을 유지하기 위해서는 몽고에 대한 항쟁을 택할 수밖에 없었다.

국왕과 대부분의 관리들은 천도에 반대하였다. 몽고군이 이미 물러간 상태에서 천도는 명분 없는 것이었다. 또한 관리들로서는 자신들의 오랜 생활근거지를 떠난다는 것도 쉽지 않았다. 그러자 최이는 반대한 인물의 목을 매달아 공포분위기를 조성한 후 국왕과 관리들을 협박하여 강화도로 천도를 단행했다(고종 19년, 1232).⁴⁷ 강화도는 조석간만의 차가 크고 조류가 빨라 몽고군으로서도 공격하기 쉽지 않은 곳이었다. 그리고 개경과 근접해 있을 뿐만 아니라 해로를 통한 지방과의 연결이나 조운 등이 매우 편리한 지역이었다.

고려의 강화 천도가 몽고를 자극했음은 물론이다. 이에 다시 침입한 몽고군은 고려 본토를 철저하게 유린함으로써 강화도정부로 하여금 스스로 항복해오도록 하는 방식을 택하였다. 그들은 멀리 경상도까지 내려가, 현종 때 조판하여 대구 근처 부인사符仁寺에 간직되어오던 초조대장경初雕大藏經을 불태우기도 하였다. 그러나 그들의 주력부대가 수원의 처인성處仁城(용인)을 치던 중 사령관 살례탑이 농민군을 지휘하던 승려 김윤후金允侯의 화살에 맞아 전사하자 몽고군은 철수하였다(1232).

김윤후의 경우에서 볼 수 있듯이 몽고가 침입한 초기에 그들과 맞서 싸운 것은 본토의 농민들이었다. 그러나 이후 최씨정권의 몽고에 대한 항쟁은 농민들의 지지를 상실하였다. 야별초夜別抄를 앞세운 최씨정권의 유격전이 농민에 대한 몽고군의 무차별한 살육만을 불러일으켰기 때문이다. 더구나 최항정권(1249~1257) 아래서 추진된 산성해도입보정책山城海島入保政策은 농민들에게 몽고군의 약탈보다 훨씬 가혹한 것이었다. 산성해도입보정책이란 몽고군에게 양식을 제공하지 않기 위해 농민들로 하여금 몽고군을 피해 곡식을 불사르고 산이나 섬으로 피하게 한 것이다. 농민들이 집과 재산을 버리고 산이나 섬에 들어가기를 원하지 않자 최항정권은 그들을 고문하고 죽였다. 따라서 농민들은 도리어 고려군보다 몽고군이 오는 것을 환영했다 한다.⁴⁸

몽고는 남송에 대한 토벌을 진행하면서 일찍이 몽고에 투항한 홍복원을 길잡이로 삼아 다시 침입하였다(3차 침입, 1234, 고종 21). 고려가 남송과 연합체제를 구축하여 자신들의 배후를 위협할 것을 우려했기 때문이다.[49] 당고唐古가 인솔한 몽고군은 강화도정부와는 교섭을 벌이지도 않은 채 5년에 걸쳐 전 국토를 유린하였다(1235~1239). 경주의 황룡사 9층탑이 불탄 것도 이때의 일이다. 강화도정부는 불법佛法의 가호로 적군을 물리치기 위해 새로운 대장경 조판에 착수하였다(1236). 현재 해인사에 보관 중인 팔만대장경의 조판이 시작되었던 것이다. 아울러 몽고에 사신을 파견하여 철군을 호소하였다. 몽고는 국왕의 입조를 조건으로 물러갔는데, 그러나 입조가 이루어지지 않자 아모간阿母侃을 사령관으로 하여 다시 침입하였다(4차 침입, 1246). 그러나 그들의 황제가 급서하자 곧 철군하였다.

1253년(고종 40) 몽고는 5차 침입을 개시하였다. 이때 몽고군의 원수는 야굴也窟(또는 야고也古)이었는데, 그는 군사적인 공격을 전개하는 한편 강화도에 사자를 보내 국왕의 출육을 촉구하였다. 고려는 몽고의 군대가 철수하면 출육할 것이라 하고, 몽고는 국왕이 출육하면 회군하겠다고 하였다. 마침내 고종은 강화도에서 나와 맞은편 연안의 새 궁궐에서 야굴이 보낸 사자를 접견하였다. 몽고와 개전한 이래 첫 출육이었다.

몽고는 국왕이 출육했다 하더라도 당시의 집권자인 최항이 강화도에서 나오지 않은 것은 진정한 항복이 아니라는 사실을 깨닫고, 강화도정부의 개경환도를 요구하며 차라대車羅大를 사령관으로 삼아 전후 6년에 걸쳐 네 차례의 침입을 단행하였다(6차 침입, 1254~1259). 그들은 사세를 관망하다가 출육이 이루어지지 않으면 다시 침공하였다. 차라대가 고려 각지를 노략하고 있을 때 동북면에서는 조휘趙暉, 탁청卓靑이 반란을 일으켜 철령鐵嶺 이북의 땅을 가지고 몽고에 항복하였다. 이를 계기로 몽고는 화주和州(영흥永興)에 쌍성총관부雙城摠管府를 설치하고 이 지방을 몽고의 영토로 편입하였다(1258, 고종 45). 그리고 조휘를 총관摠管에, 탁청을 천호千戶로 임명하는 한편 따로 다루가치를 파견하여 그 지역을 직접 지배하였다. 동북지방의

천 리 장 성

쌍성총관부

동녕부 화주

서경

자비령 철령

평산

개경

남경

강도(강화)

처인성

충주

공주

동경

함포

탐라총관부

원 간섭 아래의 고려(쌍성총관부, 동녕부, 탐라총관부)

이 쌍성총관부는 후일(1270, 원종 11) 서북지방의 서경에 설치된 동녕부東寧府와 함께 몽고의 정치적·군사적 기반이 되어 고려를 압박하는 데 이용되었다.[50]

몽고의 침입이 잦아지고 본토의 민심이 이반하자 강화도 내의 관리들 사이에는 개경으로 환도하자는 여론이 무르익었다. 이러한 여론을 주도한 인물은 문신 주화론자들이었다. 몽고에 대한 주화론은 일찍이 강화 천도 여부를 결정할 시기에 유승단兪升旦 등이 제기하였다. 그러나 최이정권의 항전론이 대세를 장악하면서 강화론은 잦아들었는데, 최항의 집권 이후부터 강화의 분위기가 다시 되살아났던 것이다. 고종이 강화도에서 나와 몽고의 사신을 맞이한 것도 주화론자들의 요구를 수용한 결과였다.[51]

주화론자들의 개경 환도 주장은 최항정권에 커다란 위협이었다. 출육환도는 정권의 종말을 의미한다는 사실을 최항은 잘 알고 있었다. 그는 몽고에 붙잡혀 갔다가 도망 온 군인들로 신의군神義軍을 조직하였다. 몽고에 대한 이들의 반감을 이용하여 환도여론에 쐐기를 박기 위함이었다. 그러나 최씨정권은 최의崔竩에 이르러 김준金俊, 유경劉璥 등에게 타도되었다. 이 정변 직후 고려는 몽고와의 화의가 불가피하다고 판단하고 태자 전倎(원종)을 입조시켜 항복의 뜻을 밝히고(1259, 고종 46), 몽고의 요구에 따라 항전을 단념한다는 표시로 강화도의 성을 허물었다. 이로써 양국 간의 무력충돌은 막을 내렸다.

몽고에 들어간 태자는 헌종憲宗의 둘째 동생인 쿠빌라이忽必烈를 만났다. 당시 몽고에서는 남송정벌을 지휘하던 헌종이 사망함으로써 그의 형제들이 황제 자리를 놓고 다투고 있었다. 몽고의 제위가 누구에게 돌아갈지 알 수 없는 상황에서 고려의 태자가 자신을 만나러 오자 그는 "고려는 만리나 되는 큰 나라(만리지국萬里之國)이다. (옛날) 당나라 태종이 친정親征하였어도 굴복시키지 못했는데, 지금 그 태자가 스스로 왔으니 이는 하늘의 뜻이다"

라며 크게 기뻐하였다. 결국 쿠빌라이가 황제(세조世祖)가 되었고, 태자도 귀국하여 왕위에 올랐으니 그가 원종元宗이다. 원종은 사신을 파견하여 세조의 즉위를 축하하고 정식으로 신속臣屬의 의사를 밝혔다(1260, 원종 1).[52] 그러자 세조는 그들 사신 편에 "고려의 의관衣冠은 본국의 풍속을 따르며 고치지 않는다"라는 점을 분명히 하였다. 이는 고려의 종묘와 사직, 즉 왕조체제의 존속을 보장하는 것으로 이후 고려와 원의 관계를 규정하는 중요한 원칙이 되었다.[53]

1264년(원종 5) 원종이 몽고에 들어감으로써 고려 국왕의 몽고 입조가 이루어졌다. 원종은 몽고와의 화해가 국왕의 지위를 유지하는 데 결코 불리하지 않다는 사실을 확인하였다. 무신집권자들을 제거하고 왕권을 회복하기 위한 유일한 방법은 개경으로 환도하는 것뿐이라고 판단하였다. 그러나 무신집권자들의 생각은 달랐다. 최씨정권을 무너뜨리고 정권을 장악한 김준은 몽고에 대한 항쟁을 자신의 정치적 지위를 유지하기 위한 수단으로 이용하고 있었으므로 개경 환도에 반대하였다. 이 점에 있어서는 김준을 제거하고 정권을 장악한 임연林衍도 마찬가지였다. 결국 임연은 몽고와의 강화를 주장하던 원종을 폐위시켰다(1269, 원종 10).

임연이 원종을 폐위하자 이에 대한 반발이 일어났다. 우선 최탄崔坦이 원종의 복위를 내세워 서경에서 난을 일으켰는데, 서북지방의 주민들이 여기에 호응하였다. 원종의 폐위는 몽고에 대한 적극적인 항쟁 표시와 다를 바 없는 것이었기에 항쟁으로 피해를 당하고 있던 서북지방민들이 이에 반기를 든 것이다. 이를 계기로 몽고는 서경에 동녕부를 설치하여(1269) 최탄을 총관에 임명하고 다루가치를 파견하여 다스리게 하였다. 그리고 세자, 즉 후일의 충렬왕忠烈王의 요청을 받아들여 군대를 보내 임연에게 압력을 가하였다. 내외의 압력에 견디다 못한 임연은 결국 원종을 복위시켜 몽고에 들어가게 하고, 자신은 등창으로 사망하였다. 이후 그의 아들인 임유무林惟茂가 정권을 장악하였다.

원종은 몽고군의 호위를 받으면서 귀국하였다. 그는 개경에 머물면서 강화도에 있던 관리들에게 출륙을 종용하였다. 그 대가로 원종은 그들의 지위를 보장해준다고 약속하였다. 당시의 관리들에게는 이를 거절할 명분이나 이유가 없었다. 원종의 요구에 대한 거부는 임금의 명령을 어기는 것이며, 현실적으로는 조운을 통해 강화도에 수송되고 있던 세곡税穀이 단절될 것이기 때문이었다. 그리고 국왕인 원종이 개경에 있는 마당에 몽고에 대한 항쟁의 명분으로 고려 사직의 보존을 내세울 수도 없는 형편이었다. 이에 대부분의 관리들은 원종의 요구에 응하였다. 몽고의 군사적 위협에 이제까지 강경하게 대처해왔던 고려가 갑자기 환도로 방향을 전환했던 이유가 여기에 있었다. 고려정부의 개경 환도는 몽고의 압력보다는 고려 내부의 사정에 기인한 바가 컸던 것이다. 이로써 무신정권은 막을 내렸고, 고려는 몽고의 간섭을 받게 되었다(1270, 원종 11).

고려정부가 개경으로 환도하자 장군 배중손裵仲孫 등은 환도를 거부한 채 강화도에 남아 왕온王溫을 왕으로 추대하고 삼별초三別抄를 이끌고 난을 일으켰다. 그들은 몽고와의 항전을 유리하게 전개하기 위해 근거지를 강화도에서 진도로 옮겼다. 진도는 경상·전라 지역의 세곡이 조운을 통하여 서울로 운송되는 길목이기 때문이었다. 진도 지역을 장악함으로써 삼별초는 영·호남 지역의 조세를 자신들의 자원으로 이용할 수 있었다. 그들은 일본에 사신을 보내어 자신들이 고려의 정통정부임을 주장하면서 공동으로 몽고에 대항하자고 제의하기도 하였다. 이러한 사실은 일본에서 발견된 「고려첩장불심조조高麗牒狀不審條條」라는 고문서에서 확인할 수 있다. 이는 1268년에 고려 국왕이 일본에 보낸 서간과 1271년에 보낸 서간의 서로 어긋난 점을 기록한 문서인데, 후자는 진도의 삼별초가 보낸 것으로 삼별초는 제휴하여 몽고에 대항할 것을 일본에 요구하였다.[54]

그러나 고려와 몽고의 연합군에게 진도가 함락됨으로써 삼별초는 배중손과 왕온 등 중심인물을 거의 잃었다. 그 나머지 무리가 김통정金通精의 지휘하에 제주도로 들어가서 저항을 꾀하였으나, 고려와 몽고의 연합군에게 진압되어(1273) 전후 4년에 걸친 삼별초의 항전은 막을 내렸다. 제주도는 남송과 일본을 연결하는 교통의 요충지였으므로 남송 경략과 일본 정벌을 계획하고 있던 몽고는 일찍부터 여기에 주목하였다.[55] 따라서 삼별초를 토평한 뒤 그들은 탐라耽羅총관부를 설치하여 제주도를 목마장으로 이용하고, 다루가치를 주재시켜 그로 하여금 다스리게 하였다. 그리하여 제주도에서는 목호牧胡라 불린 몽고인 목자들이 고려 말까지 말, 소, 양 등을 길렀다.

고려와 원의 일본 침략

몽고는 남송과 해상무역을 하던 일본을 복속시킬 필요를 느꼈다. 남송을 고립시키고 일본을 자신들의 정치적 영향권 안에 들어오게 하기 위함이었다. 이를 위해 몽고는 고려를 앞세워 일본에 사신을 파견하였다. 그러나 성과를 얻지 못하자(1266, 원종 7) 일본에 대한 일은 고려에 일임한다고 하면서 고려의 사신으로 하여금 자신들의 국서를 가지고 일본에 가게 하였다. 혹은 고려를 배제하고 독자적으로 사신을 파견한 경우도 있었다. 이러한 몽고의 태도에 고려는 적지 않게 당황하였다. 만일 일본이 몽고의 요구에 순순히 응한다면 별 문제가 없지만, 그렇지 않을 경우 전쟁은 불가피하며, 거기에 고려도 자연히 휩쓸려 들어갈 수밖에 없기 때문이었다. 고려 조정에서는 이 기회에 몽고와의 관계를 끊어버리자는 강경론까지 나왔으나 결국에는 소극적인 방법으로 그들의 요구에 협조하기로 방침을 세웠다.[56] 그런데 당시 일본의 실권을 장악하고 있던 가마쿠라 막부鎌倉幕府는 몽고 사신의 접견을 거부하고 회답을 주지 않았다. 몽고는 온건한 방법으로는 일본을 굴복시키기 어렵다고 판단하여 원정을 결정하였다.

원으로 나라 이름을 바꾼 몽고는(1271) 일본정벌을 위한 군량 확보를 위해 고려에 둔전屯田을 설치하였다. 둔전은 처음 봉주鳳州(봉산)에 설치했다가 곧 염주鹽州(연안)와 백주白州로 옮겼다. 아울러 그 경영을 위해 둔전경략사屯田經略司를 고려에 설치하고, 5천여 명의 군대를 파견하였다(1271, 원종 12). 원종은 이의 폐지를 원에 건의하였으나 묵살되었다.[57] 한편 세자로서 원에 가 있던 후일의 충렬왕은 원의 일본정벌에 적극적이었다. 그는 전함과 군량의 확보에 힘을 쏟겠으니 자신을 고려에 돌려보내 달라고 요청하였다. 귀국한 세자는 전함병량도감戰艦兵糧都監을 설치하여 일본정벌에 필요한 전함 건조와 양곡 준비에 들어갔다. 그리고 원종이 사망하자 왕위에 올랐다(1274).

삼별초난이 진압된 다음 해에 여원연합군은 합포哈浦(마산)를 떠나 일본원정에 나섰다(1274, 원종 15). 여기에는 도원수 흔도忻都(홀돈忽敦)와 부원수 홍다구洪茶丘(홍복원의 아들) 그리고 유복형劉復亨 지휘하의 원나라 군대 2만 5천 명과 김방경金方慶 지휘하의 고려군 8천 명이 동원되었다. 그들은 쓰시마對馬와 이키壹岐 두 섬을 정복하고 규슈九州를 공격하였다. 그런데 홍다구는 고려인이고 유복형은 산동 출신의 여진족 무장이었으며, 김방경은 얼마 전만 해도 몽고에 저항하여 싸운 인물이었다. 따라서 겉으로는 연합군이지만 내적으로는 지휘체계에 많은 문제를 안고 있었다.[58] 게다가 태풍을 만나 큰 피해까지 입자 결국 여원연합군의 일본원정은 실패로 돌아가고 말았다.

일본원정에 실패한 이후에도 원 세조는 그 계획을 포기하지 않고, 일본에 선유사宣諭使를 파견하였다. 그러나 이에 대응하는 일본의 태도 역시 매우 강경하여 두 차례에 걸쳐 파견된 원의 사신을 모두 참수하는 단호한 조치를 취하였다. 이후 원은 남송을 멸망시켰다(1279). 이에 따라 일본과 남송 간의 연결을 차단한다는 애초의 목표가 사라졌음에도 원은 자신들의 사절이 모두 살해되었다는 사실을 알고 재차 침략을 계획하였다. 그리고 그 준비를 위해 고려에 정동행성征東行省을 설치하였다(1280, 충렬왕 6). 정동행성은 명칭에서 드러나는 바와 같이 애초에는 정동, 즉 일본 원정을 단행할 목적으로 설치된 것이었다. 원은 외지의 통치를 위해 혹은 대규모의 군사행동을 위해 10여 개의 행성(행중서성行中書省의 약칭)을 설치하여 중앙 중서성의 지휘를 받게 했는데, 정동행성은 그 가운데 하나였다.[59]

충렬왕은 원의 제2차 일본정벌에 매우 적극적이었다. 그는 원 세조에게 다시 일본정벌에 나설 것을 건의하면서 이에 필요한 군수물자를 고려가 부담하겠다고 제의하였다. 이리하여 고려에서도 일본정벌을 위한 준비가 다시 시작되었다. 여러 도에 사신을 보내어 병량을 준비하고 군기를 제조하고 전함을 수리하게 하였다. 30여 년에 걸친 몽고와의 항쟁에 지친 고려 농민들에게 이것이 무거운 부담이었음은 두말할 나위가 없다. 그런데도 충렬왕이 일본정벌에 적극적이었던 것은 원으로부터 확고한 정치적 지위를 보장받기 위함이었다. 실제로 일본정벌 이후 충렬왕의 정치적 지위는 크게 향상되었다. 그 이전까지 고려의 국왕과 원의 사신은 서로 대등하게 상대했는데, 이때에 이르러 충렬왕은 원의 사신을 남면南面함으로써 상하 관계를 분명히 했던 것이다.

1281년 원은 제2차 일본정벌에 나섰다. 흔도와 홍다구 지휘하의 원군과 김방경의 고려군으로 구성된 여원연합군(동로군東路軍)과 남송에서 징발된 강남군江南軍은 두 갈래로 나누어 일본을 공격하였다. 그러나 이번에도 태풍을 만나 실패하고 말았다. 일본인들은 이를 신이 가져다 준 바람이라고 하여 가미카제神風라고 불렀다. 이후 일본에서는 일본은 신이 수호해주

는 나라라는 신국사상神國思想이 팽배해졌으며, 아울러 고려에 대한 멸시관이 자리를 잡아갔다.[60]

원에서는 이후에도 몇 차례에 걸쳐 일본정벌이 논의되었다. 그러나 황족인 내안乃顔이 반란을 일으키자(1287) 원은 일본원정을 위해 준비해 두었던 병력을 출동시켰다. 따라서 일본정벌을 실행에 옮기기 어렵게 되었다. 한편 충렬왕은 원이 지원군을 요청하기도 전에 고려군을 동원하여 내안의 난을 진압하는 것을 돕겠다고 나섰다. 자신이 직접 군대를 이끌고 출정했는가 하면, 군량을 차출하여 원에 실어보내기도 하였다. 그리고 그 다음해 내안의 무리인 합단哈丹이 난을 일으켰을 때에도 지원군을 파견하였다. 이러한 충렬왕의 행동은 합단의 침입을 불러들여 1년 반 동안 고려는 전란에 휩싸였다(1290). 내안과 합단의 난이 진압된 후 원의 세조는 다시 일본정벌을 계획했으나 그가 사망하면서 이에 관한 논의도 사라졌다.[61]

원의 정치적 간섭

1270년 고려는 강화도에서 개경으로 환도함으로써 몽고에 항복하였다. 그러나 이후에도 고려의 독자성은 그대로 인정되었다. 이러한 사실은 원의 무종이 충렬왕의 시호를 내리는 제서制書에서

> 지금 천하에서 자기의 백성과 사직을 가지고 왕위를 누리는 나라는 오직 삼한(고려)뿐이다(『고려사』 33, 충선왕 2년 7월 을미).

라고 선언한 것으로 알 수 있다. 이와 아울러 고려를 소멸시켜 원의 직할성으로 만들자는 여러 차례에 걸친 입성책동立省策動이 모두 무산된 사실도

당시 고려의 지위를 이해하는 데 도움이 된다. 최초의 입성책동은 1298년 충선왕忠宣王이 심양왕瀋陽王에 봉해진 데 불만을 품은 요양행성遼陽行省의 우승右丞 홍중희洪重喜에 의해 이루어졌다. 홍중희는 일찍이 몽고에 투항해서 그 앞잡이 노릇을 한 홍복원의 손자로, 그를 중심으로 한 홍씨 일가는 요양지방에 이주해온 고려인을 대를 이어가며 지배하고 있었다. 그는 충선왕을 모해함과 아울러 고려를 원의 직할성으로 만들 것을 중서성에 건의하였다. 입성 요구는 1323년(충숙왕 10)에도 있었다. 충숙왕忠肅王에게 불만을 품고 원에 정치적 망명을 한 유청신柳淸臣, 오잠吳潛 등이 고려를 원의 직할성으로 삼아줄 것을 요청했던 것이다. 이러한 시도는 이후에도 있었으나 성공하지 못하였다. 원의 관리들은 고려를 직할성으로 삼는 것이 세조가 언급한 '고려의 의관은 본국의 풍속을 따르며 고치지 않는다'는 원칙에 어긋난다는 점을 들어 반대하였다.[62] 그들은 직할성을 설치했을 경우 예상되는 고려인의 반발을 우려했던 것이다. 고려와 원의 관계를 중국과 주변국의 전통적인 외교관계, 즉 조공·책봉의 관계로 이해한 고려의 관리들이 직할성 설치를 받아들이지 않을 것이라 판단했기 때문이다.[63]

그러나 고려는 원의 간섭을 피할 수 없었다. 1263년(원종 4) 몽고는 인질을 보내고(납질納質), 호구조사를 실시하여 보고하고(적민籍民), 몽고군의 물자 보급과 연락을 위해 역참을 설치하고(치역置驛), 군대를 파견하여 도와야 하며(조군助軍), 식량을 운송하여 몽고군의 군량을 보조해야 한다(수량輸量)는 등의 몽고가 복속국에 요구하는 기본사항을 이행하라고 고려에 통고하였다. 그리고 1268년(원종 9)에는 위의 조항에 다루가치의 설치가 추가된, 이른바 '6사六事'를 고려에 요구하였다. 일찍이 1232년(고종 19)에 설치된 바 있던 다루가치는 이렇다 할 행적을 남기지 못하고 철수했는데, 이때 다시 다루가치의 설치를 요구했던 것이다. 고려는 갖가지 이유를 들어 그 실행을 뒤로 미루다가[64] 개경으로 환도하면서 이를 수용하였다.[65]

고려는 원의 부마국駙馬國, 즉 사위나라였다. 고려의 국왕은 원의 공주를 정비로 삼았고, 그 몸에서 난 아들이 원칙적으로 왕이 되었다. 이에 따라 고려의 왕실과 관련된 용어들은 모두 격하되었다. 고려의 국왕은 '조祖'나 '종宗'을 붙여서 묘호廟號를 짓는 대신 '왕王'자를 사용하게 되었고, 앞에는 '충忠'자를 덧붙여서 원에 대한 충성심을 나타내었다.[66] 아울러 원은 고려인의 무기 소지를 금지하고, 군대 지휘관인 만호를 황제가 임명함으로써 고려의 군사력을 통제하였다. 원에 대한 고려인의 모반을 우려해서 취해진 조치였다.[67] 또한 중서문하성과 상서성을 통합하여 원의 지방정부기관인 첨의부僉議府[68]로 명칭을 바꾸는 등 중앙의 관제도 모두 고쳤다. 그리고 다루가치를 폐지한(1278년, 충렬왕 4) 뒤에는 정동행성을 통해 고려를 통제하였다. 일본원정을 단행할 목적으로 설치된 정동행성은 이후 몇 차례의 치폐를 거쳐 충렬왕 13년(1287) 이후부터는 고려의 모든 관부 위에 군림하면서 내정을 감독하였다. 여기에는 행정 실무를 담당한 좌우사左右司, 형옥刑獄을 관장한 이문소理問所, 원의 과거인 제과制科에 응시하기 위한 예비시험인 향시鄕試를 관장한 유학제거사儒學提擧司 등 이른바 행성삼소行省三所가 설치·운영되었다.[69]

원은 심지어 그들의 필요에 따라 고려왕을 교체하였다. 자신들의 의도대로 움직이지 않거나 강력한 왕권을 구축하려는 국왕이 일차 대상이었다. 강력한 왕권의 구축은 원에 대한 의존도를 감소시킬 수 있기 때문이었다. 충렬왕, 충선왕, 충숙왕, 충혜왕이 왕위에서 물러났다가 다시 왕위에 오른 까닭이 여기에 있었다. 왕위를 미끼로 고려 국왕을 통제했던 셈이다. 고려의 정치가 원에 의해 좌우되었음은 물론인데, 그러한 만큼 국왕과 관

정동행성 장관인 좌승상에는 자동적으로 고려의 국왕이 임명되었으며 그 밑의 관리들은 좌승상인 국왕이 고려인을 임명하였다는 점 등을 들어 양국 간의 공적인 연락기관이었다는 견해도 있다(고병익, 「여대 정동행성의 연구」, 『역사학보』 14·19, 1961·1962, 291쪽).

리들은 원과 긴밀한 관계를 유지하려고 노력하였다. 그런데 이를 위해서는 그들의 경제 기반을 확대할 필요가 있었다. 원에 왕래하는 데 드는 비용 이외에 원의 관리들에게 주는 뇌물 그리고 이를 수송하는 데 드는 비용이 만만치 않았기 때문이었다. 국왕은 소금을 전매했으며, 관리들은 개간과 탈점 등으로 자신들의 농장을 늘려갔다. 원의 간섭을 받게 된 이후 고려 관리들의 농장이 문제된 까닭이 여기에 있다.

반원 분위기의 확산

원이 왕위를 미끼로 고려 국왕을 통제한 데 대해 고려의 국왕과 관리들이 불만을 품었음은 물론이다. 그들 가운데 두드러진 인물이 충혜왕이다. 그는 사원전寺院田을 왕실에 소속시키고 시위군을 증강하는 등 권력기반을 강화하여 원의 통제에 맞섰다. 따라서 충혜왕이 취한 일련의 정책은 원에게는 그들에 대한 모반과 다를 바 없는 행위로 비쳤다. 여기에 원 순제順帝의 비인 기황후奇皇后의 오빠 기철奇轍은 자신들에 대한 충혜왕의 제재 조치에 반발하여 원에 글을 올려 충혜왕을 잡아갈 것을 요청하였다. 원은 충혜왕의 실정失政을 들어 그를 붙잡아갔고, 충혜왕은 유배되는 도중에 비극적인 최후를 맞이하고 말았다.

고려 관리들은 충혜왕의 실정이 측근의 잘못 때문이라고 변명함과 아울러 그의 무죄를 끈질기게 주장하였다. 그들은 원이 충혜왕을 잡아간 데 대한 불만을 그렇게 드러냈던 것이다. 그런데 충혜왕이 사망하자 위기의식을 느꼈다. 왕의 죽음은 고려의 사직을 위태롭게 하는 것이었고, 이는 곧 자신들의 지위를 위협하는 것이었기 때문이다. 그들의 위기의식이 반원 감정으로 연결된 것은 자연스러운 일이었다.

원은 고려 관리들의 불만을 방치할 수 없었다. 그들을 통해 고려를 간접적으로 지배하고 있었음을 감안하면 무리가 아니다. 일찍이 충렬왕 24년(1298) 정동행성의 평장정사 활리길사闊里吉思가 고려의 노비법을 원의 법제로 고치려고 기도하다가 뜻을 이루지 못한 것이나,[70] 고려를 원의 직할성으로 삼으려는 네 차례에 걸친 입성책동이 모두 무산된 점, 충숙왕 때 심왕瀋王 고暠를 고려 국왕에 옹립하려던 움직임이 실패로 끝난 것은 이에 대한 고려 관리들의 반대가 거세었기 때문이다. 원으로서는 고려 관리들의 여론을 무시할 수 없었던 것이다. 그러한 만큼 충혜왕의 죽음에 따른 고려 관리들의 불만은 원에서도 정치문제가 되었다. 기황후에 반대하는 원의 관리들은 그녀의 친족인 기철 등이 고려의 관리들과 갈등을 빚고 있는 점을 빌미 삼아 그녀를 공격하였다. 그들은 기황후를 비妃로 떨어뜨릴 것을 주장했으며, 기황후의 측근인 환관 고용보高龍普를 금강산에 유배하기도 하였다.

고려에 반원적 분위기가 조성되자 원은 충정왕忠定王을 대신하여 공민왕을 즉위시켰다(1351). 그가 고려의 관리들로부터 신망을 얻고 있었기 때문이다.[71] 그러나 공민왕의 즉위는 도리어 반원적 분위기를 부채질하는 결과를 초래하였다. 원과 밀착되었던 인물들까지 반원적인 행동을 서슴지 않

활리길사의 고려 노비법 개혁 시도 활리길사는 노비의 부모 가운데 한쪽이 천인이면 천인으로 하는 '일천즉천一賤則賤'의 법을, 노비의 부모 가운데 한쪽이 양인이면 양인으로 하는 '일양즉양一良則良'으로 고치려고 하였다. 이는 고려 지배층의 이익에 타격을 줄 수 있는 것이었다. 따라서 활리길사가 고려의 노비제도를 고치려고 한 것은 고려지배층을 약화시켜 원의 통치를 원활히 하기 위함이었다. 그러나 고려가 여기에 강하게 반발하자 활리길사는 부임한 지 일 년 만에 본국으로 돌아갔다.

심왕의 고려국왕 옹립 시도 충선왕은 원 무종武宗의 옹립에 공을 세워 심양왕에 봉해졌다. 심양왕은 곧 심왕으로 고쳐졌는데, 충선왕은 이를 자신의 조카인 고에게 넘겼다(1316, 충숙왕 3). 충숙왕을 견제하기 위함이었다. 충선왕과 충숙왕이 불화를 빚자 원은 충선왕을 토번에 유배하고 충숙왕의 국왕인國王印을 빼앗아 원에 머물게 했다(1321, 충숙왕 8). 그러자 심왕 고의 지지자들은 그를 고려국왕으로 옹립하려고 하였다.

았던 것이다. 예컨대 여동생이 원의 고관과 혼인한 정지상鄭之祥은 원에서 파견한 사신을 잡아 가두고 원의 권위를 상징하는 금패金牌를 빼앗았다(공민왕 4년, 1355). 고려의 반원적 분위기를 의식한 행동이었다. 원과의 밀착보다는 반원을 내세우는 것이 자신들의 정치적 지위를 유지하는 데 유리한 상황이 도래했기 때문이었다. 그들은 자신들의 정치적 지위를 위해 원을 이용했듯이 이제는 이를 위해 원을 외면하였다.

원과의 교류

고려와 원의 교류에서 무엇보다 주목되는 것은 성리학性理學의 수용이다. 우주의 근본문제와 인간의 심성문제에 체계를 부여한 새로운 유학인 성리학은 이미 문종 때 송에서 전래되기 시작하였다.[72] 그러나 크게 발전되지 못하다가 본격적으로 수용된 것은 안향安珦(유裕), 백이정白頤正 같은 원을 내왕한 학자들에 의해서였다. 특히 주자朱子의 호를 따서 자신을 회헌晦軒이라 했을 정도로 주자를 숭배한 안향은 고려에 성리학의 씨를 뿌린 인물이라고 할 수 있다. 한편 불교는 티베트불교인 라마교의 영향을 받았다. 라마교는 고려의 불교를 세속적인 것으로 전락시켰다는 부정적인 면도 있으나 불교미술에 새로운 영향을 미치기도 하였다.[73]

고려는 원에서 목면木棉을 도입하여 의생활에 커다란 발전을 이룩하였다. 거친 삼베와 비싼 명주와 모시밖에 모르던 때에 대량 생산이 가능한

문익점과 목면 목면은 문익점 이전에 원을 통해 고려에 널리 알려졌고, 국가에서 이의 보급을 위해 힘썼다는 점을 지적한 연구도 있다. 문익점이 최초의 목면 도입자로 인식된 것은 실을 빼는 씨아와 실을 뽑는 물레 같은 기기의 도입과 보급을 목면재배와 더불어 시도했기 때문이라는 것이다(위은숙, 「목면의 재배」, 신편 『한국사』 19, 국사편찬위원회, 1996, 341~342쪽).

무명이 의류의 주가 되었던 것이다. 공민왕 때에 원에 사신으로 갔던 문익점文益漸은 면화씨를 가져와 장인 정천익鄭天益에게 주어 심게 했고, 정천익이 재배에 성공함으로써 목면의 재배가 시작되었다. 그러나 이것이 크게 보급된 것은 조선시대의 일이다.

고려와 원 사이에는 많은 인물들이 왕래하였다. 우선 원에서 고려에 온 인물로는 겁령구怯怜口가 있었다. 충렬왕 이후 고려의 국왕들이 원의 공주를 비로 맞았음은 위에서 언급했는데, 원 공주가 출가할 때 데리고 온 시중을 드는 사속인들이 겁령구였다. 그들 가운데는 고려에서 정치적으로 크게 출세한 사람들이 적지 않았다. 인후印侯(몽고명 홀라대忽剌歹)와 장순룡張舜龍(몽고명 삼가三哥)이 대표적인 인물이다.[74]

다수의 원나라 사람들이 고려에 와서 거주하거나 내왕하게 됨에 따라 그들의 생활방식인 몽고풍蒙古風이 궁중과 지배층을 중심으로 널리 퍼졌다. 우선 체두변발剃頭辮髮이라고 하여 앞머리는 깎고 뒷머리를 땋는 몽고식의 머리 모양과 몽고식 복장이 유행하였다. 또 몽고어가 널리 사용되어 임금의 식사를 수라라고 일컫는다든가, 국왕 측근의 기구에 필도치必闍赤, 속고치速古赤, 홀치忽赤 등과 같은 몽고식 용어가 붙여졌으며 물고기의 이름에도 '치赤'와 같은 용어가 사용되었다.[75]

원의 수도에는 많은 고려인들이 머물고 있었다. 충숙왕 때 심왕 고를 고려왕으로 옹립하려던 자들이 원에 거주하던 2천여 명에 이르는 고려인의 서명을 받았다는 사실로 미루어 짐작할 수 있는 일이다. 고려인으로 원에 간 인물로는 관리나 학자들이 있었다. 안진安震, 최해崔瀣, 안축安軸, 이곡李穀, 이색李穡 등은 정동행성에서 실시하는 향시를 거쳐 원의 제과에 급제하여 고려인의 문명文名을 드높였다. 한편 충선왕은 원의 수도에 만권당萬卷堂을 지었는데, 여기에 이제현李齊賢 등 고려 관리들이 머물면서 요수姚燧, 염복閻復, 조맹부趙孟頫 등 원의 문인들과 경사經史를 토론하였다. 이밖에 독로화禿魯花가 있었다. 독로화란 인질인데, 몽고는 고려에 침입하여 화의를 교섭할 때부터 왕족이나 고위관리의 자제를 독로화로 보내도록 강요하였다. 그리하여 이후 적지 않은 고관의 자제들이 원에 보내져 궁중에서 숙위하였다.

원은 고려에 환관宦官과 공녀貢女를 요구하였다. 이에 따라 원에 들어간 고려 출신 환관 가운데는 요직에 앉아 권세를 부린 인물들이 적지 않았다. 고려에서도 그들에게 관작을 내리고 또 그 일족에게 벼슬을 주는 일이 허다하였다. 원에 바쳐진 공녀 가운데는 특별한 지위에 올라 호사를 누린 여인들이 있었다. 비파를 잘 타서 세조의 총애를 받았던 궁인宮人 이씨李氏나, 인종仁宗의 후비가 되었다가 뒤에 황후로 봉함을 받은 김심金深의 딸은 그 구체적인 예이다. 원 순제의 제2황후가 된 기씨奇氏 역시 공녀 출신이었다. 그러나 대부분의 공녀는 비참한 생활을 하였는데, 공녀에 따른 참상은 이곡이 원나라 황제에게 공녀의 폐지를 요청하며 올린 장문의 상소에 잘 나타나 있다. 이 때문에 고려에서는 조혼早婚의 풍습이 촉진되었을 정도였다.[76] 한편 원에서는 고려인 궁인들의 비파 솜씨 덕분에 고려악高麗樂이 유행하기도 했으며, 고려 여인들이 많이 활동하게 됨에 따라 고려양高麗樣이라 하여 의복, 기물, 음식 등 여러 방면에 걸쳐 고려식의 풍습이 퍼지게 되었다.[77]

공민왕대 이후 원·명·왜구와의 관계

반원정책을 추진한 고려는 원이 명에 의해 북쪽으로 쫓겨 가자 원과 외교관계를 단절하고 명과 외교관계를 수립하였다. 그러나 공민왕의 뒤를 이어 우왕이 즉위하면서 원, 즉 북원北元과 외교관계를 재개하였다. 그러한 과정에서 고려의 관리들은 서로간에 심각한 갈등을 빚었다. 이인임李仁任, 최영崔瑩 등이 원과의 외교관계 재개를 추진한 반면, 정몽주鄭夢周, 정도전鄭道傳 등은 이에 반대하면서 명과의 관계 개선을 주장했던 것이다. 한국사학계에서는 전자를 친원파親元派, 후자를 친명파親明派라고 불러왔다.[78]

그들을 이렇게 구분해놓고 보면, 마치 그들이 원이나 명을 위해 갈등을 빚은 것으로 오해하기 쉽다. 그런데 친원파로 분류되는 이인임은 원의 동녕부를 정벌하는 데 앞장섰으며, 최영은 명에 말을 보내기 위해 원의 관할 아래에 있던 제주를 정벌하였다. 그리고 친명파라는 정도전은 조선건국 후 명의 요동을 공격할 것을 주장한 인물이다. 따라서 고려 말의 정치세력을 친원파와 친명파로 구분하는 것은 온당치 않다. 그들을 친원파 혹은 친명파로 단정하기보다는 일시적으로 친원을 표방하고 혹은 친명책을 주장한 이유를 밝히는 것이 중요하다.

공민왕의 반원정책

공민왕은 1356년(공민왕 5)부터 본격적으로 반원정책을 추진하였다. 기철을 비롯한 친원세력을 제거하고, 정동행성의 이문소를 혁파하여 좌우사와 유학제거사 두 기관으로 하여금 원과의 외교관계 사무를 맡게 하였다. 이들은 이제 고려정부의 일개 관서로 변했던 것이다.[79] 아울러 원의 간섭과 더불어 고쳐진 관제官制를 고려의 전통적인 관제로 인식되어온 문종대의 것으로 복구하였다. 그리고 쌍성총관부를 무력으로 철폐하고 그 지역을 다시 회복하였으며, 압록강 서쪽에 있던 원의 군사적 요충지를 공격하기도 하였다.

공민왕의 반원정책은 문신보다는 무신들이 주도하였다. 반원정책의 대부분이 군사력을 필요로 한 것이었음을 감안하면 무리가 아니다. 그런데 무신들은 최영과 같은 국왕의 시위부대 출신을 제외하면 주로 원의 비호를 받던 존재들이었다. 원은 자신에게 협력한 인물을 만호萬戶에 임명하고 그들을 통해 고려의 군사력을 통제했으므로 고려의 군사력을 장악한 무신들은 대부분 원과 밀착된 존재였던 것이다. 공민왕의 반원정책은 원과 밀착된 인물들이 수행하였던 셈이다. 일찍이 원이 충혜왕을 잡아갈 때 만호로서 협력했던 인당印璫은 압록강 서쪽에 있던 원의 군사기지를 공격하는 사령관이 되었으며, 기철 제거에 공을 세운 인물들의 대부분은 친원세력이라고 부를 수 있는 존재들이었다.[80]

원과 밀착된 무신들이 공민왕의 반원정책에 적극 협력한 것은 원의 쇠퇴와 무관하지 않았다. 원은 장사성張士誠의 난을 토벌하기 위해 고려에 군대 파견을 요청하였다. 여기에 응해 고려는 유탁柳濯, 염제신廉悌臣, 최영 등 40여 명의 장상將相과 2천 명의 군사를 파견하였는데, 그들은 그곳에서 원의 쇠퇴를 직접 확인할 수 있었다(공민왕 3년, 1354). 그렇다고 친원적 무신들이 반원정책에 앞장 선 까닭을 원의 쇠퇴만으로 설명하기는 어렵다. 그들이 원의 공격에 적극적이었던 것은 고려에 반원적 분위기가 확산되고 있었던 것과 깊은 관련이 있다. 앞에서 지적했듯이 당시 고려에서는 원과 밀착되기보다는 반원을 내세우는 것이 정치적 지위를 유지하기에 더 유리한 상황이 전개되고 있었다. 따라서 원과 밀착되었던 무신들이 반원을 내세웠다고 해서 이상할 것은 없다. 한편 공민왕으로서도 군사력을 갖추었을 뿐만 아니라 반원을 표방한 무신들을 꺼릴 이유가 없었다. 그는 그들을 제거하기보다는 그들의 군사력을 이용하는 길을 택하였다.

고려는 반원을 표방하면서 장사성, 방국진方國珍 등 중국 남방의 한족 군웅들과 교섭했는데, 그들 가운데는 후일 명을 세운 주원장朱元璋도 포함되어 있었다. 그들을 통해 중국 대륙의 정세변동을 파악하기 위함이었다.[81] 그러한 시기에 두 차례에 걸친 홍건적의 침입이 있었다(공민왕 8, 공민왕 10). 홍건적은 종교결사인 백련교白蓮敎를 업고 큰 세력으로 성장한 집단인데, 머리에 붉은 수건(홍건紅巾)을 둘러 표지를 삼은 까닭에 그러한 명칭이 붙었다. 그들 가운데 한 무리가 원의 공격을 받고 고려로 밀려들어와 고려는 전란을 치렀던 것이다. 특히 2차 침입 때는 개경을 점령당하고, 공민왕은 이를 피해 복주福州(안동)로 피난하였다.

고려가 반원을 표방하자 원은 고려의 사신을 가두는 한편 군대를 파견하여 토벌하겠다고 위협하였다. 이러한 원의 태도에 불안을 느낀 고려는 다시 원의 연호를 사용하고 압록강 서쪽을 공격했던 인당을 베어 사과하였다. 그러나 원은 공민왕을 폐하고 원에 머물고 있던 충숙왕의 아우 덕흥군德興君을 왕으로 삼은 다음, 고려인 최유崔濡에게 군사 1만을 주어 고려에 침입케 하였다(1364, 공민왕 13년). 최유는 최영과 이성계가 이끄는 고려군에게 참패하고 되돌아갔다.

1368년 명의 군대에 의해 대도大都(북경)가 함락되자 원의 순제는 북으로

도망하였다. 이후의 원을 북원이라고 일컫는데, 이를 계기로 고려는 원의 연호 사용을 중지하고 공식적인 외교관계를 단절하였다. 그리고 동녕부정 벌을 단행하였다(1370, 공민왕 19). 일찍이 최탄의 임연정권에 대한 반란을 계기로 몽고가 서경에 동녕부를 설치했음은 앞에서 언급했는데, 이 동녕부는 충렬왕 때 고려에 환부되었다(1290, 충렬왕 16). 고려가 내안의 난과 합단의 난을 진압하는 데 필요한 지원군을 파견한 데 따른 대가였다. 충렬왕이 동녕부의 총관 등으로 하여금 고려에 침입한 합단의 무리를 방어케 했던 사실이 이를 뒷받침한다. 이에 최탄 등은 민호를 이끌고 만주지역으로 옮겨 갔고, 이후 동녕부의 치소는 그곳에 존속하였다.[82] 따라서 공민왕 때 정벌한 동녕부는 최탄이 옮긴 치소로 추정되는데, 요동에 거주한 고려 민호를 불러모으기 위함이었던 것 같다. 당시 그곳은 원이 북으로 물러가고, 명의 영향력은 아직 미치지 못한 상태였다.[83]

명과의 갈등

중국의 주원장은 황제에 즉위하고 국호를 명, 연호를 홍무洪武라고 일컬었다. 그는 고려에 사신을 파견하여 황제의 즉위와 건국을 알렸다(1368, 공민왕 17). 고려는 사신을 보내 홍무제의 등극을 하례하고 봉작封爵을 청하는 한편, 명의 연호를 사용하였다. 고려가 중국 왕조와 때로는 대등한(빈국賓國) 관계에 있었다고 이해한 명은 고려가 봉작을 청하자 우호의 뜻을 드러냈다.[84] 이로써 양국 간에는 정식으로 국교가 성립하였다(1370, 공민왕 19). 이처럼 고려와 명 간의 국교가 짧은 시일 안에 우호적으로 진행된 것은 북원에 대처하기 위해서는 양국 모두 서로의 후원을 필요로 하고 있었기 때문이다. 명은 북원을 완전히 제압하기 위해, 고려는 원의 간섭에서 완전히 벗

어나기 위해 서로의 후원을 필요로 했던 것이다.[85]

그러나 고려와 명의 관계는 명이 요동으로 진출하면서부터 변하기 시작하였다. 당시 요동에는 원의 잔존세력이 남아 있었는데, 명은 고려가 그들과 통하고 있지 않은가 하는 의혹을 제기했던 것이다. 명은 특히 고려와 북원의 장군 나하추納哈出와의 관계를 의심하였다. 나하추는 1373년(공민왕 22) 명의 요동 진출을 위한 군사보급기지인 우가장牛家莊을 습격하여 막대한 타격을 입힌 인물이었다. 명은 요동을 경유한 고려의 공로를 폐쇄하고 해로를 이용한 조공만을 허락하였다. 조공 횟수도 1년에 여러 차례의 조공(일년수빙一年數聘)에서 3년에 한 차례의 조공(삼년일빙三年一聘)으로 제한하였다. 원의 잔존세력과 고려가 결탁하는 것을 미연에 방지하고 고려에 대한 효과적인 통제를 강구하려는 의도였다.[86] 그러한 시기에 고려의 관리가 명의 사신을 살해한 사건이 일어났다.

명은 원이 탐라에서 기르고 있던 2천 필의 말을 고려에 요구하였다. 이는 무리한 요구였을 뿐만 아니라, 사신으로 고려에 온 임밀林密과 채빈蔡斌은 무례한 행동을 자행함으로써 고려인들의 분노를 자아냈다. 결국 채빈은 그를 전송하기 위해 따라간 김의金義에 의해 압록강 건너에서 살해되고 말았다. 채빈을 살해한 김의는 임밀과 공마貢馬 2백 필을 끌고 나하추에게로 달아났다(명사살해사건, 1374, 공민왕 23). 고려와 명의 관계는 악화될 수밖에 없었다.

명사살해사건이 발생한 것과 거의 같은 시기에 공민왕이 자신의 시위부대인 자제위子弟衛에게 살해되었다. 그의 뒤를 이어 10세의 어린 우왕禑王이 즉위하였는데, 원은 우왕을 인정하지 않는 등 고려에 대해 군사행동을 취할 가능성을 비쳤다. 명과의 관계가 악화된 상태에서 원과의 싸움은 고려에게 매우 부담스러운 것이었다. 이에 이인임 등 당시의 집권자들은 원에 사신을 보내 공민왕의 죽음을 알림으로써 이제까지 단절되었던 원과의 외교관계를 회복하였다.

고려는 정도전 등의 요구에 따라 명에도 사신을 파견하여 명사살해사건을 해명하는 한편으로, 전왕의 시호諡號를 내려줄 것과 신왕의 즉위를 허락해줄 것을 요청하였다. 그러나 명은 고려의 사신을 구금하거나, 이미 공로가 폐쇄되었음을 이유로 들어 사신을 되돌려 보냈다. 또한 무리한 세공歲貢을 요구하여 고려의 성의를 시험하려 들기도 하고, 대군을 동원하여 무력으로 정벌하겠다고 위협하기도 하였다.[87] 명과의 관계는 명이 요구한 세공을 고려가 모두 납부함으로써 회복되었다. 그리하여 명에서는 우왕을 책봉하고 전왕에게 시호를 내려 공민이라고 하였다(1385, 우왕 11).

1387년(우왕 13) 명이 원의 잔존세력인 나하추를 평정함으로써 고려는 명과 국경을 접하게 되었다. 고려는 명이 나하추를 정복한 여세를 몰아 침입하지 않을까 우려하였다. 그러한 시기에 명은 원에 속했던 철령鐵嶺 이북의 땅을 회수하여 요동에 소속시키고 위衛(철령위)를 설치하여 다스리겠다는 뜻을 고려에 통보하였다. 고려에서는 이에 대한 대책을 두고 논란을 벌였는데, 최영 등의 요동공격 주장과 외교를 통한 해결책이 팽팽히 맞섰다. 결국 요동공격과 같은 강경 수단보다는 외교를 통해 이를 해결해보자는 데 의견이 모아졌다. 그리하여 박의중朴宜中을 명에 파견하여 철령 이북 땅에 대한 회수를 중지해줄 것을 요청하였다. 그런데 당시 권력을 장악하고 있던 최영은 박의중이 귀국하기도 전에 자신의 계획에 반대한 이자송李子松을 전격적으로 처형한 후 요동공격을 추진하였다. 최영은 명의 철령 이북 땅에 대한 회수 여부와는 상관없이 요동공격을 계획하고 있었던 것이다.

명이 철령위를 설치한다고 고려에 통고한 것은 원에 속했던 군민軍民은 요동도사遼東都司가 이어받아 관할해야 마땅하다는 원칙을 표방한 것이었다. 꼭 고려의 영토를 차지하려는 의도가 아니었다. 따라서 위를 설치하더라도 유지하기 어렵다는 현지의 보고가 있자 곧바로 요양 북쪽에 철령위를 설치하였다. 압록강 이남의 고려 영토가 명에 회수되지 않았음은 물론이다.[88] 그런데도 우왕과 최영은 요동공격군을 편성하여 출병을 강행하였다(우왕 14년, 1388).

요동공격군은 8도도통사 최영의 지휘 아래 조민수曹敏修의 좌군과 이성계李成桂의 우군으로 구성되었다. 총 병력은 3만 8천여 명이었는데, 좌군과 우군의 수를 구체적으로 알 수는 없으나 각각 이 병력의 절반에 해당하는 인원으로 구성되었다고 이해하면 크게 무리가 없을 것이다. 그런데 조민수 휘하의 좌군은 서경과 양광도, 경상도, 전라도, 계림, 안동 등지에서 징발된 군대로 편성되었으며, 이성계가 거느린 우군은 안주도, 동북면, 강원도의 병력으로 구성되었다. 좌군에 비해 우군은 훨씬 좁은 지역에서 병력을 동원했던 것이다. 이성계는 그만큼 많은 휘하 친병親兵을 동원할 수밖에 없었다.

이성계는 여진인과 동북면의 주민들로 구성된 강력한 휘하 친병을 거느리고 있었다. 또한 정몽주, 정도전 등 문신들과 정치적으로 연결되어 있었다. 이성계세력의 성장에 불안을 느끼고 있던 우왕과 최영은 이를 저지할 방책을 모색하였다. 요동공격은 바로 이를 위해 계획되었다. 최영은 요동공격을 통해 이성계 휘하의 강력한 사병을 합법적으로 제거하려고 했던 것이다. 요동공격은 또한 명과의 관계 회복에 노력한 정몽주, 정도전 등 이성계와 연결된 문신들에게 정치적 타격을 가할 수 있는 것이었다. 결국 요동공격은 이성계세력을 약화시키기 위한 조치의 일환이었다.[89]

이성계는 이러한 사실을 잘 알고 있었다. 그가 요동공격에 반대했음은 물론이다. 그는 소국이 대국을 치는 것은 잘못이며, 명을 공격하는 데 온 힘을 기울이면 왜구가 그 틈을 타서 침입할 것이라는 등의 네 가지 이유(사불가론四不可論)를 들어 요동공격의 부당성을 지적하였다. 그러나 우왕과 최영의 강요에 따라 출병할 수밖에 없었다. 그는 명과의 싸움이 승산 없는 것임을 잘 알고 있었다. 결국 자신과 휘하의 군인들을 살리기 위해서는 회군할 수밖에 없었다(위화도회군威化島回軍, 1388, 우왕 14).

위화도회군 직후 이성계는 우왕을 폐하고 창왕昌王을 세운 후 이를 명에 알렸다. 그런데 당시 하정사로 파견된 이색은 이성계의 의도와는 상반되게 명에서 관리를 파견하여 고려를 감독해줄 것을 요구했는데(청관감국請官監國), 이는 이성계의 행동을 감시해달라는 것과 다를 바 없었다. 아울러 이색은 명나라 황제가 창왕을 불러 만나줄 것을(입조入朝) 요청하였다. 명나라 황제가 창왕을 만나주면 황제의 원격 보호를 받을 수 있고, 그렇게 되면 이성계가 함부로 왕권에 도전할 수 없을 것이라 판단했던 것이다.[90] 그러나 명은 왕의 폐립은 고려의 일이니 관여하지 않을 것이라며 거절하였다.

우왕과 창왕에 대한 관리들의 이러한 태도를 이성계일파에서는 방치할 수 없었다. 우왕과 창왕을 구심점으로 반이성계세력이 결집할 가능성이 컸기 때문이다. 이에 이성계일파는 우왕이 전대호군(대장군) 김저金佇에게 이성계의 제거를 명했다는 김저사건을 조작하고 여기에 우왕과 창왕을 연루시켜 제거하였다(창왕 원년, 1389). 그들은 우왕과 창왕의 제거를 합리화하기 위해 우왕과 창왕은 왕씨가 아니라 신돈의 자손이라는 우·창신성설禑·昌辛姓說을 꾸며냈다. 그리고 이를 설득력 있는 것으로 만들기 위해서 명을 끌어들였다. 명의 외교문서를 조작하여 명의 황제가 우왕과 창왕은 왕씨가 아니니 이들로 하여금 종묘사직을 받들게 할 수 없다는 명령을 내렸다고 주장하였다. 고려의 일에 관여하지 않는다는 명의 불간섭 태도가 이성계일파로 하여금 이러한 조작을 가능하게 하였다. 이색이 명나라 황제로 하여금 창왕을 만나보게 하여 이성계의 정치적 의도를 저지하려 했던만큼 이성계일파가 명을 끌어들일 필요성은 더욱 컸던 것이다.

왜구의 창궐

고려 말에는 왜구가 창궐하였다. 충정왕 2년(1350)부터 심해진 왜구는 세곡
稅穀을 모아놓은 조창漕倉과 그것을 운반하는 조선漕船을 빈번하게 습격하
였다. 이 때문에 조세운반에 차질이 생겨 고려조정은 관리들에게 급료를
제대로 지급하지 못할 지경이었다. 고려는 조운을 해로나 수로가 아닌 육
로를 이용하게 했는데, 그러자 왜구는 그곳까지 침탈하였다. 그리고 고려
의 백성들을 잡아가 노예처럼 부리거나 동남아시아 등지에 팔아넘기기도
하였다.

왜구의 잦은 출몰로 사회가 혼란해지자 이를 틈타 왜구를 가장하여 도
적행각을 벌인 이른바 가작왜구假作倭寇, 즉 가왜假倭가 발생하였다. 그들은
화척禾尺, 재인才人 등 천민이 대부분이었는데, 한 번에 50명의 가왜를 체포
했다는 것으로 미루어 그 규모가 적지 않았음을 알 수 있다. [91]

공민왕은 사신을 무로마치 막부에 파견하여 왜구의 출몰을 막아달라고
요청하였다(1366, 공민왕 15). 이 사신은 여원연합군의 일본정벌 이래 고려가
일본에 파견한 최초의 사절이었는데, 왜구 출몰의 금지 교섭은 막부 자체
가 왜구를 억제할 능력이 없었기 때문에 성과가 없었다. 우왕 때는 일본의
무로마치 막부가 규슈를 통제하기 위해 설치한 규슈단다이九州探題(『고려사』
의 구주절도사九州節度使)에게 정몽주를 파견하여 왜구의 단속을 요구했다(1377,

왜구의 주체 왜구란 일본의 해적집단을 가리키는 용어인데, 그 주축을 이룬 것은 쓰시마와 북 규슈 일대
를 장악해온 무장세력이었다. 일본에서는 가마쿠라 막부가 멸망하고 무로마치室町 막부가 선 것과 동시
에 황실이 남북으로 갈라져 싸우는 남북조시대가 한동안 지속되었는데(1333~1392), 남북조 내란의
주역들이 해적이 되어 고려와 중국 연안을 침탈했던 것이다. 특히 무로마치 막부를 따르지 않은 무장집
단들이 그러하였다. 그들은 무장과 조직력 그리고 전술 전법을 갖추었기 때문에 고려의 정규군조차 그들
에게 패배하는 경우가 많았다(이영, 「왜구의 주체」, 『왜구·위사문제와 한일관계』, 경인문화사, 2005,
190~197쪽).

우왕 3년). 당시 규슈단다이 이마카와 료순今川了俊(『고려사』의 源了俊 혹은 源了浚)는 정몽주의 인품과 언동에 감동하여 붙잡혀간 고려인 수백 명을 되돌려 주었다 한다.

고려는 투화한 왜인을 거제와 남해에 거주케 하는 등 왜구에 대해 회유책을 쓰는가 하면, 무력 토벌을 단행하여 응징하기도 하였다. 왜구와의 전투로는 연산 개태사開泰寺에 침입한 왜구를 최영이 충남 홍산鴻山에서 크게 무찌른 것과(홍산대첩, 1376, 우왕 2), 남원 운봉雲峰에 이른 왜구를 이성계가 황산荒山에서 쳐부순 것(황산대첩, 1380, 우왕 6) 등이 유명하다. 해전으로는 정지鄭地가 남해의 관음포觀音浦에서 왜구를 섬멸한 것이 주목된다. 그리고 1389년(창왕 1)에는 박위朴葳가 왜구의 소굴인 쓰시마를 정벌하여 붙잡혀간 고려인 100여 명을 구해 돌아오기도 하였다.

한편 왜구의 창궐은 화약의 제조법을 발달시켰다. 화약은 송과 원에서 이미 사용하고 있었으나, 그 제조방법을 비밀에 붙여 고려에 알리지 않았다. 최무선崔茂宣은 왜구의 섬멸을 위해서는 화약이 필요하다는 사실을 깨닫고, 원에서 그 제조법을 배워왔다. 그리고 조정에 건의하여 화통도감火㷁都監을 설치하고 각종의 화포를 만들어 화약을 무기로 사용했다(1377, 우왕 3). 그는 또한 함선艦船을 제조하여 화포를 가지고 왜구를 축출하는 데 큰 공을 세웠다.[92]

일본인의 성과 본관 今川了俊이 『고려사』에는 源了俊으로 기록되어 있으며, 후일 무로마치 막부를 연 아시카가 요시미쓰足利義滿는 『조선왕조실록』에 源道義로 되어 있다. 그리고 도쿠가와 막부의 장군들 역시 源某라고 칭하였다. 일본사를 전공하는 박수철 교수에 따르면, 미나모토源는 성이며 今川, 足利, 德川 등은 우리의 본관과 같은 것이라고 한다.

조선
(1392~1876)

3

사대교린

조선은 명에 대해 조공·책봉 관계로 표현되는 사대외교를 폈다. 또한 오랫동안 단절되었던 일본과도 국교를 재개하여 교린交隣외교를 전개하였다. 그리고 여진에 대해서는 기미정책羈縻政策을 실시하였다. 그러나 이후 조선은 교린의 대상인 일본의 침략으로 국토의 전부가 전란에 휩싸여 해를 당했으며(임진왜란), 기미의 대상인 여진, 즉 청으로부터 침략을 받아(병자호란) 항복함으로써 자존심에 큰 상처를 입었다.

임진왜란 이후 조선은 일본에 통신사通信使를 파견하였다. 이와는 달리 일본 막부의 장군은 한 차례도 조선에 사신을 파견하지 않았다. 막부의 외교를 대행한 쓰시마에서만 사신을 보내왔을 뿐이다. 이는 조선이 일본과 대등한 외교를 펼치지 못했음을 의미한다. 한편 조선은 임진왜란 때 원병을 파견한 명에 대한 은혜를 강조하고, 침략한 청에 대해서는 복수를 내세웠다. 이러한 숭명배청崇明排淸 논리는 청의 문화나 그를 통한 서양 문명의 수입을 거의 봉쇄하다시피 하였다. 그러한 가운데서도 청에 사신으로 파견된 인물들에 의해 청에 전래된 서양의 문물이 조선에 전래되었다. 그러나 천주교에 대한 조선정부의 강한 거부감은 서양과학의 수용을 거부하고, 이미 수용된 서양과학의 싹마저 압살하는 결과를 초래하였다. 조선정부는 천주교를 과학과 마찬가지로 서양 학술의 일부로 이해했던 것이다.

명에 대한 사대외교

조선과 명은 조공·책봉 관계였다. 조공이란 주변국의 통치자가 정기적으로 중국에 사절을 파견하여 예물을 바치는 행위를 말하며, 책봉은 중국의 황제가 주변국의 통치자에게 특정한 관직이나 작위를 내려주고 신하로 복속하게 하는 제도이다.[1] 따라서 조선은 명에 대해 사대 외교로 일관하였다. 그런데 조선의 사대외교는 안보를 보장받기 위한 불가피한 조치였다는 것이 학계의 일반적인 견해이다. 이는 사대주의와는 다른 것으로, '소로써 대를 섬김은 나라를 보존하는 방책(이소사대以小事大 보국지도保國之道)'이라는 기록(『태조실록』 총서)이 말해주듯 어디까지나 국가 보전을 위한 현실적인 외교정책이었던 것이다.[2]

명의 외교적 압박

이성계는 고려 공양왕恭讓王의 왕위를 물려받는 형식으로 즉위하였다 (1392). 즉위교서에서 그는 나라 이름은 그대로 고려라고 하며 법제도 모두 고려의 것을 따른다는 점을 밝혔다. 자신의 즉위를 반대한 인물들을 의식한 조치였다. 그만큼 그의 즉위에 반대한 인물들이 많았던 것이다. 이성계는 명에 사신을 보내어 조선의 건국을 알리고 자신의 즉위를 승인해줄 것을 요청하면서 화령和寧과 조선 중에서 하나를 국호로 선택해줄 것을 의뢰하였다. 명의 권위를 빌려 새로운 왕조를 개창한 데 따른 반발을 무마하기 위함이었다.

명이 조선으로 할 것을 통보함으로써 국호가 확정되었다(1393, 태조 2). 그러나 명은 조선국왕의 인장(인신印信)과 명 황제의 신임장인 고명誥命을 보내주지 않음으로써 승인을 뒤로 미루었다. 명과 통교하려고 하는 나라의 임금은 반드시 명 황제로부터 그 나라 임금에 책봉한다는 고명을 받아야 했는데, 이성계는 이를 받지 못했던 것이다. 따라서 이성계는 명에 대해서 끝내 왕호를 쓰지 못하고 권지국사權知國事(임시로 나라 일을 맡는다는 뜻)라는 칭호를 쓸 수밖에 없었다.

명은 조선의 생혼生釁(분란을 일으킨 일)과 모만侮慢(무례한 행동을 한 일)을 열거하며 조선을 힐책하였다. 조선이 포백布帛과 금·은으로 요동의 변장邊將을 꼬인 것과 여진인을 유인하여 압록강을 건너게 한 것이 생혼이며, 쓸모없는 말馬을 공물로 바친 것과 국호를 정해주었음에도 소식이 없는 것이 모만에 해당한다고 하였다.[3] 조선에 대한 불만과 의심을 생혼과 모만이라는 말로 압축하여 표시했던 셈이다. 조선은 사신을 파견하여 이것이 사실이 아님을 변명하였다. 그러나 명은 조선을 통제하기 위한 방법의 하나로, 요동도사遼東都司(요동도지휘사사遼東都指揮使司의 약칭)로 하여금 조선 사신의 입국을 막게 하고, 해로海路를 통한 3년에 한 번의 사신 파견(삼년일사三年一使)만을 허락하였다. 당시 조선문제를 담당하던 명의 중앙기관은 예부禮部였지만, 실제로는 요동에 설치한 군사행정기구인 요동도사가 조선과의 구체적인 외교문제를 처리하였다. 명의 사신이 조선으로 올 때는 명 황제의 조서와 예부의 자문과 함께 요동도사의 자문을 가져오는 것이 관례였으며, 조선도 요동도사를 상대로 사신을 파견하여 외교적 교섭을 벌인 경우가 적지 않았다.[4]

명으로부터 건국을 승인받는 것이 시급한 과제였던 조선에게 공로의 폐쇄는 매우 곤혹스러운 일이었다. 이는 곧 조선의 건국을 부정한 것과 다를 바 없었기 때문이다. 태조는 여진인 400여 명을 명에 압송하는 등 명을 달래기 위해 노력하였다.[5] 그 결과 명은 사신의 입국은 허락하였으나, 표전表箋문제를 세 차례나 제기함으로써 조선을 당혹케 하였다.

표전은 조선에서 명나라에 보내는 외교문서인데, 명은 여기에 명을 모욕하는 언사가 있다고 하여 그 문서의 작성자인 정도전을 압송하라고 요구하였다. 조선은 사신을 파견하여 "표전에 경박한 문구가 있는 것은 조선의 언어가 중국과 다르고 학문이 천박한 때문"이라고 해명하였다. 당시 사신의 한 사람이었던 권근權近은 명 태조(홍무제)의 명령에 따라 응제시應製詩를 지어 명을 칭송함으로써 표전문제를 해결하는 데 기여하였다. 그러나 이후에도 명은 또다시 표전문제를 들추어내면서 조선을 압박하였다. 표전문제를 조선을 복속시키는 수단으로 이용했던 것이다. 이에 표전의 기초자인 정도전은 도리어 조정 내의 반명감정을 이용하여 요동 공격을 주장함으로써 반격을 가하였다.[6]

조선의 요동공격 계획은 정도전이 이방원(태종太宗)에게 살해됨으로써 무위로 돌아갔다. 홍무제의 사망 후 사면령으로 표전문제가 해결되어 명과의 관계도 호전되었다. 태종은 명으로부터 고명과 인신을 받았고(1403, 태종 3), 태조의 상喪을 고하자 명은 강헌康獻이라는 시호諡號를 보내왔다. 이후로는 신왕의 즉위 때마다 명으로부터 책봉을 받고, 왕이 훙거薨去하면 시호를 받는 것이 항례가 되었다.[7] 이로써 책봉·조공 관계, 이른바 사대관계가 이루어졌다. 당시 명이 조선의 요구를 수용한 것은 연왕燕王(후일의 성조成祖, 영락제永樂帝)의 정변(정난靖難의 변)과 관련이 있었다. 연왕의 정변에 직면한 혜제惠帝(건문제建文帝)는 조선과의 마찰보다는 조선의 정치적 순종이 필요했던 것이다.[8] 그렇다고 양국 간의 문제가 모두 해결된 것은 아니었다. 여진문제와 세공歲貢문제가 여전히 남아 있었고, 종계변무宗系辨誣문제가 새로 제기되었다.

명은 요동의 개발을 위하여 민호民戶를 확보할 필요가 있었다. 그런데 요동에 거주하는 여진인들이 조선으로 도망하는 사태가 종종 발생하였다. 또한 뒤에 자세히 언급하겠지만, 여진 추장들 가운데는 조선에 입조한 인물들도 있었다. 조선은 입조한 여진 추장에게 벼슬을 내리고, 도망 온 여진인들에게 양곡과 토지를 주어 안주시켰다. 따라서 여진을 둘러싼 조선과 명의 갈등은 불가피하였다.

조선은 명이 규정한 삼년일사를 거부하고 끈질긴 요구 끝에 일년삼사를 관철하였다(1400, 정종 2). 명에 사신 파견이 많은 경비를 필요로 하는 것이었음에도 조선이 일년삼사를 주장한 것은 명과 긴밀한 관계를 유지함으로써 명의 권위를 빌려 국내의 정치적 안정을 꾀하려는 의도를 가지고 있었기 때문이다.[9] 이에 따라 조선은 사절단을 명에 파송할 때마다 막대한 액수의 예물을 헌납해야 하였다. 특히 황금과 백은의 정기적 공납은 조선정부의 재정에 큰 부담을 안겨주었다. 조선은 금과 은이 조선의 토산물이 아니기 때문에 다른 토산물로 대체해줄 것을 요구하였다. 그러나 명은 공물의 품목은 태조가 규정해놓은 것이므로 고칠 수 없다고 거절하였다. 세종대에 이르러서야 금과 은을 말과 포布 등으로 대체하는 데 성공하였다.

1402년(태종 2) 명에서 귀국한 사신은 명 태조의 개국정신과 창업의 기본방침 등이 기재되어 있는 『조훈祖訓』에 이성계가 이인임의 아들이라는 기록이 있음을 보고하였다. 이인임은 고려 우왕 때 권력을 장악한 자로서 조선왕조를 세우는 데 결정적인 역할을 한 인물들의 비판 대상이었다. 따라서 이성계가 그의 아들이라는 기록은 모욕적인 것으로서 조선으로서는 왕실의 신성성과 전통성을 확보하기 위해서도 묵과할 수 없는 일이었다. 조선은 사신을 파견하여 이것이 잘못된 것임을 설명하게 하여 명으로부터 그

개정을 약속받았다. 그러나 명의 약속에도 이 기록은 고쳐지지 않았을 뿐만 아니라, 이러한 내용은 1511년에 반포된 명대의 종합 행정법전이라고 할 수 있는 『대명회전大明會典』에 그대로 전재되었다. 더구나 『대명회전』에는 이성계가 왕씨의 네 왕을 차례로 죽였다는 기록이 추가되었다. 따라서 이 기록은 단순한 오류가 아니라, 조선을 복속시키는 외교적 수단으로 이용하기 위해 의도적으로 왜곡한 것이 아니었나 하는 의심을 낳게 한다. 조선은 모든 외교적 능력을 동원하여 『대명회전』의 수정을 요구하였다. 명은 개정을 약속했지만, 『대명회전』은 조선이 구해볼 수조차 없던 책으로 조선의 요청으로 개정될 성질의 것이 아니었다. 명이 신판 『대명회전』의 전권을 보내줌에 이르러 조선은 종계문제가 일단락된 것으로 이해하였다(1589, 선조 22). 그러나 신판 『대명회전』 조선국 조항에도 종계 부분은 수정되지 않고, 다만 조선의 해명사실을 부기하는 데 그쳤다.[10]

조공

조선은 명에 조공하였다. 조공의 의미에 대해서는 상반된 해석이 있다. 선진문화의 수용과 그에 부수하는 경제적 보상을 강조한 견해가 있는가 하면,[11] 종주국과 종속국 간의 정치적 관계로 설명하는 견해도 있다.[12] 그런데 조공의 의미는 시대에 따라 달랐다. 예컨대 고려의 송에 대한 조공은 선진문화의 수용이라는 측면이 강했던 데 반해 신라의 수·당에 대한 조공이나 조선의 명에 대한 조공은 정치적 의미가 컸던 것이다.

　명이 삼년일사를 요구한 데 대해 조선이 일년삼사를 주장하여 이를 관철했음은 앞에서 언급하였다. 이에 따라 조선은 신년을 경하하는 정조사正朝使와 황제의 생일을 축하하는 성절사聖節使, 황태자의 생일을 축하하는 천추사千秋使를 매년 보냈다. 뒤에는 연말의 동지에 보내는 동지사冬至使가 추가되어 일년삼사가 되었다. 이 외에 각종 보고나 해명할 일이 있을 때는 주청사를 보냈고, 황제에게 감사할 일이 있을 때는 사은사를 파견하였다.

명은 사행使行의 구성인원, 북경北京으로 들어올 통로, 공물의 품목, 사신들의 행동을 세밀하게 규정하여 이를 조선에 통보하였다. 정사正使, 부사副使, 서장관書狀官 등 이른바 삼사三使를 중심으로 구성된 조선의 사행은 부경사행赴京使行이라고 하였다. 명의 수도를 경사京師라고 부른 데서 연유한 것으로 이는 후일 청의 사행에도 통용되었다. 부경사행은 명의 수도가 금릉金陵(남경南京)이었던 초기에는 해로를 이용하였고, 북경으로 천도한(1421) 이후로는 육로를 택하였다. 조선의 사신은 북경의 회동관會同館에 머물렀는데, 그곳에서의 활동은 극히 제한되었다. 이는 명의 폐쇄적인 대외정책에 기인하는 것으로 활동범위를 제한받은 사행원들은 문서를 이용해 외교활동을 전개하기도 하였다.[13]

명은 외국과의 무역을 장려하여 관세나 특정 품목의 전매에 따른 세입을 국가재원으로 삼았던 송·원과는 달리, 철저하게 무역을 통제하였다. 주변제국을 단속하기 위함이었다.[14] 상인의 자유무역을 일절 금하고, 조선을 포함한 인접국에 대해 사행원에 의한 무역만을 허용하였다. 사행원을 통해 행해지는 이러한 사행무역에는 조공물을 명 황제에게 바치고 이에 대한 회사물回賜物을 받아오는 조공무역과 그들이 머문 회동관을 중심으로 정부기관에서 필요로 하는 물품을 구매하는 공무역 그리고 사행원 개인의 이익을 도모하기 위한 소규모의 사무역이 포함되었는데, 이러한 무역 또한 조공무역이라고 부를 수 있다. 이 사행무역을 통하여 수출되는 물건은 말, 인삼, 모피, 모시, 화문석 등이었고 수입되는 물건은 견직물, 약재, 서적, 도자기 등이었다.[15]

조선의 조공에 대해서 명의 황제는 일정한 양의 물품을 회사하였다. 그런데 그 양과 가치는 조선의 그것에 훨씬 못 미쳤다. 더구나 명은 정해진 조공품 이외에 수시로 물자를 요구했으며, 심지어 처녀와 환관까지 강요하였다. 처녀와 환관에 대한 요구는 고려 때 원에 의해 시작된 것을 명이 답습한 것으로 정치·사회적인 물의를 일으키는 등 폐단이 컸다.[16]

문화적인 접촉 역시 사행을 통해서만 이루어졌다. 사행은 명의 문화를 수입할 수 있는 유일한 통로였던 것이다. 따라서 조선인들이 명의 학자를 만나고 서적을 구입하기 위해서는 명에 사신으로 갈 수밖에 없었다. 그들은 자신이 사신으로 다녀온 기록을 조천록朝天錄이라 명명했는데, 이는 '천조天朝(명조)에 입조入朝한 기행록'이라는 뜻이다. 후일 청에 사신으로 다녀온 인물들이 청을 천조라 부르기를 꺼려 자신의 여행기록을 '연경燕京(북경)에 다녀온 기행록'이라는 뜻의 연행록燕行錄이라고 한 것과 대조된다.[17] 사신으로 다녀온 인물들 대부분이 자신의 문집에 조천록을 수록했기 때문에 다양한 조천록이 남아 있는데, 이는 조선인들이 중국을 아는 데 크게 기여하였다.

조선인들의 중국에 대한 이해에 도움이 된 책으로는 조천록과 더불어 최부崔溥의 『표해록漂海錄』이 있다. 과거에 급제한 후 제주에서 관리로 근무하던 최부는 부친상을 당해 고향인 나주에 가다가 난파되었다. 중국 강남에 표착한 그는 육로로 귀국했는데, 그때까지 겪은 경험을 기록한 『표해록』을 저술하여 성종에게 바쳤다. 이 책에는 당시 명의 정치와 사회, 해금海禁과 해방海防의 정황, 남중국과 북중국의 차이 등이 기록되어 있다.[18]

한편 명도 황제의 칙서勅書를 보내고, 조선국왕의 즉위 승인과 명나라 황제의 등극 등을 알리기 위해 사신을 파견하였다. 처음에는 조선 출신의 환관을 사신으로 파견하였는데, 이들이 많은 문제를 일으키자 점차 문신으로 대신하였다.[19] 조선에 온 명의 사신은 서울의 태평관太平館에 유숙하면서 다른 외국의 사신들과는 달리, 조선정부의 극진한 환대 속에 서울지역

곳곳을 관광하는 등 여유 있는 행보를 벌였다.[20] 명에 갔던 조선 사신들이 행동에 제약을 받은 것과 대조적이었다. 명의 사신들은 조선에서의 경험을 기록으로 남겼으며, 조선에서는 명의 사신과 조선 관리들이 주고받은 시문을 수록한 『황화집皇華集』이라는 일종의 기념문집을 사신이 올 때마다 간행하였다.[21]

명의 사신으로 조선에 왔다 간 인물로 주목되는 사람은 동월董越이다. 그는 명 효종孝宗의 즉위를 알리기 위해 조선에 다녀간 뒤, 『조선부朝鮮賦』를 썼다. 1490년(조선 성종 21)에 간행된 이 책은 조선의 정치, 경제, 지리, 제도 등을 소개했는데 운문韻文(부)으로 표현하지 못하는 부분은 주注로 처리하여 자세하게 기술하였다. 『조선부』는 중국에서도 널리 읽혀 명의 사신들 가운데는 이를 본받아 책을 지으려는 인물들이 적지 않았다.[22]

일본과의 교린

조선은 상대국에 따라 외교정책을 달리하였다. 1720년(숙종 46)에 간행된 대외관계 요람인 『통문관지通文館志』에는 사대의 상대를 중국의 국가로 제한하고, 교린의 대상은 일본으로 하였다. 교린이란 이웃나라와 화평하게 지낸다는 의미를 가지고 있으며, 교린국은 대등한 외교의례(항례抗禮 또는 적례敵禮라고 한다)를 나누는 국가이다.

조선과 일본 무로마치 막부는 교린관계를 유지하였다. 조선국왕과 무로마치 막부의 장군은 대등한 자격으로 수호하고 사절을 교환했던 것이다. 그런데 조선정부는 겉으로는 무로마치 막부와 대등한 교린관계를 유지하면서도 속으로는 무로마치 막부를 기미의 대상으로 인식하였다. 기미는 말의 굴레와 소의 고삐를 가리키는 것으로 견제하면서 사신의 왕래는 지속하는 것을 의미한다. 화이관에 입각하여 일본을 오랑캐로 여기고 있었기 때문이다. 막부의 장군이 보낸 일본국왕사日本國王使가 일본의 유력한 세력이 보낸 사신과 함께 조선의 조하朝賀의식에 참여하는가 하면 연회에도 동석한 것은 그러한 사정을 알려주는 구체적인 예이다.[23] 한편 조선은 무로마치 막부만이 아니라 유력한 다이묘大名 등 여러 세력들과도 통교관계를 유지하였다. 조선과 일본의 통교체제는 다원적이었던 것이다. 조선은 이들 일본의 여러 세력들에 대해 기미정책을 취하였다.[24]

국교 수립

고려 말부터 시작된 왜구의 창궐은 조선왕조 건국 이후에도 지속되었다. 조선은 일본에 사신을 파견하여 왜구의 금지와 전투에 참여하지 않고 붙잡혀간 민간인, 즉 피로인被虜人[25]의 송환을 요구하였다. 당시 일본은 북조의 교토 황실을 지지한 무로마치 막부의 3대 쇼군將軍 아시카가 요시미쓰足利義滿가 남조를 타도함으로써 남북조(1336~1392)의 내란상태가 끝난 상황이었다(무로마치 막부). 조선이 건국한 1392년의 일이었다. 일본을 통일한 아시카가는 조선의 요구에 따라 일본국왕의 이름으로 조선국왕에게 국서를 보냈고(『조선왕조실록』에 보이는 미나모토 미치요시源道義─미치요시는 요시미쓰의 호[26]), 조선이 이를 접수함으로써 두 나라 사이에는 정식으로 국교가 성립되었다(1404, 태종 4). 8세기 말 신라가 일본과 국교를 단절한 후 600여 년 만의 일이었다. 이후 70여 차례에 걸쳐 일본국왕사가 조선에 파견되었다.[27] 그런데 일본국왕사 가운데는 이를 사칭한 위사僞使가 다수 포함되어 있어 어느 사절이 진짜이고 어느 사절이 가짜인지 진위를 가리기 어렵다.

무로마치 막부의 장군이 국왕을 칭한 것은 아시카가가 명의 성조로부터 일본국왕으로 책봉을 받았기 때문이다. 당시 명은 자국의 연안을 휩쓸고 있는 왜구의 대책에 고심하였다. 외국에 대한 무역규제정책이 오히려 더 왜구를 날뛰게 만들었던 것이다. 명은 왜구의 출몰을 막기 위한 방법의 하나로 일본에 조공을 권하면서 이에 대한 대가로 대명무역의 독점권을 제시하였다. 규슈의 여러 호족세력을 그의 통제 밑에 넣으려 했던 아시카가에게 이는 좋은 기회였다. 그가 명의 책봉을 받고 명과의 무역권을 독점하면 대명무역을 열망하는 호족들이 그의 지위를 인정하지 않을 수 없기 때문이었다.[28] 그리하여 아시카가는 명으로부터 일본국왕을 책봉 받고, 그에 대한 대가로 견명선遣明船을 파견하여 감합무역勘合貿易을 독점하였다. 감합

무역이란 명이 발급한 감합부勘合符를 소지한 선박만이 대명무역에 종사할 수 있게 한 것이다.[29]

일본과의 국교가 성립된 이후 조선은 보빙사報聘使, 회례사回禮使 등의 이름으로 사신을 파견하다가, 1428년(세종 10)부터 통신사를 파견하였다. '신의信義로써 통호通好한다'는 의미의 통신사는 외교의례상 대등국 간에 파견되는 사절을 가리킨다. 처음 일본에 파견된 통신사는 아시카가 요시노리足利義教의 장군 취임을 축하하고 아울러 서거한 전장군 아시카가 요시모치足利義持를 조문하기 위한 것이었다. 그리고 1443년(세종 25)에도 새로운 장군의 취임과 전장군의 조문을 목적으로 통신사가 파견되었다. 당시 서장관으로 교토京都에 다녀온 신숙주申叔舟는 이때의 견문과 조사를 토대로 『해동제국기海東諸國記』를 저술하였다. 대일관계의 연혁과 규정을 정리한 이 책은 이후 대일정책의 입안과 통신사행의 교과서가 되었다.

일본을 방문하고 귀국한 조선의 사신들은 일본국왕, 즉 막부 장군의 명령은 교토 주변에만 미칠 뿐 국토가 모두 다이묘들에 의해 나뉘어져 있다고 보고하였다. 무로마치 막부의 권력이 지방까지 미치지 못한 사실을 지적한 것이다. 따라서 조선정부는 왜구의 단속을 요구하기 위해 막부장군만이 아니라, 『해동제국기』에 거추사巨酋使로 기록된 막부장군의 측근으로서 각 지역을 관장한 슈고守護 다이묘, 막부에서 파견한 지방장관인 규슈단다이, 쓰시마 도주島主 등 대소 호족들과도 교섭을 추진하였다. 조선과 일본의 통교체제가 중앙정부 간의 일원적 관계가 아닌, 일본열도 내의 세력들이 개별적으로 조선국왕과 관계를 맺는 다원적인 통교체제를 유지했던 이유가 여기에 있다.[30]

일본인 입국통제

일본에서 조선에 입국하는 사람들로는 일본의 막부와 대소 호족이 보내는 외교사절인 사행왜인使行倭人과 단순히 교역을 목적으로 하는 흥리왜인興利倭人이 있었다. 일본인들은 조선 측이 지정한 우로, 중로, 좌로 등 세 개의 왜인상경도로倭人上京道路를 통해 서울에 도착한 후 서울의 왜관倭館(동평관東平館)에 머물렀다. 그들은 정월 초하루에 조선의 문무백관이 근정전에서 국왕에게 예를 올리는 의식에 참여했고, 조선국왕을 '황제' 또는 '폐하'로 부르고, 스스로를 신臣이라고 칭하였다. 조선을 대국으로 우러러 받드는 외교문서도 있었다. 그들이 실제로 조선을 대국으로 받들었다기보다는 경제적 이익을 위해 조선국왕의 신하를 자칭하고 조선국왕을 황제폐하라고 부르기를 꺼리지 않았던 것이다. 그만큼 조선과의 교역은 그들에게 절박한 문제였다.[31] 따라서 조선정부는 일본의 막부나 여러 호족들로부터 파견되는 매년 천여 명이 넘는 사절의 접대에 쫓겼고, 그만큼 조선의 경제적 부담은 늘어만 갔다. 조선정부는 이들을 통제하지 않을 수 없었다. 일본에 파견된 조선통신사는 왜구의 금지를 요청하는 동시에 일본의 여러 호족들이 보내는 사신의 수를 줄이는 문제를 막부장군에게 부탁하기도 하였다.

조선은 일본에서 입국하는 인원을 통제하는 방법의 하나로 통교체제의 일원화를 기도하였다. 막부장군과 쓰시마 도주에게만 사절을 파견하고 그 외에는 일절 사절을 보내지 않았던 것이다. 그리고 왜선이 정박하여 교역할 수 있는 장소를 제포薺浦(내이포乃而浦, 오늘날의 창원)와 부산포富山浦(오늘날의 부산진)로 한정함으로써 조선에 들어오는 일본인의 수를 줄이려고 하였다. 조선정부는 이러한 사실을 이 시기부터 후일 조선이 개항할 무렵까지 조선과 일본의 교섭을 담당한 쓰시마 도주에게 알려 일본 각지에 전달하게 하였다. 그러나 조선 측의 의도와는 관계없이 이후로도 일본의 지방호족들은 별도로 사송선을 보내왔는데, 이러한 사정은 무로마치 막부의 약화와 더불어 더욱 촉진되었다.

일본 통교자들을 통제하는 또 다른 방법으로 조선정부는 그들에게 입국증명을 요구하였다. 입국증명은 일본인들이 무역인으로서 조선을 내왕할 수 있도록 요청한 데 대해서 조선정부가 이를 발급해주면서 시작되었다. 조선정부는 이를 지참한 사람만을 양민으로 보고 무역을 허가했던 것이다. 입국증명으로는 서계書契, 도서圖書, 노인路引, 문인文引 등이 있었다.

서계는 입국증명서라기보다는 외교문서인데, 이 서계를 가지면 자동으로 입국이 허락되었으므로 입국증명서와 다를 바 없이 취급되었다. 도서는 통교자의 이름을 새긴 동판의 인장 즉 도장인데, 조선의 예조에서 발급하여 통교자에게 지급하였다. 아울러 조선정부는 도서를 종이에 찍은 견본을 조선의 관청에 보관해 두었다가 통교자가 도서를 제시하면 이를 대조하여 확인하였다. 노인은 원래 징세를 위해 육상陸商과 수상水商에게 발급한 것인데, 일본인만 사용하게 되었다. 문인은 쓰시마 도주가 발행한 도항증명서였다. 조선의 세종은 쓰시마로부터 해적의 금압을 약속받고 문인 발행권을 쓰시마 도주에게 주었던 것이다. 사행왜인이거나 흥리왜인이거나 간에 조선에 내왕하는 배는 모두 이 문인을 지참해야 했는데, 쓰시마 도주는 이를 발행하고 수수료를 챙겼다.[32]

조선이 강력한 일본인 통제책을 실시하자 그들 가운데는 이를 교묘한 방법으로 위반하면서 도항하는 자들이 나타났다. 앞서 언급한 쓰시마와 규슈의 호족, 그리고 하카다博多의 상인들이 파견한 거짓의 외교사절, 즉 위사가 그들이었다. 그들은 특히 일본국왕사를 사칭한 경우가 많았다. 일본국왕사는 조선의 통교 규제를 받지 않고 비교적 자유로울 수 있었기 때문이다. 대부분의 일본 사신들은 대장경을 요구했는데, 조선은 양이 한정되어 있었음에도 가능하면 일본국왕사의 청을 거절하지 않고 모두 사급하

였다. 이러한 위사의 존재는 당시 조일관계의 특수한 단면을 보여주는 것이다.[33]

입국하는 일본인들에 대한 규제조치에도 왜구가 그치지 않자 조선정부는 이종무李從茂로 하여금 왜구의 근거지인 쓰시마를 공격케 하였다(1419, 세종 1). 이른바 기해동정己亥東征이다. 아울러 왜구를 평화적인 통교자로 전환시키기 위한 여러 가지 회유책도 강구하였다. 왜구에게 조선에 귀화할 것을 권고하고, 귀화인에게는 토지와 가재도구 또는 관직을 수여하기도 하였다. 귀화한 일본인을 향화왜向化倭, 관직을 받은 왜인을 수직왜인受職倭人이라고 하는데, 이러한 용어가 일반화되었다는 것은 귀화해서 관직을 받은 일본인이 적지 않았음을 알려준다.

기해동정으로 쓰시마와 통교가 일시 중단되었다. 그러나 쓰시마 도주의 간청으로 일본선박이 정박할 수 있는 장소를 늘려 제포와 부산포 이외에 울산의 염포鹽浦를 열어 무역할 것을 허락하고, 삼포三浦에는 왜관을 두어 교역의 편의를 도모하였다(1427년, 세종 8). 삼포를 통해 교역을 허락하자 많은 미곡과 면포가 일본으로 빠져나갔다. 조선정부로서는 이를 제한하지 않을 수 없었다. 이에 쓰시마와 계해약조癸亥約條를 맺었는데(1443, 세종 25년), 이 약조에 따라 쓰시마 도주는 1년에 세견선歲遣船(정기사선定期使船) 50척만을 파견할 수 있었고, 그들에게 1년에 주는 쌀(세사미)도 200섬으로 제한하였다.

삼포에 거주하는 일본인의 수가 3천 명을 넘어서고, 더구나 규정을 위반하는 일이 잦아지자 조선은 밀무역을 단속하는 등 교역을 통제하였다. 그러자 삼포 거주 일본인들은 난을 일으켜 부산의 조선 관리와 백성을 살해하였다(삼포왜란, 1510, 중종 5). 조선정부는 삼포를 폐쇄하고 쓰시마와 교역을 중단하였다. 이는 조선에서 물화를 보급받아야 했던 쓰시마에 큰 타격이었다. 쓰시마 도주는 조선에 통교 재개를 간청했고, 이에 조선은 쓰시마

일본 도치기현 닛코日光에 있는 도쇼구東照宮의 조선종(© 백수인)

와 임신약조壬申約條를 체결하였다(1512, 중종 7). 여기에서는 계해약조에 규정된 세견선과 세사미를 반으로 줄여 각기 25척과 100섬으로 제한하고 특별규정도 모두 폐지하였다. 이후 쓰시마는 세견선을 늘려줄 것을 끊임없이 요구했는데, 이것이 거절되자 사량진蛇梁鎭(통영)을 약탈하기도 하였다(사량진왜변, 1544, 중종 39).

이처럼 당시 조선과 일본의 교역은 쌍무적인 무역이라기보다는 대체로 일본인들의 일방적인 요청으로 전개되었다. 일본에서는 구리, 유황과 같은 무기원료 그리고 조미료로 사용되는 후추가 들어왔으며, 조선에서는 미곡, 목면과 같은 생필품과 도자기, 서적 등이 수출되었다. 특이한 것은 대장경을 비롯한 불교문화재가 적지 않게 일본에 전해졌다는 사실인데, 이는 일본 측에서 극성스러울 정도로 대장경, 불화, 불상, 종 등을 요청했기 때문이다. 무로마치 막부시대 이후 일본 불교가 산간불교에서 민간불교로 변하면서 많은 사찰이 세워진 것과 관련이 있다. 그리하여 일본에는 조선종으로 불리는 한반도에서 건너간 종과 고려불화 등이 지금도 많이 남아 있다. 한편 일본에 사신으로 다녀온 인물들은 일본의 화포, 병선, 수차水車의 우수성과 단점을 알렸다. 아울러 그들은 일본시장의 발달과 화폐 유통의 편리함을 소개하면서 조선 상업의 후진성을 개선할 것을 주장하기도 하였다.[34]

15세기 후반 일본에서는 막부 장군의 후계자문제를 둘러싸고 내분이 발생하였다(오닌應仁의 난). 이후 무로마치 막부의 권위가 약해지고 다이묘들 간의 전쟁이 빈번하게 일어난 전국시대가 약 100여 년간 지속되었다. 이 때문에 쓰시마 등과의 무역관계는 지속되었으나, 조선과 무로마치 막부와의 외교관계는 중단되었다.

『해동제국기』에는 유구琉球(오늘날의 오키나와沖繩)에 대한 지식도 집대성되어 있다. 유구를 중시한 결과로 이해되는데, 그러나 유구는 임진왜란 이후에는 명을 통한 간접통교 방식으로 조선과 접촉하였다. 따라서 명이 망한 병자호란 이후에는 조선과 유구의 관계도 단절되었다.[35] 그리고 태조 · 태종 때는 지금의 타이인 섬라곡국暹羅斛國, 인도네시아인 조와국爪蛙國의 사신이 내빙하는 등 남만南蠻이라고 불렸던 동남아시아 국가와 접촉한 기록도 있다.

여진과의 기미교린

조선은 여진에 대해서 기미정책을 취하였다. 앞서 언급했듯이 기미는 견제하면서 왕래는 지속하는 것을 의미한다.[36] 조선은 내조한 여진족의 추장들에게 명의상의 관직과 녹봉을 지급하여 달랬는가 하면, 침략한 여진족에 대해서는 군대를 파견하여 정벌하였다. 여진에 대해 회유와 응징을 병행했던 셈이다.

여진을 둘러싼 명과의 갈등

여진은 한때 금을 건국했지만, 몽고의 지배 아래 놓인 이후로는 국가를 형성하지 못하고 부족 단위로 목축과 수렵, 어업 또는 농경에 종사하였다. 그들은 식량과 의복을 비롯한 생필품이 부족했으므로 말, 모피, 인삼 등을 가지고 중국, 조선 등 주변 국가와 조공무역 혹은 교역을 통해 경제적 욕구를 충족시켜야만 하였다. 그것이 원활하지 못했을 때 그들은 두만강과 압록강을 건너 조선을 빈번하게 침구하였다.

여진은 거주지역에 따라 압록강 상류지역의 건주建州 여진, 송화강 유역의 해서海西 여진, 흑룡강 유역의 야인野人 여진으로 나뉜다. 그리고 종족에 따라 올량합兀良哈(오랑캐), 오도리吾都里, 올적합兀狄哈(우디캐)로 구분된다. 거주지역에 따른 구분은 명에 의한 것이며 종족에 따른 구분은 조선에서 행해진 것인데, 조선에서는 여진을 때로는 명의 구분에 따라 부르기도 했으며 또한 여진의 여러 부족을 총칭하여 야인이라고도 하였다.[37]

조선이 개국할 무렵, 여진족 추장들 가운데는 이성계를 따라 종군한 인물들이 있었다. 조선의 개국공신에 책봉된 이지란李之蘭(두란첩목아豆蘭帖木兒)은 대표적인 인물이다. 이성계는 즉위 후 이들에게 만호와 천호의 직첩을 주어 회유하는 한편, 성을 쌓아 경원부慶源府를 설치하는 등 여진의 침구에 대비하기도 하였다.

명 역시 여진을 복속시키기 위해 노력하였다. 민호를 확보하고 북방의 몽고를 제압하기 위해서는 전략상 요충지인 요동의 여진을 복속시키는 것이 필수적이었기 때문이다. 명은 일찍이 조선으로부터 호군護軍에 임명된 압록강 유역의 오랑캐 추장 아합출阿哈出이 입조하자 건주위建州衛를 설치하고 그를 지휘사指揮使에 임명하여 회유하였다(1403). 이를 계기로 여진지역에는 많은 위소衛所가 설치되었다. 위와 소는 명이 각 지방에 설치한 군사단위인데, 이 제도를 여진사회에도 적용했던 것이다. 다만 여진에 설치된 위소는 명 내지內地의 위소와는 성격이 달랐기 때문에 기미위소羈縻衛所라고 불렸다. 위소 단위로 분리시켜 통제함으로써 여진이 통합된 힘을 발휘할 수 없게 하고, 자치를 허락하여 명의 정치적 예속하에 두려는 조치였다. 따라서 명은 이들을 관리하는 노아간도사奴兒干都司라는 군정기관을 흑룡강 하류지방에 설치하였다.[38]

명이 오랑캐의 추장 아합출을 건주위지휘사에 임명하자 두만강 유역의 오도리 추장 동맹가첩목아童猛哥帖木兒가 여기에 불만을 품었다. 그는 명의 회유에 응하지 않고 도리어 조선에 내조하였다(1404, 태종 4). 태종太宗은 동맹가첩목아에게 상호군의 관직을 주어 크게 환대하고, 여진 각 부족에게도 식량과 토지를 내려 안주시켰다. 조선에 우호적인 여진족을 계속 조선의 세력권하에 붙들어두려는 조치였다. 따라서 여진을 둘러싸고 조선과 명은 갈등을 빚을 수밖에 없었다.

동맹가첩목아가 조선에 내조하자 명의 성조는 조선 태종에게 여진을 복속시키는 문제와 관련하여 협력을 요청하면서 조선에 이주한 여진 추장의 송환을 요구하였다. 태종은 그들이 조선의 관할하에 편안히 생업에 종사할 수 있게 해달라고 주청했으나, 명은 이를 묵살하였다. 동맹가첩목아는 명의 끈질긴 회유에 굴복하여 입조하지 않을 수 없었는데, 그는 곧이어 성조의 몽고정벌에 참여하여 건주좌위도지휘사建州左衛都指揮使에 임명됨으로써 독립된 세력을 가지게 되었다(1406). 동맹가첩목아의 명 입조는 다른 여진부족에게도 영향을 미쳐 다수의 여진지역이 명의 위소로 편입되었다. 여진문제를 둘러싼 명과 조선의 각축은 명으로 대세가 기울었던 것이다.[39]

조선의 대여진정책

조선으로부터 호군 직을 받은 아합출이 명에 입조하여 건주위지휘사에 임명되고 동맹가첩목아가 명과 조선에 입조하였듯이 여진족 추장들 가운데는 조선과 명 양측에 입조하여 관직을 받은 인물이 여럿 있었다. 그들은 명에서 받은 관직에 상응하는 관직을 조선으로부터도 받았다. 명은 입조한 여진족 추장들에게 마시馬市 또는 호시互市라고 불리는 변경무역을 할 수 있는 경제적 권한을 부여하고, 또 그들이 머문 북경 회동관 주변에서 무역하는 것을 허락하였다.[40]

조선 역시 입조한 여진인 회유에 주력하였다. 조선은 우선 입조한 여진족의 추장들에게 명의상의 관직과 녹봉을 지급하였다. 그리고 그 자제들은 서울에 머물면서 조선으로부터 받은 무관직에 봉직하게 하였다. 이것을 야인시위野人侍衛라고 하였다. 일종의 질자 성격을 띤 것으로서 여기에는 여진의 실력자가 배반하지 못하게 하려는 의도도 있었지만, 시위자들에게 필요한 물품을 제공함으로써 경제적 불안에서 발생할 수 있는 동요를 미연에 방지하려는 뜻도 있었다.[41]

서울에 온 여진인은 야인관이라고 불리는 특수한 숙소에 머물렀는데, 야인관은 이후에 북평관北平館으로 명칭이 바뀌었다. 이들 상경한 여진인은 정월 초하루에 일본 사신과 더불어 조선의 문무백관이 근정전에서 국왕에게 예를 올리는 의식에 참여하였다. 이는 조선이 자신들이 중국 황제에게 조공하는 사대의 예를 북방의 여진족과 남방의 일본에 대하여 그대로 적용했음을 알려준다.[42]

조선은 여진족의 대추장에게 일종의 여행증명서인 문인을 발행하게 하여 이를 소지한 여진인만이 들어올 수 있게 하였다. 아울러 관직을 받은 여진 추장에게는 조선에 들어와 교역할 수 있는 권리를 인정하였는데, 그 증서가 서계였다. 명이 입조하는 여러 여진족 추장에게 칙서勅書를 주어 교역할 수 있는 권리를 인정한 것과 마찬가지였다. 그런데 서계는 일본의 통교자들에게도 교부되었다. 명이 칙서와 감합부로 주변의 조공국가를 통제한 것과 마찬가지로 조선은 서계로써 여진과 일본을 통제했던 것이다.[43]

여진인들은 조공에 대한 대가로 회사물을 받고 그들의 숙소인 서울의 북평관에서 합법적 무역인 개시開市를 허락받았다. 그러나 그 기간이 너무 짧고 규모가 작아 이러한 사행을 통한 무역만으로는 그들이 필요로 하는 생필품을 충당하기 어려웠다. 그 때문에 여진인들은 끊임없이 변경을 침입하여 노략질을 하였다. 조선은 이를 막기 위해 경성鏡城과 경원 등 변경에서 그들이 필요로 하는 포목, 농구, 곡물 등을 말, 모피 등과 바꿔가게 하였다. 북관후시北關後市가 그것인데, 그 무역하는 장소를 고려시대에는 각

장権場이라고 불렀고 조선시대에는 무역소라고 하였다.[44]

그렇다고 조선이 여진에 대해 회유로 일관했던 것만은 아니다. 때로는 그들을 응징하기도 하였다. 아합출이 이끈 압록강 방면의 건주위 여진은 목축이나 수렵보다 농업생산에 주력하였는데, 그들은 이에 필요한 인력을 주로 약탈하여 획득한 노비로 충당하였다. 그들에게 붙잡힌 사람들은 틈만 나면 지리적으로 가까운 조선으로 도망하였는데, 조선은 이들 가운데 원래 조선인을 제외하고는 모두 명으로 송환하였다. 아합출의 손자인 이만주李滿住[45]는 이러한 조선의 처사에 분개하여 여연閭延을 공격하였다. 이에 세종은 최윤덕崔潤德, 이천李蕆 등으로 하여금 압록강 연안 오랑캐의 건주위 여진을 정벌케 하였다(1433). 그 결과 평안도 북부에 여연, 자성慈城, 무창茂昌, 우예虞芮 등 4군四郡이 1443년(세종 25)까지 차례로 설치되었다. 조선은 도망 온 여진인들을 명에 송환함으로써 명의 신임을 얻을 수 있었고, 이 때문에 명의 눈치를 보지 않고 건주위 토벌 등을 통해 북방개척에 착수할 수 있었다.[46]

두만강 유역에서는 우디캐가 오도리를 습격하여 동맹가첩목아 부자를 살해하는 등 여진족의 내분이 발생하였다(1433, 세종 15). 세종世宗은 이 기회를 이용하여 김종서金宗瑞로 하여금 여진을 경략케 하고, 종성鐘城 등 6진六鎭을 함경도 북부에 설치하여 동북계 방수防守의 요충으로 삼았다. 그런데 조선의 일부 관리들은 6진 설치가 나라를 불안하게 만들고 경비를 축낸다는 점을 들어 이를 주도한 김종서를 목 벨 것을 주장하였다. 김종서는 문과文科에 급제하여 5년 동안 좌승지左承旨를 역임하는 등 세종과 밀착된 관계를 유지한 인물이었다. 따라서 관리들이 김종서의 처벌을 주장한 것은

만주 아합출은 명으로부터 사성賜姓을 받아 이성선李誠善으로 이름을 바꾸었다. 그리하여 그의 자손들은 이씨 성을 썼다. 아합출의 손자 이만주李滿住의 '滿住'는 그의 칭호(관명)로 여겨지는데, 후일 만주滿洲라는 명칭은 여기에서 비롯된 것으로 이해된다

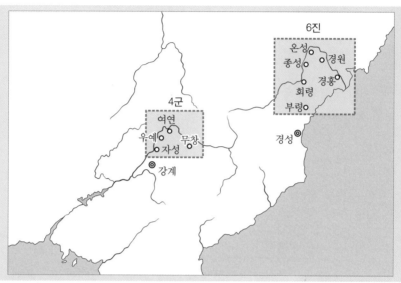

4군 6진

곧 세종에 대한 반발과 다름없었다. 관리들은 세종의 6진 설치가 왕권 강화와 자신들에 대한 통제의 수단으로 이용될 것을 우려했던 것이다.

세종 때에 진행된 여진에 대한 정벌은 농토의 확장과 아울러 천연의 요새를 국경선으로 삼으려는 데에도 목적이 있었다.[47] 따라서 몇 차례에 걸쳐 남방의 민호를 6진과 4군에 입거시키고 압록강과 두만강 연변의 요해처에 여러 성을 축조함으로써 국경선을 효율적으로 보완하였다. 그러나 4군은 유지가 어려워 단종(1455)과 세조 때(1459) 차례로 폐지되었다. 이를 폐사군廢四郡이라 하는데, 폐사군은 후일 치폐를 거듭하다가 1869년(고종 6)에 그 일부가 복설되어 후창군厚昌郡과 자성군에 소속되어 오늘에 이르고 있다.[48]

동맹가첩목아의 사망 후 그의 동생 동범찰童凡察과 아들 동창童倉이 건주좌위의 주도권을 놓고 다투자 명은 동창으로 하여금 건주좌위를 계승케

144

하고 동범찰을 위해 건주우위를 신설하여 통솔케 함으로써 그들을 서로 견제시켰다. 이로써 건주본위와 함께 건주삼위建州三衛시대가 열렸다.[49] 그런데도 여진의 요동에 대한 약탈이 그치지 않자 명은 조선에 국서를 보내 여진과 통교하지 말고 상을 주거나 관직을 내리지도 말라고 요구하였다 (1450, 문종 즉위년). 그러나 조선은 건주좌위의 동창과 건주본위의 이만주 아들 이고납합李古納哈이 명을 적대시하면서 교류를 요구하자 동창에게 관직을 내렸다(1460, 세조 6). 이를 빌미 삼아 조선과 여진의 관계에 대한 명의 간섭이 심해졌다. 여진과 조선이 결탁하여 반명세력을 형성하는 것을 우려했기 때문이다. 이에 조선은 명을 의식하여 건주여진과 정식 교섭관계를 끊고 때때로 약간의 식량을 주는 데 그쳤다.[50]

명의 방해를 받아 경제적 요구를 만족시키지 못하게 된 여진은 요동을 자주 침범하였다. 명은 이에 대한 토벌에 나서면서 조선에게도 출병을 요구하였다. 그리하여 조선은 명과 함께 여진을 공격하여(1467, 세조 13), 건주위 추장 이만주 부자를 살해하는 등 여진족에게 큰 타격을 입혔다. 이에 불만을 품은 여진족은 조선의 변경을 침략하고 약탈하였다. 1583년(선조 16) 니탕개尼蕩介의 침략은 그 가운데 하나이다. 그는 경원을 비롯한 6진을 속속 함락해 그 기세가 자못 등등하였으나 신립申砬에게 진압되었다. 이후 명의 국력이 쇠퇴한 틈을 타서 동맹가첩목아의 6대손 누르하치奴爾哈赤가 후금을 세웠다.

일본 · 후금(청)과의 전쟁

조선은 1592년 명에 대한 정벌을 내세운 일본군의 침입을 받았다. 이것이 임진왜란인데, 이 전쟁은 1597년의 정유재란을 포함하여 7년간 지속되었다. 일본에서는 이 전쟁을 분로쿠文祿 · 게이초노에키慶長の役라고 하며, 중국에서는 만력조선역萬曆朝鮮役 또는 만력일본역萬曆日本役이라 부른다.

부산에 상륙한 일본군은 20일여 만에 서울을 점령하고, 두 달 뒤 평양에 입성하였다. 그런데 평양을 점령한 일본군은 북진하지 못하다가, 명의 이여송李如松 군대에게 패하면서 그들의 목표인 대륙원정계획을 포기하였다. 일본군이 평양에서 북진하지 못한 것은 곽재우郭再祐나 조헌趙憲 등이 의병을 일으켜 후방을 교란한 데도 원인이 있었지만, 무엇보다 해상을 통해 군수물자가 조달되지 않았기 때문이다. 전라좌수사 이순신李舜臣이 해상을 장악함으로써 일본군의 배후를 위협하고, 해로를 통한 일본군 보급로를 차단했던 것이다.

임진왜란이 끝날 무렵부터 조선의 선조宣祖와 관리들 사이에는 '(명이 조선을 구원하여) 다시 일으켜 세워준 은혜'를 잊지 말아야 한다는 '재조의 은혜[再造之恩]'가 강조되기 시작하였다. 전란 극복의 공을 명나라 군대에게 돌리고, 그 명나라 군대를 부른 것이 자신들임을 부각시키기 위함이었다. 그럼으로써 자신들의 실정을 호도하고 전란으로 실추된 권위를 회복하고자 하였다.[51] 이렇게 '재조의 은혜'에서 비롯된 명에 대한 의리 강조는 숭명崇明의 경향을 낳았고, 이는 명과 후금 사이에서 관망적인 태도를 보인 광해군을 폐하는 사태로까지 발전하였다. 이후 정권을 장악한 서인은 친명배금親明排金을 표방하였는데, 이러한 외교정책은 청의 침입을 불러들인 원인의 하나가 되었다. 백성의 안위보다 자신들의 체면유지를 중요하게 여긴 조선 관리들의 태도가 또 다른 전란을 야기했던 셈이다.

일본과의 전쟁

일본을 통일하여 전국시대를 마감한 도요토미 히데요시豊臣秀吉는 황실을 받든다는 명분을 내세워 따로 막부를 개설하지 않고, 간바쿠關白라는 직을 차지하여 전국을 통치하였다(1585). 그는 조선과 명을 정복하여 수도를 베이징으로 옮기고, 더 나아가 인도까지 영유한다는 계획을 세웠다. 그가 이러한 군사행동을 계획한 것은 전란 과정에서 몰락한 다이묘와 무사들의 불만을 해외로 돌리고, 대외무역의 이익을 알고 있던 다이묘들에게 무역권을 보장해주기 위함이었다. 이를 통해 그는 국내의 통일과 안전을 공고히 하려고 했던 것이다.[52] 그리하여 도요토미는 두 나라의 교류창구 역할을 해온 쓰시마 도주 소 요시토시宗義智에게 조선국왕의 일본 입조를 요구하라고 지시하였다. 그러나 조선과 일본과의 관계를 잘 알고 있던 쓰시마 도주는 도요토미의 명령을 그대로 전달하지 않고, 그 대신 통신사 파견을 조선에 종용하였다.

조선은 쓰시마 도주의 거듭된 요구와 일본정세를 파악할 필요성 때문에 도요토미의 통일을 축하한다는 명목으로 통신사를 일본에 파견하였다 (1589, 선조 22). 정사에 서인 황윤길黃允吉, 부사에 동인 김성일金誠一로 구성된 통신사 일행은 이른 시일 안에 교린관계를 회복하기를 원한다는 내용의 서한을 일본정부에 전달하였다. 조선의 통신사 파견이 일본의 위력에 굴복한 조선의 항복을 뜻하는 것이라고 이해한 도요토미는 일본이 명을 정벌하는 데 조선이 앞장서줄 것(정명향도征明嚮導)을 요구하였다. 그런데 쓰시마 측에서는 이를 '길을 빌려주어 명으로 가게 해달라(가도입명假途入明)'고 변조하여 조선에 전달하였다.[53]

조선정부에서는 통신사가 복명復命한 내용의 진실성 여부를 두고 논란이 벌어졌다. 황윤길은 일본이 많은 병선을 준비하고 있어서 반드시 침략할 것이라고 보고한 반면, 김성일은 도요토미의 말은 위협적이며 경망스러운 언사에 불과하다고 주장하였다. 황윤길은 닥쳐오는 위급에 대비할 필요를 말한 것이고, 김성일의 말에는 인심을 동요시키지 않고자 하는 뜻이 담겨 있었다.[54] 그렇다고 하더라도, 당시의 관리들은 사실 여하를 불문하고 자기 당파에 속한 사신의 말을 비호함으로써 정부는 적절한 대책을 마련하지 못하였다. 조선정부는 조선과 중국의 관계를 군신부자의 관계로 설명하면서 일본의 요구에 냉담한 반응을 보였다.

도요토미는 규슈 북부의 나고야名護屋(오늘날의 가라쓰唐津)에 사령부를 설치하고, 16만의 군대를 여러 진陣으로 나누어 출정시켰다. 고니시 유키나가小西行長를 사령관으로 한 일본군 1진은 부산에 상륙하여 부산첨사 정발鄭撥과 동래부사 송상현宋象賢의 저항을 간단히 물리치고 북상하였다(1592, 선조 25). 조선정부는 좌의정 유성룡柳成龍을 도체찰사에 임명하고 여진을 진압하여 이름을 떨친 신립을 도순문사로 삼아 왜적과 대적케 하였다. 그러나 신립이 충주에서 패하자 선조宣祖는 평양으로 천도할 것을 결정하고, 왕자 임해군臨海君을 함경도에, 순화군順和君을 강원도로 보내 의병을 모으게 하였다. 선조가 피난을 위해 서울을 빠져나가자 관노官奴와 백성들 일부가 관청의 재물을 약탈하고 방화하는 등 난동을 일으켜 일본군이 서울에 도착하기도 전에 서울은 이미 수라장이 되고 말았다. 그리고 회령에 머물던 임해군과 순화군이 현지인들에게 붙잡혀 일본군에 넘겨지는 등 당시 조선의 민심은 철저하게 정부로부터 이반되어 있었다. 그러는 사이 일본군은 부산에 상륙한 지 20일 만에 서울을 점령하였다.

서울을 점령한 일본군은 총대장 우키타 히데이에宇喜多秀家의 지휘 아래 고니시의 1진은 평안도 쪽으로, 가토 기요마사加藤淸正의 2진은 함경도 방면으로 북진을 계속하였다. 한편 서울 점령을 보고 받은 도요토미는 8도 분할계획을 발표하여 우키타는 경기도를, 고니시는 평안도를, 가토는 함경도를 맡게 하는 등 각 도를 장수들에게 분담시켜 점령지에서 군정軍政을 실시케 하였다. 각 도에 감영監營과 비슷한 다이칸조代官所라는 기구를 만들어 이를 통해 민심을 안정시키고 조세를 징수하여 군량을 확보하고자 하였다.[55]

평양으로 피난한 조선정부는 명에 내부內附할 것인지의 여부를 논의하였다. 관리들 사이에는 국왕이 국경을 넘어 중국 땅인 요동으로 들어가자는 내부론과 국왕이 조선을 떠나면 조선은 우리 것이 아니라는 윤두수尹斗壽, 유성룡 등의 내부불가론이 맞서면서 대립하였다. 선조는 명으로의 내부를 고집하고, 이를 허락해줄 것을 명에 요청하였다.

그러나 내부론은 반대하는 관리들이 많아 좌절되었다. 그 대신 명에 원군을 요청하기로 하였다. 명군이 조선 경내로 들어오면 난처한 일이 더 많을 것이라는 반대 의견이 있었지만, 조선의 힘으로 일본군을 물리칠 수 없는 상황이었으므로 원병 요구는 불가피하였다.[56] 일본군이 평양을 점령하자 선조는 의주義州로 떠나면서 왕세자인 광해군光海君에게 분조分朝를 맡겨 종묘사직의 신주를 모시게 하였다. 국왕이 의주에 머무는 동안 광해군의 분조는 강원도 이천伊川에서 조정의 건재함을 알려 민심을 진정시키고 적에 대한 항전의지를 북돋우는 데 큰 역할을 하였다.[57]

명은 조선에 구원병을 보내기로 하고, 조승훈祖承訓이 이끄는 3천의 병력을 파견하였다. 그러나 일본군에게 대패하자 일본군의 북진을 외교적으로 지연시키기 위해 심유경沈惟敬을 파견하여 화의를 추진하게 하였다. 심유경이 평양에서 고니시와 회담하여 잠정적인 휴전을 성립시킨 사이 명은 조선원정군을 편성하여 사령관 격인 경략經略에 유명한 양명학자인 송응창宋應昌을 임명하고, 이여송을 동정제독東征提督으로 삼아 4만 3천의 병력을 조선에 파견하였다. 이여송군은 조선군의 도움을 받아 약 7개월 동안 일본군에게 점령되었던 평양을 탈환하였다(1593. 1). 일본군의 패인은 조선의 의병에 의해 후방을 교란당한 데다가 이순신에 의해 해로를 통한 보급로를 차단당한 데 있었다. 그리고 조선의 겨울 날씨도 한 원인이었다. 일본군의 선봉인 고니시와 가토 병력의 대부분은 일본 남부 시고쿠四國와 규슈 출신 군인이었는데, 그들은 조선의 매서운 겨울 날씨를 견디지 못했던 것이다.[58]

명이 조선에 원군을 파견한 것은 일본의 목표가 명을 친다는 것임을 알고 중국 본토에서 일본군을 막는 것보다 조선에서 막는 것이 유리하다고 판단했기 때문이다. 명 본토를 전장으로 만들지 않을 수 있을 뿐만 아니라 군량이나 군수물자를 조선에 요구할 수 있었던 것이다. 그러한 만큼 명의 참전은 조선에 막대한 피해를 끼쳤다. 군량 조달과정에서 그들이 행한 약탈은 일본군의 그것과 다름없었다. 명과 일본이 평양에서 전투를 벌일 당시 명의 군사들은 일본군의 머리를 얻기 위해 경쟁했는데, 이여송군이 벤 머리의 절반이 조선인의 것이라는 말이 떠돌 지경이었다. 그리고 명의 사신 가운데는 선조를 접견하면서 남면하는 등 조선의 국왕을 신하처럼 대한 인물도 있었다. 이러한 어려움 때문에 이미 평양전투 직후부터 조선은 명이 증원군을 파견한다는 소식에 긴장하고 있었다. 그러한 한편으로 조선의 지배층은 이여송의 생사당生祠堂을 세우는 등 명의 은혜를 과장되게 강조하기도 하였다.[59]

평양전투에서 이여송군에게 패한 일본군은 남쪽으로 후퇴하였다. 그러나 고양의 벽제관碧蹄館에서는 대반격을 시도하여 이여송군을 대패시켰다.

이후 이여송군은 평양으로 돌아가 움직이지 않았다. 함경도에 머물고 있던 가토 휘하의 병력이 평양을 공격할까 두려워했기 때문이다. 송응창을 비롯한 명군 지휘부는 일본군의 강화 요구에 응해 본격적으로 강화협상을 추진하였다. 자국의 영토 밖에서 일본의 침략을 저지한다는 목표를 달성한 명은 전쟁보다 강화가 낫다고 판단했던 것이다. 조선은 전쟁의 당사국이면서도 정작 명과 일본 사이의 교섭과정에서 소외되었을 뿐만 아니라, 명군 지휘부는 조선의 주전론이 일본과의 강화협상에서 걸림돌이 된다고 생각하고, 아예 조선군에게 일본군과 전투를 벌이지 못하도록 압력을 행사하였다. 고양의 행주산성에서 일본군에게 대승을 거둔 권율權慄이 송응창에게 불려가 곤장을 맞을 뻔한 것도 이때의 일이다. 자신의 허락 없이 일본군을 공격했다는 것이다.[60] 이처럼 명군이 전투를 포기하자 선조는 명 조정에 사신을 보내 사정을 호소하려고 하였으나, 송응창의 견제 때문에 그것마저도 이룰 수 없었다. 그러한 가운데 이여송이 거느린 명군의 주력부대 대부분은 요동으로 철수하였다(1593, 선조 26).

한편 남쪽으로 후퇴한 일본군은 진주성을 재공격하여 점령한 후 경상도 연해지방으로 물러가 울산부터 동래와 거제에 이르는 지역에 일본식 성(왜성)을 쌓고 장기주둔 태세를 보였다. 일본으로부터 보급물자를 운반하기 위한 항만을 확보하고, 이순신 함대에게 정박지를 내주지 않으려는 의도였다.[61]

명과 일본 사이에 강화교섭이 진행되는 동안 명에서는 명이 직접 관리를 파견하여 조선을 통치하자는 직할통치론直轄統治論이 대두하였다(1594). 원나라의 예를 본받아 조선에 정동행성을 설치하고, 순무巡撫를 파견하여 조세징수권 등을 갖도록 하자는 것이었다. 이는 조선이 명군에게 제대로 협조하지 않을 뿐만 아니라 도리어 명군의 작전을 방해하고 있다는 판단에서 비롯된 것이었다. 비록 명에 의한 직할통치는 실현되지 않았지만, 명

군 지휘부의 조선 내정에 대한 간여는 전쟁 기간 내내 지속되었다.[62]

명과 일본의 강화회담은 3년을 끌었다. 명은 도요토미를 일본의 왕으로 책봉하고 조공을 허락한다는 것으로 국면을 해결하려고 한 반면, 도요토미는 자신이 승리자라고 믿고 명 황제의 딸을 일본 천황의 후비로 삼을 것과 조선의 8개 도 가운데 4개 도를 일본에 떼어줄 것 등을 주장하였다. 명은 도요토미의 요구를 무시하고, 사신을 파견하여 그를 일본국왕에 책봉하는 서류와 도장을 전달하였다. 이에 분노한 도요토미는 14만 군으로 다시 조선을 침략하였다(정유재란, 1597, 선조 30).

일본이 재침하자 명은 양호楊鎬를 조선원정군의 사령관 격인 경리經理에 임명하여 일본군의 북상을 저지케 하였다. 한편 모함을 받아 옥에 갇힌 바 있던 이순신은 다시 삼도수군통제사에 임명되어 명량鳴梁에서 일본군을 대파하였다. 여기에 힘입어 육상의 조명연합군朝明聯合軍도 직산 소사평素沙坪에서 일본군을 대파하였다. 기세가 꺾인 일본군은 겨울을 나기 위해 남해안으로 모여들어 울산과 순천 등지에 다시 왜성을 쌓고 주둔하였다. 즉 울산에 가토, 양산에 우키타, 순천에 고니시가 주둔했던 것이다.

1598년(선조 31) 양호의 자리를 만세덕萬世德이 대신하면서 조명연합군은 일본군에 대한 총공격을 개시하였다. 이러한 시기에 도요토미가 사망하자 일본군은 철수를 시작하였다. 명의 수군도독水軍都督 진린陳璘과 연합군을 구성한 이순신이 순천성에서 철수하는 고니시군을 해상에서 봉쇄하자 일본은 고니시군을 구출하기 위해 3백여 척의 전선을 파견하였다. 이순신은 남해의 노량露梁에서 그들과 해전을 벌이다가 유탄에 맞아 전사하였다.

일본군의 침략으로 조선은 커다란 인적·물적인 피해를 입었다. 인구는 줄고 토지대장과 호적이 불타버려 조세와 요역의 징발이 곤란해졌다. 일본인에게 잡혀간 피로인도 적지 않았다. 그 가운데는 정유재란 당시 명군과 조선군의 군량조달을 위해 정부에서 남원으로 파견된 강항姜沆이 있었

일본 교토에 있는 미미즈카(ⓒ 최애정)

다. 그는 일본에서 승려인 후지와라 세이카藤原惺窩를 만나 1년 반 동안 교류하면서 후지와라가 유학자로 다시 태어나는 데 큰 영향을 미쳤다. 후지와라는 불교와 결별한 후 유학자가 되었는데, 그의 제자들에 의해 에도江戶유학이 꽃을 피웠다. 즉 강항이 일본에 성리학을 전한 셈이다. 그는 후일일본에서의 견문과 대일 국방책을 논한 『간양록看羊錄』을 남긴 것으로도유명하다.[63] 이탈리아 상인에 팔려 로마에 정착한 안토니오 코레아Antonio Corea 역시 임진왜란 당시 일본에 잡혀간 인물이었을 가능성이 있다. 안토니오 코레아는 오늘날 로스앤젤레스Los Angeles의 게티Getty미술관에 전시되어 있는 루벤스Rubens 작의 '조선남자Korean Man'라는 그림의 주인공이아닌가 추측된다.[64] 그리고 도자기 기술자들도 많이 붙잡혀갔다. 일본에서는 조선의 자기를 '고려물高麗物'이라고 하여 진귀하게 여겼으므로 조선에서 잡혀온 도자기 기술자들을 후하게 대우하였다. 이들 도자기 기술자에

의하여 일본에서도 비로소 청색 유약을 입힌 자기의 생산이 가능해졌다. 이 도자기들은 나가사키長崎를 거쳐 네덜란드 상인들을 통해 유럽까지 팔려나갔다.[65] 한편 일본군의 재출병 당시 도요토미는 일본군에게 조선인의 목은 베지 말고 코를 베어 소금에 절여오도록 명령하였다. 이에 일본군은 남원전투에서 전사한 조선군의 코를 베어 소금에 절여 항아리에 가져갔다. 오늘날 교토에 있는 미미즈카耳塚(귀무덤)는 실은 남원에서 베어간 조선인의 코를 묻은 무덤이다.[66]

후금(청)과의 전쟁

명과 조선이 임진왜란에 대처하느라 겨를이 없는 사이, 건주좌위의 여진족에서 누르하치가 나와 세력을 떨쳤다. 그는 명으로부터 용호장군龍虎將軍이라는 고위 관직을 받음으로써 입지를 인정받았다. 여진은 수렵과 농경을 생업으로 하는 종족이므로 그들이 발전하기 위해서는 요동평야로 진출하지 않을 수 없었다. 그렇게 되면 그들과 충돌을 피하기 어렵다고 판단한 명이 미리 관직을 주어 그를 회유했던 것이다. 한편 누르하치는 조선과 우호관계를 유지하기 위해 노력하였다. 이는 후환을 두려워한 조선정부에 의해 거절되었지만, 임진왜란 당시 명을 통하여 조선에 원병파견을 자청한 사실을 통해서도 짐작할 수 있는 일이다.[67] 여진족에게 조선은 그들 생활필수품의 주요 공급원이었던 것이다.

누르하치는 여진족 모두를 8개 군단에 편제한 팔기제八旗制의 군사조직을 확립하고, 이를 바탕으로 지난날 여진족 국가였던 '금'을 따라 '후금'을 세웠다(1616). 그는 명을 남조라고 칭함으로써 후금이 명과 대등한 국가임을 과시한 후 명이 자신의 할아버지와 아버지를 무참히 살해하고 여진인을 박해했다는 등 7가지의 원한을 열거한 '칠대한七大恨'을 발표하면서 선전포고하였다. 아울러 조선에는 명을 위해 출병하지 말 것을 요청하는 외교문서를 보냈다.

후금의 공격을 받은 명은 임진왜란에 참전하였던 양호를 사령관으로 삼아 이에 대비케 하고, 조선에 원병을 청하였다. 임진왜란 당시 명이 조선을 위해 군대를 파견하여 도왔으니 조선도 병력을 보내 후금을 협공하라는 것이었다. 조선은 이 문제를 논의하기 위해 비변사備邊司회의를 개최했는데, 여기에서 박홍구朴弘耉, 이이첨李爾瞻 등 고위 관리들은 명분상 원병파견이 불가피하다는 의견을 개진하였다. 이에 반해 광해군은 훈련되지 않는 농민들을 호랑이 굴속에 몰아넣는 것은 명에게도 도움이 되지 않을 것이라고 반대하였다. 광해군은 현실적인 외교정책을 선택하여 국가를 전란에 빠뜨리지 않으려고 했던 것이다.[68]

그러나 광해군이 명과 조선 관리들의 압력을 이겨내기는 어려웠다. 그는 강홍립姜弘立을 도원수로 삼아 명에 파견하면서(1618, 광해군 10), "대의명분상 어쩔 수 없이 출병하는 것이니 형세를 보아 향배를 정하라"라는 밀명을 내렸다.[69] 따라서 강홍립은 사르후薩爾滸전투에서 후금군의 기습을 받아 패배하자 남은 병력을 이끌고 항복하였다. 후금은 강홍립 등 소수의 지휘관들을 제외한 병사 모두를 조선으로 돌려보냈다. 이로써 강홍립은 전투에 참가한 많은 조선인 군사들의 목숨을 구했으며, 조선에 대한 후금의 보복 행동을 막는 데도 기여하였다.[70]

조선의 관리들은 대후금 출병에 소극적인 광해군의 태도를 정면으로 비판하였다. 임진왜란 때 조선을 구원하여 다시 일으켜 세워준 명의 '재조의 은혜'를 망각한 처사라는 것이었다. 따라서 조선조정은 사르후전투 이후에도 명과의 관계를 유지하려고 노력하였다. 후금이 요동도사의 소재지인 요양을 점령함으로써 명으로 가는 육로가 막히자 해로로 사신을 보내 후금과의 관계를 변명하기도 했던 것이다.

광해군은 임진왜란 당시 일본군을 막는 데 두드러진 활약을 한 인물이다. 그는 왜란을 초래하고 백성을 버려둔 채 피난했다는 비난으로부터 비교적 자유로울 수 있었다. 따라서 광해군이 후금에 대한 출병을 거부한 데에는 '재조의 은혜'를 통해 유지될 수 있었던 관리들의 위신에 타격을 가하여 그들을 장악하려는 정치적 의도가 숨어 있었다. 실제로 그는 사후에 올려지는 것이 보통인 존호尊號를 살아 있는 동안에 받았는데, 더구나 그의 존호는 48자字에 이르는 조선의 역대 국왕들 가운데 가장 긴 것이었다. 관리들이 이러한 광해군에게 반발했음은 물론이다. 그리하여 폐모살제廢母殺弟(광해군이 선조의 적자인 영창대군永昌大君을 살해하고 그의 어머니인 인목대비仁穆大妃의 호를 깎고 유폐한 짓)와 후금과 화친정책을 폄으로써 명을 배반했다는 것 등을 구실로 내건 인조반정仁祖反正이 일어났다(1623).[71]

인조를 옹립한 서인정권은 외교에서 광해군과 차이를 드러냈다. 광해군이 명과 후금 사이에서 사태를 관망하고 있었던 데 반해 서인정권은 친명정책을 표방했던 것이다. 그들이 광해군을 몰아낸 명분도 바로 그것이었다. 이러한 정책의 변화는 후금을 자극하였다.[72] 게다가 명의 장군 모문룡毛文龍이 압록강 하구의 단도椵島(혹은 가도椵島라고도 불린다)에 근거를 마련하고, 조선에서 식량 등 물자를 지원을 받으면서 후금의 후방을 교란하고 요동의 회복을 기도한 것도 후금을 불안케 하였다. 후금이 여러 차례 조선을 향해 모문룡에 대한 지원을 중단할 것을 요구했지만, 조선은 이를 받아들이지 않았다. 산해관山海關을 공략하여 중국 본토로 들어가는 것을 최대의 목표로 삼고 있던 후금은 명을 치기 위해서는 먼저 배후를 위협하고 있는 모문룡과 그를 지원하고 있는 조선을 정벌해야 할 필요를 느끼게 되었다.[73]

후금은 광해군을 위해 복수한다는 점을 내세워 조선에 침입하였다(정묘호란, 1627, 인조 5). 압록강을 건넌 후금군 중 일부가 단도의 모문룡을 쳐 그를 신미도身彌島로 쫓아내고, 주력부대는 평양을 함락하고 평산으로 닥쳐왔다. 인조는 강화도로 피난하면서 화의를 청하였다. 자신들이 조선 내륙에서 싸우는 동안 명나라 군대가 공격해올 것을 염려한 후금이 여기에 응함으로써 조선과 후금 사이에는 화의가 성립되었다. 양국이 형제관계임을 규정한 정묘약조丁卯約條를 체결했던 것이다.

후금이 조선에 침입한 주요한 이유 가운데 하나는 조선과 명의 관계를 견제 또는 단절시키는 것이었다. 따라서 후금은 조선에게 명과의 관계를 끊고, 그 연호를 사용하지 말고 자신들의 연호를 쓸 것을 요구하였다. 조선은 이를 거절하고, 후금에 보내는 국서에만은 명과 후금 어느 나라의 연호도 쓰지 않겠다는 타협안을 제시하여 타결을 보았다.[74] 그 후 후금은 사신을 보내어 후금과 조선도 명과 조선처럼 군신관계를 맺을 것을 요구하였다. 조선의 조정이 이에 반발했음은 물론이다. 인조는 후금의 사신을 만나지도 않고 그 국서도 받지 않았다.

후금은 국호를 청이라 고치고 여진이라는 이름도 만주滿洲로 바꾸었다(1636). 황제를 칭한 청 태종은 조선에 대해 왕자를 인질로 보낼 것을 요구하였다. 조선이 이를 묵살하자 그는 직접 12만 군대를 거느리고 침입하였다(병자호란, 1636, 인조 14). 조선이 약속을 어기고 명을 도와 청을 해쳤다는 것이 침략의 이유였다. 그러나 실제는 조선을 군사적으로 철저히 제압하고 복종시켜 후일 청이 명을 대신하여 중국을 지배할 경우에 후환이 없도록 예비 조치를 취하려는 것이었다.[75]

청의 선봉군은 의주부윤 임경업林慶業이 방비하고 있던 백마산성白馬山城을 피해 서울로 직행하였다. 그리하여 심양瀋陽을 떠난 지 10여 일 만에 서울 외곽에 주둔하였다. 인조는 왕자들을 강화도에 피난시키고, 자신도 들어가려 하였다. 그러나 청군 때문에 길이 막히자 세자와 함께 남한산성으로 피신하였다. 그곳에서 인조는 명에 군대를 요청하였으나 원병은 도

삼전도비(ⓒ 서기복)

착하지 않았다. 당시 명은 각지에서 도적이 일어나 나라 밖으로 관심을 돌릴 여유가 없었다. 그러한 가운데 관리들은 김상헌金尙憲 등 주전파와 최명길崔鳴吉 등의 주화파로 갈려 논쟁을 벌였다.

강화도가 청군에게 함락되었다는 소식이 전해지자 인조는 최명길 등 주화파의 주장을 좇아서 세자와 함께 삼전도三田渡(오늘날의 송파)에 나아갔다. 그는 청 태종에게 무릎을 꿇고 한 번 큰절을 올리고 세 번 머리를 땅에 찧는 행위를 세 차례 하는 삼궤구고두례三跪九叩頭

禮를 행함으로써 신하의 예절을 갖추었다(1637, 인조 15). 그리하여 명과의 국교를 단절하고 해마다 세폐를 바치며, 청이 명을 칠 때 군대를 파견하여 도운다는 등의 조건으로 청과 강화가 성립되었다. 청은 철군하면서 소현세자昭顯世子와 그의 동생 봉림대군鳳林大君을 인질로 데려갔다. 주전파인 홍익한洪翼漢, 윤집尹集, 오달제吳達濟 등 이른바 삼학사三學士도 잡아갔는데 그들은 그곳에서 죽임을 당하였다. 김상헌도 뒤에 잡혀가서 오랜 옥중생활을 하였다.

병자호란 직후 청은 인조가 청나라 황제에게 무릎을 꿇고 항복한 자리인 삼전도에 대청황제공덕비大淸皇帝功德碑를 세울 것을 요구하였다. 그런데 조선의 관리로서 이 비문을 찬술撰述하려는 인물이 없어 곤란을 겪었다. 조선을 침략한 청 태종을 칭송한다는 것은 역사의 죄인이 될 수밖에 없음을 의미하기 때문이었다. 그렇다고 청의 명령을 외면할 수도 없는 노릇이었다. 결국 예문관제학 이경석李景奭이 비문을 써서 대청황제공덕비, 이른바 삼전도비가 세워졌다(1638, 인조 16).

조선과 청

병자호란은 불과 47일 만에 끝나 임진왜란에 비해 기간도 짧았고, 또 국토의 일부에서만 전쟁이 벌어졌기 때문에 인적·물적 피해는 적은 편이었다. 그러나 조선인들이 받은 정신적 피해는 왜란과 비할 바가 아니었다. 일찍이 고려가 정벌한 적이 있던 여진족에게 국왕이 머리를 조아려 항복함으로써 나라의 체모가 땅바닥에 떨어졌던 것이다. 후금(청)과 통교한 점을 들어 광해군을 몰아낸 서인정권은 특히 커다란 타격을 입었다. 서인정권은 정권의 정당성과 지배층 모두의 손상된 자존심을 만회할 필요가 있었다. 이를 위해 그들은 복수하여 치욕을 씻기(복수설치復讐雪恥) 위한 북벌北伐을 표방하였다. 이러한 배청排淸의 경향은 임진왜란 직후부터 드러나기 시작한 숭명崇明의 경향과 표리를 이루어 갈수록 굳어져갔다.

숭명배청의 논리는 소중화小中華 의식을 강화시켰다. 병자호란 이전의 소중화가 '중국 다음'의 문명국이라는 의미가 강했다면, 병자호란 이후의 그것은 중화문명의 '유일한 계승자'라는 적극적인 의미가 내포되어 있었다.[76] 따라서 학계 일각에서는 병자호란 이후의 소중화 의식을 조선중화주의朝鮮中華主義라고 지칭하기도 한다.[77] 한족의 정통국가인 명나라가 멸망하고 중국을 오랑캐가 지배하게 되었으므로 이제 조선이 명의 후계자로서 중화라는 것이었다. 조선중화주의는 문화적으로 선진인 조선이 중화문화를 부흥하고 수호해야 할 사명을 가졌다는, 일종의 문화자존文化自尊 의식을 불러일으켰다.

한편 청을 왕래한 조선의 일부 학자들은 청나라 문화의 선진성을 인정하지 않는 조선인의 태도에 비판적이었다. 그들은 청을 정벌이 아닌 배움의 대상으로 인식하였다. 폐쇄와 자존에서 벗어나 선진문명을 적극 수용할 것을 주장했던 것이다. 그리하여 순조純祖(1800~1834) 때는 청의 학자들과 교류하는 것을 큰 자랑으로 여기게 되었다. 점차 청을 중화로 인식하게 된 것이다. 대명의리론의 상징물인 만동묘萬東廟를 대원군大院君이 철폐한 것(1866)은 그러한 사회상을 반영한다.

북벌론

병자호란 이후 조선이 청과의 관계에서 가장 신경을 쓴 것은 청에 잡혀간 왕족 및 관리들의 방환을 실현하는 문제와 청이 명을 공격하면서 요청한 원병문제에 어떻게 대처하는가 하는 점이었다. 특히 청의 출병요구에 조선이 응해야 한다는 것은 청과의 강화조약에 포함된 내용이었으므로 조선으로서는 이를 피하기 어려웠다. 그러나 조선의 관리들은 청이 원병을 요구하자 출병에 반대하였다. 마지못해 출병하여 전선戰船과 양곡을 실은 배를 인솔하던 임경업은 배 30여 척을 일부러 침몰시키고, 명에 사람을 보내어 청의 상황을 알려주었다(1640).[78] 그러한 가운데 청은 산해관을 넘어(이를 입관入關이라고 한다) 명을 정복하는 데 성공하고, 수도를 심양에서 북경으로 옮겼다(1644). 이로써 조선과 청 사이에 긴장을 야기한 근본적인 원인 중 하나가 제거되었다.

조선의 조야에 청에 대한 반감이 가득한 가운데 소현세자가 8년 만에 귀국하였다(1645, 인조 23). 명이 망했기 때문에 청으로서는 더 이상 그를 볼모로 잡아둘 필요가 없었던 것이다. 그러나 인조와 서인정권은 소현세자가 명을 버리고 청에 붙었기 때문에 풀려날 수 있다고 믿었다. 심양에서의 활발한 활동이 그에 대한 이러한 오해를 불러일으켰던 것이다. 그는 조선과 청의 원만한 관계를 위해 황족이나 고관들과 친분을 맺었는가 하면, 청이 수도를 북경으로 옮긴 이후에는 독일인 신부 아담 샬Adam Schall(탕약망湯若望)과 사귀면서 서양과학도 접하였다. 소현세자의 이러한 처신은 인조를 포함한 조선 내 반청反淸세력의 불만을 초래하였다. 정권유지의 명분을 위해서 반청적인 태도가 필요했던 서인들이 특히 그에게 불만을 품었다. 청과 밀착된 소현세자는 자신들의 반정反正 이념을 정면에서 부인할 수 있는 존재였기 때문이다. 여기에 세자의 측근들이 청을 부추겨 왕을 소현세자로 교체하고 인조를 심양으로 들어오게 하려는 음모를 진행하고 있다는 소문이 떠돌자 인조 역시 불안감을 느꼈다. 그는 원의 간섭을 받은 시기에 고려의 세자들이 그러했던 것처럼 소현세자가 청의 힘을 빌려 자신을 폐하고 즉위하지 않을까 의심하기도 하였다. 결국 소현세자는 귀국한 지 두 달 만에 병을 얻어 죽었는데, 그가 죽자 인조는 세자빈世子嬪 강씨姜氏에게 사약을 내렸다. 그리고 소현세자의 세 아들을 유배했는데, 그 가운데 두 아들은 의문의 죽음을 당하였다. 따라서 소현세자 역시 인조에 의해 독살되었을 것이라는 주장은 설득력이 있다.[79] 인조는 둘째 아들 봉림대군을 세자로 책봉하였다.

인조는 청에 대해 저자세로 일관하였다. 청의 압박과 통제를 거역할 수 있는 여건을 마련하지 못했기 때문이다. 이로 인해 출사를 회피하는 풍조가 조선의 양반들 사이에 번져갔다. 그들 가운데는 명에 대한 의리를 지킨다는 점을 내세워 스스로를 '숭정처사崇禎處士'(숭정은 명 의종의 연호), '대명거사大明居士'로 자처하면서 은거한 인물들이 적지 않았다. 벼슬을 위해 과거에 응시하는 것을 수치로 여긴 산림山林들이 증가한 이유가 여기에 있다.[80] 인조 사후 즉위한 봉림대군, 즉 효종孝宗은 이러한 분위기를 이용하여 청에 대한 복수설치를 내세우며 북벌을 추진하였다. 그는 군신 상하가 일치단결하면 북벌은 가능하다고 역설하였다. 아울러 자신과 정치적 견해를 달리한 자들을 친청분자親淸分子로 몰아붙여 제거하였다. 따라서 북벌의 원칙에 대해서는 어느 누구도 감히 공개적으로 이론을 제기할 수 없었다. 효종은 북벌론을 국론 통일에 이용하였던 것이다. 그리고 이러한 국론 통일은 둘째 아들로서 왕위에 올라 왕위계승상 약점을 지니고 있던 그의 왕권 확립에 기여하였다.[81]

효종이 북벌을 내세우자 이를 청에 밀고한 인물이 있었다. 효종의 즉위에 기여한 김자점金自點이다. 그는 조선 출신의 청 통역관 정명수鄭命壽와 친했는데, 정명수는 여러 차례에 걸쳐 조선에 사신으로 파견되어 영향력을 행사하던 인물이었다. 북벌을 표방한 효종으로서는 이러한 김자점을 가까이 할 수 없었다. 그러자 김자점은 조선이 청을 치려 한다고 밀고하면서 조선이 청의 연호를 쓰지 않고 명의 연호를 사용한 사실을 그 증거로 제시하였다. 이 사건은 영의정 이경석의 외교적 능력에 힘입어 무마되었다. 이경석은 모든 것을 자신의 책임으로 돌림으로써 국왕과 조정을 비호했던 것이다. 이 때문에 그는 청으로부터 극형을 받을 위험에 처했으나 효종의 간청으로 의주 백마산성에 감금되는 데 그쳤다(1651, 효종 2년).[82] 효종은 청을 의식하지 않을 수 없었다. 사신 접대나 세폐를 보내는 데 만전을 기했는가 하면, 청이 흑룡강 방면의 나선羅禪정벌(러시아정벌)을 위해 조선에 군대를 요청하자 1654년과 1658년 두 차례에 걸쳐 조총병 수백 명을 보냈다. 만주를 자신들의 발상지라 하여 중시한 청은 러시아가 이 지역에 진출하여 성을 쌓자 정벌에 나섰던 것이다. 그리고 그들이 조선에 군대를 요청한 것은 조선이 임진왜란 이후 조총을 사용하는 부대 양성에 주력한 사실을 알고 있었기 때문이다.[83]

효종은 북벌을 추진하는 과정에서 무신을 우대하고 왕의 친위군과 수도 경비 군사력을 강화하였다. 남한산성의 방비를 강화하기 위해 수어청守禦廳의 군사력을 정비하였고, 어영청御營廳에는 대포부대인 별파진別破陣을 설치하기도 하였다. 그리고 국왕의 친위병인 금군禁軍을 전부 기병화하였다.

아울러 대규모의 열병식을 거행함으로써 무력을 시위하였다.[84] 결국 효종대의 북벌은 청을 치려는 것이 아니라, 국왕의 권력을 강화하는 데 목적이 있었던 것이다.

북벌은 효종대 이후에도 논의되었다. 남인이 정권을 장악한 1675년(숙종 1), 윤휴尹鑴 등은 십만의 정병을 모아 청의 심양을 공격하자는 의견을 제기하였다. 청에서 명의 장군으로서 청의 중국정복에 협력했던 운남雲南의 오삼계吳三桂, 광동廣東의 상가희尙可喜, 복건福建의 경계무耿繼茂 등이 명을 다시 세운다는 명분을 내세워 난(삼번三藩의 난, 1673)을 일으켰다는 소식이 전해졌기 때문이다. 그러나 숙종의 반대로 이는 실현되지 못하였다.[85]

북벌론과 함께 대명의리론이 강조되었다. 임진왜란 이후 형성된 '명이 조선을 다시 일으켜 세워준 은혜에 보답해야 한다'는 '재조의 은혜'에 대한 관념이 대명의리론으로 발전했던 것이다. 비록 명은 망했지만 명에 대한 대의명분, 즉 의리는 지켜야 한다는 것이었다.

이를 위해 송시열宋時烈은 개인적으로 화양동 계곡에 환장암煥章庵을 지었고 그의 제자 권상하權尙夏는 만동묘를 세워 임진왜란 때 구원병을 보낸 명의 신종神宗과 마지막 황제인 의종毅宗을 제사지냈다. 숙종肅宗도 명 태조와 신종을 제사하는 대보단大報壇을 창덕궁 안에 설치하였다(1704, 숙종 30). 청의 간섭을 초래하지 않을까 하는 우려와 제후가 천자의 제사를 지낸 예가 없다는 점 때문에 묘를 세워 제사를 받드는 대신 단을 설치하여 제례를 행하는 형식을 취했던 것이다.[86]

대명의리론을 이론적으로 뒷받침한 것은 주周 왕실을 받든다는 존주론尊周論이었다. 여기에서 '주周'는 상징적 존재로 제시된 것이므로 그 정통성을 가진 중화의 실체는 시대에 따라 바뀌게 되어 있었다. 이제까지의 존주론에서는 주＝명이었는데, 오랑캐인 여진에 의해 명이 망한 이후에는 주＝조선이라는 사고의 틀이 성립했던 것이다. 그리하여 명이 멸망해 중국이 이적夷狄에게 지배된 상황에서 중화의 정통성은 조선에게 있다는, 조선 중화주의가 대세를 이루었다. 이러한 조선중화주의는 문화적 자부심을 고취하여 조선이 유교문화의 중심이라는 자각을 불러일으켰다. 조선 지식인들 사이에 문화자존 의식이 생겨난 것이다.[87] 조선의 관리들이 명의 사신을 맞이할 때 그들과 창화唱和하고 이를 책으로 간행한 것과는 달리, 청의 사신을 맞이할 때 이러한 의식이 없었던 것은[88] 이와 밀접한 관련이 있다.

국경 획정

청은 백두산白頭山(창바이산長白山)을 포함한 만주를 자신들의 발상지로 인식하여 중시하였다. 입관 후 산해관 이동의 만주지방에서 물러난 그들은 이 지역을 보존하기 위한 방법으로 조선인들이 이 지역에 이주해 오는 것을 금하는 봉금封禁정책을 실시하였다. 압록강과 두만강 대안에 양국인의 거주를 금하는 무인국경지대를 설정한 것이다.

청의 봉금정책으로 만주지역이 텅 빈 채로 남아 있자 많은 조선인들이 채삼과 수렵, 벌목 혹은 경작을 위해서 강을 건넜다. 이 지역은 개간되지 않거나 황무지로 변한 잠재적 농지가 많았을 뿐만 아니라, 특히 당시 조선과 청의 무역에서 주요 결재수단으로 사용된 산삼의 자생지였기 때문이다. 청은 여러 차례 범월자에 대한 처벌을 조선정부에 요구하였고, 조선정부는 여기에 응해 범월한 자들을 국경상에서 효수하거나 유배하였다. 그럼에도 조선인의 범월을 막을 수는 없었다.

청은 양국 간의 국경을 획정할 필요를 느꼈다. 그들은 봉금지역의 경계가 불분명하여 범월자가 발생한다고 여겼던 것이다. 이에 청의 성조聖祖(강희제康熙帝)는 목극등穆克登을 파견하여 국경을 조사하게 하였다(1712, 숙종 38).

조선정부는 박권朴權을 목극등의 접반사接伴使로 임명하였는데, 구체적인 이유는 알 수 없지만 그는 목극등이 백두산에 오를 때 참여하지 않았다. 목극등은 백두산에 올라 조선쪽 산기슭에 정계비를 세웠는데, 그 내용은 다음과 같다.

오라총관 목극등은 황제의 명을 받들어 변경을 조사하였다. 이곳에 이르러 살펴보니 서쪽은 압록강이고 동쪽은 토문강이다. 그러므로 분수령 위의 돌에 새겨 기록한다.

〔烏喇摠管 穆克登 奉旨查邊 至此審視 西爲鴨綠 東爲土門 故於分水嶺上 勒石爲記〕

이로써 청은 서쪽 압록강-동쪽 토문강의 국경선을 확정하였다. 조선으로부터 범월자를 막아 백두산과 만주지방을 보존한다는 것이 그들의 국경 획정 의도였던 것으로 미루어 그들은 토문강을 곧 두만강豆滿江(투먼강圖們江)으로 이해했던 듯하다. 한편 당시 조선정부가 토문강을 어느 강으로 이해했는지를 분명하게 알려주는 기록은 없다. 그러한 가운데 조선정부는 백두산 정계를 획정함으로써 범월의 두통거리가 사라졌다며 청에 사은사를 파견하여 감사를 표하였다.[89]

조선에서 청과의 국경 획정이 문제된 것은 정계비가 세워지고 50여 년이 지난 18세기 후반의 일이다. 조선의 실학자들은 정계비의 토문강을 두만강과는 별개인 만주 내류으로 흐르는 송화강 상류로 이해하였다. 그들은 만주 전체가 조선의 영토인데, 정계비에서 송화강의 상류인 토문강을 경계로 삼았기 때문에 조선의 강토가 축소되었다고 불만을 토로하였다. 즉 신경준申景濬, 유득공柳得恭, 정약용丁若鏞 등은 만주는 고구려나 발해에 속했으므로 만주 전체가 조선의 영토라고 주장했던 것이다. 이처럼 한국사의 무대가 한반도와 요동에 걸치는 것이었다는 의견은 실학자들의 공통

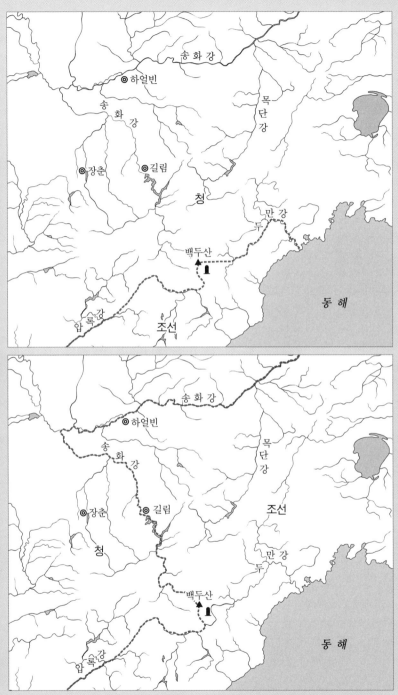

백두산정계비와 토문강 (위) 청이 이해한 백두산정계비의 토문강＝두만강일 때 조·청 국경선.
(아래) 조선 실학자들의 이해대로 백두산정계비의 토문강＝송화강일 때 조·청 국경선.

된 생각이었다. 그들은 조선이 점유해야 할 요동의 전부 혹은 일부를 지금
은 상실한 상태이므로 당연히 잃었던 옛 땅을 되찾아야 한다는 실지회복
의식을 가지고 있었다.[90] 그들의 실지회복 의식은 소중화 의식과 밀접한
관련을 맺는 것이었다. 청에 대한 우월 의식은 대국 의식을 양성하였고,
이에 따라 그들은 조선의 강역이 너무 작음을 한스럽게 여겼던 것이다. 한
편 중앙정부 차원에서 정계비가 문제된 것은 정계비가 세워진 지 170여
년이 지난 1885년의 일인데, 이에 대해서는 뒤에 언급할 것이다.

북벌에서 북학으로

대명의리론은 영조英祖·정조正祖대에 들어서도 고수되었다. 영조는 대보
단에 대한 예를 성실히 수행하였는데, 이는 명나라 황제에 대한 예를 솔선
수범함으로써 신하들도 자신에게 그렇게 하기를 요구한 것이다. 그리고 정
조는『존주휘편尊周彙編』을 편찬하여 임진왜란과 병자호란 이후 대명·대청
관계의 역사적 사실을 총체적으로 수집 정리하였다. 존주론의 의미를 부각
하여 성리학적 기준에 어긋나는 문제들을 바르게 처리하려는 정조의 의도
가 반영된 이 책에서는 충신, 열사에 대해서도 재조명하였다.[91] 정조대의
존주론은 정조의 왕권강화를 뒷받침하는 논리로 이용되었던 것이다.

그러한 가운데 청을 왕래한 일부 학자들이 조선 문화의 낙후성과 청 문
물의 우수성을 알리고, 청을 정벌의 대상(북벌北伐)이 아닌 배움의 대상(북학
北學)으로 설정하는 경향이 나타났다. 예컨대 박지원朴趾源은,

법이 훌륭하고 제도가 좋다고 할 것 같으면 오랑캐라도 찾아가서 스승으로 섬
기며 배워야 하거늘, 하물며 저들(청)은 규모가 광대하고 사고思考가 정미精微하

며 제작制作이 굉장하고 문장이 빼어나서 여전히 하, 은, 주 삼대 이래의 한, 당, 송, 명의 고유한 문화를 간직하고 있지 않은가?[92]

라고 하면서 조선이 중화라는 의식의 허구성을 비판하고, 조선의 낙후된 현실을 극복하기 위해서는 청의 문물을 배워야 할 것을 주장하였다. 그들은 자신들의 말을 믿지 않고 청을 오랑캐로 여기는 조선 양반들의 태도를 안타까워하였다. 학계에서는 그들을 북학파, 그들의 주장을 북학사상이라고 부르는데, 홍대용洪大容과 박지원이 그 선구적인 역할을 수행했으며 이덕무李德懋와 박제가朴齊家 등이 뒤를 이었다.

북학파 가운데 홍대용, 박지원 등은 자제군관子弟軍官의 신분으로 연경(북경의 옛 이름)에 갔다. 연행사행燕行使行에는 전현직의 무관으로 구성된 군관이 포함되어 있었는데, 때로는 그들을 대신하여 사신의 정사, 부사, 서장관 등 삼사의 자제나 근친 중에서 지적으로 우수하거나 진취적인 인사를 골라 동행케 하였다. 이들을 자제군관 혹은 자벽군관自辟軍官이라고 불렀다. 그들은 직임을 부여받지 않았기 때문에 비교적 자유롭게 중국의 문물을 견문하고 문화계 인사들과 접촉할 수 있었다. 한편 이덕무, 유득공, 박제가 등은 규장각 검서관 출신으로 연행하였는데, 그들이 연행사절단 내에서 어떠한 직책을 수행했는지는 정확히 알 수 없다.[93]

북학파 대부분은 자신들이 직접 견문한 바를 기록해 두었다가 귀국한 뒤에 연행록을 저술하여 청의 발달한 문물에 대한 정보를 전달하였다. 그들은 청이 차車의 이용, 목축, 학술 등 모든 면에서 조선보다 수준이 높음을 목도하고, 이를 배우자고 주장하였다. 박지원은 농기구 개량부터 도자기 제작이나 야금술에 이르기까지 청나라 기술을 도입할 것을 주장했으며, 박제가는 청나라에 무역선을 파견하여 수로로 통상의 길을 열어서 청을 통해 세계무역에 참여할 것을 건의하였다.[94] 역법曆法을 만드는 청의 흠천

감鈦天監에는 당시 다수의 서양인 신부들이 봉직하고 있었는데, 그들을 만나본 박제가는 그들을 초빙하여 천문에서 유리 제조에 이르는 기술 전반을 청년들에게 학습시킬 것을 주장하기도 하였다.

북학파는 청의 문물만이 아니라 학문에도 관심을 가지고 있었다. 청대에는 새로운 학술사조學術思潮가 일어났는데, 그 핵심은 공허한 훈고訓詁와 사장詞章의 폐습을 타파하고, 수기치인修己治人의 실학實學을 수립하는 것이었다. 실학은 곧 실사구시實事求是의 학으로, 청의 학자들은 그 근거를 유교 경전에서 찾으려고 하였다. 그 결과 고증학풍考證學風이 발생하였다. 청대 학문의 이러한 경향은 북학자들의 저술, 예컨대 이덕무의 『청장관전서靑莊館全書』나 홍대용의 『담헌서湛軒書』, 박지원의 『열하일기熱河日記』, 박제가의 『정유집貞蕤集』 등에 소개·인용되었다. 따라서 청의 실사구시와 고증학풍이 조선의 실학을 발흥시킨 하나의 요인이었다고 할 수 있다.[95] 이러한 사실은 김정희金正喜와 정약용의 경우에서 확인해볼 수 있다.

김정희는 청의 옹방강翁方綱, 완원阮元 등과 만나 사귀고 그들에게 자주 경의經義(경서의 뜻)를 물었다. 따라서 김정희의 실사구시설은 완원의 학풍과 밀접한 관련이 있었으며, 금석학은 옹방강에게 영향받은 바 컸다. 그의 호 완당阮堂의 '완'자는 완원에게서 따온 것이었다. 그리고 김정희는 금석학에 능한 청의 강덕량江德量에게 깊은 감명을 받아 추사秋史라는 강덕량의 호를 자신의 호로 사용하였다.[96] 청나라 학자들의 학문적 성과에 대해 비판적이었던 정약용도 그들의 학문적 태도에는 긍정적이어서, 『여유당전서與猶堂全書』의 곳곳에서 고염무顧炎武, 황종희黃宗羲, 염약거閻若璩, 대진戴震 등의 견해를 인용하였다. 조선의 실학자들은 점차 실학과 고증학을 중심으로 청의 학문에 경도되어갔던 것이다. 한편 청의 학문은 국왕인 정조에게도 관심의 대상이었다. 정조는 서호수徐浩修로 하여금 청조가 이루어낸 최대의 학문적 성과로 일컬어지는 『사고전서四庫全書』를 구입해오도록 지시하였다. 비록 정조는 청이 『사고전서』를 판매하지 않아 이를 구해 보지는 못했지만, 이러한 사실은 정조가 청의 학문을 수용하는 데 적극적이었음을 알려주기에 부족함이 없다.

북학파를 중심으로 전개된 새로운 세계관에 대한 논의는 전통적 화이관 華夷觀을 고집하는 학자 관리들의 반격을 받았다. 문체반정文體反正운동이 전개된 것으로 알 수 있는 일이다. 문체반정은 글자 그대로 속되게 변화된 문체를 바르게 돌이키려는 문풍쇄신운동인데, 그 대상은 박지원 등 북학파의 신체문新體文이었다. 북학파는 생활감정을 적나라하게 표현한 청나라 패관소설稗官小說의 영향을 받아 작품 속에 속어나 일상용어 등을 사용함으로써 조선의 풍토색을 드러냈던 것이다.[97] 그런데 북학파의 대부분은 뒤에 언급될 정약용 등 서학을 수용한 인물들과 마찬가지로 정조의 측근들이었다. 그러므로 이들에 대한 비판은 곧 정조의 정치적 기반 약화로 이어질 수 있었다. 이에 정조는 주자학 정리에 심혈을 기울였다. 원칙을 확인함으로써 측근에서부터 야기된 정학正學과 신학新學의 갈등을 봉합하려는 의도였다. 그가 『존주휘편』을 편찬하고 문체반정운동을 주도한 이유가 여기에 있었다.[98]

청이 중국의 정통문화를 계승하는 역량을 드러내 보이자 조선인 사이에는 청을 중화로 인정하는 경향이 두드러졌다. 조선인의 화華와 이夷에 대한 구별은 문화수준을 기준으로 한 측면이 강했기 때문이다. 그리하여 순조 때 이르러서는 청과의 교류가 확대되어 조선의 관리들 사이에는 청의 하급관리들과 교유하고서도 대단한 일이라도 한 것처럼 자랑하는 풍조가 일반화되기에 이르렀다. 이에 '청을 왕래하는 자들이 청의 화려함에 현혹되어 있다'는 비판이 나올 정도였다.[99]

조선의 지식인들은 청을 통해 서양 문물의 우수성을 깨닫고, 새로운 세계관을 형성해나갔다. 위원魏源의 『해국도지海國圖志』와 같은 책들이 조선에 유포된 결과였다. 『해국도지』는 "서양을 제압하기 위해서는 먼저 서양의 정세를 잘 알아야 하고 이를 위해서는 서양의 장기長技를 배워야 한다"라고 강조했는데 최한기崔漢綺는 이를 참고하여 동서양의 풍토, 물산, 관습 등을 소개한 『지구전요地球典要』를 저술하였다. 그리고 이덕무의 손자 이규경李圭景은 청나라가 서양 여러 나라와 교역하여 막대한 이익을 얻고 있음을 지적하면서 통상의 필요성을 역설하였다.

한편 조선정부는 청과의 제휴를 강화하여 서양세력에 공동으로 대처하려고 하였다. 영국인 암허스트Jeffery W. P. Amherst가 동인도회사를 위해 조선에 통상을 요구하자(1832) 조선정부는 이를 청에 보고했고, 청의 예부는 조선이 조공국이기 때문에 통상할 수 없다고 선언하였다. 또한 조선은 1845년에 영국의 사마랑Samarang호가 제주도에 상륙하여 통상을 요구하자 이를 거절한 후 이러한 사실을 청에 통고하면서 외국배가 다시는 조선에 접근하지 못하게 해달라고 요청하기도 하였다.[100] 따라서 조선의 지식인들 가운데 일부는 청의 무사無事는 곧 조선의 평안과 직결된다고 여기게 되었다.

이처럼 청대 학술과 청의 문물이 풍미하고, 청과 공동의 안보의식을 가지게 된 분위기 아래에서 대명의리론은 쇠퇴할 수밖에 없었다.[101] 박규수朴珪壽가 신미양요 직후 자신의 동생에게 보낸 편지에서 "중국인에 의해 조선이 '예의의 나라〔禮儀之邦〕'로 불리는 것은 자랑할 만한 것이 아니라 수치스러운 것"이라고 한 것은[102] 곧 대명의리론을 비판한 것이었다. 대원군이 대명의리론의 상징물인 만동묘를 철폐할 수 있었던 것도(1866) 이러한 시대상을 배경으로 했기에 가능한 것이었다.[103]

청과의 무역

조선과 청의 무역은 크게 변경邊境무역과 사행使行무역으로 구분할 수 있다. 변경무역은 의주의 중강中江과 회령會寧, 경원慶源에서 이루어졌으며, 개시무역과 후시무역으로 대별된다. 개시무역은 임진왜란 중에 군량미 확충을 필요로 한 조선의 요청으로 중강에서 조선과 명 사이에 시작되었다 (1593, 선조 26). 명이 쇠퇴하고 청이 입관한 후에는 만주지방의 관리와 국경지방민의 생활필수품 조달을 위해 청이 조선에 개시를 요구하였다.[104] 이에 두 나라 관리들의 입회 아래 역시 중강에서 봄·가을 2회 1개월씩 개시가 열리게 되었다. 이후 회령개시와 경원개시가 열림으로써 국가가 공인하는 무역을 할 기회가 확대되었다. 중강에서의 교역품은 소, 면포, 백지白紙, 사기 등으로 청포靑布와 교환하였으며, 회령과 경원에서는 소, 소금, 솥, 보습 등을 양피·청포와 교환하였는데, 그 액수는 정해져 있었다.[105]

두 나라 정부의 통제를 받는 개시무역은 제약이 커서 교역량을 충족시킬 수 없었다. 이 때문에 두 나라 상인 사이에 공식 교역량을 넘는 사무역이 성행했고, 그것은 후시무역 발달로 이어졌다. 이른바 중강후시가 성행한 것이다. 후시란 국가가 공인하는 합법적인 무역인 개시에 대응하는 말로, 불법적 상행위 즉 밀무역을 가리킨다.

조선과 청의 무역은 변경에서 이루어지기도 했으나, 핵심을 이룬 것은 사행무역이었다. 조선에서 청에 파견된 사신은 정조사, 동지사, 성절사, 천추사의 정기사행과 사은사, 진하사進賀使 등 많은 경우 한 해에 열세 차례에 이르는 임시사행이 있었다. 그런데 1644년(인조 22)부터는 연 네 차례의 정기사행을 '삼절겸년공사三節兼年貢使'라고 하여 사실상 동지사로 단일화하였다. 청으로서는 입관한 이후 조선에 대한 물질적 침탈의 필요성이 줄었고,[106] 조선의 입장에서는 여비를 절감할 수 있었기에 여기에 동의한 것으로 여겨진다. 사행의 중요한 임무는 국왕의 사위嗣位와 왕세자, 왕비의 책립冊立을 허락받는 일이었다. 그리고 밀입국자와 표류인에 관한 문제도 사신의 내왕을 계기로 처리되었다.[107] 이처럼 사행의 공식적인 임무는 정치·외교적인 것이었지만, 사행의 여정 중에는 교역도 이루어졌다.

사행무역은 조공무역, 공무역, 사무역 등으로 나뉜다. 그런데 명과의 무역에서 지적했듯이 이 모두를 포함한 사행무역 자체를 조공무역으로 부를 수 있다. 한편 좁은 의미의 조공무역은 조공과 회사의 형식을 취한 물화의 수수授受를 가리킨다. 그리고 공무역은 조선왕실이나 정부기관에서 필요로 하는 물품을 회동관개시를 통해 구매하는 것이다. 조선의 사절단은 북경 숙소인 회동관에서 교역금지 품목인 사서史書, 특수한 직물, 병기를 제외한 물품을 청 관리의 감독 아래 구매할 수 있었다.

회동관개시에서는 사행원과 그 수행원이 자신들의 이익을 위해 사무역을 하기도 하였다. 그들에 의해 이루어진 공인된 사무역은 8포八包무역이라고 불렸다. 조선은 사행원이 부족한 여비를 보충하고 사적인 교역을 할 수 있도록 일정한 양의 인삼이나 은을 지참하고 가는 것을 허용했는데, 사행원 각자가 8포(꾸러미)의 인삼이나 은을 지참해가는 것이 허용되었기 때문이다. 그들은 공인된 8포무역 이외에 서울의 각 관청에서 필요한 물품을 대신 구입해주는 별포別包무역도 대행하였다. 따라서 사행원들은 자금이 필요하면 서울의 각 관청에서 은화를 대출받아 무역자금으로 활용하였다.[108]

사행원들의 틈에 끼어 일반 상인들도 무역에 참여하였다. 사행원은 상인들의 자금을 끌어들였을 뿐만 아니라 그들에게 직접 연행의 기회를 제공하기도 했던 것이다. 연행에 참가한 일반 상인들은 주로 밀무역, 즉 후시무역에 참여하였는데, 후시무역으로는 책문柵門후시와 단련사團練使후시가 있었다. 책문은 청이 조선에 대한 방비의 필요에서 장책長柵을 쌓고 설치한 문門으로서(1604) 압록강 건너의 봉황성鳳凰城에 있다고 해서 봉황문이라고도 불렀다.[109] 부연사행이 책문을 통과하는 과정에서 양측 상인들에 의해 밀무역이 이루어졌는데, 이를 책문후시라고 하였다. 책문후시는 사신 왕래에 따라 1년에 4~5차례 열렸다. 이 결과 책문은 상업도시로 크게 번성하였다. 이 책문후시를 주도한 인물은 의주상인과 개성상인들이었다. 단련사는 세폐와 방물 짐을 부리고 돌아오는 인마人馬를 인솔하는 관리인데, 여행비용을 보충하도록 단련사에게 약간의 교역을 허락한 것이 단련사후시였다. 한편 단련사 일행에도 상인들이 포함되어 있었다. 단련사와 동행한 상인들은 심양이나 북경에서도 무역을 했지만, 돌아오는 길에 책문에서 빈 말을 이용하여 중국물화를 많이 사들였다.[110]

사행원들이 청에서 가져온 물건들은 왜관을 통해 다시 일본에 전해졌다. 이러한 중개무역은 왜관의 역관들뿐만 아니라, 일반 상인들에 의해서도 이루어졌다. 의주의 만상灣商과 개성의 송상松商이 청에서 수입한 물건들은 동래의 내상萊商에 의해 일본에 전해졌다. 또한 국내의 인삼을 매점한 개성상인들이 동래상인을 통해 일본의 은과 바꾸고 그 은을 가지고 의주상인을 통해 중국무역으로 연결하는 경우도 있었다.[111] 이와 같은 대외무역의 발달이 조선 국내의 상업 발전에 영향을 끼쳤음은 두말할 나위도 없다.

임진왜란 이후 일본과의 관계

임진왜란 이후 조선은 막부 장군의 습직襲職을 축하하기 위해 일본에 통신사를 파견하였다. 귀국한 통신사들은 견문기를 통해 당시 일본이 조선보다 풍요로움을 누리고 있었음을 전했는데, 그럼에도 일본 문물의 수용을 권장하기보다는 자신들이 일본 지식인들보다 훌륭한 시를 지은 것을 자랑하기에 급급하였다. 그나마 이러한 통신사도 1811년 이후부터는 파견되지 않아 조선은 일본에서 일어난 변화를 알 수 없었고, 따라서 그들의 요구에 대처하기 어려웠다.

통신사 파견

일본의 도쿠가와 이에야스德川家康는 도요토미의 병사들과 치른 전쟁에서 승리한 후 도쿠가와 막부를 열었다(1603). 그는 조선과의 관계회복에 대한 의사를 쓰시마를 통해 조선에 전달하였다. 이러한 관계회복 의사가 도쿠가와의 뜻인지 아니면 쓰시마의 독자적인 제의인지는 분명치 않다.[112] 다만 산이 많은 섬인 쓰시마는 조선과의 국교회복과 무역 재개가 자신들의 사활과 관련된 문제였으므로 이에 대해 적극적이었다. 쓰시마 도주는 사신을 조선에 보내 사절 파견을 요청하고, 강항 등을 돌려보내면서 다른 피로인도 송환할 뜻을 전하였다.

조선은 국가의 안전을 위해서 사신 파견이 필요하다고 느꼈다. 일본과의 우호관계를 맺음으로써 재침략의 위험을 없애고, 일본의 수도를 왕래함으로써 일본의 실정을 파악할 수 있다고 생각했던 것이다. 또한 후금으로부터의 군사적인 위협에 대처하기 위해서도 일본과의 우호관계는 필요하였다. 청과 일본을 동시에 적으로 상대하기는 어려웠기 때문이다. 그리하여 임진왜란 당시 가토와 여러 차례에 걸쳐 강화협상을 진행했던 승려 유정惟政(사명대사)을 탐적사探賊使라는 이름으로 쓰시마에 파견하였다. 그에게는 진실로 일본이 강화를 바라는지를 알아보고, 그 결과에 따라 화의를 추진하라는 명이 내려졌다(1604, 선조 37).

유정이 쓰시마에 도착하자 도주는 그를 교토로 안내하여 도쿠가와를 만나도록 하였다. 도쿠가와는 유정에게 자신은 도요토미의 조선침략에 관여하지 않았음을 밝히면서 우호관계 수립을 요청하였다. 조선과의 관계회복을 통해 자신의 지위를 국제적으로 인정받아 국내에서 자신의 권위를 높이려고 한 듯하다. 조선은 도쿠가와의 국서와 임진왜란 당시 선릉宣陵(성종의 묘)과 정릉靖陵(중종의 묘)을 파괴하고 도굴한 범인을 체포하여 보내면 사신을 파견하겠다고 답하였다. 아울러 막부장군의 칭호를 일본국왕으로 해줄 것을 요구했는데, 이는 명을 중심으로 하는 책봉체계에 일본을 편입시킴으로써 명, 조선, 일본 삼국 간의 평화를 모색해보려는 의도였다.[113]

당시 조선과 일본 간의 통교는 쓰시마를 통해서 이루어졌다. 조선에 외교사절을 파견해달라는 요구를 한 것도 막부를 대신한 쓰시마였다. 그런데 쓰시마는 막부장군 칭호를 일본국왕으로 하여 서한을 보내라는 조선측의 요구를 도쿠가와 막부가 들어주지 않으리라는 것을 잘 알고 있었다. 실제로 도쿠가와 막부는 일본 천황의 존재를 고려해서 조선에 보내는 국서에 일본국왕의 호를 쓰지 않았다. 당시 일본 일각에서는 천황을 일본국왕으로 인식하기도 했으므로 막부장군이 함부로 일본국왕을 자칭할 수는 없었던 것이다. 쓰시마는 이 칭호를 둘러싸고 양국이 신경전을 벌일 것을 염려하여 무로마치 막부의 예에 따라 국서에 막부장군을 일본국왕이라고 쓰고, 도장을 만들어 찍어 보냈다(국서개찬國書改竄). 그리고 선릉과 정릉의 파괴는 전쟁 중에 일어난 일로 그 범인을 알 수 없었는데도 쓰시마 내의 사형수 3명을 능의 파괴 범인으로 위장하여 보냈다. 이후로도 조선과 일본 간에 오고간 국서의 대부분을 쓰시마에서 위조하였는데, 이는 양국의 외교적 마찰을 피하는 것이 자신들의 이익과 관련하여 중요하다는 사실을 인식한 결과였다.

조선은 자신들의 요구를 일본이 받아들였다고 생각하고, 500명에 이르는 사절단을 에도江戶에 파견하였다(1607, 선조 40). 사신의 칭호는 도쿠가와의 서한에 회답하고 임진왜란 중 일본으로 끌려간 사람들을 귀환시킨다는 뜻에서 회답겸쇄환사回答兼刷還使라고 하였다. 이로써 조선과 일본의 국교

쓰시마의 국서개찬 쓰시마 도주와 경쟁관계에 있던 야나가와 시게오키柳川調興는 쓰시마에서 국서를 개작해왔다는 사실을 폭로하였다(1635). 쓰시마 도주가 행사해온 대외무역을 자신들이 주도하기 위함이었다. 이것이 야나가와 사건인데, 막부는 쓰시마 도주를 처벌하기보다는 도리어 이 사건을 폭로한 야나가와를 유배하고 대조선통교를 쓰시마 도주로 일원화하였다. 이로 미루어보면, 막부에서도 국서개찬을 묵인해왔던 것이 아닌가 의심된다. 막부는 국서개찬의 책임을 외교승에게 물어 기하쿠 겐포規伯玄方(『조선왕조실록』의 '玄方')를 유배하였다. 그는 정묘호란 직후 서울을 방문함으로써 에도시대 최초이자 최후로 조선의 내륙지방을 여행한 인물인데, 임진왜란 전후 쓰시마의 외교승으로 활약하여 조선에도 널리 알려진 게이테쓰 겐소景轍玄蘇(『조선왕조실록』의 '玄蘇')의 제자였다(다시로 가즈이 지음, 손승철·유재춘 옮김, 『근세한일외교비사』, 강원대학교출판부, 1988, 71쪽). 일본에서는 승려들이 외교를 담당했는데, 이는 그들이 한문에 능했기 때문이다. 한시를 지어 서로 주고받을 수 없으면 외교관 역할을 할 수 없었던 것이다. 기하쿠가 유배된 후 도쿠가와 막부는 교토의 승려들을 윤번제로 쓰시마의 이정암에 주재시켜 외교문서를 감독케 하는 윤번승輪番僧 제도를 실시하였다(이진희·강재언 지음, 김익한·김동명 옮김, 『한일교류사』, 학고재, 1998, 140~141쪽). 이후 일본에서 보낸 외교문서에는 일본국왕 대신 일본국대군이라는 칭호가 사용되었다.

는 재개되었다. 아울러 조선과 쓰시마 사이에는 기유약조己酉約條(1609, 광해군 1)에 따라 교역이 이루어졌다. 기유약조에서는 쓰시마의 세견선 수를 20척으로 줄여 교역량을 제한하고, 일본과의 모든 통교는 쓰시마를 통한다는 점을 분명히 하였다. 그러나 쓰시마는 이를 따르지 않고 여러 이유를 달아 무역량을 늘려갔다. 예컨대 기유약조를 체결하는 데 공을 세운 게이테쓰 겐소景轍玄蘇는 그 대가로 무역을 허가받고, 자신이 거주한 사찰 이름을 딴 사신(이정암송사以酊庵送使)과 그가 승선한 무역선을 파견하였다.[114]

회답겸쇄환사는 1636년(인조 14)부터 그 명칭을 통신사로 바꾸었다. 통신사는 정사, 부사, 서장관으로 구성된 삼사를 비롯하여 300~500명 정도의 인원으로 구성되었는데, 원칙적으로 막부의 장군이 바뀔 때 쓰시마가 이를 알려오면 파견되었다. 막부장군의 취임을 축하하는 일종의 축하사절이었던 셈이다. 사절단은 공식 외교문서인 서계와 예물의 품목과 수량을 적은 별폭別幅을 지녔다. 막부장군에게는 조선국왕의 명의로 국서가 작성되었고, 그 외 쓰시마 도주나 막부의 관리들에게는 예조참판 또는 참의 등 상대방의 직위에 따라 그에 상응하는 관리 명의로 서계가 작성되었다.[115]

일본의 입장에서 볼 때 조선통신사의 일본방문은 막부장군의 권위를 확립하는 데 도움이 되는 것이었다. 조선통신사의 방문 자체가 장군의 권위를 국제적으로 인정받는 것과 다를 바 없었기 때문이다. 따라서 막부의 장군은 에도 성안에서 거행되는 통신사의 국서봉정國書奉呈 행사에 모든 고관들을 참석케 하여 호화로운 향연을 베풀었다. 또한 통신사 초청에 따른 경비를 지방의 다이묘들에게 분담시킴으로써 그들을 통제하였다. 그리고 일반 민중들에게는 화려한 외국 사절단의 행렬을 보여줌으로써 그들에게 막부의 권위를 과시하였다. 외국의 사신을 접할 수 있는 기회가 흔치 않았던 일반 민중들에게 조선통신사의 행렬은 커다란 구경거리였다.[116] 한편 조선은 통신사와는 별도로 실무적인 일을 처리하기 위해 쓰시마에 문위사問慰

使라고 부르는 사신을 파견하였는데, 그들은 예조참판 또는 참의 명의의 서계를 휴대하였다. 문위사는 통신사행이 중단된 이후에도 1859년까지 보내졌다.[117]

대규모의 통신사 일행이 도쿠가와 시대에 열두 차례 일본을 방문한 것과는 달리, 도쿠가와 막부에서 조선에 공식으로 사절단을 파견한 적은 없었다. 막부의 외교는 쓰시마에서 대행했기 때문이다. 따라서 쓰시마에서 많은 사절들이 조선에 파견되었다. 쓰시마 도주가 파견한 세견선에는 20척 각각에 사신들이 동승하였다. 조선은 이들 사신을 접대하는 데 따른 번거로움과 경제적 부담을 줄이기 위해 겸대제兼帶制를 실시하였다. 세견선 20척 가운데 5척에만 사신을 동승케 하고, 이들로 하여금 나머지 배들의 서계를 함께 가져오도록 했던 것이다. 겸대제의 실시로 쓰시마에서 파견한 사신의 수는 줄어들었다. 쓰시마 도주의 세견선에 동승한 사신 5명을 비롯하여, 외교승이 주재한 이정암에서 보낸 사신(이정암송사)과 일본 국내의 사정을 전하는 특별한 사신인 특송사 등 1년에 8명에 불과했으므로 이를 연례팔송사年例八送使라고 부르게 되었다. 한편 정기적인 사신인 팔송사 이외에 양국 간에 외교적인 현안문제가 발생할 때마다 수시로 파견된 임시사절이 있었다. 이들을 조선 측에서는 차왜差倭라고 부르고 쓰시마 측에서는 참판사參判使(산반시)라고 불렀는데, 쓰시마 도주가 예조참판 앞으로 보내는 차왜를 대차왜, 예조참의 앞으로 보내는 차왜는 소차왜라고 하였다. 대차왜가 파견되었을 때 조선정부는 왜관에 중앙관리를 파견하여 접대하였다.[118]

쓰시마에서 파견한 사신은 서울에 들어올 수 없었다. 조선정부가 서울에 있던 일본사신과 상인들의 숙소인 동평관을 폐쇄하고, 일본인들의 상경을 금지했기 때문이다. 임진왜란 당시 일본군이 부산에 상륙한 지 불과 20일 만에 서울을 점령한 것이 왜인 상경로를 이용했기 때문이라고 판단한 결과였다. 이후 쓰시마의 사신으로 서울에 온 인물은 정묘호란 직후의 기하쿠 겐포規伯玄方가 유일하다. 정묘호란으로 조선이 위기에 처하자 쓰시마는 필요하다면 원병을 파견할 용의가 있다는 점을 통고하면서 사신의 상경을 요구하였다. 조선의 위기 상황을 이용하여 외교적으로 압박했던 것이다. 청과 일본을 동시에 적으로 만들 수 없다고 판단한 조선정부가 기하쿠의 상경을 허락함으로써 쓰시마 사신의 상경이 이루어졌다.[119] 그러나 조선정부는 곧 다시 이를 금지하였다. 쓰시마 사신은 부산의 왜관에 머물게 하고, 동래부사를 그곳에 파견하여 그들을 접대하고 교섭하며 양국 간의 통교업무를 담당하게 하였다.

임진왜란 이후 국교가 재개되면서 왜관은 부산의 두모포에 설치되었다가 1678년(숙종 4) 초량으로 옮겨졌다. 10만 평의 부지에 건립된 왜관은 쓰시마가 건설을 담당하였다. 여기에는 쓰시마에서 파견된 관리, 외교문서를 검토하는 승려, 상인 등 400~500명가량의 일본인이 머물고 있었다. 이들을 항거恒居왜인이라고 하는데, 왜관에는 그들을 위한 절도 세워졌다. 그리하여 이곳에서 외교업무와 무역거래가 이루어졌다. 특히 왜관을 거쳐 일본과 청 사이의 중개무역이 이루어진 사실은 주목된다. 조선은 사행원들을 통해 청으로부터 백사白絲 등 주로 비단을 수입했는데, 수입품 중 일부는 서울에서 소비되었지만 대개가 왜관을 거쳐 일본으로 다시 수출되었다. 그런데 조선이 수출에 대한 대가로 일본으로부터 받은 은銀은 다시 조선의 대청무역자금으로 이용되었다. 따라서 한반도는 중국의 생사生絲와 견포絹布를 일본으로 운반하는 '실크로드silk road'인 동시에 그 길을 거꾸로 거슬러 올라가 일본의 은을 중국 북경으로 운반하는 '실버로드silver road'이기도 하였다.[120]

조선은 통신사 파견으로 일본과 어느 정도 우호관계를 유지한 가운데 울릉도鬱陵島를 둘러싸고 갈등을 빚었다. 1693년(숙종 19) 동래의 어민 안용복安龍福 등은 어물을 팔기 위해 출항했다가 울릉도에 표류하였다. 그곳에서 그는 어로행위를 하던 일본의 어부들과 충돌하여 일본에 붙잡혀갔는데, "울릉도는 조선에서 하루 거리이고 일본에서 닷새 거리이므로 조선에 속한 땅이다. 조선 땅에 조선인이 들어갔는데 왜 붙잡아 왔는가"라고 항의하였다. 이후 안용복은 조선으로 송환되었는데, 3년 후 다시 울릉도에 들어가 일본인들을 쫓아냈다. 쫓겨난 일본인들이 송도松島로 달아나자 그들을 추격하여 "송도는 곧 우산도芋山島이며 우산도 역시 조선의 땅"이라고 꾸짖었다 한다. 독도문제와 관련하여 오늘날 한국 측에서는 이 송도가 곧 독도라고 주장하고 있다. 이 사건을 계기로 일본의 막부는 자국 어민의 어업권을 보장하기 위해 조선 어민의 울릉도 출어를 금지하라는 요구를 전달해왔다. 그러나 조선은 일본 측의 요구를 수용하기보다는 울릉도가 조선의 영토임을 밝히는 내용의 서계를 쓰시마에 전달함으로써 사건을 종결지었다.[121]

통신사의 역할은 17세기 후반에 들어서면서 점차 문화교류에 중점을 두게 되었다. 왜란 직후와는 달리 피로인 송환 같은 조·일 간의 외교 현안이 줄어들었고, 막부장군의 권위가 점차 확고해짐에 따라 통신사를 정치적으로 이용하려는 막부의 의도가 퇴색했기 때문이다. 문화교류는 통신사와 일본의 학자, 문인들 사이에 이루어졌다. 통신사 일행이 숙소에 들면, 일본의 학자와 문인들은 다투어 그곳으로 달려와 시문詩文을 주고받고, 서화書畵와 휘호揮毫를 간청하였다. 그 수가 너무 많아 이 때문에 일본의 학문 수준을 깔보게 해서는 안 되니 자숙하자는 의견이 일본 내에서 제기될 정도였다.[122] 한편 조선정부는 서화와 시문에 대한 일본인들의 요구가 높아지자 통신사 일행에 중국 사행에는 없던 제술관製述官을 두어 이를 담당하게 하였다. 일본인들과 한시를 교환하거나 서로 경합할 때 뒤지는 일이 없도록 하기 위함이었다.

통신사들의 대부분은 일본에서 겪은 견문을 기록으로 남겼으므로 많은 사행록이 전해진다. 일본의 국정을 탐색하여 그것을 알리는 역할이 그들에게 부과되었기 때문이다. 이들 사행록은 기행문으로서의 가치뿐만 아니라 당시 일본의 사회상과 문화를 알리는 데 중요한 역할을 하였다. 그 가운데 1719년(숙종 45) 통신사의 제술관으로 일본에 다녀온 신유한申維翰의 『해유록海遊錄』은 특히 유명하다. 여기에서 그는 일본 도시의 풍요로움과 화려함을 전했는가 하면, 『퇴계집退溪集』이 널리 읽히고 있다는 보고도 잊지 않았다.[123] 한편 통신사들을 통해 일본의 문물이 전해지기도 하였다. 일본의 역사서인 『일본서기』가 들어와 고대사연구에 참고하는 현상이 나타났는데, 한치윤韓致奫의 『해동역사海東繹史』는 그 대표적인 사례이다.[124] 고구마 역시 통신사를 통해 조선에 전해졌다. 1764년(영조 40) 통신사행의 정사는 조엄趙曮이었는데, 그는 돌아오는 길에 쓰시마에서 고구마를 가져와 쓰시마와 비슷한 풍토인 제주도에 이를 심었다. 남저南藷로 불린 고구마는 후일 청에서 이식되어 북저北藷라고 불린 감자와 함께 농민들의 식생활에 큰 도움이 되었다.[125]

조·일관계의 파탄

조선의 통신사를 막부가 전 국가적으로 환대한 데 대한 반발이 일본에서 일어났다. 일본인 가운데는 통신사를 '조공사절朝貢使節'로 보고 이들에 대한 대우를 낮추어야 한다는 인물들이 있었는데, 이러한 분위기를 대변하는 것이 아라이 하쿠세키新井白石의 빙례개혁聘禮改革 주장이었다. 1711년(숙종 37) 통신사가 파견되었을 때 그들의 접대를 맡은 아라이는 경비를 절약하기 위해 빙례를 간소화하고, 일본은 막부장군의 외교 칭호를 대군에서 일본국왕으로 부활시켜야 한다고 주장하였다. 통신사 의례를 개혁함으로써 장군의 권위를 더욱 높이려는 의도였다. 아울러 그는 조선통신사의 응접 장소를 바꾸어 에도가 아닌 쓰시마에서 쓰시마 도주가 접대해야 한다는 역지빙례안易地聘禮案을 내놓았다. 이는 그의 조선에 대한 멸시관에 바탕을 둔 것이었다. 그리하여 일본은 1811년(순조 11)의 조선통신사 외교의례 장소를 에도에서 쓰시마로 변경하였는데 이를 이른바 역지통신易地通信 또는 역지빙례라고 한다.[126]

1811년 이후 1868년 막부가 붕괴될 때까지 60여 년 동안 막부장군의 습직은 네 차례나 있었다. 그러나 일본은 통신사 파견을 요청하지 않았고 조선도 통신사를 파견하지 않았다. 조선은 일본과의 관계가 안정됨에 따라 통신사를 파견해 일본의 국정을 탐색할 필요를 느끼지 않았고, 시문을 주고받는 과정을 거치면서 일본에 대해 문화적 우월감이 자리 잡아가고 있었기 때문이다.[127] 일본 역시 이양선 출몰이 잦아지면서 조선보다는 서구 세력에 대한 위기와 관심이 커져갔다. 동아시아 사회의 안정만으로는 국가의 안전을 보장받을 수 없게 된 전환기에 전통적인 통신사 파견의 의미는 실종되었던 것이다.[128] 결국 1811년을 끝으로 조선의 통신사는 파견되지 않았고 국가 간의 교섭은 단절되었다. 다만 조선의 동래부와 쓰시마 사이에는 통신사의 왕래가 끊어진 이후에도 역관을 사절로 한 왕래가 지속되었다.

조선이 일본으로부터 또다시 교섭을 제의받은 것은 도쿠가와 막부가 타도된 후의 일이었다. 도쿠가와 막부는 미국 페리Mathew C. Perry 함대의 위협에 굴복하여 치외법권이 포함된 수호조약을 체결하고, 곧이어 유럽의 여러 나라에도 문호를 개방하여 불평등조약을 체결하였다. 이에 일본 내에서는 서양의 오랑캐(양이洋夷)를 물리치자는 여론이 비등하는 등 국가의식이 드높아졌다. 이러한 국가의식은 외국에 굴복하여 조약을 체결한 막부정권에 대한 불신으로 이어졌다. 결국 사쓰마번薩摩藩과 조슈번長州藩을 중심으로 한 세력이 막부를 타도하고 통치권(대정大政)을 교토의 천황에게 돌렸다(다이세이호칸大政奉還). 그리고 연호를 메이지明治로 바꾸고 개혁을 실시하였다. 이를 메이지유신明治維新이라고 한다(1868, 일본력으로는 1867).

메이지정부는 미·영·불 등 일본주재 외국공사들에게 신정권의 성립 사실을 알리고, 조선에도 도쿠가와 막부시대 이래 양국 간의 외교·통상 사무를 담당하여온 쓰시마 도주를 통하여 이를 통고하면서 새로 수교할 것을 청하였다. 이제까지 조선국왕과 대등하게 상대했던 막부의 장군은 천황의 신하였으니, 천황이 친정하게 된 일본과 조선 간에는 대등한 국교가 있을 수 없으므로 차등적 관계를 새로 수립해야 한다는 것이 일본의 입장이었다.[129] 따라서 쓰시마 도주가 조선의 예조참판 앞으로 보내온 외교문서(서계)에 사용된 용어도 이제까지와는 달랐다. 여기에서 일본은 조선의 예조참판에 대한 경칭을 '대인大人'에서 '공公'으로 격하하고, 일본조정을 '황조皇朝'라고 하고, 천황의 명령을 '칙勅'이라고 하여 일본이 천황 국가임을 분명히 하였다.

당시 조선은 일본에 대한 최신 정보를 거의 가지고 있지 못하였다. 1811 년을 끝으로 통신사행이 단절되었기 때문이다. 일본을 교린국으로 알아온 조선정부로서는 '황조'나 '칙' 등의 용어 사용을 용납하기 어려웠다. 이러한 용어는 중국만이 사용할 수 있는 것으로 이해했던 것이다. 이러한 시기에 주일 독일공사 브란트Max Von Brandt가 수명의 일본인을 대동하고 군함에 탑승하여 부산에 나타난 사건이 발생하였다. 대원군은 이를 '왜가 양이와 공모하여 조선을 침범하려는 구체적인 증거'로 간주하고 일본과의 교섭 일체를 거절하였다.

일본은 조선에서 자신들이 의도한 바를 관철하기 위해서는 청을 통한 우회적인 방법을 택할 수밖에 없다고 판단하였다. 이에 청과 '청일수호조규'를 체결하였다(1871). 조선의 종주국으로 자처하는 청과 대등한 관계임을 분명히 함으로써 일본이 조선의 상위에 있다는 점을 드러내려고 했던 것이다. 그리고 폐번치현廢藩置縣의 시행으로 쓰시마번이 폐지되자 하나부사 요시타다花房義質를 사신으로 파견하여 다시 수교를 청하였다(1872). 메이지정부가 직접 외교를 관장한다는 사실을 조선에 알릴 필요가 있었기 때문이다. 왜관을 '접수'하여 '대일본국공관'으로 명칭을 바꾼 것은 그러한 조치의 일환이었다(1973). 이로써 왜관은 외무성 관할의 영사관이 되었고, 곧이어 영사가 착임하였다.[130] 그러나 조선이 수교를 거절함으로써 양국의 교섭은 어려움에 부딪혔다.

서양세력과의 교섭

조선인의 서양 문물에 대한 접촉은 청을 매개로 이루어졌다. 청에 다녀온 사신들이 청에 들어온 서양의 문물 일부를 조선에 소개했던 것이다. 이러한 서양의 문물은 조선 지식인들의 호기심을 자극했는데, 특히 서양과학은 찬탄의 대상이 되었다. 그러나 천주교 금압정책이 시작되면서 서양과학의 수용 역시 거부되었다. 그리고 이에 따른 서양세력의 보복적 침략은 조선정부로 하여금 서양과의 접촉을 더욱 꺼리게 만들었다.

서양과의 접촉

조선이 서양과 관계를 맺게 된 것은 지리상의 발견에 따라 유럽의 천주교 선교사들이 동양에 진출한 결과였다. 천주교 선교사들이 동양에서 맨 처음 진출한 지역은 일본이었다.[131] 그런데 선교사들은 일본이 유교문화권에 속해 있다는 사실에 착안하여 유교의 본원지인 중국에 선교하는 것이 천주교를 동양에 널리 포교하는 최선의 방법이라고 판단하였다. 이에 그들은 중국 입국을 기도하였다.[132]

　유럽의 선교사들은 천문, 역법, 지리, 수학 등 여러 과학 부문에 능통했

을 뿐만 아니라, 대포의 주조鑄造 등에도 숙달하였다. 그들은 이런 서양의
과학지식을 선교활동의 수단으로 삼았다. 과연 그들의 과학지식은 명 황
실과 고위 관리들을 사로잡았다. 그리하여 예수회 신부 마테오리치Matteo
Ricci(이마두利瑪竇)는 명나라 황제로부터 천주교의 포교와 성당 건립을 허가
받기에 이르렀다(1601). 그리고 청이 입관한 후에는 아담 샬 등의 노력으로
청 황실과도 밀접한 관계를 유지하였다. 이로써 북경에 서양문명이 개화
되었는데, 이 한화漢化된 서양문명을 청구문명淸歐文明이라고 한다.[133]

중국에 전해진 서양의 과학과 천주교는 해마다 중국에 파견되는 사신과
수행원들을 통해 조선에 알려졌다. 선교사들은 북경의 네 곳에 천주당을
건립했는데, 그곳은 조선 사신들의 주요 관광지가 되었다. 홍대용, 박지원
등이 그곳을 방문한 기행문을 남긴 것으로 알 수 있는 일이다. 서양인 신부
들은 천주당을 방문한 조선 사신들에게 전교를 목적으로 서양의 기기와 한
문으로 번역한 서양서적을 전해주었다. 조선의 사신들은 명·청의 황실이
아니라 선교사들이 건립한 천주당을 통해 서구문명과 접촉했던 것이다.[134]

사신들이 가져온 최초의 서양문물은 마테오리치가 중국인과 교리문답
하는 형식으로 쓴 천주교 교리서인 『천주실의天主實義』와 그가 제작한 유럽
지도인 〈곤여만국전도坤輿萬國全圖〉였다. 이후 1631년(인조 9)에는 정두원鄭
斗源이 명에 사신으로 갔다가 이탈리아인 예수교 신부 로드리게스Johannes
Rodriguez(육약한陸若漢)를 만나, 그로부터 『직방외기職方外紀』, 『서양풍속도』
등의 서적과 함께 화포, 천리경, 자명종 등을 선물로 받아 가지고 귀국하였
다. 또 병자호란 당시 청에 인질로 갔던 소현세자는 아담 샬과 사귀었고,
돌아오는 길에 그가 번역한 서적과 천구의天球儀 등을 가져왔다.

중국에서 전래된 서양의 과학과 천주교는 학자들 사이에 전파되어 학문
적 호기심의 대상이 되었다. 일찍이 광해군 때의 이수광李晬光은 그의 『지
봉유설芝峰類說』에서 『천주실의』를 소개했고(1614), 이탈리아 선교사 알레

니Giulio Aleni(애유략艾儒略)가 쓴 『직방외기』는 조선의 유학자들에 의해 특히 많이 탐독되어 세계 지식을 알려주는 데 큰 역할을 하였다. 『직방외기』는 조공국〔職方〕이 아닌 나라들, 즉 서양 여러 나라의 풍토, 인정, 기후 등을 기록한 책이었다.[135] 18세기 전반기의 대표적인 재야학자였던 이익李瀷은 정두원이 가져온 서적을 통해 알게 된 서양의 화포, 지도, 망원경 등의 정교함에 감탄하여 마지않았다. 이익은 아담 샬이 만들었다는 시헌력時憲曆을 가리켜 "옛날의 성인이 다시 태어나도 반드시 이를 따를 것이다"라고 극찬하였다. 그는 마테오리치의 『천주실의』와 예수회 소속 신부들의 저술에도 관심을 가졌다. 이익의 서학에 대한 이러한 관심은 그를 추종하는 많은 제자들에게 강한 영향을 끼쳤다.[136]

조선은 18세기 후반 북학론이 대두하면서 청으로부터의 문물 수입에 더 적극적이 되었다. 북학자들은 천문학과 지도 제작을 위시한 서양학술의 성과를 높이 평가하였다. 그리하여 홍대용 같은 학자는 지구가 둥글다는 새로운 주장을 믿어 독자적으로 지전설地轉說을 발설하기에 이르렀다. 이는 동양을 세계의 전부로 알고 이를 중심으로 생각해오던 조선인들의 세계관과 우주관에 새로운 변혁이 일어났음을 알리는 것이었다. 그리고 정조는 청으로부터 구입한 『고금도서집성古今圖書集成』에 실린 『기기도설奇器圖說』을 정약용에게 내려서 기중起重의 원리를 연구케 하였다. 『기기도설』은 테렌즈Joannes Terrenz(등옥함鄧玉函)가 기계를 그림으로 그려 풀이한 책이다. 정약용은 이를 기본으로 기중기를 고안하여 화성華城(수원성)의 축조에 이용하였다.[137]

지리상의 발견은 서양인을 조선으로 끌어들이게 하였다. 1628년(인조 6) 네덜란드 상인 벨테브레Jan J. Weltevree 등 3명이 제주에 표착하였는데, 군사기술을 가지고 있던 그들은 훈련도감에 봉직하였다. 2명은 병자호란 당시 전사하고 벨테브레만이 박연朴淵(朴燕)이라는 이름으로 조선에서 생을 마쳤다. 그리고 1653년(효종 5)에는 역시 네덜란드인 하멜Hendrik Hamel이 제주도에 표착했다가 10여 년 동안 구금생활을 한 후 탈출하여 돌아갔다. 하멜은 귀국하여 『하멜표류기』를 간행하였다. 이 책은 여러 나라말로 번역되어 유럽에 유포되었으나 유럽인들의 관심을 조선에 미치게 하지는 못하였다.[138]

천주교의 수용과 탄압

천주교는 서양의 과학과 더불어 서학이라고 일컬어졌다. 조선인들은 천주교를 종교적인 신앙으로서보다는 서양문물이나 서양학술과 마찬가지로 학문적·사상적 호기심의 대상으로 삼았다. 후일 천주교 금압정책이 시작되자 서양과학도 수용이 거부되고, 이미 수용되었던 서양과학의 싹이 압살된 결과를 초래한 사실로 알 수 있는 일이다.[139] 특히 이익의 학문적 영향을 받은 이벽李檗, 권철신權哲身, 이승훈李承薰 등은 중국에서 전래된 『천학초함天學初函』 등의 천주교 서적을 읽고 자발적으로 이에 깊은 관심을 가졌다. 이는 성직자들의 전교로써 종교가 전파된 다른 나라들의 경우와는 다른 방식이었다.[140]

이승훈은 동지사 서장관인 아버지를 따라 북경에 갔다가 그곳에서 서양인 신부에게 영세를 받았다(1783). 이후 그를 중심으로 이벽, 정약용 등은 서울 명동의 김범우金範禹 집에서 종교의식을 위한 모임을 가졌다. 그리고 자기들끼리 교계제도敎階制度를 세워 이승훈을 교회의 영수로 추대하고 10명을 신부로 선출하였다(1786). 그들은 자기들이 임명한 신부의 적법성에 대해 의문을 품고 북경에 이를 문의하였다.[141]

조선의 천주교인들로부터 질문을 받은 북경교구는 자체적으로 신부를 임명하는 것이 불법임을 지적하고, 그들의 사제직 수행을 중지할 것을 명하였다. 아울러 제사 참배도 금하였다. 이를 통해 천주교가 조선의 유교관습을 거부한다는 사실을 알게 된 이승훈과 정약용 등은 교회활동에서 손을 떼었다.[142] 그러나 전라도 진산의 윤지충尹持忠은 제사를 금지하라는 북경교구의 지시에 따라 어머니가 죽자 신주神主를 만들지 않았을 뿐만 아니라 모든 신주를 불태워 땅에 묻었다. 결국 윤지충은 전주의 풍남문 앞에서 참수형을 당했는데(1791), 그의 가장 큰 죄목은 불충不忠이었다. 조선정부는 윤지충의 이러한 행위를 정부의 권위에 대한 도전으로 이해했던 것이다. 따라서 천주교는 '무부무군無父無君의 사학邪學'으로 규정되었다. 그러나 가혹한 탄압책을 쓰지는 않았다. 이에 북경교구는 중국인 신부 주문모周文謨를 조선의 첫 사제로 임명하여 파견하였는데(1794), 그는 당시 조선의 신자가 4천여 명에 이른다는 사실에 놀라움을 금치 못하였다.

1801년, 어린 나이의 순조純祖를 대신하여 정치를 하던 영조의 비 정순왕후貞純王后 김씨는 천주교를 박해하였다. 그리하여 이승훈을 비롯하여 이가환李家煥, 정약종丁若鍾 등과 중국인 신부 주문모가 사형을 당하고, 정약전丁若銓, 정약용은 유형을 당하였다(신유사옥辛酉邪獄). 이 박해는 정순왕후 김씨와 연결된 노론 벽파辟派가 남인 시파時派를 타도하기 위해 일으킨 것이었다(정조 때 국왕인 정조의 뜻에 따르는 인물들을 시파, 반대파를 벽파라고 불렀다). 남인 가운데 천주교 신자가 많았기 때문이다. 그런데 이때 정약용의 조카사위이며 천주교인인 황사영黃嗣永이 몰래 비단에 글을 적어(백서帛書) 북경의 프랑스인 주교에게 보내려다가 발각된 사건이 일어났다(황사영백서사건, 1801). 황사영은 백서에서 수난자의 약력과 당시의 국내 사정을 설명하고, 프랑스가 전함을 파견하여 조선정부를 위협해줄 것을 요청하였다. 신앙의 자유와 교세를 보전하기 위함이었다. 이 때문에 천주교인들은 외부 침략자와 내통하여 조선왕조의 존립을 심각하게 위협하는 무리로 간주되었다.

정순황후 김씨가 물러나고 안동 김씨의 세도정치가 시작되면서 천주교는 이렇다 할 박해를 받지 않았다. 여기에 고무되어 중국을 비롯한 동아시아 지역의 포교를 전담하던 프랑스의 파리외방전도회Societe des Missions Etrangers de Paris는 1831년 조선에 독립된 교구를 설립하여 중국의 북경교구로부터 분리시키고, 모방Pierre P. Maubant, 샤스탕Jacques H. Chastan, 앙베르 Laurant M. Imbert 신부를 파견하였다. 그 결과 천주교 신도 수가 급격히 증가하였다. 그러나 헌종憲宗 때 풍양 조씨가 정권을 장악하자 다시 천주교에 대한 탄압이 실시되었다. 기해사옥己亥邪獄(1839)이 그것인데, 이는 천주교 박해에 소극적이었던 안동 김씨에 대한 풍양 조씨의 정치적 반격의 성격을 띤 것이었다. 결국 서양인 신부 3명과 많은 신도가 죽임을 당하였다. 그리고 1848년에는 마카오Macao에 가서 신학교를 졸업하고 최초의 신부가 된 김대건金大建이 해로로 청나라의 선교사들과 연락을 하다가 붙잡혀 순교하였다.[143]

서양의 선교사들은 명·청의 황실과 긴밀한 관계를 유지하면서 중국사회에서 지배층에 준하는 대우를 받았다. 천주교와 함께 서양과학을 중국에 전한 결과였다. 그런데 조선에 온 프랑스 선교사들은 중국에서와는 달리 박해를 당하였다. 이는 조선정부가 천주교를 금한 이후에 그들이 입국했던 것과 관련이 있다. 어머니의 신주를 불태움으로써 전례典禮문제를 야기한 윤지충의 가장 큰 죄목이 불충인 것으로 알 수 있듯이 조선정부는 천주교의 제사 거부를 지배체제에 대한 위협으로 간주했던 것이다. 따라서 프랑스 선교사들이 중국에서와 같은 대우를 조선정부로부터 기대한다는 것은 애초부터 불가능한 일이었다. 그들의 활동은 이양선異樣船의 출몰이 늘면서 집권층으로부터 더욱 심한 경계와 탄압을 받게 되었다.[144]

병인양요와 신미양요

대원군의 집권을 전후하여 조선은 천주교의 만연에 대해 공포심을 가지고 있었다. 1860년 영국과 프랑스의 연합군이 북경을 함락하고 동양의 베르사유궁이라 불린 원명원圓明園을 불태웠다는 소식이 전해졌기 때문이다. 북경을 함락한 서양세력이 그 여세를 몰아 바로 동쪽에 있는 조선을 공격한다는 소문이 떠돌아 지방으로 낙향하는 사람까지 생겨났을 정도였다. 따라서 청에서 천주교를 탄압했다는 보도가 전해지자 양반들은 천주교 박해를 더욱 강력하게 주장하였다.

대원군은 처음에는 천주교에 대해 관용적인 편이었다. 그의 부인이 천주교 신자였음을 감안하면 무리가 아니다. 한때 그는 두만강을 넘나들며 변경을 위협하는 러시아세력을 견제하기 위해 천주교 신자인 남종삼南鍾三의 건의에 따라 프랑스를 끌어들이려고도 하였다. 천주교 신자들은 포교의 자유를 얻기 위해 이러한 건의를 했던 것이다. 그러나 프랑스 신부가 선교사는 정치에 관여할 수 없다고 거절하자[145] 대원군의 천주교에 대한 태도는 점차 바뀌었다. 그는 양반들의 요구를 수용해서 만동묘 철폐 등으로 악화된 자신에 대한 여론을 무마하려고 하였다. 그리고 자신의 힘을 과시하여 반대세력의 도전을 사전에 막으려는 의도도 가지고 있었다. 이에 그는 천주교를 가혹하게 탄압하여 당시 조선에 머물고 있던 프랑스 선교사 12명 가운데 9명과 남종삼 등 수많은 신자들을 처형하였다(1866, 고종 3).

박해를 피해 중국으로 탈출한 리델Felex C. Ridel 신부는 이러한 사실을 청에 머물고 있던 프랑스의 극동함대사령관 로즈Pierre G. Rose에게 알렸다. 로즈는 선교사 살해의 책임을 묻는다는 구실 아래, 7척의 군함과 1,500여 명의 병력을 거느리고 강화읍을 점령하였다(병인양요丙寅洋擾). 그들은 그곳에서 외규장각의 도서들을 약탈하고 전등사傳燈寺를 침탈하였다. 일찍이

휘경원원소도감의궤(ⓒ 서울대학교 규장각)

정조는 규장각의 도서 가운데 의궤儀軌에 관한 것들을 별도로 보관하기 위해 강화도에 외규장각을 설치했는데, 프랑스군은 이를 약탈하여 본국으로 반출했던 것이다. 현재 파리 국립도서관에 소장되어 있는 이 도서들은 1993년 테제베(TGV)를 선정해주는 조건으로 고문서 반환협상을 시도하던 당시 상징적인 의미로 전달된 『휘경원원소도감의궤』를 제외하고는 우리 정부의 노력에도 아직 반환되지 않고 있다.[146] 프랑스군은 정족산성을 공격하던 군대가 양헌수梁憲洙가 이끈 조선군과의 전투에서 참패하자 곧 퇴각하였다.

프랑스군이 강화도를 점령한 직후 조정 일각에서는 그들과 타협해야 서양의 침략이 그칠 것이라는 의견이 제기되었다. 청나라도 그들의 침략을 막아내지 못했다는 것이 그 이유였다. 실제로 당시의 지식인들 가운데는 청을 통해 서양문물의 우수성을 알고 있는 사람들이 적지 않았다. 그리하여 통역관으로 청나라를 여러 차례 왕래한 오경석吳慶錫 등은 통상을 주장하였다. 그러나 통상론은 바다로부터의 침입을 막자는 해방론海防論 때문에 크게 설득력을 얻지 못하였다. 따라서 프랑스군과의 타협보다는 맞서 싸우자는 여론이 우세하였다.

해방론이란 서양 해양세력의 출현에 대응하기 위한 국방책을 말한다. 이는 1840년대 청나라에서 출현한 이후 곧 조선에 전해졌다. 그리하여 많은 사람들이 해방의 필요성을 터득했는데, 기정진奇正鎭은 그 대표적인 인물이었다. 그는 병인양요 직전에 이미 프랑스의 침입을 예견하면서 척사와 해방을 주장하는 상소를 올렸다. 그리고 병인양요가 진행되는 동안에는 군사를 모집하는 격문을 작성하기도 하였다. 당시 대표적인 산림山林으로서 김평묵金平默, 유중교柳重教, 최익현崔益鉉 등 이후 위정척사를 주도한 인물들의 대부분을 문인으로 거느리고 있던 이항로李恒老 역시 세 차례에 걸친 상소를 통해 위정척사衛正斥邪를 내세우면서 조선정부의 항전을 독려하였다.

프랑스군의 침략에 대한 반감은 정부나 양반 유생들만이 아니라, 일반 백성들에게도 널리 유포되어 있었다. 이러한 사실은 판소리를 정리한 신재효申在孝가,

패씸하다 서양되놈, 무부무군 천쥬학天主學은, 네 나라나 할 것이지,

로 시작되는 「서양되놈」이라는 단가短歌를 지은 사실에서 잘 드러난다. 여기에서 그는 프랑스의 강화도 침략을 규탄하며, 그들이 군사를 일으켜 조선을 해하고자 하였으나 도리어 참패하고 도주한 사실을 전하였다. 일반 백성들의 서양에 대한 이러한 반감은 대원군으로 하여금 서양의 침략에 강경하게 맞서게 한 원동력이 되었다.[147]

병인양요는 서양인의 침략성을 조선인에게 알리는 계기가 되었다. 따라서 병인양요 후 위정척사론이 강화되고 천주교에 대한 정부의 탄압이 심해진 것은 당연한 추세였다. 그런데 병인양요가 일어난 그 해에 제너럴셔먼General Sherman호 사건이, 그리고 1868년에는 오페르트Ernest Oppert 도굴사건이 발생하였다.

청의 천진에 거주하던 미국인 프레스톤W. B. Preston은 자신의 상선인 제너럴셔먼호에 물건을 실어 조선에 파견하였다. 제너럴셔먼호는 마침 홍수

로 물이 불어난 대동강을 따라 평양에 들어가 통상을 요구하였다. 당시 평안도 관찰사였던 박규수朴珪壽가 퇴거를 명하였으나, 그들은 도리어 조선의 관리를 납치하였다. 그런데 강물이 줄어 선체가 강기슭에 박혀 빠져나가지 못하자 박규수는 평양민을 지휘하여 선원들을 살해하고 선체를 불태웠다. 박규수는 일찍이 청에 사신으로 파견되어 북경이 영국과 프랑스 연합군에게 함락된 실상을 직접 목격한 인물이었다. 따라서 그는 영조·정조대 북학론을 제창한 박지원의 손자였음에도 서양기술의 도입이나 해외 통상을 주장할 수 없었다. 서양의 우수한 것을 배우려는 생각보다는 서양의 침략을 막으려는 방어의식이 앞섰던 것이다.[148] 제너럴셔먼호에 대해 그가 강경한 조치를 취한 것도 그 때문이었다. 한편 독일상인 오페르트는 충청도 아산만에 상륙하여 덕산에 있는 대원군의 부친 남연군南延君의 무덤을 도굴하였다. 두 차례에 걸쳐 조선에 통상을 요구했으나 거절당한 오페르트는 서양인과 중국선원들을 대동하고 덕산에 상륙한 뒤, 군청을 습격하고 남연군의 묘를 파헤쳤던 것이다. 가장 중시하고 받드는 조상의 묘를 파헤친 것을 본 조선인들은 이후 서양인들을 야만인으로 생각하게 되었다.[149]

제너럴셔먼호 사건을 계기로 미국은 주청공사 로Frederick F. Low에게 조난선원구휼문제 등을 조선정부와 상의할 것을 훈령하였다. 로가 조선과의 교섭을 알선해줄 것을 청에 요구하자 청은 조선이 속국이기는 하지만 간섭하지 않는다는 입장을 밝혔다. 이에 로는 아시아함대사령관 로저스John Rodgers와 함께 군함 5척을 거느리고 강화해협에 들어왔다. 그들은 강화도의 광성진에서 조선군으로부터 포격을 받고 전투를 벌였다. 일본을 개항시킨 페리 제독의 포함외교를 본뜬 것이었다(신미양요辛未洋擾, 1871). 광성진 전투는 조선군 전사자가 350명이었으며 미군 전사자는 3명에 불과했다는 사실로 알 수 있듯이 미국의 압도적 승리로 끝났다. 그러나 조선이 협상에

임하지 않자 그들은 교섭을 단념하고 함대를 철수하였다.[150] 로는 대규모 군사행동도 고려할 수 있었지만, 그것은 훈령 밖의 일일뿐 아니라 병력도 부족한 형편이었으므로 철수를 단행한 것이다. 한편 전세가 불리하게 전개되었음에도 조선이 교섭에 임하지 않은 것은 지구전을 펴면 미국함대도 프랑스함대처럼 곧 철수하고 말 것으로 판단했기 때문이다.[151]

병인양요 후 조선정부는 대대적인 군비증강책을 추진하여 각 지방에 포군砲軍을 상비군으로 설치하였다. 그리고 새로운 무기의 개발을 시도하였다. 해방론 또한 강조되었음은 물론이다. 그리하여 신미양요 후에는 서울 종로와 지방 각처에, "양이가 침범함에 싸우지 않으면 곧 화의인데, 화의를 주장함은 매국이다〔洋夷侵犯 非戰則和 主和賣國〕"라는 내용의 척화비斥和碑를 세워 서양에 대한 전의를 더욱 북돋았다. 결국 병인양요나 신미양요는 서양의 문호개방 요구와 이를 거부하는 대원군의 쇄국정책이 맞서서 빚어진 사건이 아니라, 천주교 탄압에 대한 응징과 교섭을 빌미 삼아 조선을 침략한 서양의 군대와 이에 맞선 조선 정부군과의 충돌로 발생한 사건이었다. 따라서 대원군의 대외정책을 쇄국정책으로 표현하는 것은 온당하지 않다. 외국의 침략에 적극적으로 대응하는 것이 대원군의 대외정책이었던 것이다.[152]

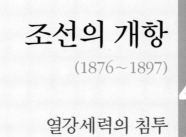

조선의 개항
(1876~1897)

열강세력의 침투

4

1876년 일본과 근대적 조약을 체결한 조선은 이후 미국, 영국, 독일 등 서양의 여러 나라들과도 차례로 조약을 맺었다. 이는 모두 불평등조약이었다. 조선은 국제법에 어두웠을 뿐만 아니라, 서양 여러 나라와의 조약 대부분이 청의 알선으로 이루어졌기 때문이었다.

개항 이후 조선에 관심을 보인 나라는 청과 일본이었다. 그들은 서양 여러 나라에 빼앗긴 이권을 조선에서 보충하려고 하였다. 따라서 조선은 청과 일본의 각축장이 되었다. 그러한 가운데 임오군란 이후 청이 우월한 지위를 차지함으로써 조선과 청의 관계는 이제까지의 형식적인 조공관계에서 철저한 종속관계로 변질되었다. 한편 조선의 경제적 가치에 회의를 느낀 미국은 조선에 이렇다 할 관심을 보이지 않았다.

청일전쟁 이후 조선은 더욱 자주성을 잃어갔다. 조선의 왕비가 일본인들에게 살해되었는가 하면, 국왕은 러시아공사관에 피신하여 1년 동안 체류하였다. 조선을 주권국가로 이해하기 어려운 상황이 전개되었던 것이다. 조선의 각종 이권이 외국에 넘어갔음은 물론이다. 조선은 이를 지킬 만한 능력이 없었다.

개항과 개화정책

조선은 1876년 일본에 의해 개항되었다. 이후 대다수의 조선인들은 일본에 대해서 노골적인 반감을 드러냈다. 일본이 군사력을 앞세워 조선에 접근했을 뿐만 아니라, 개항 후 급속히 침투함으로써 위기의식을 증대시켰기 때문이다. 그러한 가운데 일본을 시찰했거나 유학한 인물들을 중심으로 일본의 선진 문물을 동경하고 이를 모방하려는 사람들이 점점 늘어갔다. 한편 조선의 지배층은 청에 대해서는 우호적이었다. 서양과의 조약 체결을 청에 일임했을 정도였다. 서양세력의 침투에 따라 청과 안보의식을 공유하게 되면서 조선의 양반들이 청을 중화로 인식하게 된 결과였다. 이는 민중들 사이에 반청의식이 형성되고 있었던 것과 대조를 이룬다. 조선의 민중들은 임오군란을 진압하는 과정에서 일어난 청군의 약탈과 이후 조선에 진출한 청나라 상인의 횡포에 분노하였다.

조일수호조규 체결

병인양요를 일으킨 프랑스와 신미양요의 장본인인 미국이 조선과의 교전 후 쉽게 물러간 것은 조선을 점령하거나 개항의 요구를 관철시키려는 적극적인 의도를 가지고 있지 않았기 때문이다. 그들의 침공 자체가 일종의 보복적인 성격에 불과했던 것이다. 더구나 당시 프랑스는 베트남 경영에 바빴고 미국은 남북전쟁의 뒷수습에 골몰하지 않을 수 없는 상황이었다.[1] 그러나 일본은 달랐다.

메이지유신 이후 일본에서는 조선을 정벌하자는 '정한론征韓論'이 대두하였다. 구미 열강과의 불평등조약 체결 아래 빼앗긴 이권을 조선과 만주에서 영토를 확장함으로써 되찾자는 것이 '정한론'의 원류였다. 이러한 '정한론'은 조선이 여러 차례에 걸쳐 일본과의 외교 교섭을 거부하자 점차 설득력을 얻었다. 메이지유신의 공신이며 무사들 간에 신망이 높았던 사이고 다카모리西鄕隆盛가 '정한론'을 주장할 때는 특히 그러했다(1873). 메이지정부가 평민 지원병제도를 실시함에 따라 조선 정벌은 실직한 무사들에게 일자리를 마련해주는 조치와 다를 바 없었기 때문이다. 그런데도 '정한론'은 실현되지 못하였다. 이와쿠라 도모미岩倉具視, 이토 히로부미伊藤博文 등 구미를 시찰하고 돌아온 인물들이 외정外征보다 내치內治를 강조하여 이에 반대했기 때문이다. 그들은 조선 출병으로 말미암아 자기들이 시작한 국내 제반개혁이 지연 혹은 중지될 것을 염려하였다. 아울러 일본의 군대가 조선에 진입하여 무력충돌이 발생하면 청이 수수방관하지 않을 것이라는 점도 지적하였다. 이와쿠라 등은 정한론자들을 회유하기 위해 류큐琉球와 타이완臺灣 출병을(1874) 허용하는 한편, 조선과의 외교 교섭을 서둘렀다.[2] 외교를 통해 조선을 일본의 세력범위 안에 포함시키려는 의도였다. 따라서 조선과의 외교 교섭은 '정한론'의 변형된 형태로서 추진되었다.

일본은 이러한 계획에 따라 1875년 운요호(운양호雲揚號)사건을 일으켰다. 그들은 조선 근해의 해로를 탐사한다는 명분을 내세워 군함 운요호를 파견하여 조선에 무력을 시위하였다. 국적불명의 배가 예고 없이 나타나자 강화도의 초지진 포대에서는 포격하지 않을 수 없었는데, 일본은 이를 두고 마실 물을 구하러 접근했는데 갑자기 포격을 해왔다고 선전함으로써 일본 내에 조선에 대한 반감을 불러일으켰다. 그리하여 대규모의 군대 파견을 준비하는 한편, 다음 해에 구로다 기요타카黑田淸隆와 이노우에 가오루井上馨를 보내어 교섭을 요구하였다. 병력과 군함을 거느린 그들은 조선이 회담에 응하지 않는다면 강화도에서 곧바로 서울로 향하겠다고 협박하였다. 조선정부가 신헌申櫶을 파견하여 협상에 임하자 일본은 자기들이 미리 준비해온 조약안을 제시하였다. 조선은 청에 자문을 구하는 한편 전·현직대신(시원임대신時原任大臣)회의를 개최하여 대책을 논의하였다.

조선의 자문 요청을 받은 청은 고민에 빠졌다. 조선을 도와 싸울 수도 없고, 그렇다고 일본이 류큐와 타이완에 이어 조선까지 정복하는 것을 보고만 있을 수도 없는 일이었다. 결국 청의 실력자 리훙장李鴻章은 수교가 일본과의 전쟁을 피할 수 있는 방법의 하나라는 점을 지적하면서 조선에 수교를 권유하였다.[3] 유럽 여러 나라의 침략에 시달리고 있던 청은 문제가 확대될 것을 꺼렸던 것이다. 한편 조선의 조정 내에서도 통상할 필요성이 제기되었다. 이러한 주장의 중심에 선 인물은 박규수였다. 그가 서양기술의 도입이나 해외통상보다는 방어를 앞세운 인물이었음은 앞에서 언급하였다. 그는 평안도 관찰사로서 대동강을 거슬러 올라온 미국의 상선 제너럴셔먼호를 불태워 격침시킨 장본인이었다. 그러나 1872년(고종 9) 사신으로 청에 다녀온 뒤로는 기왕의 태도를 바꾸었다. 청의 양무운동洋務運動에 깊은 관심을 보였던 그는 귀국하여 국왕에게 올린 보고서에서 양이洋夷와 대결하기 위해서는 그들의 기술을 습득·이용하는 것이 필요하며, 이를 위해 서양의 물질문명을 받아들여야 한다고 주장하였다. 해방海防만으로는 서양세력과 일본을 물리칠 수 없다는 사실을 절감했던 것이다.

결국 일본이 제시한 조약안을 약간 수정한 선에서 조약이 체결되었다. 이것이 조일수호조규朝日修好條規로서, 흔히 병자丙子수호조약 또는 강화도조약이라고 한다(1876). 모두 12조로 되어 있는 이 조약의 주요 내용은 조선은 자주의 나라로 일본과 평등한 권리를 갖는다는 것과 20개월 안에 부산과 그 밖의 두 개 항구를 개항한다는 것이었다. 또 개항장에 거주하는 일본인은 일본법에 따라 일본인이 재판할 것을 규정한 치외법권治外法權 조항도 들어 있었다.

일본이 조선을 자주의 나라로 규정한 것은 조선에 대한 청의 종주권宗主權을 배격하자는 의도였다. 이는 프랑스가 1874년 베트남과의 조약에서 청을 배제하기 위해 사용한 방법을 모방한 것이었다.[4] 일본은 조선에 진출할 경우 조선과 청의 종속관계가 가장 큰 장애요인이 될 것을 우려하고, 한반도에서 청의 세력을 배제하는 것을 대조선정책에서 반드시 달성해야 할 과제로 삼았던 것이다. 그러나 조선정부는 이 조항을 조선이 중국의 속방이지만 내정·외교에서는 자주적으로 주권을 행사한다는 종래의 주장을 재확인한 것으로 이해하였다. 따라서 이후에도 조선정부는 중요한 외교사항을 처리한 후에는 청에 이를 보고하였다.[5] 한편 개항장으로는 과거에 쓰시마와 무역을 하던 부산항 이외에 동해의 원산과 서해의 제물포(인천) 두 항구가 결정되었다. 조선 내에서는 원산은 태조의 조상 능陵이 있는 영흥永興과 인접한 곳이며, 제물포는 서울의 문호라는 점에서 반대 여론이 비등하였다. 그러나 일본은 개항장이 러시아의 남하에 대비할 수 있는 항구이기를 기대했으므로 원산을 선정하였으며, 정치적으로 이용하기 위해 서울의 입구인 인천을 개항시켰다.

개항과 더불어 부산, 원산, 인천 등 개항장에는 일본 거류상인들의 조차지租借地가 설정되었는데, 그곳은 그들 상업활동의 근거지가 되었다. 일본인들은 일본 함선의 엄호를 받으며 개방되지 않은 항구의 연안을 횡행하며 밀무역에 종사하기도 하였다. 또한 내지의 각지를 돌아다니며 곡물, 우피牛皮 등을 매점하여 수출하기에 바빴다. 여기에 그치지 않고, 서울 등지에 상점을 개설하여 국내 물산의 상거래에도 종사하였다. 이들은 대체로 영세

상인이거나 무뢰배 혹은 낭인浪人(로닌)으로, 일확천금을 꿈꾸고 조선에 온 자들이었다. 따라서 그들은 사기적인 수단을 쓰거나 혹은 약탈적인 상행위에 종사했는데, 그 피해는 조선인들이 고스란히 당할 수밖에 없었다.[6]

개화정책

조선정부는 조일수호조규가 성립된 그 해에 김기수金綺秀를 수신사修信使로 임명하여 일본에 파견하였다. 일본 사신이 온 데 대한 답례를 명목으로 내세웠으나, 실은 일본의 요구를 수용한 결과였다. 일본은 미국과의 조약이 비준된 직후 미국의 요청으로 사절 77명을 파견한 경험을 토대로 조선에 수신사 파견을 요구했던 것이다. 당시 조선은 조일수호조규가 서구 중심의 국제법에 입각한 새로운 국제관계의 시작임을 알지 못했기 때문에 수신사 역시 외교보다는 시문詩文에 능통한 사람을 주로 선발하였다. 임진왜란 이후 파견된 통신사들이 일본의 지식인들과 시문을 주고받았던 사실을 염두에 둔 조치였다.

일본에 파견된 73명의 수신사 일행은 모든 경비를 일본이 부담한 가운데 주요시설을 20일간 시찰하였다.[7] 그들은 일본의 과학기술과 신식군대의 발달상을 확인하고 감당하기 어려운 문화적 충격을 받았다.[8] 수신사 일행이 일본에 호감을 가지게 됨으로써 일본의 초청외교는 계획했던 성과를 거둔 반면, 조선은 점차 일본의 영향 속으로 휘말려 들어갔다. 그들이 귀국한 후 얼마 되지 않아 조일수호조규를 보완한 수호조규부록修好條規附錄과 또다시 수호조규부록을 보완한 통상장정通商章程이 체결된 것은 그와 무관하지 않았다. 수호조규부록에는 개항장에서의 일본화폐 유통을 허용하는 내용 등이 포함되었고, 통상장정에는 일본인이 조선의 미곡을 수출할

수 있고 일본 선박의 항세港稅와 상품의 수출입세를 면제한다는 점 등이 규정되어 있었다.[9]

　조선정부는 김기수에 이어 김홍집金弘集(당시 그의 이름은 김굉집金宏集이었고 후일 김홍집으로 바꿈)을 수신사로 일본에 파견하였다(1880). 후일 종두법 연구로 유명해진 지석영池錫永은 이때 김홍집을 수행하였다. 일본은 서구화된 문물제도와 군사시설을 소개함과 아울러, 소총을 비롯한 근대 무기류를 기증함으로써 김홍집을 놀라게 하였다. 일본의 발전된 모습을 보고 개화에 대한 의지를 다진 김홍집은 귀국할 때에 주일 청국공사관의 참찬관 황쭌셴黃遵憲이 쓴 『조선책략朝鮮策略』을 가지고 왔다. 주일 청국공사 허루장何如璋이 조선정부 당국자에게 보내는 일종의 외교의견서라고 할 수 있는 『조선책략』에는 나라가 부강하려면 서양의 제도와 기술을 배워야 한다는 것과 러시아의 남침을 막기 위해서는 '친중국親中國, 결일본結日本, 연미방聯美邦'하여 자강을 꾀해야 한다는 내용이 들어 있었다.[10] 조선이 자강하여 안전을 도모해야 한다는 점을 강조한 것으로, 이는 조선이 열강에 의해 멸망당하지 않고 청의 속방屬邦으로 남아 있기를 바라는 청나라 실력자 리훙장의 의도를 드러낸 것이었다.[11] 청은 러시아가 1860년 영국과 프랑스의 베이징 점령에 따른 강화를 알선한 대가로 자국으로부터 연해주를 할양받아 조선과 국경을 접하자 조선이 러시아의 영향권 아래 놓이게 될 경우 자국의 안보에 심대한 위협이 된다고 판단해 러시아의 조선 침투를 경계하였다. 그런데 여기에서 주목되는 것은 조선에서 일본세력이 확대되는 것을 경계한 청이 조선과 일본의 연결을 강조한 점인데, 이는 러시아의 남진을 저지하기 위해서는 일본의 힘이 필요했기 때문이었다.[12] 리훙장은 조선이 러시아의 위협에 대처하기 위해서는 일본과의 분쟁을 피하고, 서구 열강과 조약을 맺어 그들을 서로 견제시키는 것이 유리하다고 판단하였다. 그가 후일 조선과 서구 열강과의 조약 체결을 주도한 것은 이러한 정세 판단에 근거한 것이었다.

리홍장은 청의 직예총독直隷總督과 북양대신北洋大臣을 겸임하면서 북쪽 지역의 외교·통상·군사에 관한 책임을 지고 있던 인물이었다. 청이 대외관계를 관장하는 기구로 총리각국통상사무아문總理各國通商事務衙門(총리아문)이 있었음에도 북양대신으로 하여금 조선문제를 담당하게 한 것은 조선을 자주국가로 존속시키기보다는 청의 직접적인 통제 아래 두겠다는 의지의 표현이었다.[13]

수신사 김홍집이 귀국한 이후 열린 정부의 대신회의에서 많은 대신들은 개방외교정책의 불가피함을 인정하였다. 그리하여 이제까지 조선의 거절로 수호조약을 체결한 후 5년이나 끌었던 일본공사관의 개설문제가 해결되어 일본은 하나부사를 공사로 서울에 파견할 수 있었다(1880). 아울러 부국강병이 정부정책으로 확립되고, 그것을 추진해나갈 기구로 청의 총리아문을 모방하여 의정부 밑에 통리기무아문統理機務衙門이 설치되었다. 특히 주목되는 것은 군제개혁으로, 고종은 과거의 5군영을 무위영武衛營과 장어영壯禦營의 두 영으로 개편 정리하고, 그 대장에 자신의 측근을 임명하였다. 그러고는 새로이 교련병대教鍊兵隊(일명 별기군別技軍)를 창설하고, 일본인 장교를 초빙하여 신식군사훈련을 실시하였다(1881). 고종은 시위군을 강화함으로써 왕권을 확고히 할 의도를 가지고 있었던 것이다.

조선은 1881년 조준영趙準永, 박정양朴定陽, 어윤중魚允中, 홍영식洪英植 등 12명으로 구성된 조사시찰단朝士視察團(일명 신사유람단紳士遊覽團)을 일본에 파견하였다. 각종 시설을 시찰하기 위한 전문위원의 파견이었다. 그들에게는 일본정부 내 여러 기구의 사무, 기선 운항과 육군 조련 등에 관한 사항을 파악해서 보고하라는 임무가 주어졌다. 그들은 약 4개월간에 걸쳐 일본의 각지를 다니면서 행정기관을 비롯하여 산업시설을 두루 살폈다. 그리고 귀국해서는 각 방면에 걸친 상세한 보고서를 제출하여 이후의 개화정책 추진에 도움을 주었다. 김옥균의 경우에는 그들의 보고서를 접하고 나서 일본을 둘러보기로 결심했을 정도였다.[14] 조선정부는 이 시찰단의 일원으로 참가했던 유길준兪吉濬, 윤치호尹致昊 등 몇 사람을 일본에 유학시켜 서양의 학문을 배우게 하였다. 이는 조선의 학문이나 사상이 서양 것보다 훌륭하다고 믿고 있던 때에 취해진 조치로서 주목할 만하다.

또한 조선은 양반 출신의 학도 20명과 공장工匠 18명을 영선사領選使 김윤식金允植과 함께 청에 파견하였다. 청의 권고에 따른 것이었다. 그들은 청의 톈진기기국天津機器局에서 신식무기 제조법과 군사관계의 기초과학 등을 배울 예정이었는데, 정부의 재정적 뒷받침 부족과 학도들의 기본지식 부족으로 곧 귀국하고 말았다.[15]

수신사나 조사시찰단 등의 명목으로 일본에 파견된 조선의 관리들은 선진문물을 접할 수 있었다.[16] 그런데 일본인의 눈에 비친 그들의 견문 태도는 일본의 구미사절단과 큰 차이가 있었다. 일본은 1871년 이와쿠라를 특명전권대사로 한 100여 명 규모의 구미사절단을 파견하여 1년 10개월 동안 미국과 유럽의 여러 나라를 견문케 했는데, 그들은 돌아오는 길에 중동과 아시아의 낙후된 상황도 관찰하였다. 이 사절단의 일원으로 참가했던 후쿠자와 유키치福澤諭吉는 조선인 시찰단과 자신들을 다음과 같이 비교하였다.

(조선의 수신사나 조사시찰단은 일본의 박물관, 박람회 등을 보고 신기해하지 않은 것이 없었고 그 유래와 효용에 심취하지 않은 것이 없었다.) 그러나 조선 사람들은 대개가 단지 놀라기만 하고 돌아가지만, 일본의 사절단은 놀라는 데 그치지 않고 몹시 부러워하며 그것을 우리나라에도 실행하겠다는 야심을 단단히 굳혔다.[17]

결국 이러한 사소한 차이가 후일 일본으로 하여금 한국을 지배할 수 있게 하고, 한국은 일본의 식민지로 전락하는 역사를 만들어냈던 것이다.[18]

조미수호통상조약 체결

조선은 1882년 미국과 조미수호통상조약을 체결하였다. 신미양요 후 조선에 관심을 보이지 않던 미국은 조·일 간에 수호조약이 체결되자 조선과의 수교 가능성을 타진하였다. 해외시장을 확보할 목적으로 아프리카를 거쳐 나가사키長崎에 입항한 미국 해군제독 슈펠트Robert W. Shufeldt는 조선과의 수교를 알선해줄 것을 일본에 요구하였다. 당시 미국은 조선과의 무역에 상당한 기대를 걸고 있었고, 난파선원 보호를 위해서도 수교가 필요하다고 느꼈던 것이다.[19] 그러나 일본은 미국의 이러한 요청에 매우 소극적인 태도를 보였다. 조선이 미국과 수교하게 되면 자신들과의 조약을 이행하는 데 지장을 초래할지도 모른다고 생각했던 것이다. 신미양요 때 미국과 충돌을 빚었던 조선정부 역시 적극적이지 않았다. 그러자 청이 미국과 조선의 수교를 알선하겠다고 나섰다. 청은 일본이 류큐를 오키나와현으로 병합하고 러시아가 일리 지방을 둘러싸고 일어난 분쟁을 계기로 청을 압박하는 상황에서(1879) 러시아의 남하를 막고 조선에 대한 일본의 야심을 견제하기 위해서는 미국을 비롯한 구미 여러 나라와 수교할 것을 조선에 적극 권장하는 것이 필요하다고 판단했던 것이다. 청의 권유를 받은 조선정부는 미국과의 수교를 받아들이는 쪽으로 태도를 바꾸었다. 이로써 조선과 미국의 조약 체결을 위한 교섭의 진행속도가 빨라졌다. 조선은 조약 체결 협상을 청의 리훙장에게 위임하였다. 그의 강력한 요청이 있었을 뿐만 아니라 국내 척사운동의 분위기를 고려하였기 때문인데,[20] 그렇다고 하더라도 이는 독립국가임을 스스로 포기한 것과 다를 바 없었다.

리홍장은 조미수호통상조약에 '조선은 중국의 속방' 이라는 문구를 넣으려고 하였다. 조선과 일본 사이에 맺어진 조일수호조규의 '조선은 자주의 나라' 라는 조항을 사실상 무효화하고, 유사시 청의 안보와 직결되어 있는 조선의 내정에 관여할 수 있는 지반을 마련하기 위함이었다.[21] 조선정부도 이에 반대하지 않았다. 청에 영선사로 가 있던 김윤식은 '속방' 조항 삽입은 조선에 크게 이익이 된다는 점을 들어 리홍장에게 감사했을 정도였다.[22] 그러나 자국의 국가 위신을 고려한 미국의 반대로 이 조항은 삽입되지 않았다. 미국 대통령은 "조선이 자주국이 아니라면 미국은 조약을 체결하지 않는다"라는 점을 분명히 했던 것이다.[23] 이러한 우여곡절을 거쳐 체결된 조미수호통상조약은 조·일 간에 체결된 조약과 마찬가지로 불평등조약이었다. 조선은 국제법에 어두웠을 뿐만 아니라, 청의 알선 아래 체결된 조약인 만큼 자신들의 요구를 적극 주장할 수도 없었던 것이다. 이 조약에는 조선인의 생명과 재산을 손상케 한 미국인은 미국법에 따라 처벌한다는 등의 치외법권도 포함되어 있었다.

조미수호통상조약이 체결되었다는 소식이 전해지자 청에 있던 서양 여러 나라의 외교관들은 앞다투어 리홍장에게 조선과의 조약 교섭을 알선해 줄 것을 요구하였다. 특히 러시아의 남하를 견제하기 위해서는 조선과의 조약 체결이 필요하다고 느낀 영국이 적극적이었다. 영국은 임오군란 직후 조선에 파견되어 인천에 머물던 청의 외교관 마젠중馬建忠의 알선 아래 서둘러 조영수호조약을 조인하였다(1882). 그러나 영국은 아편수입 금지와 고율의 관세에 관한 조항이 포함된 데 대해 불만을 품고 조약을 비준批准하지 않았을 뿐만 아니라, 독일에게도 조약의 비준을 거부하라고 종용하였다.[24] 한편 프랑스 역시 톈진주재 프랑스영사를 제물포에 파견하여 조선과 조약 체결을 교섭하였다. 그러나 프랑스가 천주교 포교의 자유를 요구한 데 대하여 일찍이 병인양요를 경험한 조선이 이를 거부함으로써 교섭은 원활하게 진행되지 못하였다. 베트남을 둘러싸고 프랑스와 갈등을 빚고 있던 청도 알선을 꺼림으로써 교섭은 결렬되었다.[25]

청의 정치적 간섭

1882년 군란이 일어났다(임오군란壬午軍亂). 고종이 설치한 교련병대는 특별한 우대를 받은 데 반해, 다른 군인들에 대한 처우는 매우 나빴다. 군인들은 급료를 지급받지 못한 지가 오래되었는데, 그나마 급료를 지급하는 과정에서 선혜청宣惠廳의 관리들이 벼에다 겨를 섞어서 지불하여 그들의 개인적인 욕심을 채웠다. 이에 격분한 군졸들은 관리들과 싸움을 벌이고 선혜청의 당상堂上인 민겸호閔謙鎬의 집을 습격하였다. 민겸호가 궁궐로 도망하자(그의 형 승호升鎬가 민비의 아버지 치록致祿에게 입양되어 민비의 오빠가 되었다) 주모자들은 일이 이렇게 벌어진 이상 사형을 면할 길이 없다고 판단하고 대원군에게 달려가 진퇴를 물었다. 대원군은 겉으로는 해산을 종용하면서도 뒤로는 은밀하게 다음 일을 지시하였다. 대원군을 만나고 난 군졸들은 더욱 대담해져 무기고를 습격하여 무기를 탈취하고, 노상에서 교련병대를 훈련하던 일본인 장교를 살해하고 일본공사관을 습격하였다. 그들이 일본공사관을 습격하고 관리들의 저택을 파괴하는 과정에서 그들과 비슷한 처지의 사람들이 많이 참여하였다. 개항 이후 쌀이 일본으로 흘러나감에 따라 쌀값이 폭등하여 경제적 압박을 받고 있던 서울의 하층민들이 난에 가담했던 것이다. 군인들은 궁성으로 들어가 민겸호를 죽이고 민비를 찾았다. 민비가 몸을 숨겨 탈출한 후였다. 고종은 사태를 수습하기 위해 대원군을 입궐시키고, 앞으로 모든 정사는 그의 결재를 받아 시행하라고 명을 내렸다.

　조선의 군란 소식은 청에 전해졌다. 일본세력을 견제하기 위해 조선에 서양 여러 나라와 조약을 맺을 것을 권유한 바 있는 청으로서는 조선의 사태를 방치할 수 없었다. 군란을 자신들이 성공적으로 추진한 대조선정책을 무너뜨리는 사태로 간주한 청은 이 기회에 조일수호조규 체결 이후 일본에게 빼앗겼던 조선에 대한 우월한 지위를 회복하려고 하였다. 그들은 일본군이 조선에 도착하기 전에 파병을 고려하고, 당시 톈진에 체류 중이던 영선사 김윤식, 어윤중을 불러 군란 처리방안에 관해 의견을 물었다. 김윤식은 일본이 조선에 출병할 것이 분명하므로 그들과의 관계에서 기선을 제압하기 위해서는 청군의 출병이 필요하다는 사실을 역설하고, 아울러 대원군 제거도 요청하였다. 이는 고종의 지시에 따른 것이었는데,[26] 민비는 비밀리에 고종에게 자기가 살아 있음을 알리고 청에 요청하여 대원군을 납치해 가게 했던 것이다. 국왕과 왕비가 자신들의 정적을 제거하기 위해 외국의 군대를 끌어들인 셈이다. 이것이 어떠한 결과를 초래할지는 염두에 두지 않은 조치였다.

　청은 우창칭吳長慶에게 3천 명의 군대를 주어 출동하게 하였다. 마젠중과 청년장교 위안스카이袁世凱 그리고 김윤식과 어윤중도 그들과 동행하였다. 우창칭부대는 남양만에 상륙하면서 민가를 습격하여 약탈하고, 군란 참여자를 소탕한다는 점을 내세워 왕십리, 이태원을 포위하여 사격한 후 대원군을 군란의 책임자로 몰아 톈진으로 납치하였다.[27] 조선국왕은 중국 황제가 책봉했는데 군인들을 조종하여 궁궐에 침입케 했으니 이는 황제를 무시한 것과 다를 바 없다는 것이 청이 대원군에게 씌운 죄목이었다. 아울러 대원군의 납치는 원이 고려의 충선왕과 충혜왕을 유배한 전례에 따른 것이라고 역사적 사실까지 끌어다가 정당성을 주장하였다.[28] 이리하여 대원군은 33일 만에 다시 정권에서 축출되고 말았다. 이후 충주에서 상경한 민비는 청과 제휴하여 민씨 일파의 정권을 수립하였다. 고종은 청이 군대를 파견하여 대원군을 잡아간 데 대해 감사의 뜻을 표시했는데, 조선을 독립국으로 알고 있던 외국인들에게 그의 이러한 행동은 이해할 수 없는 것이었다.[29]

한편 군인들이 공사관을 습격하자 급히 귀국했던 일본공사 하나부사는 본국에서 훈령을 받고, 육·해군의 호위를 받으며 군함을 타고 조선으로 돌아왔다. 일본정부는 하나부사의 활동을 지원하기 위해 후쿠오카福岡에 혼성여단混成旅團의 병력을 집결시키고 운송선을 대기시켜 언제든지 출동할 수 있는 태세를 갖추었다. 그런데 주목되는 것은 군란 직전 일본에 갔던 김옥균金玉均과 서광범徐光範이 하나부사와 같은 배에 탑승했다는 사실이다. 그들의 원래 의도가 무엇이었든 간에 이는 그들이 일본을 위해 협력한 것으로 나타났다. 그것은 마치 중국에 체류하고 있던 김윤식과 어윤중이 중국의 군함에 탑승하고 귀국한 것과 다를 바 없었다.[30]

하나부사는 제물포에 정박한 군함에서 조선정부와 군란 처리를 위한 교섭을 벌여 이른바 제물포조약濟物浦條約을 체결하였다(1882). 그 내용은 조선정부는 군란의 주모자를 처단하고 일본정부에 손해배상금을 지불하며, 일본은 공사관의 호위 명목으로 군대를 주둔시킨다는 것 등이었다. 아울러 일본은 신미양요 후 대원군의 명령으로 전국 각지에 세웠던 척화비를 철폐해줄 것을 요구해 조선의 승낙을 얻어냈다. 그러나 청과의 군사적 충돌은 없었다. 반일적인 대원군이 청에 납치된 데다가 청의 신속한 군사행동에 기선을 제압당했기 때문이다. 게다가 일본은 청과 일전을 불사할 정도로 군사력에 자신감을 가지고 있지도 못하였다. 청 역시 가능한 한 일본과 군사적 대결을 피하려고 했었다. 리훙장은 청이 군사나 외교에서 일본에 뒤떨어져 있다는 사실을 잘 알고 있었던 것이다.[31]

군란이 진압되자 조선정부는 군란의 뒤처리를 위해 박영효朴泳孝를 정사로 한 수신사를 일본에 파견하였다. 이 사절에 김옥균과 민영익도 끼어 있었다. 이들은 타고 간 기선에 처음에는 태극팔괘기太極八卦旗를 게양하였다가 선상에서 이를 단순화한 태극사괘기로 바꾸어 달았다. 이것이 최초의 태극기 사용이다.[32]

임오군란은 조선에서 청의 지위를 강화시키는 결과를 초래하였다. 조선과 청 사이에 상민수륙무역장정商民水陸貿易章程(1882)이 체결된 것은 이를 뒷받침한다. 청은 이전부터 조선과 통상을 증진할 필요성을 느끼고 있었다. 그들은 러시아세력의 침투를 막기 위해서는 이제까지 시행해오던 두만강유역의 경원개시를 폐쇄하는 것이 좋겠다고 판단하였다. 그리고 일본상인의 독점을 막아 조선에서 일본의 경제적 우위를 저지할 필요도 있었다. 그리하여 조약 체결을 위한 교섭을 진행해왔는데, 임오군란의 발발로 체결이 앞당겨졌던 것이다.[33] 이로써 청의 상인은 치외법권을 가지고 서울에 거주하면서 점포를 개설할 수 있는 권리를 얻었고, 지방을 돌아다니며 행상이 가능한 내지통상권內地通商權도 확보하였다. 조선의 상인 역시 베이징에서 교역할 수 있게 규정되었다. 그러나 이 조약을 체결하게 된 근본적인 이유는 정치적인 데 있었다. 조선이 청의 속국임을 문서로써 분명히 하고, 조선을 실질적으로 청에 예속시키자는 것이었다. 따라서 이 장정에서는 통상보다 오히려 정치에 중점을 두었다. 청이 종주국이고 조선이 속국임을 명기했던 것이다. 통상조약이 아니라 무역장정이라는 이름으로 체결된 것도 종주국과 속국 사이에는 대등한 국가 간에 체결되는 통상조약은 체결될 수 없다고 청이 주장했기 때문이다.[34] 이후 조선과 청의 관계는 이제까지의 형식적인 조공관계에서 철저한 종속관계로 변질되었다. 조선은 청에 대해 '중국'이라는 용어 대신, '천조天朝' 혹은 '상국上國' 등의 칭호만을 사용해야 하였다. 이로써 중국이 주변 국가와 조공·책봉관계를 맺으면서 내세운 '예로써 대국을 섬기고, 덕으로써 소국을 사랑한다'는 논리는 완전히 파괴되었다. 청은 가능한 한 모든 방법을 동원하여 서방 열강에게 빼앗긴 특권과 이권을 조선으로부터 보상받으려고 했던 것이다.[35]

청은 조선주재 청의 총영사에 해당하는 총판조선상무總辦朝鮮商務에 천서 우탕陳壽棠을 임명하고, 조선의 정치와 외교를 지도하기 위해 독일인 묄렌도르프Paul George Von Möellendorff를 고문으로 파견하는 등 조선의 내정, 특히 외교문제에 적극 관여하였다. 조선이 자신들의 속국임을 분명히 하기 위해서는 다른 나라의 간섭을 배제할 필요가 있었기 때문이다. 후일 을사조약을 체결한 일본이 조선의 외교권을 장악한 것과 마찬가지 논리였다. 청의 실력자 리홍장은 당시 일본인들이 독일인을 매우 무섭게 여기고 있다는 것을 알고서 묄렌도르프를 선임하여 일본을 견제할 의도를 가지고 있었다.[36] 목참판穆參判으로 불린 묄렌도르프는 외아문의 협판協辦과 세관의 총세무사總稅務司 그리고 화폐를 발행하는 전환국典圜局의 총재를 겸임하였다.

묄렌도르프를 고문으로 맞은 조선은 외교·통상을 관장하는 통리교섭통상사무아문統理交涉通商事務衙門(외아문外衙門)과 내정을 관장하는 통리군국사무아문統理軍國事務衙門(내아문內衙門)을 각각 설치하였다. 그리고 군사제도를 고쳐 친군영을 세우고 그 밑에 좌·우·전·후 네 개의 영四營을 두었으며, 군대는 위안스카이로 하여금 훈련하게 하였다. 위안스카이는 임오군란 뒤에도 철수하지 않고 계속 주둔하고 있던 3,000명에 이르는 청군의 실질적인 지휘관이었다. 청은 또한 조선으로 하여금 여러 나라와 통상조약을 맺도록 권유하였다. 그리하여 조선은 조영수호통상조약과 조독수호통상조약을 다시 조인하고(1883), 이탈리아와도 조이朝伊수호통상조약을 맺었다(1884).

개화파의 개혁시도

청이 조선의 종주국으로 행세하면서 조선의 외교, 내정, 군사에 대한 간섭을 강화하자 김옥균, 박영효, 홍영식, 서광범 등 젊은 관리들이 크게 반발하였다. 김옥균과 서광범은 임오군란 직전 잠깐 일본을 방문한 적이 있었고, 군란 후에는 이의 뒤처리를 위해 파견된 수신사 박영효를 따라 일본에 갔다. 일본이 조선보다 못하다고 생각했던 그들은 일본이 서구문물을 도입하여 놀라운 발전을 한 데에 큰 감동을 받았다. 김옥균이, "일본이 동방의 영국 노릇을 하려고 하니 우리나라는 동양의 프랑스가 되지 않으면 안 된다"라는 등 나라를 부강하게 해야 한다고 주장한 것은 그러한 결과였다.[37] 아울러 그는 일본의 유명한 문명개화론자 후쿠자와를 만나 그에게도 영향을 받았다. 따라서 그들은 청의 간섭을 배격하고 일본의 메이지유신을 본받아 개혁을 실시하려고 하였다.

그러나 민씨정권은 김옥균 등의 활동을 견제하였다. 임오군란 이후 청을 등에 업고 집권한 민씨정권은 일본을 모델로 삼아 개혁을 추진하려는 김옥균 등을 달갑지 않게 여기고 있었던 것이다. 민씨정권은 막대한 돈을 들여 유길준, 윤치호 등을 일본에 유학시키고도 등용하지 않았다. 개화보다는 자신들의 정권유지에 급급했던 것이다. 박영효가 광주廣州에서 실시한 신식군대 양성은 이를 위험하게 여긴 민씨정권의 방해로 곧 중지되고말았으며, 김옥균 등이 추진한 사관학교 설립은 청군의 압력으로 실현되지 못하였다. 따라서 그들과 민씨정권의 충돌은 불가피하였다.

김옥균 등 개화파와 민씨정권과의 갈등은 국가 재정문제를 둘러싸고 더욱 구체화되었다. 정부는 묄렌도르프의 건의에 따라 종래 사용하던 엽전의 다섯 배에 해당하는 당오전當五錢을 발행하여 국가의 재정 궁핍을 해결하려고 하였다. 그러자 김옥균 등은 이와 같은 악화의 주조는 국가의 재정

난을 타개하기보다는 도리어 물가를 폭등시켜 국민생활에 큰 해를 끼칠 것이라고 반대하면서 일본에서 차관借款을 도입하자고 건의하였다. 여기에는 차관을 도입하여 자신들의 정치자금문제를 해결해보려는 의도가 내포되어 있었다. 이에 고종은 김옥균을 일본에 파견하여 차관 도입을 추진하게 하였다. 그러나 새로 조선에 부임한 다케조에 신이치로竹添進一郎 일본공사가 조선 정계에서 김옥균 등 개화파의 영향력이 대단치 않다고 보고함으로써 일본정부는 이들을 기피하였다. 따라서 차관 도입은 실패하고 개화당의 정치적인 입장도 매우 곤란해졌다.[38] 결국 김옥균 등은 정변을 일으켜 이러한 정치적 위기를 타개하려고 하였다.

그러한 때에 베트남문제를 둘러싸고 청과 프랑스 사이에 전쟁이 일어났다(청불전쟁, 1884). 청과 프랑스 두 나라가 다같이 베트남에 대한 종주권을 가지고 있음을 주장하는 가운데, 베트남이 청에 조공하지 않자 충돌이 일어난 것이다. 청은 서울에 주둔시켰던 병력 가운데 절반을 베트남전선으로 이동시켰다. 김옥균 등은 이를 청의 간섭을 배격할 절호의 기회로 여겼다. 그들은 정변을 일으켜 민씨정권을 타도하고 신정부를 수립할 것을 계획하였다. 이를 위해 그들은 미국공사 푸트Lucius H. Foote를 찾아가 여러 차례 도움을 청하였다.[39] 그러나 미국정부가 불간섭 외교정책을 표방하였으므로 뜻을 이루지 못하였다. 이 무렵부터 미국은 조선이 약소한 나라임을 인식하고 가능한 한 조선문제에 관여하지 않으려고 하였다. 그런데 이때 김옥균에게 냉담했던 일본공사 다케조에가 이제까지의 태도를 바꾸어 그에게 접근하였다. 청이 조선에서 대규모 군사행동을 벌일 여력이 없는 틈을 타서 조선에 대한 일본의 영향력을 확대하려는 속셈이었다. 그는 정변이 발생하면 서울에 주둔하고 있는 일본군을 동원하여 적극적으로 원조할 것을 약속하였다. 이로써 개화파의 정변 계획은 구체화되었다. 김옥균 등은 경기도 광주와 함경도 북청北靑에서 그들이 양성한 군대를 동원하여 우

정국郵政局의 개국축하연이 벌어진 틈을 타 정변을 일으켰다(갑신정변甲申政變, 1884).[40]

그러나 정변은 성공할 수 없었다. 당시 서울에 주둔한 1,500명의 청군이 출동하였기 때문이다. 더구나 국왕 보호를 내세워 위안스카이가 청나라 군대를 거느리고 궁궐을 공격하자 그에 의해 훈련된 조선의 군대도 측면에서 그를 도왔다. 정변군을 도운 다케조에 공사가 거느린 2백여 명의 일본군은 제대로 싸우지도 못하고 퇴각했고 김옥균, 박영효, 서재필徐載弼 등은 일본으로 피신하였다. 조선의 군중들은 정변에 일본군이 참여한 데 분개하여 공사관 주위에 몰려들어 돌을 던진 후 공사관에 방화하였다. 일찍이 임오군란에 참여한 군중들이 여기에 가담했음은 두말할 나위도 없다. 그들은 일본 경비대 본부와 일본인 거류지를 습격하여 일본인들을 살해하였다.

고종은 정변에 일본군이 동원된 것을 비난하고 그 책임을 묻는 동시에 김옥균 등 망명자의 송환을 일본에 요구하였다. 일본으로서도 자국을 대표하는 다케조에 공사가 정변에 가담한 사실을 합리화하기는 어려웠다. 그러나 일본은 이노우에를 대표로 파견하여 도리어 일본 거류민의 사망과 공사관이 불에 탄 것을 들어 조선정부에 배상을 요구하였다. 그 결과 조선과 일본 사이에는 일본 피살자에 대한 위자금의 지불, 공사관 건축비 배상 등을 내용으로 하는 한성조약漢城條約이 체결되었다(1884).

일본은 갑신정변 당시 청군의 출동을 문제 삼아 조선에서 청의 지배권을 약화시키려고 하였다. 청·일군대가 충돌한 것은 위안스카이 때문이라며 책임을 그에게 전가하였던 것이다. 그런데도 청이 위안스카이를 소환하는 정도로 사태를 수습하려고 하자 일본 수상 이토는 청을 방문하여 리홍장과 회담하였다. 이 자리에서 이토는 영어로 발언하는 등 서양식 외교에 능숙하다는 점을 보여 리홍장을 압도하였다.[41] 그 결과 청·일 두 나라 군대는 모두 조선에서 철수할 것과 앞으로 조선에 파병할 때는 서로 통고할 것 등을 규정한 톈진조약을 이끌어냈다(1885). 군대를 동원하여 정변군을 도운 일본이 추궁을 당하기는커녕 오히려 정식으로 청국과 동등한 지위와 권리를 확보했던 것이다. 이로써 일본은 청의 군대를 조선에서 철수시켰을 뿐만 아니라, 앞으로 조선에 군대를 파견할 수 있는 권리를 청과 동등하게 확보하여 장래 조선에 대한 침략의 발판을 마련할 수 있었다.

외교의 다변화

텐진조약에 따라 청·일 두 나라 군대가 조선에서 모두 철수하자 조선정부는 이 기회를 이용하여 청·일의 간섭을 배제하기 위한 노력을 다각도로 전개하였다. 러시아와 관계를 강화하고 미국을 비롯한 여러 나라에 공사를 파견하는 등 외교의 다변화를 꾀했던 것이다. 그러나 조선과 러시아의 우호관계는 청은 물론이고 영국을 자극하여 영국이 거문도를 점령하는 사건이 발생하기도 하였다. 그리고 미국 등에 재외공사를 파견하려는 노력도 청의 간섭으로 수포로 돌아갔다. 더구나 미국은 조선이 자국의 경제적 이익과 관련하여 아무런 가치가 없는 나라임이 드러나자 조선 내정에 간섭하지 않는다는 방침을 세우고, 도와달라는 조선의 요청을 묵살하였다.

미국에 대한 관심

고종은 조미수호통상조약 체결 이후부터 미국에 각별한 호의를 드러냄으로써 미국을 끌어들이려고 하였다. 그는 청과 일본의 억압으로부터 조선의 독립을 보전하는 데 미국이 힘을 빌려줄 것으로 기대하고 있었다. 이러한 그의 기대는 조미수호통상조약 제1관款의 다음 대목에 관한 해석과도 관련이 있었다.

양국은 만일 다른 나라가 조약국 정부에 대해 부당하게 또는 억압적으로 대하
는 일이 있으면 그러한 사건에 관하여 통지를 받는 대로 원만한 타결을 위하여
거중조정居中調停(good offices)함으로써 그 우의를 표시해야 한다.

조약국 중 어느 한쪽이 제삼국으로부터 불법부당한 처우를 받을 경우에
는 다른 한쪽이 이를 도와 거중조정한다는 것인데, 이는 일본과 러시아로
부터 조선을 보호하려는 리훙장의 의도가 반영된 것이었다. 그런데 고종
과 조선정부는 이를 유사시에 미국이 원조와 중재를 통해 분쟁을 해결하
거나 더 나아가 일종의 동맹관계를 약속하는 조목으로 이해하였다. 따라
서 조미수호통상조약 체결 후인 1883년 미국이 베이징 및 도쿄 주재공사
와 동격인 특명전권공사特命全權公使를 조선에 파견한 데 대해 고종은 크게
감격하고, 푸트 공사가 도착했을 때는 '기뻐서 춤을 출' 정도였다.[42] 이러
한 미국의 조치는 영국이나 독일의 조선에 대한 태도와는 다른 것이었기
때문이다. 영국은 조선에 공사가 아닌 총영사를 파견하여 주청 영국공사
의 지휘를 받게 했고, 독일은 외교관 중 가장 낮은 영사를 서울에 주재시킴
으로써 조선이 청의 속국이라는 청의 주장을 간접적으로 지지했던 것이
다. 따라서 고종은 조영조약에 관한 문제 등 중요한 일이 있을 때마다 푸
트 공사에게 자문을 구하였다.

조미수호통상조약에는 조선과 미국 간에 외교관을 교환한다는 점이 명
시되어 있었다. 따라서 조선정부도 상호주의 원칙에 따라 미국에 전권공사
를 파견해 주재시켜야 하였다. 그러나 재정부담 때문에 상주공사관을 개설
할 수 없자 이에 대한 대안으로 민영익閔泳翊과 홍영식을 보빙사報聘使로 미
국에 파견하여 감사의 뜻을 표하였다(1883). 민영익 일행이 돌아올 때 미국

은 포크George C. Foulk를 주조선 미국공사관 무관으로 임명하여 그들을 호위하게 하는 등 호의를 베풀었다. 민영익은 귀국 후 "나는 암흑세계에서 태어나서 광명세계로 들어갔다가 이제 또다시 암흑세계로 되돌아왔다"라는 여행 소감을 피력했을 정도로 서구문물의 발전상에 감동하였다.[43]

조선정부는 민영익의 수행원으로 따라간 유길준을 미국에 남겨 공부를 시키는 한편 외교고문, 군사교관, 농업기술자를 파견해줄 것을 미국에 요구하였다. 군사교관 파견을 요청한 것은 청에 의해 군제가 개편되고, 이들이 위안스카이에 의해 훈련된 데 대해 고종이 불만을 가지고 있었기 때문이었다. 그리고 미국인 세 명을 왕립영어학교, 즉 육영공원育英公院의 교사로 초빙하여 정부 고관 자제들의 교육을 담당시켰다(1885). 한편 고종은 언더우드Horace G. Underwood의 예수교학당, 아펜젤러Henry G. Appenzeller의 배재학당, 스크랜튼 부인Mrs. Mary Scranton의 이화학당 등의 설립을 허가하고 후원하였다. 이러한 사실은 모두 고종이 미국에 거는 기대가 어느 정도였는지를 아는 데 도움이 된다.

그러나 미국은 고종의 이러한 노력에 특별한 관심을 보이지 않았다. 고종이 요청한 군사교관이 조선에 도착한 것은 5년 후인 1888년으로, 그나마도 다이Wiliam M. Dye 등 세 명에 불과하였다. 미국이 조선의 경제적 가치에 회의를 느낀 데 따른 결과였다. 그들이 처음 조선과의 수교를 서둘렀던 것은 조선의 상업적 가치를 일본이나 중국과 맞먹는 것으로 판단하였기 때문인데, 실제는 전혀 그렇지 않다는 사실이 속속 드러났던 것이다. 조선과의 교역량은 너무나 적었으며, 더구나 아무리 적은 양의 상품이라도 조선에서 그것을 팔기 위해서는 일본인 대행업자의 주선을 거쳐야만 하였다. 따라서 미국은 조선주재 미국공사의 지위를 특명전권공사에서 방콕주재공사와 동격인 변리공사겸총영사辨理公使兼總領事의 지위로 격하하였다. 여기에 불만을 품고 푸트 공사가 사임하자 29세의 포크를 임시대리공사에 임명하였다(1885). 고종이 실망했음은 물론인데, 그런데도 그는 이후로도 미국의 관심을 끌기 위해 노력하였다.[44]

러시아와의 수교

고종은 임오군란 이후부터 가중되던 청의 간섭을 배제하기 위한 방법으로 러시아와 연결할 길을 모색하였다. 러시아 역시 조미수호통상조약의 체결 과정을 지켜보면서 조선과의 수교를 바라고 있었다. 청의 주선을 받을 수 없다는 것을 간파한 러시아는 프랑스와 청이 베트남을 두고 전쟁을 일으킬 조짐을 보이자 그 기회를 이용하여 묄렌도르프를 통해 독자적으로 수교를 추진하였다. 그리하여 묄렌도르프가 러시아 외교관 베베르Karl I. Waber를 알선한 지 2주일 만에 조선과 러시아는 전격적으로 조약을 체결하였다(조로朝露수호통상조약, 1884). 청에 의해 외교고문으로 임명된 묄렌도르프가 러시아세력을 끌어들이는 데 협력한 것은 조선에 대한 그의 애정에서 비롯된 것이라기보다는 그가 전임 독일 외교관이었다는 사실과 관련이 있다. 러시아와 국경을 접하고 있던 독일로서는 러시아의 관심을 아시아로 돌려놓음으로써 국경의 안전을 도모하고, 그 틈을 이용하여 중동 진출을 기도하려고 했던 것이다.[45]

갑신정변으로 청·일 양군이 서울에서 충돌하자 고종은 러시아에 보호를 요청하고자 하였다. 한편 서양 제국 가운데 유일하게 조선과 국경을 접하고 있던 러시아는 겨울철에 결빙하는 블라디보스토크Vladivostok항을 대신할 부동항不凍港을 구하려고 노력 중이었다. 그러한 가운데 조선과 러시아의 밀약설이 나돌았다(1885). 조선 국왕이 러시아 황제에게 밀사를 파견하여 보호를 요청하고, 그에 대한 대가로 영흥만永興灣의 조차를 허락했다는 것이었다. 이러한 내용이 알려지자 고종은 사실을 적극 부인하고 도리어 묄렌도르프의 소환과 해임을 청에 요청하였다. 따라서 이 밀약은 단순한 풍문으로만 떠돌았을 뿐 그 내용은 물론 그러한 사실이 실제로 있었는지조차 확인되지 않았다.

조선과 러시아가 연결될 조짐을 보이자 아프가니스탄에서 러시아와 충돌하고 있던 영국도 민감한 반응을 나타냈다. 인도 방위를 위해 아프가니스탄을 자국의 세력 아래 둘 필요가 있었던 영국은 러시아가 아프가니스탄의 국경 요지인 펜제Pendjeh 지방을 장악하자 여수 앞의 거문도를 점령하였다(1885). 거문도 점령은 러시아의 블라디보스토크 군항을 봉쇄하겠다는 위협과 같은 것으로 영국은 이로써 러시아의 아프가니스탄 침공을 막을 수 있다고 여겼던 것이다.[46]

러시아는 청이 영국의 거문도 점령을 인정하면 자신들도 한반도의 일부를 점거하겠다고 청나라정부를 위협하였다. 한편 영국이 거문도를 점령한 1개월 후에야 이러한 사실을 알게 된 조선정부는 즉각 영국에 항의하였다. 영국은 조선의 항의는 묵살한 채 청에게 철수 조건으로 러시아를 비롯한 다른 열강으로부터 조선의 영토를 점령하지 않겠다는 약속을 받아낼 것을 요구하였다. 거문도 철수를 위한 러시아와의 교섭을 청에 위임한 것이다. 결국 청이 러시아와 외교 교섭을 벌여 영국의 요구조건을 승인하자 영국은 거문도에서 물러났다. 따라서 영국의 거문도 점령은 조선에 대한 청의 종주권을 강화시켜주는 결과를 초래하였다.[47] 한편 일본은 방관적 태도를 취했으나, 이를 계기로 조선이 구미 열강의 각축장이 되면 자국도 위기에 봉착할 수 있다는 사실을 깨닫게 되었다. 그들은 자국의 독립보전을 위해서는 조선을 반드시 자국의 세력권에 포함시킬 필요가 있다고 판단하

거문도 거문도는 일찍부터 러시아와 영국이 탐내던 군사적 요충지로, 1845년 영국의 측량기사는 당시 영국 해군장관의 이름을 따서 이 섬을 해밀턴항Port Hamilton이라고 명명하였다.

게 된 것이다.

조러밀약설에 누구보다 긴장한 것은 청이었다. 한반도에 러시아세력이 침투하는 것을 결코 용납하지 않으려 했던 청은 조러밀약에 대한 책임을 물어 묄렌도르프를 해임하고, 그 대신에 상하이주재 미국총영사 데니Owen N. Denny를 외교고문으로 추천하였다. 아울러 총영사 역할을 수행하던 총판조선상무 천서우탕을 대신해 위안스카이에게 주차조선총리교섭통상사의駐箚朝鮮總理交涉通商事宜라는 직함을 주어 그로 하여금 조선의 상무뿐 아니라 외교까지 장악하게 하였다. 그리고 고종과 민비를 견제하기 위해 대원군을 귀국시켰다. 리훙장은 민비가 묄렌도르프와 러시아인들에게 협조하고 있다고 믿었다. 톈진조약 체결로 약화되었던 조선에 대한 청의 영향력이 영국의 거문도점령사건을 계기로 다시 강화되었던 것이다. 이후 청의 간섭은 가중되었고, 위안스카이는 방약무인한 행동을 일삼았다. 일본과 서양의 외교관들이 걸어서 입궐하는 데 반해 위안스카이는 청나라 황제의 지위를 상징한다는 구실을 내세워 가마를 타고 입궐하였으며 국왕을 알현할 때도 착석하였다.[48] 고종과 민비는 그러한 위안스카이의 행동에 불쾌감을 느끼고 있었다. 그러한 가운데 또다시 러시아와의 밀약설이 나돌았다(제2차 조러밀약, 1886). 조선을 러시아의 보호국으로 만드는 밀약을 체결했다는 것이다.

제2차 조러밀약설은 조작 혹은 과장된 면이 많아 그대로 믿기 어렵다. 그런데도 위안스카이는 러시아와의 밀약을 트집 잡아 고종의 폐위를 건의하였다. 심지어 조선을 청에 병합하자는 주장을 제기하기도 하였다. 따라서 이 제2차 조러밀약설은 위안스카이가 조작했을 것이라는 의혹이 있다.[49] 위안스카이는 주차조선총리교섭통상사의로 조선에 부임한 이후부터 1894년 청으로 돌아갈 때까지 10여 년 동안 '감국대신監國大臣'으로 불리면서 마치 식민지의 총독처럼 군림하였다. 그의 오만방자한 태도를 보다 못한 데니가 리훙장에게 그의 파면을 건의했을 정도였다. 『청한론China and Korea』의 저자로 유명한 데니는 여기에서 위안스카이의 비리와 불법행동을 자세히 폭로하고, 조선은 당당한 독립국가이며 그렇기 때문에 열강과 정식으로 조약을 체결할 수 있었고, 과거 청에 조공을 바쳤다는 것은 조선의 독립에 아무런 영향을 줄 수 없다고 주장하였다.[50] 결국 그는 위안스카이의 미움을 사서 해고되었다.

청이 조선의 종주국으로 자처하면서 정치적 영향력을 행사하는 가운데 조선과 청 사이에 간도間島 영유권문제가 발생하였다. 간도는 압록강 건너편 기슭의 서간도와 두만강 건너편 기슭의 북간도(혹은 동간도라고 한다)로 나뉘는데, 문제된 지역은 북간도였다. 청이 이 지역에 대해 봉금정책을 실시했음은 앞에서 언급한 바 있는데, 1860년 이후 러시아가 연해주를 발판 삼아 세력을 계속 남하함에 따라 간도의 전략적 중요성이 부각되었다. 이에 청은 봉금정책을 철폐하고 본격적으로 간도 개척에 착수하는 한편 그 지역에 거주하던 조선인들에게 변발을 시켜 청에 입적하는 것(삭발입적削髮入籍)을 추진하였다. 1869~1870년 사이에 큰 기근이 발생해 그 지역으로 들어간 조선인이 갑자기 늘어났기 때문이다. 여기에 놀란 조선정부는 어윤중을 서북경략사西北經略使로 파견하여 조선인들을 쇄환刷還하도록 하였다. 그러자 이 지역에 거주하고 있던 조선인들은 자신들이 경작하고 있는 토지는 토문강의 북쪽이 아니라 두만강과 토문강 사이에 있는 토지로서 토문강 남쪽이라고 주장하면서, 조선으로의 귀환을 거부하였다. 백두산정계비의 '동으로는 토문강을 경계로 한다'는 데 따르면, 자신들이 거주하는 지역은 토문강 남쪽이므로 조선의 영토라는 것이었다. 조선정부는 어윤중으로 하여금 정계비 답사와 간도지역에 대해 조사하게 하고, 청과 두 차례에 걸쳐 국경을 획정하는 문제를 논의하였다(을유감계담판乙酉勘界談判, 1885 · 정해감계담판丁亥勘界談判, 1887). 그러나 토문강을 두만강으로 보는 청과 쑹화강의 한 지류라고 여긴 조선 사이의 입장 차이 때문에 국경선문제는 타결을 보지 못하였다.[51]

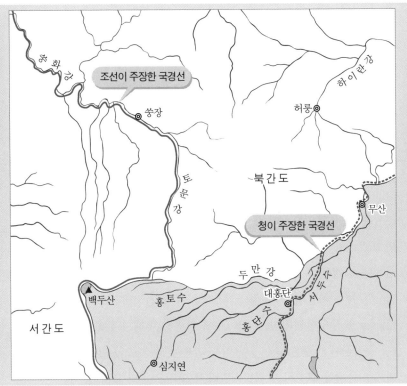

지도 내 텍스트:
송화강
조선이 주장한 국경선
쑹장
하이란강
허룽
토문강
북간도
청이 주장한 국경선
무산
백두산
홍토수
두만강
대홍단
서두수
서간도
홍단수
심지연

을유·정해 감계담판 당시 조선과 청의 국경선 주장

조선의 종주국임을 자처한 청은 조선과 일본 사이에 방곡령防穀令을 둘러싼 배상금문제가 발생하자 이를 중재하기도 하였다. 개항 후 쌀과 콩이 대량으로 일본에 수출됨에 따라 조선 국내에 심각한 식량부족과 쌀값 폭등이 일어났다. 이에 각 지방에서는 지방관 명의로 방곡령을 선포하여 식량 반출을 금지하는 경우가 종종 있었다. 이러한 방곡령이 조·일 양국 간의 외교문제로 발전해 1889년 함경도 방곡령사건과 1890년의 황해도 방곡령사건이 일어났다. 조선과 일본 사이에 체결된 통상장정에 따르면 조선의 지방관은 방곡령을 내리기 전 일본영사관에 그 사실을 알려야 하였다. 그런데 함경도에서 이를 일본에 통고하지 않음으로써 문제가 되었던 것이다. 일본이 조선정부에 손해배상을 요구함으로써 시작된 이 사건은 4년을 끌다가, 이를 빌미로 일본이 전쟁을 도발할 것을 두려워한 조선정부가 청의 중재 아래 배상금을 지급함으로써 마무리되었다.[52]

재외공사 파견

조선은 과거 천주교에 대한 탄압과 병인양요 등으로 관계가 악화되어 있던 프랑스와 1886년 조불朝佛수호통상조약을 체결하였다. 그리하여 1887년에는 박정양을 주미전권대신駐美全權大臣으로, 심상학沈相學을 영국·독일·러시아·이탈리아·프랑스의 5개국 주재 전권대신으로, 그리고 민영준閔泳駿을 주일변리대신駐日辨理大臣에 임명하여 해당국에 부임하게 하였다. 주일공사 파견은 갑신정변 이후 일본에 망명 중인 김옥균, 박영효 등의 인도문제를 교섭하기 위함이었다.[53] 그리고 구미 열강에 대한 공사 파견은 다변외교로써 청의 간섭을 극복해야 한다는 외교고문 데니의 권고를 받아들인 결과였다.

청은 자신들이 조선에서 일본의 세력을 누르고 있다고 판단했기 때문에 일본에 대한 공사 파견에 대해서는 반론을 제기하지 않았다. 그러나 구미 여러 나라에 공사를 파견하는 데 대해서는 제동을 걸고 나섰다. 조선과 구미 여러 나라와의 교섭은 청의 대조선정책에 해를 끼칠 뿐 결코 도움이 되지 않는다는 사실을 깨달은 결과였다.[54] 서구 열강의 조선 진출로 조선의 중립화 방안이 제기된 것도 청에게는 유쾌한 일이 아니었다.

조선의 중립화 방안은 주한 독일영사 부들러H. Budler가 처음으로 거론하였다(1885). 부들러는 조선이 열강의 침략으로부터 독립을 보전하려면

스위스처럼 영세중립국이 되어야 한다고 주장하면서 청과 일본이 전쟁을 하더라도 청을 지원해서는 안 되고 국외중립을 지켜야 한다고 김윤식에게 권고하였다. 그러나 조선정부는 청일전쟁의 가능성을 부정하면서 이 제안을 거부하였다. 독일외교관인 그가 이러한 제안을 한 것은 이러한 발언을 통해 동양에서 자국의 지위를 높여보려고 했기 때문이다.[55] 한편 미국에서 돌아온 유길준은 청이 맹주가 되어 프랑스, 일본, 러시아 등이 조약을 맺어 조선의 중립을 보장해야 한다는 글을 발표하였다(1886). 유길준은 미국이 조선문제에 개입하지 않으리라는 것을 인식하고, 러시아의 남하를 저지하기 위해서는 중립화가 필요하다는 점을 역설하였다.[56]

청이 조선의 공사 파견에 제동을 걸자 외교고문 데니는 조·청관계는 주종적인 종속관계가 아니라 조공관계이며 조선은 청의 조공국이지만 내치·외교를 자주적으로 행하는 독립국이기에 독자적으로 외국에 전권공사를 파견할 수 있다고 리훙장을 설득하였다. 이에 청은 세 가지 준칙(영약삼단另約三端 혹은 삼단이라고도 부름)을 조건으로 박정양을 공사로 파견하는 것을 허락하였다. 세 가지 준칙이란, 조선공사는 미국에 도착하는 즉시 먼저 청 공사관을 방문하여 청 공사와 함께 미국 외무성을 방문해야 하며, 공식 석상에서는 항상 청 공사보다 낮은 자리에 앉는다는 것이었다. 이는 다름 아닌 조선이 청에 예속된 국가임을 알리려는 의도였다.[57]

주미전권대신 박정양은 이완용李完用 등과 함께 주한 미국공사관 참찬관 알렌Horace N. Allen의 인솔로 미국에 갔다. 워싱턴에 도착한 박정양은 미국 대통령에게 신임장을 봉정하고 활동을 시작하였다. 그러나 미국에 도착하여 먼저 중국공사를 만나지 않는 등 삼단을 준수하지 않았다는 이유로 위안스카이는 박정양을 귀국시키도록 조선정부에 압력을 행사하였다. 결국 박정양은 귀국하지 않을 수 없었다. 한편 유럽 5개국 전권대신은 홍콩에 머물다가 부임하지도 못하고 돌아왔다.[58]

청에 의해 주미공사 파견이 저지된 이후 조선은 알렌을 통해 미국에서 차관을 도입하려 하였으며, 데니를 통해서는 해관세를 담보로 프랑스 은행에서 돈을 빌리려고 하였다(1887). 그러나 이 역시 청의 방해로 이루지 못하였다. 위안스카이는 각국에 서신을 보내 청과 조선은 종속관계이고 조선의 해관은 청의 관리하에 있기 때문에 청의 인준 없이 조선과 계약한 차관은 모두 무효라고 선언하였다. 청은 조선이 제삼국으로부터 차관을 얻는 것을 저지하는 대신 청으로부터 차관하도록 강제함으로써 종속관계를 한층 더 강화하려고 하였다.[59]

위안스카이는 조선의 경제를 청에 종속시키기 위한 방법의 하나로 청의 상인들을 조선에 불러들였다. 그리고 톈진조약으로 청·일 양군이 철병한 뒤에는 청의 관리로 위장한 군인들을 청나라 사람의 상점에 교대로 파견 근무시킴으로써 청 상인을 비호하였다. 이에 따라 청 상인들의 활동무대는 전국으로 확대되어갔다. 조선 상인들 사이에 반청의식이 형성된 것은 당연한 결과였다. 그들이 청 상인들의 점포에 방화하고 투석함으로써 대항하자 위안스카이는 청 상인들을 보호할 목적으로 현재의 서울 시청 맞은편과 파고다공원 맞은편 두 곳에 중국인 상가를 만들었다.[60] 그런데 여기에서 주목할 점은 위정척사론을 펴며 개화에 강하게 반대했던 유생들은 일반 민중들과 달리 청의 내정 간섭이나 위안스카이의 횡포에 대해 크게 반발하지 않았다는 사실이다. 이는 병자호란 이후 조선의 유생들이 청을 오랑캐로 인식한 것과는 달리, 당시의 유생들은 청을 중화로 인식하였기 때문이다.

조선의 해관과 청 당시 각 항구港口의 세무사 및 그 밖의 직원들은 모두 서양인으로 충당되었다. 이들의 인사는 청국해관 총세무사의 지시 아래 행해졌으며, 봉급도 청과 조선 양쪽에서 지급하였다. 그리고 조선해관의 무역보고 및 통계도 청국 것 속에 포함되어서 간행되었다. 따라서 조선정부의 통제력이 미칠 수 없었는데, 그러한 예속관계는 청일전쟁 때까지 지속되었다(고병익, 「조선해관과 청국해관」, 『동아문화』 4, 1965 ; 『동아교섭사의 연구』, 464~492쪽).

조선을 둘러싼 열강의 각축

조선에서 우월한 지위를 청에게 빼앗긴 후 기회를 엿보던 일본은 동학농민 봉기를 계기로 조선에 군대를 파견하였다. 그리하여 청과 전쟁을 벌였는데, 이 전쟁에서 예상과는 달리 일본이 승리를 거두었다. 조선인 가운데는 청의 실패 원인을 문명개화를 이룩하지 못한 데서 찾는 인물들이 있었다. 청을 중화로 여기던 조선인의 의식구조에 변화가 일어난 것이다. 이제 그들에게 청은 비판과 부정의 대상이었으며, 유교는 조선을 쇠락하게 만든 원인으로 간주되었다.[61]

일본은 청일전쟁에서 승리하였으나 러시아, 프랑스, 독일의 삼국간섭에 굴복하여 전쟁의 승리로 얻은 이권을 포기해야만 하였다. 이를 본 민비는 이 기회를 틈타 일본세력을 배척하려 하였다. 그러자 일본은 민비를 살해했고, 여기에 불안을 느낀 고종은 외국인 선교사들의 도움으로 러시아 공사관으로 피신하였다. 고종이 러시아 공사관에 머무는 동안 조선의 이권을 외국 여러 나라들이 침탈했음은 물론이다.

청일전쟁

동학에 가담한 농민들이 대규모 군사행동을 일으킨 것은 1894년의 일이었다. 전봉준全琫準의 지휘 아래 고부에서 봉기한 농민들은 홍계훈洪啓薰이 거느린 관군을 패퇴시키고 이어 전주를 점령하였다. 그러자 예즈차오葉志超를 사령관으로 하는 3,000명 청군이 아산만에 상륙하였다. 그간 청군의 출동에 대해서는 관군이 동학농민군을 진압하는 데 실패하자 당황한 고종이 청에 파병을 제의한 것으로 알려져왔다. 청이 출병하면 톈진조약을 이용하여 일본도 출병할 것이고, 그렇게 되면 한반도가 외국군대의 점령 아래 놓이게 될 뿐만 아니라 청·일 양국의 전쟁터로 변할 우려가 있다는 점을 들어 관리들이 반대했음에도 고종과 척족이 이를 추진했다는 것이다.[62] 그런데 이와는 달리, 청군에 출병을 요구한 것이 위안스카이였다고 주장한 연구가 있어 주목된다. 조선인들 사이에 청에 대한 반감이 확산되는 것을 의식하고 있던 위안스카이가 이를 제압하기 위해서는 청나라 군대가 한 번 더 한반도에 들어올 필요가 있다고 판단하고, 조선정부에 출병을 요청하라고 강요했다는 것이다.[63] 사실 자국민의 봉기에 겁을 먹고 외국군을 불러들인 국왕은 국왕이라고 할 수도 없을 것이다.

청은 톈진조약의 규정에 따라 일본에 출병을 통지하였다. 갑신정변 후 체결된 톈진조약에서 청·일 양국은 어느 한 나라가 조선에 출병하면 다른 나라도 군대를 파견하기로 합의했기 때문이다. 그리하여 일본도 파병하였는데 그들은 난의 진원지가 아닌 인천에 청군보다 훨씬 많은 7,000명의 병력을 상륙시켰다. 이는 일본이 애초부터 청과의 전쟁을 계획하고 조선에 군대를 파견하였음을 알려준다.

갑신정변 실패 이후 조선에서 청과의 결전이 불가피하다는 사실을 깨달은 일본은 조선에 개입할 발판을 마련하기 위해 군비 확장에 힘을 쏟았다. 그리하여 1890년에는 군제개혁을 거의 마무리 지었으며 군사비의 비율이 전체 예산의 30퍼센트를 넘어섰다. 그리고 같은 해 '교육에 관한 칙어勅語'를 발표해 "일본 국민은 천황을 위해 용감하게 싸워야 하며, 천황이 번영하도록 전력을 다하자"라고 강조하였다.[64] 이로써 일본은 청과의 대결 준비를 마무리하였다.

1894년 일본에 망명 중이던 김옥균을 상하이에서 조선국왕이 파견한 자객이 암살하는 사건이 일어났다. 일본은 김옥균의 사체를 인도해줄 것을 요구했으나 청은 이를 거부하고, 사체와 암살자를 조선으로 보냈다. 결국 김옥균의 사체는 서울 양화진楊花津의 형장에서 효수되고, 그의 가족들은 처형되었다. 일본의 대외강경파들은 청과 조선이 일본의 위상과 존엄성을 크게 훼손하였다고 주장하면서 청에 대한 복수의 여론을 부추겼다.[65] 그러한 시기에 일본 의회와 국민들은 서구열강과 맺은 불평등조약의 조속한 개정을 요구하면서 이토내각을 궁지로 몰아가다가 결국 이토내각 탄핵안을 가결하였다(1894). 이토내각은 이러한 위기에서 탈출할 수 있는 돌파구를 마련할 필요가 있었다. 그런데 때마침 청군이 조선에 파병을 함으로써 이토내각에게 의회와 국민의 정부에 대한 공격을 밖으로 돌릴 수 있는 계기를 마련해 주었다. 이토내각은 의회를 해산하면서 조선 출병을 결정하였다.[66]

청·일 양군이 한반도에 진주하자 전주를 점령했던 동학농민군은 자진 해산하였다. 조선정부는 동학농민군이 이미 평정되었다는 사실을 위안스카이와 오토리 게이스케大鳥圭介 일본공사에게 알리고, 각기 군대를 철수할 것을 요구하였다. 청도 일본에 철병을 제안하였다. 이에 대해 일본은 도리어 공동으로 내정개혁內政改革을 추진하자고 청에 제의하였다. 내정개혁에 따라 조선의 정치가 혁신되지 않는 한 또 동란이 일어날지 모르므로 동양의 평화를 위해서도 이를 실시해야 한다는 것이었다. 그리고 내정개혁을 수행하기 위해서는 일본군의 서울 주둔이 절대적으로 필요하다는 것이 그들의 논리였다.[67] 일본은 열강이 청일전의 개전에 반대하면 내정개혁을 평계로 개전을 합리화한다는 계획을 애초부터 가지고 있었던 것이다.

조선에 대한 종주권을 주장하고 있던 청으로서는 이러한 요구를 절대로 받아들일 수 없었다. 이를 수락하는 것은 일본의 조선 내정 관여를 인정하는 것과 다를 바 없었기 때문이다. 실은 일본도 청이 이를 거절하리라는 것을 예상하고 한 제의였다. 양국 사이에 전운이 감돌자 위안스카이는 변장을 하고 서울을 빠져나갔다. 이 때문에 조선정부는 크게 당황했으며, 일본은 아무 거리낌 없이 조선에 대해 강경책을 쓸 수 있게 되었다.[68] 이로부터 조선과 청의 외교관계는 중단되었는데, 청이 자국 상인의 보호를 위해 탕샤오이唐紹儀를 총영사로 파견할 때까지(1896) 청의 영사업무는 주조선 영국영사가 대신하였다. 청은 조선과 새로운 조약을 맺지 않은 채 임시로 탕샤오이를 파견했던 것이다.[69]

한편 조선정부 역시 일본의 내정개혁 제의를 거절하였다. 조선정부는 일본군의 철수를 요구하면서 일본이 제출한 개혁안의 심의를 거부하였다. 아울러 교정청校正廳을 의정부 안에 설립하여 독자적으로 개혁을 실시한다고 통보하였다. 이는 청나라 리훙장의 권유에 따른 것이었는데, 기구의 설립과 임원만을 임명했을 뿐 실제로 개혁을 실시한 것은 아니었다.[70] 그러자 일본은 경복궁을 점령하여 조선군의 무장을 해제시켰다. 일본이 경복궁을 점령한 것은 국왕을 포로로 삼아 그로 하여금 청군을 몰아내달라는 요구를 하게 하여 청과의 전쟁을 합리화하기 위함이었다. 아울러 청과 밀착된 민씨정권을 타도하고 친일적인 정권을 수립하려고 하였다. 이 계획에 따라서 고종을 유폐하고 대원군을 앞세워 신정권을 수립한 일본은 1882년 체결한 조청상민수륙무역장정의 폐기를 선언하라고 신정권에 강요하는 한편, 아산만에서 청나라 군함을 공격하였다(청일전쟁, 1894). 그러한 과정에서 일본은 조선에 일종의 군사동맹인 조일맹약朝日盟約 체결을 강요하였다. 전쟁에 필요한 사람과 물자를 조선에서 징발하기 위함이었다.[71]

일본이 청의 군함을 공격한 것은 한반도에 군대를 파견한 후 40여 일이

지난 후의 일이었다. 이는 일본이 군사행동을 자제하고 있었음을 말해준다. 개전開戰에 대한 열강의 반대를 의식했기 때문이다. 애초에 영국은 일본의 개전이 러시아의 반감을 불러일으켜 러시아의 남하를 유발할 것을 우려하여 반대하였다. 영국 내에서는 러시아에 남하의 명분을 제공하지 않기 위해서는 청을 조선의 종주국으로 인정하는 것이 유리하다는 의견이 제기되었다. 그러나 러시아가 시베리아 횡단철도를 기공하자 지중해와 인도양의 장악만으로는 러시아의 극동진출을 막을 수 없다고 판단한 영국은 일본을 끌어들이려고 하였다. 여기에 부응하여 일본은 영국을 위해 러시아의 남하를 견제하는 역할을 하겠다고 자임하고 나섰다. 이에 영국은 영국인의 치외법권이 폐지된 영일개정조약에 조인함과 아울러 일본의 개전을 묵인하였다.[72]

미국 역시 일본의 개전을 방관하였다. 고종은 주미공사 이승수李承壽에게 훈령을 내려 조미수호통상조약 제1조의 거중조정 항목 정신에 입각하여 한반도에서 전쟁이 일어나지 않도록 미국이 개입해줄 것을 호소케 하였다. 일찍이 주미전권대신 박정양이 위안스카이의 압력으로 귀국한 이후 조선정부는 주미공사관을 대리공사 체제로 유지하다가 워싱턴에 2만 5천 달러를 들여 주미공사관 건물을 매입하고(1891), 곧이어 이승수를 주미공사에 임명하여 파견했던 것이다. 그러나 미국은 어떠한 사태가 발생하더라도 조선문제에 개입하지 않겠다는 점을 분명히 하였다. 이는 일본의 개전을 묵인한 것과 다를 바 없었다.

갑오개혁

일본은 청과 전쟁을 수행하면서 조선의 내정개혁을 주관할 기관으로 군국기무처軍國機務處라는 회의기관을 설치하였다. 영의정 김홍집을 총재관總裁官으로 한 군국기무처는 17명의 회의원으로 구성되었는데, 갑신정변에 참여한 친일적인 인물들이 배제된 대신 박정양, 김윤식, 어윤중, 유길준 등 온건하고 점진적인 방식의 개화를 지지하는 인사들이 핵심을 차지하였다. 그들은 개항 이후 해외를 시찰하여 견문을 넓힌 바 있는 인물들로서 개혁이 단행되지 않고서는 조선이 대내외적으로 직면한 위기를 극복할 수 없다는 것을 알고 있었다. 따라서 개혁에 대단한 열성을 가지고 있었다.[73] 일본은 이들을 내세워 개혁의 정당성을 확보하고, 개혁에 대한 기존 정치세력의 반발을 무마하려고 하였다. 이 군국기무처를 중심으로 실시된 개혁이 제1차 갑오개혁이다. 이 가운데 대외관계와 관련하여 주목되는 것은 개국기년開國紀年의 사용을 규정한 것이다. 이성계가 조선을 개국한 것이 1392년이었으므로 1894년을 개국 503년으로 표시하였다. 이는 청의 연호 사용을 부인하는 것으로써 청과의 종속관계에서 벗어났음을 나타내는 것이었다.

개혁을 추진한 군국기무처는 입법권을 갖고 있는 초정부적 존재였다. 대원군의 영향력을 배제하기 위함이었다. 대원군이 군국기무처와 심각한 갈등을 빚었음은 물론인데, 이를 틈타 일본군의 경복궁 점령 이래 정치권 밖에 머물러 있던 국왕과 왕비는 군국기무처의 회의원을 조종하면서 서서히 대두하였다. 이에 불만을 품은 대원군은 정변을 일으켜 그의 둘째 아들인 고종을 폐하고 대신 그의 장자 이재면李載冕의 아들인 이준용李埈鎔을 왕위에 오르게 하여 군국기무처와 친일정권을 전복하려고 하였다. 그런데 이를 위해서는 먼저 일본군을 조선에서 축출해야만 하였다. 따라서 그는 겉으로는 일본에 협력하는 체하면서도 청이 전쟁에서 승리할 것을 믿고, 뒤로는 평양에 머물고 있던 청나라 군대와 연락을 주고받고 일본군과 항쟁 중인 동학농민군과도 접촉하였다.

대원군의 계획은 탄로나 실패로 돌아갔으나 일본을 불안케 하였다. 일본은 오토리를 소환하고 대신 외무경을 역임한 정계의 거물 이노우에를 공사로 파견하였다. 오토리가 조선정계를 통제하지 못함으로써 내정개혁에 어려움을 겪고 있다고 판단했던 것이다. 조선의 내정개혁을 핑계 삼아 청일전쟁을 일으킨 일본이고 보면 이것이 실패했을 경우에 쏟아질 열강의 비난이 두렵기도 했을 것이다. 이노우에는 일본군이 평양성을 함락하였을 때에 압수한 대원군이 청나라 군대에게 보낸 비밀서한을 제시함으로써 그를 정권에서 물러나게 하고 정권을 국왕에 돌렸다. 그리고 군국기무처를 폐지하고, 일본에 망명 중이던 박영효를 불러들여 총리대신 김홍집, 내무대신 박영효의 연립내각을 수립하였다.

이노우에는 고종으로 하여금 백관을 거느리고 종묘에 나아가 개혁의 추진을 서약하고, 정치의 기본강령이라고 할 수 있는 '홍범洪範 14조'를 반포케 하였다. 청의 종주권을 부인하고 지방제도를 개편하며 문벌을 폐지하고 능력에 따라 인재를 등용하는 등 '홍범 14조'는 제1차 갑오개혁에서 다룬 항목들을 그 내용으로 하고 있었다. 그는 국왕으로 하여금 이를 종묘에 맹세케 함으로써 움직일 수 없는 사실임을 확인시키고, 한글과 한문 그리고 혼용문의 세 가지 문체로 발표하여 대중 침투를 도모하였다.[74] 아울러 일본에서 불러온 고문관을 각 관청에 배속시켜 메이지유신의 경험을 바탕으로 개혁을 추진해나갔다. 이것이 제2차 갑오개혁이다.

일본이 조선에서 개혁을 추진한 궁극적인 목적은 조선을 보호국으로 만들고 나아가 조선을 지배하기 위함이었다. 이를 위해서는 청을 제치고 조선에서 정치적 주도권을 장악해야만 하였다. 일본은 개혁을 내세워 내정에 깊숙이 관여함으로써 이러한 목적을 달성하려고 하였다. 따라서 내정개혁은 조선이 당면한 현안을 중심으로 추진될 필요가 있었다. 조선인의 오랜 숙원이었던 신분제 폐지가 이루어진 사실로써 알 수 있는 일이다. 신분제 폐지는 일찍이 실학자들이 주장하였으며, 갑신정변 당시 김옥균이나 동학농민군도 신분제 타파운동을 벌였다. 신분제 철폐에 대한 조선사회 내부의 여건 성숙이 일본으로 하여금 이를 폐지하도록 만들었던 셈이다. 일본은 그렇게 함으로써 그들의 내정 관여에 대한 조선인의 반발을 줄일 수 있다고 믿었다. 따라서 갑오개혁은 근대적 개혁으로서 역사적 의미가 크다. 당시 조선사회의 요구가 어느 정도 수용되었기 때문이다. 개화파 관리들이 일본의 개혁 요구에 적극적인 이유도 여기에 있었다.

그렇다고 일본이 조선이 당면한 현안만을 개혁의 대상으로 삼은 것은 아니었다. 갑오개혁은 비록 개혁에 적극적인 조선인들이 참여하기는 했지만 일본의 주도 아래 이루어진 것이었다. 정치제도의 개혁안 일부가 군국기무처가 설립된 지 3일 후에 심의 가결된(1894. 7. 30) 사실로 미루어서도 알 수 있는 일이다.[75] 이처럼 자주성이 결여된 까닭에 개혁은 조선의 자주 독립을 강화하는 방향으로 실시될 수 없었다. 일본군 장교의 지휘를 받는 훈련대를 설치했을 뿐 군사력의 강화방안이 개혁에서 제외된 것은 그 구체적인 예이다.[76] 아울러 일본은 자신들의 조선침략에 필요한 조항들을 개혁에 포함시켰다. 개국기년을 사용하여 청의 종주권을 부인한 것이나, 근대적 내각을 만든다는 구실을 들어 궁내부宮內府를 설치하여 왕실 관련 기구들을 통합하고 그 재정을 축소하여 탁지부度支部의 통제를 받게 한 것은 구체적인 예이다. 궁내부 설치는 왕실을 무력화시키는 방법의 하나로써 반일적인 민비의 정치 간여를 배제하기 위함이었던 것이다. 그리고 일본의 자본주의가 침투할 수 있는 평탄한 길도 닦아놓았다. 조선에서 일본의 화폐를 사용할 수 있게 한 것이나 도량형을 개정, 통일한 것이 그것이다. 이는 일본 상인들의 편의를 도와주어 그들의 경제적 침투를 유리하게 하였다.[77] 결국 일본은 갑오개혁을 통해 조선에 대한 간섭을 합리화하고, 조선의 정치·경제체제를 변형하여 그들의 침략을 용이하게 하려고 하였다.

을미사변

청일전쟁은 예상을 뒤엎고 일본의 승리로 끝났다. 전쟁이 끝난 후 청과 일본 사이에는 시모노세키조약下關條約이 체결되었는데(1895), 그 제1조는 조선이 자주국임을 청이 인정한다는 것이었다. 이로써 조선에 대한 청의 종주권은 완전히 부인되었다. 아울러 청은 일본에게 배상금과 함께 랴오둥遼東반도, 타이완[78] 등을 할양할 것을 규정하였다. 이러한 조약의 내용이 밝혀지자 러시아가 반발하고 나섰다. 러시아는 만주가 일본에 점유된다면 그들이 탐내는 부동항인 뤼순旅順과 다롄大連을 이용할 수 없고, 그에 따라 극동 진출의 길이 막힐 것을 우려하였다. 그리하여 역시 일본의 세력 확대를 경계하고 있던 프랑스, 독일과 함께 일본의 랴오둥반도 점유는 동양 평화에 해롭다는 이유를 내세워 랴오둥반도를 청에게 돌려줄 것을 일본에 요구하였다(삼국간섭三國干涉). 프랑스는 전통적으로 러시아와 긴밀한 관계를 유지해왔으며, 영국이나 프랑스에 비해 동양 진출이 뒤처진 독일은 이를 만회하려는 의도 아래 러시아에 협력했던 것이다. 청과의 전쟁에서 많은 국력을 소모한 일본으로서는 이들의 요구에 굴복할 수밖에 없었다.[79] 일본은 청일전쟁의 승리와 갑오개혁을 주도함으로써 얻은 조선에 대한 독점적 지위를 삼국간섭으로 잃게 된 것이다.

　일본의 약함이 드러나자 조선정부 안에서는 일본 배척의 기운이 싹텄다. 그리고 이를 위해 러시아세력에 의지하려고 하였다. 이러한 배일친러 정책을 배후에서 조종한 것은 민비와 그 일족이었다. 민비는 우선 갑오개혁 당시 일본공사 이노우에의 후원에 힘입어 김홍집과 함께 내각을 이끈 내무대신 박영효를 친일적인 인물로 지목하여 축출하였다. 그리고 김홍집을 다시 발탁하여 총리대신으로 삼고 정동파貞洞派, 즉 친미파라고 할 수 있는 이완용과 친러파인 이범진李範晉 등을 내각에 기용하였다(3차 김홍집내각). 정동파 또는 정동구락부란, 외국의 공사관이 정동에 몰려 있었기 때문에 외국의 외교관이나 선교사들과 빈번한 접촉을 가진 인사들을 그렇게 불렀다. 이완용은 일찍이 과거에 합격한 후 29세의 나이로 육영공원에 입학하여 영어를 배웠으며 박정양 주미전권대신과 함께 미국에 파견되기도 하였다.

일본은 조선이 배일정책을 추진하는 것을 방관하지 않았다. 그들은 대원군과 훈련대를 이용하여 민비를 살해하고 친일세력을 부활시킬 것을 계획하였다. 민비의 정적인 대원군은 당시 권력으로부터 소외되어 유폐된 상태에 있었으며, 갑오개혁 때 설치된 일본군 지휘하의 훈련대는 미국인 다이를 교관으로 한 시위대가 궁성의 시위를 전담함으로써 해산될 운명에 처해 있었다. 일본은 우선 민비 처단의 취지를 밝히는 글(고유문告諭文)을 대원군의 승인을 받아 시내에 배포하고, 민비 살해 당일에는 훈련대로 하여금 대원군을 호위하여 궁궐에 들어가게 하였다. 이들이 쿠데타를 일으킨 것으로 가장하기 위함이었다. 그리고 아무리 민비에 반대하는 세력이라 하더라도 조선인은 그녀를 살해하지 않을 것이라는 판단 아래 당시 서울에 머물고 있던 로닌 등 일본 민간인들을 동원하여 민비를 살해하였다(을미사변, 1895). 이는 민비 살해에 대한 일본정부의 책임을 회피하기 위한 방법의 하나였다.

민비 살해는 이노우에의 뒤를 이어 공사가 된 미우라 고로三浦梧樓가 주도한 것처럼 알려져왔다. 그러나 실은 그는 일본정부의 지시에 따랐을 뿐이라는 점이 최근의 연구에서 드러났다. 이는 이토, 야마가타 아리토모山縣有朋 등과 함께 당시 일본의 국가정책을 실질적으로 주도하던 이노우에의 태도를 분석한 결과였다. 이노우에는 미우라가 처음 공사직을 거절하자 수락할 것을 강요했으며, 미우라가 부임한 이후에도 조선을 떠나지 않고 한동안 그와 함께 머물렀다. 그리고 미우라가 공사에 부임한 지 한 달 만에 민비살해사건이 일어났다는 점도 석연치 않다. 미우라에게 한 달이라는 기간은 조선의 정황조차 제대로 파악할 수 없는 짧은 기간이었기 때문이다. 민비살해사건은 미우라가 부임하기 이전에 이미 일본정부가 계획한 조직적 범죄였던 것이다.[80]

조선정부는 긴급하게 범인의 수사에 착수해야 했음에도 이는 덮어둔 채 도리어 민비의 죄상을 열거하면서 서인庶人으로 폐하는 조칙(폐비조칙廢妃詔勅)을 반포하였다. 이는 미우라의 압력에 따른 것인데, 여기에서 지적된 민비의 죄상은 훈련대의 해산을 추진한 것과 '국왕의 곁을 떠나 찾아도 나타나지 않은 것' 등이었다. 김홍집내각은 이 조칙으로써 민비살해사건을 마무리 지으려고 했던 것이다. 그러나 탁지부대신 심상훈沈相薰과 내부대신 박정양은 이 조칙이 일부 정부관계자의 손에 날조된 것이라고 하여 서명을 거부하고 사직하였다. 그리고 조선주재 러시아·미국 공사도 국왕의 의사와 상관없는 폐비조칙은 인정할 수 없다고 항의하자 김홍집내각은 민비를 복위시켰다.[81]

일본인들이 민비를 살해할 때 시위대의 교관인 미국인 다이가 이들의 행동을 목격하였다. 따라서 민비살해사건은 조선주재 외교관을 통해서 세계 각국에 알려졌다. 특히 미국의 임시대리공사 알렌이 일본의 행위를 규탄하는 데 앞장섰다. 일본은 외국의 비난을 두려워하여 미우라를 재판에 회부하였다. 그러나 조선에서 일본과 세력 다툼을 벌이던 러시아만이 항의했을 뿐 영국과 미국은 이 사건에 그다지 큰 관심을 보이지 않았다. 미국의 국무장관 올니Richard Olney는 조선 내정 불간섭을 표방하면서 서울의 자국 외교관들에게 일본에 반대하는 행동을 자제하라고 훈령하였다. 그리고 도리어 일본의 대조선정책을 적극적으로 지지한다고 언명하였다. 결국 미우라는 증거 불충분이란 이유로 무죄 판결을 받았고, 그가 석방되자 일본 천황은 그의 노고를 치하하고 위로하였다.[82]

아관파천

을미사변 직후 고종의 측근 인사들은 경복궁에 감금되어 있던 국왕을 춘생문春生門을 통해 궁성 밖으로 탈출시키려는 계획을 세웠다. 이른바 춘생문사건이 그것인데, 여기에는 알렌을 비롯하여 언더우드 같은 선교사 그리고 러시아인들이 호응하였다. 선교사들이 이러한 계획에 참여한 것은 조선 내에서 자신들이 목적하는 바를 달성하기 위해서는 국왕과 가까워질 필요가 있다는 판단에 따른 것이었다. 조선에서의 생활은 서울을 중심으로 이루어지며, 서울의 생활은 왕을 중심으로 이루어진다는 사실을 깨달았던 것이다.[83] 그러나 궁성을 숙위하던 친위대親衛隊의 반격으로 그들의 기도는 실패하고 말았다. 친위대는 민비살해사건 이후 훈련대를 해산하고 설치한 부대로서 일본인의 지휘를 받고 있었다. 일본은 이 사건을 외국의 외교관들이 가담한 '국왕 탈취사건'이라고 선전함으로써 민비살해사건과 관련하여 그들에게 쏟아진 국제적 비난을 모면해보려고 하였다.[84]

춘생문사건으로 상황이 반전되자 일본은 갑오개혁에 이은 여러 조치들을 다시 추진해나갔다. 그들은 김홍집내각을 앞세워 140여 건의 법령을 제정·공포하였다. 태양력을 채용하고, 연호를 제정하여 이듬해(1896)부터 건양建陽이라 하기로 하고, 서울에 소학교와 소학교의 교육에 필요한 교원 양성을 위해 한성사범학교를 설립한 것 등이었다. 일본에 유학하여 고등교육을 받을 것을 권유한 일본이 따로 조선에 소학교를 설치한 것은 그를 통해 조선인의 사고를 일본에 우호적인 것으로 변화시키려고 했기 때문이다. 또한 일본은 단발령을 내리고 이를 강행하였다. 이를 을미개혁 또는 3차 개혁이라고 한다. 여기에서 특히 주목할 만한 것은 단발령인데, 이는 성년 남자의 머리 위에 튼 상투를 자르라는 명령이었다. 활동상·건강상 나쁘기 때문이라는 것이 그들이 내세운 이유인데, 실은 이를 통해 조선인들의 자

존심을 일거에 박탈하여 굴욕감과 패배감을 조성하려는 의도였다.[85]

일본의 민비 살해와 단발령 시행은 국민들의 격렬한 반발을 불러일으켰다. 그리하여 각지에서 의병이 일어났다. 김홍집내각은 이들 의병을 진압하기 위해 친위대를 지방에 파견하였다. 친위대가 서울을 빠져나가자 알렌과 러시아공사 베베르는 정동파로 불리던 인사들과 더불어 이 기회를 이용하여 국왕을 러시아 공사관으로 데려갈 것을 모의하였다. 국왕인 고종이 그들의 의도에 동의함으로써 이른바 아관파천俄館播遷이 이루어졌다 (1896). 당시 러시아 공사관에는 공사관 경비를 명목으로 120여 명의 러시아 해병대가 새로이 파견되어 160여 명의 러시아군이 주둔하고 있었다. 조선을 둘러싼 러·일의 갈등 속에서 일본이 민비를 살해하여 기선을 제압하려고 하자 러시아는 아관파천으로 이에 맞섰던 셈이다.[86] 이후 만 1년 동안 국왕은 러시아 공사관에 체류하였다.

러시아 공사관에 도착한 국왕은 내각의 친일 대신들을 역적으로 규정하고, 그들을 잡아 살해하라는 명령을 내렸다. 따라서 새 내각이 조직되었다. 여기에는 춘생문사건 이후 미국과 러시아의 공사관에 숨어 있던 이완용, 이범진, 박정양 등 정동파 인사들이 대거 기용되었다. 이들이 내각에 참여할 수 있었던 것은 알렌의 추천 때문이었다. 한편 러시아는 다양한 인물들을 내각에 기용함으로써 러시아가 조선 내정에 깊이 개입한다는 인상을 지움과 동시에 아관파천으로 야기될지도 모를 다른 나라들의 비난을 미연에 방지하고자 하였다.[87] 그러나 정부가 러시아의 강한 영향력 밑에 놓였음은 두말할 나위가 없다. 러시아는 군사교관과 재정고문을 조선에 파견하였다. 군사교관의 파견으로 왕궁시위대의 구성과 훈련은 기왕의 일본식과 미국식 대신에 러시아식을 따르게 되었다. 그리고 재정고문으로 파견된 알렉셰프Kir Alexiev에 의해 한러은행이 설립되었다. 그는 탁지부고문관 겸 해관총세무사가 되어 관세를 비롯한 조선의 전 재무를 장악하였다.

국왕이 궁성을 버리고 남의 나라 공사관으로 피난했다는 것은 떳떳한 일이 못 되었다. 주권국가의 국왕으로서는 상상조차 할 수 없는 큰 실책이 었던 것이다. 그러므로 무엇인가 국민들에게 해명을 하지 않으면 안 되었다. 이에 고종은 도피한 역적들이 체포되고 정세가 안정되면 즉시 환궁하 겠다는 발표를 하였다. 그런데 국왕이 환궁하기 위해서는 최소한 궁궐을 경비할 수 있을 정도의 병력이 필요하였다. 당시 조선군의 병력은 서류상 으로는 7천 5백 명이었으나 실제로는 약 4천 명 정도로 그 가운데 일부가 서울의 치안과 궁성의 수비를 담당했는데, 무기마저 보잘것없었다. 이에 반해 공사관 및 거류민 보호를 구실로 서울에 주둔하고 있던 일본군은 약 5백 명이었다. 러시아는 8백여 명의 조선군 병사를 훈련시키는 한편, 그들 에게 소총을 지급함으로써 국왕의 환궁에 협조하였다. 이처럼 러시아가 고종의 환궁에 소극적이나마 협조를 한 것은 환궁이 불가피한 상황임을 간파한 데다가 자신들이 고종의 신변을 장악하는 한 지속적으로 영향력을 행사할 수 있다고 판단했기 때문이다.[88]

국왕의 아관파천으로 수세에 몰린 일본은 조선에서 러시아와 세력균형 을 이루기 위해 다각도로 노력하였다. 그 결과 조선주재 러시아공사 베베 르와 일본공사 고무라 주타로小村壽太郞 사이에 '베베르 · 고무라 각서'가 교 환되었다. 여기에서는 조선국왕의 환궁은 국왕의 자유재량에 맡긴다고 함 으로써 아관파천을 합법화하였다. 그리고 일본은 조선에 거주한 일본인 보호를 위해 서울, 부산, 원산에 군대를 배치하고 러시아도 공사관 수비를 위해 같은 수의 병력을 조선에 주둔시킬 수 있게 하였다. 러시아군의 주둔 을 인정함으로써 일본은 애초의 의도와는 달리 러시아의 조선 침투를 승 인한 셈이 되었다. 이에 일본의 야마가타는 러시아 외무대신 로바노프 Aleksei B. Lobanov와 회담하여 양국 군대의 충돌을 피하기 위해 러시아는 조 선의 북부에, 일본은 남쪽에 주둔하고 그 사이에 중립지대를 설치할 것을 제의하였다(1896). 그러니까 북위 38도선을 경계로 하여 조선을 양국의 세력 범위로 분할하자는 것이었다. 그러나 당시 조선에서 우월한 지위를 차지하고 있던 러시아가 이를 거절하였다.[89]

열강의 이권침탈

일찍이 고종은 청의 간섭이 심각해지자 알렌에게 조선이 미국정부의 관심을 끌 수 있는 방법이 무엇인지를 문의하였다. 알렌이 미국회사에 금광을 넘길 것을 제의하자 고종은 이권이 열강을 끌어들이는 미끼가 될 수 있음을 깨달았다. 이에 고종은 열강들이 조선정부로부터 이권을 탈취하기 위하여 온갖 노력을 기울인 점을 이용하여 그들을 조선문제에 끌어들이려고 하였다. 열강들에게 이권을 넘겨주는 대신 열강들이 한반도에 관심을 가지고 조선문제에 개입하기를 바랐던 것이다. 그러나 조선이 제시한 경제적 이권은 정치적 개입을 불러들일 만큼 충분하지 못하였다. 조선정부의 기대와는 달리 열강, 특히 미국은 시종일관 정치에는 개입하지 않는다는 입장을 견지하고, 경제적 이권을 얻는 데만 관심을 보였던 것이다.[90]

우선 러시아는 함경도 경원, 종성 일대의 광산채굴권을 비롯하여 두만강, 압록강 유역과 울릉도의 삼림채벌권, 동해안의 포경권 등을 획득하였다. 국왕이 러시아 공사관에 가 있던 동안 조선정부가 러시아의 영향력 아래 있었음을 감안하면 무리가 아니다. 이후 조선은 한 외국인 기자의 표현처럼, '이권 획득자들의 즐거운 사냥터'가 되었다.[91]

미국은 조선의 정치에 깊숙이 관여하고 있던 알렌을 내세워 이권을 차지하였다. 알렌은 아관파천 이후 조직된 새로운 내각의 대신에 자신이 추천한 인물들이 임명되자 그들을 통해 자신이 주목해왔던 이권을 미국인

투자가 명의로 획득하는 데 성공하였다. 그 대가로 그가 거액을 받아 챙겼음은 물론이다. 그는 우선 경인철도 부설권을 조선에 요구하여 미국 자본가 모스James R. Morse에게 주었다. 모스는 헐값으로 부설용지를 매수하고, 15년 동안 경인철도를 독점하는 내용의 계약을 조선정부와 체결하였다. 그리고 미국인 타운센드Townsend와 함께 한국개발회사를 설립하여 선로측량을 끝냈다. 그러나 자금조달에 실패한 모스는 매도금을 받고 모든 권리를 일본에 양도하였다. 결국 한강 노량진에서 인천에 이르는 경인선은 일본에 의해 개통되었다(1899).

열강들의 관심은 조선의 금광에 집중되어 있었다. 조선에 금이 많이 매장되어 있다는 소문이 널리 퍼져 있었기 때문이다. 광산기술자를 파견하여 조선의 광산을 조사하는 등 관심을 보였던 미국은 알렌을 통해 '노다지 광산'으로 알려져 있던 운산雲山금광의 채굴권을 확보하였다. 운산금광은 미국인들이 동양에서 차지한 것 가운데 최고로서 그들은 그곳에서 1,500만 달러의 순이익을 냈다.[92] 미국인들은 이밖에 서울에 전차와 전기를 가설하는 권리를 획득하여 한국 황실과 공동으로 한성전기회사를 설립하였다. 그리하여 서대문에서 홍릉을 잇는 전차가 개통되었으며(1899), 1900년에는 민간에도 전등이 켜지게 되었다.

영국과 독일 역시 한국정부로부터 광산 채굴권을 확보하였다. 독일은 평안남도 은산殷山금광을 지목했으나 한국정부가 궁내부 소유라는 점을 내세워 거절하자 강원도 당현堂峴금광 채굴권을 확보하였다. 영국은 한국이 독일에 넘기기를 거부했던 은산금광 채굴권을 외교적 수완을 발휘하여 획득하였고, 일본을 등에 업고 수안遂安금광 특허권도 얻어냈다.

철도는 대규모의 상품유통과 산업발달을 뒷받침하는 중요한 사회간접 자본으로서 침략을 위한 도구로 사용될 수 있었다. 따라서 열강들은 철도를 세력 팽창의 상징으로 여겼다. 일본이 일찍부터 조선의 철도부설에 관심을 가진 이유가 여기에 있었다. 그들은 미국인 모스에게 경인철도 부설권을 사들여 이를 개통시킨 데 그치지 않고, 경부철도의 부설 특허권을 조선정부에 청원하였다. 당시 고종이 러시아 공사관에 머물러 있음으로써 이의 획득이 여의치 않자 일본의 총리대신 이토는 직접 한국을 방문하여 경부철도 부설권을 얻어냈다. 경부선철도는 1905년에 준공되어 일본의 한국에 대한 군사적·경제적 침략의 주요 거점이 되었다. 일본은 또한 만주로 연결되는 중요성 때문에 청일전쟁 직후부터 서울-의주 간의 경의선 철도에 주목하였다. 그러나 경의철도 부설권은 러시아의 도움을 받은 프랑스에게 돌아갔다. 프랑스가 여기에 필요한 자금을 감당하지 못하고 기공하지도 못한 채 그 권리를 한국정부에 반납하자 일본은 곧 이를 사들여 러일전쟁 기간 중에 군사용 철도로 부설하였다. 그리하여 한반도를 종관하는 간선철도를 완성하고, 이를 한반도 지배와 대륙침략을 위한 기본 동맥으로 사용하였다.

일본은 철도 부설 시 한국정부가 부지를 제공한다는 약속을 이용하여 토지를 광범위하게 점유하였다. 철도의 운영에 필요한 토지는 물론이고, 주요 정거장 주변의 토지도 차지했던 것이다. 한국침략의 군사적 거점으로 이용하기 위함이었다. 아울러 그들은 철도 건설에 필요한 역부나 군수품 수송을 위한 인부 등 그들이 필요한 노동력은 한국 농민들을 강제 징발하여 해결하였다.[93]

서양인들의 활동

개항 후 합법적으로 조선에 입국한 최초의 서양인은 독일인 묄렌도르프였다(1882). 그리고 그가 해관海關을 창설하면서 많은 서양인이 조선에 들어와 서울, 인천, 부산, 원산의 해관 사무를 담당하였다. 또한 신식화폐를 주조하기 위한 전환국이 설치되어(1883) 화폐를 주조할 독일인 기술자들을 고빙하였다.[94] 이들 외에 조선에서 두드러진 활동을 한 서양인으로는 개신교 선교사들이 있었다.

조선의 개신교는 선교사들이 입국하여 전도함으로써 전래된 것이 아니었다. 만주를 넘나들며 장사하던 상인들에 의해 처음 전해졌다. 이응찬李應贊, 서상륜徐相崙 등 상인들은 만주에서 스코틀랜드 선교사 로스John Ross, 매킨타이어John Mcintyre와 접촉하여 개신교의 신자가 되었다. 그들은 선교사들의 지도 아래 중국어 성경을 한글로 옮겼는데, 그들이 번역한 「누가복음」과 「요한복음」이 조선에 들어온 것을(1882) 계기로 조선에서 기독교 신앙을 접한 사람들의 수가 많아졌다. 특히 서적 행상인이 책자 보급에 나선 서북지방에서 그러하였다. 그러한 가운데 일본에 머물던 상인 이수정李樹廷은 『현토한한신약성서懸吐漢韓新約聖書』를 번역하고, 『세계선교평론지』에 조선 전도의 중대성과 긴박성을 알리는 글을 실었다.

이수정의 호소에 호응하여 미국 장로교와 감리교 선교본부에서는 알렌, 언더우드, 아펜젤러 목사를 서울에 파견하였다. 그 가운데 알렌은 갑신정변 당시 중상을 입은 민비의 조카 민영익을 치료하여 생명을 구해준 것을 계기로 그와 친분관계를 유지했고, 고종의 시의侍醫가 되어서는 정치적 영향력을 행사하였다. 이후 조선의 개신교는 급속하게 세력을 확장해나갔다. 알렌은 국립병원인 광혜원廣惠院을 개원했는데(1885), 소수의 학생을 모집하여 서양의학 교육을 실시하기도 하였다. 이 병원은 확장되어 곧 제중원濟衆院으로 그 이름을 고쳤고, 1899년에는 제중원의학교를 설립하여 본격적인 의학도를 양성하기 시작하였다. 이것이 세브란스 의학전문학교의 전신이다.[95]

선교사들은 교육 분야에도 관심을 두었다. 1886년 아펜젤러와 스크랜

턴 부인이 학교를 세웠음은 앞에서 언급한 바 있는데, 고종은 이들 학교에 각각 배재학당과 이화학당이라는 교명을 하사하였다. 한편 정부에서는 역관을 양성하기 위해 동문학同文學이라는 영어학교를 세웠고(1883), 미국인 헐버트Homer B. Hulbert, 벙커Delzell A. Bunker, 길모어George W. Gilmore를 초빙하여 신식교육기관인 육영공원을 설치하였다(1886). 그러나 고관의 자제들이 새로운 학문을 받아들이는 것을 거부하여 학교가 유명무실해지자 이들은 사임하였다. 조선은 또한 다이 등 미국 군사교관 4명이 고빙되어 온 것을 계기로 연무공원鍊武公院이라는 사관士官 양성기관을 설치하였다(1888). 그러나 연무공원도 육영공원과 마찬가지로 큰 성과를 거두지는 못하였다. 양반자제들이 엄한 규율 밑에서 훈련받기를 싫어했기 때문이다.[96]

조선에서의 캐나다인 선교는 게일James S. Gale이 부산에 도착하면서 시작되었다(1888). 그는 원산에 선교센터를 설립하고, 한국에 소개된 최초의 서양문학작품으로 알려진 『천로역정The Pilgrim's Progress』을 번역했는가 하면, 한영사전을 출판하기도 하였다. 한편 의학박사 학위를 가진 홀William J. Hall은 1891년 조선에 와 평양에서 선교 및 교육활동에 종사했는데, 조선에서 태어난 그의 아들 홀Sherwood Hall 역시 후일 의사가 되어 해주 결핵요양원을 건립하였다. 애비슨Oliver A. Avison 역시 의사로서 세브란스병원을 건립하여(1904) 조선의료계에 혁신적인 발전을 가져왔다. 후일 간도학살사건 등 간도지방에서 일본군 만행을 폭로한 것도 캐나다 선교사들이었다. 그들은 간도에서 한인들을 위한 선교와 교육활동에 종사하고 있었는데, 유명한 명동학교는 그들이 운영한 것이었다.[97]

미국인 선교사들은 조선의 실정을 외국에 소개하기 위해 간행물을 출판하였다. 1892년 월간으로 간행된 『코리안 리포지터리The Korean Repository』는 영문으로 된 최초의 잡지인데 헐버트, 아펜젤러 등이 관여하였다. 그리고 1906년에는 헐버트가 새로 『코리아 리뷰Corea Review』를 월간으로 출판하였다. 한편 서양을 견문한 조선인들은 서양기행西洋紀行을 저술하기도 하였다. 최초의 서양사정 소개서로는 유길준의 『서유견문西遊見聞』이 있다. 유길준은 1883년 민영익을 따라 보빙사의 일행으로 미국에 갔다가 유학생으로 머물렀는데, 그는 『서유견문』에서 자신이 직접 보지 않은 곳도 서적을 참고하여 언급하였다. 저자의 견문을 그대로 적은 최초의 세계여행기는 민영환閔泳煥의 『해천추범海天秋帆』이다. 이 책은 1896년 특명전권공사로서 러시아의 니콜라이 황제 대관식에 참여한 민영환의 여행일기인데, 당시에는 간행되지 못하여 널리 유포되지는 못하였다.[98]

개항 이후 서양의 상인들도 조선에 진출하였다. 독일인은 인천에 세창양행世昌洋行(마이어Meyer 상사)을 설립하여 조선의 홍삼과 금을 수출하고 면포 등을 수입하였다. 그 밖에 우피무역에 종사한 영국의 이화양행怡和洋行(자딘매디슨Jardine Matheson 상사)과 선박, 화약 등을 수입하여 판매한 미국의 타운선상사陀雲仙商社(타운센드Messrs Townsend 상사) 등이 설립되어 무역에 종사하였다.[99]

손탁Antoinette Sontag이라는 독일 여성은 자신의 사저를 이완용, 이상재, 이범진 등이 구성원인 정동구락부의 활동무대로 제공하였다. 러시아공사 베베르의 인척으로 그를 따라 조선에 온 손탁은 민비에게 서양의 풍물과 습관 등을 알려주어 민비의 신임을 얻고, 곧 고종의 전속 조리사가 되었으며, 특히 고종이 러시아 공사관에 머무는 동안 그의 신임을 얻었다. 그리하여 후일(1902) 서울 최초의 서양식 호텔인 2층 벽돌건물의 손탁호텔을 신축하여 운영하기도 하였다.[100] 한편 대한제국정부는 1900년 군 지휘계통상 필요한 군악대를 창설하고, 이를 지도할 음악교사로 일본 해군에서 근무한 독일 출신 에케르트Franz von Eckert를 초빙하였다. 그는 한국에 서양음악을 소개하는 데 크게 기여하였다.[101]

서양인들은 조선의 국호를 Corea 또는 Korea로 표기했는데, Corea가 더 일반적으로 사용되었다. 예컨대 1882년의 조미수호통상조약의 체결과정에서 미국의 슈펠트는 조선의 국호를 'Great Corea'라고 표기하였다. 그런데 이에 대해 조선정부가 "고려는 조선이 이겨 멸망시킨 나라의 국호로서 조선과는 다르다"라고 하면서 그의 서신 접수를 거부하자 조선의 국호를 Chosen이라고 표기하여 조약을 체결하였다. 그러나 서양의 여러 나라는 여전히 조선을 Corea 또는 Korea로 표기하였다. 이에 조선도 1887년 박정양을 주미전권대신으로 파견하면서 국호를 Korea로 하였다. 이후 Corea보다는 Korea라는 표기가 점차 일반화되었다. 그러므로 일제가 Corea로 불리던 영문 국호를 Korea로 바꾸었다는 오늘날 일부의 주장은 잘못된 것이다.[102]

대한제국

(1897~1910)

외교권 상실

5

1897년 고종은 국호를 대한제국大韓帝國으로 고쳤다. 조선이라는 명칭은 중국에 의해 기자箕子가 봉해졌던 땅의 이름에서 유래한 것으로 당당한 제국의 국호로 타당하지 않다는 판단 아래, 일찍이 삼한을 통합했으니 대한이라는 이름이 적합하다고 하여 이를 국호로 삼은 것이다. 대한제국은 연호를 광무光武라 하고, 왕을 황제라 칭하여 중국과 동등한 주권국가이며 황제의 나라임을 선포하였다. 중국의 책봉체제에서 탈피했음을 선언하고, 외국의 간섭으로부터 자주 독립을 이루자는 뜻을 천명한 것이었다.

대한제국의 선포는 청일전쟁에서 청나라가 패배함으로써 이제까지의 종속관계가 끊어졌기 때문에 가능한 일이었다. 청의 종주권을 부인하기 위해 조선이 독립국임을 누차 강조해왔던 일본은 이를 부인할 이유가 없었으며, 더구나 이를 승인함으로써 민비 살해에 따른 한국인의 반일감정을 무마시킬 필요가 있었다. 러시아, 프랑스, 영국, 미국, 독일 등은 이렇다 할 관심을 보이지 않은 가운데 직·간접적으로 대한제국을 승인하였다. 거부반응을 보였던 청도 자국 상인을 보호하기 위해서는 한국을 승인하지 않을 수 없었다.[1] 그러나 대한제국은 독립국가로서의 권한을 올바로 행사하지 못하다가 결국 일본에 병합되고 말았다.

대한제국을 둘러싼 러·일의 각축

한반도에서 청을 대신하여 일본의 새로운 경쟁자로 등장한 러시아는 일본과 전쟁을 벌였다 (러일전쟁, 1904). 이 전쟁이 일본의 승리로 끝남으로써 대한제국은 일본의 보호국으로 전락하였다. 이 과정에서 일본은 미국에 크게 힘입었다. 미국은 가쓰라桂-태프트Taft 밀약을 체결해 일본의 한국 지배를 지지했을 뿐만 아니라, 러일전쟁 후 한국에 대한 일본의 보호 조치를 인정하는 일본과 러시아 간의 포츠머스Portsmouth조약 체결을 알선하였다. 그리고 이 결과를 독일에 통보하는 등 일본의 '한국 보호'를 국제적으로 승인하는 데도 크게 기여하였다. 미국에게는 국가 이익과 관련하여 한국보다는 일본이 중요했기 때문이었다.

러일전쟁

청일전쟁 후 시모노세키조약을 체결함으로써 일본이 랴오둥반도를 차지하자 러시아, 프랑스, 독일이 삼국간섭을 통해 이를 취소시켰음은 앞에서 설명하였다. 이들 삼국은 청에게 그에 대한 보상을 요구하였다. 그리하여 러시아는 일본이 삼국간섭으로 포기한 랴오둥반도의 뤼순과 다롄을 조차했는데(1898) 이로써 한국의 부동항에 대한 그들의 야욕도 누그러졌다. 또한 러시아는 시베리아 횡단철도의 동쪽 끝부분을 만주를 통과하여 블라디보스토크에 이르게 하였다. 즉 1903년 완공을 목표로 한 시베리아 횡단철도의 지름길인 동청東淸철도의 부설권 및 운행권을 차지했던 것이다(1897). 이 지름길을 택하면 약 1,500km 길이의 아무르Amur강 (헤이룽강) 통로를 건설할 때 필요한 수많은 터널이나 교량을 건설하지 않아도 되었다. 아울러 뤼순, 다롄과 동청철도의 하얼빈을 연결함으로써 T자형의 동청철도 건설을 계획하였다. 그리고 독일은 산둥반도의 자오저우만膠洲灣을, 프랑스는 중국 남부의 광둥廣東을 조차하였다. 이에 뒤질세라 영국은 러시아가 조차한 뤼순항의 건너편에 있는 산둥반도의 웨이하이웨이威海衛를 해군기지로 조차함으로써 러시아를 견제하였다.[2]

한편 민비 살해와 고종의 아관파천으로 한국 내 지위에 타격을 입은 일본은 이를 회복하기 위해 여러 차례 러시아와 협상을 진행하였다. 그러나 이렇다 할 이득을 얻지 못했음은 앞서 언급한 바 있다. 이에 일본은 다시 러시아와 협상을 벌여 한국 내에서 유리한 지위를 차지하려고 노력하였다. 그 결과 일본 외무대신 니시 도쿠지로西德二郎는 주일 러시아공사 로젠R. Rosen과 니시-로젠협정을 체결하였다(1898). 그 내용은 러시아가 한국에서 일본의 경제적 활동을 방해하지 않으며, 아울러 양국은 한국의 내정에 간섭하지 않는다는 것이었다. 이후 러시아는 한반도에서 군사 및 재정고문을 자진 철수하고 한러은행도 스스로 폐쇄하였다. 러시아가 일본에게 이러한 양보를 한 까닭은 이를 통해 영국과 일본이 동맹하는 것을 막아보려는 의도와 아울러 뤼순, 다롄을 조차함으로써 한국보다는 만주를 중시하는 쪽으로 정책을 바꾸었기 때문이다. 그리하여 한국에서 일본의 우위를 인정하고 만주는 러시아가 확보한다는, 이른바 '만한교환滿韓交換'이 이루어졌다.[3]

그렇다고 러시아가 한국에 대한 욕심을 버린 것은 아니었다. 러시아에게 한반도는 연해주와 랴오둥반도 간의 해상 연락 및 만주 지배의 안전을 보장하기 위해서도 포기할 수 없는 곳이었다. 러시아는 자신들이 만주를 차지하고 있는 한 언제든지 필요에 따라 한국으로 밀고 내려올 수 있다고 판단하였다. 실제로 러시아는 블라디보스토크와 뤼순을 해상으로 연결하는 지점에 해군기지를 건설하기 위해 마산의 토지를 조차하려고 하면서 그 앞에 있는 거제도를 다른 나라에 할양하지 않는다는 약속을 한국정부로부터 받아내려고 하였다(1899). 그러자 일본은 마산 일대의 토지를 일본인 개인 명의로 매입하고, 거제도의 일부를 조차해줄 것을 한국정부에 요구하였다.[4] 따라서 한반도를 둘러싼 일본과 러시아의 갈등은 언제든지 재연될 소지를 안고 있었다. 이때 중국에서 일어난 의화단義和團의 난(1900)은 한국을 두고 일본과 러시아가 다시 대결하는 계기가 되었다.

청일전쟁 이후 서구 열강들이 앞을 다투어 청의 이권을 탈취하고 영토를 분할하자 권법拳法을 익히는 신흥 종교단체인 의화단이 '청을 지키고 서양을 몰아낸다(부청멸양扶淸滅洋)'는 구호를 내세워 봉기하였다. 이 난은 열강의 중국 분할에 항거하는 배외운동으로 확산되었는데, 청나라정부는 겉으로는 진압하는 체하면서 실은 열강의 침략을 막는 구실로 이를 이용하였다. 그러자 열강은 자국민 보호를 명목으로 연합군을 조직하여 베이징을 공략하였다. 이 8개국의 연합군 가운데에는 러시아와 일본의 군대가 포함되어 있었다.

러시아는 의화단의 난이 진압된 후에도 군대를 철수시키지 않음으로써 사실상 만주를 점령하였다. 막대한 자금을 투입하여 동청철도와 뤼순, 다롄의 군사기지를 건설했기 때문에 만주에서 철병하지 않으려 했던 것이다. 그런데 러시아의 이러한 태도는 청의 영토 분할에 참여한 열강들을 자극하였다. 특히 청에서 지배적 위치를 차지하며 러시아의 남하에 신경을 곤두세우고 있던 영국이 반발하였다. 영국은 일본과 군사동맹의 성격을

띤 영일동맹英日同盟을 맺어(1902) 러시아의 남하에 대비하였다.[5]

영일동맹으로 입지가 강화된 일본은 만주에서 군대를 철수할 것을 러시아에 요청하였다. 여기에는 청국 분할에 뒤늦게 참여하여 만주 진출을 목표로 삼고 있던 미국이 동조하였다. 러시아는 하는 수 없이 철병할 것을 약속하였다. 그러나 러시아는 이 약속을 지키지 않았을 뿐만 아니라 도리어 압록강 하류의 용암포龍巖浦를 불법 점령하여 군사기지를 건설하면서 (1903) 이의 조차租借를 한국정부에 요구하였다. 그들은 한국정부로부터 이미 압록강 상류의 삼림채벌권을 획득하고 목재 저장소로 용암포 일대를 이용하고 있었는데, 벌채업과 종업원을 보호한다는 구실을 내세워 이곳을 점령하여 군사기지를 건설한 것이다. 일본은 러시아에 대한 용암포 조차를 경고하면서 영국, 미국과 함께 용암포 개항을 한국에 종용하였다. 결국 고종은 일본의 요구를 받아들여 러시아와의 조차협정을 거부하고, 의주와 용암포를 동시에 개항하였다.

일본은 한국에 대한 자신들의 내정간섭을 인정하라고 러시아에 요구하였다. 러시아는 이를 거부하는 동시에 북위 39도선 이북의 땅을 중립지대로 만들어 양국의 군대가 진입하는 것을 금지하자고 제의하였다. 일찍이 1896년에 일본이 북위 38도선으로 양국의 세력범위를 분할할 것을 제안했을 때는 거절했는데, 이제는 도리어 러시아가 일본에게 이러한 제의를 한 것이다. 그러나 이번에는 한국에서 주도권을 장악하고 있던 일본이 이를 거절하였다.[6] 따라서 일본과 러시아 사이의 전쟁은 그 시기만을 기다리고 있을 뿐이었다. 전쟁은 영일동맹으로 자신감을 얻은 일본이 러시아가 조차하고 있던 뤼순항의 러시아함대를 기습 공격함으로써 발발하였다 (1904).

포츠머스조약

러시아와 일본 간에 전쟁이 일어나기 전에 미국과 영국의 한국에 대한 태도는 이미 결정되어 있었다. 미국은 한국보다는 만주 진출에 적극적이어서 러시아가 만주에 대한 자국의 이익을 보장해주기만 하면 한국에서 러시아의 권리를 인정하겠다는 태도를 보였다.[7] 청에 대한 수출액이 비약적으로 증가하고 있었기 때문이다. 미국은 청에 대해 문호개방을 선언했는데(1899), 이는 청국 분할에 뒤늦게 참여한 미국이 열강에 대해 기회균등을 요구하는 성명이었다.[8] 그런데 그들의 요구와는 상반되게 러시아가 만주에서의 철병 약속을 지키지 않은 데다가 한국의 용암포를 불법점령하자 미국은 반러친일을 뚜렷이 드러냈다. 당시 미국대통령 루스벨트Theodore Roosevelt는 만주지역에서 러시아의 우세를 견제하기 위해서는 일본이 한국을 지배하는 것이 적절하다고 판단하였다. 그는 자신의 방어를 위해 아무 것도 하지 않은 한국을 위해 일본을 간섭할 수 없다고 밝히기도 하였다. 루스벨트는 그의 친일정책을 강화하기 위해 자신의 대한정책을 반대해온 알렌을 주한공사 직에서 해임하고, 그 대신 모건Edwin V. Morgan을 임명하였다. 알렌은 미국이 더 적극적으로 한국의 상황에 간여해 일본의 침략을 막아야 한다고 주장했던 것이다.[9]

당시 미국은 일본의 해군이 마닐라Manila만에 진공할 것을 두려워하고 있었다. 미국이 중국 진출을 위한 발판으로 필리핀을 영유하자(1898), 러시아가 미국의 마닐라만 철수를 강력하게 요구하면서 일본으로 하여금 필리핀을 차지하도록 권유했기 때문이다. 미국은 자국의 필리핀에 대한 지배를 승인받는 데 대한 대가로 일본의 한국에 대한 지배를 인정할 필요를 느꼈다. 그리하여 이를 확인하는 협약이 도쿄에서 미국의 육군장관 태프트 William H. Taft와 일본수상 가쓰라 다로桂太郎 사이에 체결되었다(가쓰라-태프트밀약, 1905). 이를 특히 밀약이라고 부르는 이유는 이 협약의 내용이나 체결과정이 철저하게 비밀에 붙여졌기 때문이다.[10]

한편 영국은 아프가니스탄문제를 둘러싸고 다시 러시아와 대립하였다. 아프가니스탄이 영국의 종주권을 부인하고 러시아와 연계함으로써 러시아는 아프가니스탄 국경에 철도망을 건설 중이었다. 이는 영국의 인도방위에 적신호였다.[11] 결국 미국과 영국은 러일전쟁에서 일본을 지지하지 않을 수 없었다. 특히 미국대통령 루스벨트는 일본이 전쟁에서 이겨야 하며, 이를 위해 자신도 일본을 도울 것임을 분명히 하였다. 따라서 일본은 전쟁비용의 약 40퍼센트를 런던과 뉴욕에서 모집한 외채로 조달할 수 있었다. 일본의 채권국인 그들은 전쟁이 일본에 불리하게 종결되는 것을 원하지 않았던 것이다.[12]

러일전쟁에서 일본은 연승을 거두었으나 군사적으로나 재정적으로 더이상 전쟁을 계속할 수 없는 상황에 직면하였다. 이에 일본은 미국의 루스벨트에게 강화 알선을 의뢰하였다. 한편 러시아는 전장이 수도에서 멀리 떨어져 있었고, 전쟁물자의 수송을 단선 철로에만 의존했기 때문에 전쟁에 지면서도 아직 싸울 여유가 있었다. 그러나 국내에서 '5월혁명'으로 불리는 민중봉기가 일어나자 더 이상 전쟁을 계속할 처지가 못 되었다.[13] 결국 러시아가 강화에 동의함으로써 미국 뉴햄프셔New Hampshire 주의 군항 포츠머스에서 강화조약이 체결되었다(1905). 포츠머스조약은 일본이 한국에서 정치·군사·경제상의 우월한 이익을 가지며, 필요할 경우 지도·보호·감독의 조치를 취하는 데 방해받지 않을 권리를 갖는다는 것 그리고 사할린 남부와 그 부속도서를 일본에 할양한다는 점을 주된 내용으로 삼았다. 아울러 러시아가 가지고 있던 랴오둥반도의 조차권과 동청철도의 일부인 창춘長春-뤼순 간의 철도(일본은 이를 남만주철도라고 불렀다)에 대한 권리를 일본에게 넘긴다는 점도 규정하였다. 일본은 고종의 아관파천 이후 여러 차례에 걸쳐 러시아와 협상을 해 얻으려고 했던 것보다 훨씬 많은 것을 한꺼번에 얻게 되었다. 이로써 패전국인 러시아도 일본의 한국지배를 승인한 셈이 되었다. 루스벨트는 이 강화조약을 중재한 공으로 노벨평화상을 수상하였다.

루스벨트가 일본의 요구를 받아들여 강화를 중개하기로 결심한 것은 일본에 대한 경계심 때문이었다. 러일전쟁에서 일본이 예상 밖의 승리를 거두자 루스벨트는 일본이 미국의 중국 진출에 장애가 될 것을 우려했던 것이다. 그는 일본의 강화 중개 요구에 동의하면서 일본으로부터 만주를 청에 환부할 것과 만주의 문호개방을 약속받았다. 미국은 일본을 태평양뿐만 아니라 동아시아에서도 경쟁상대로 보기 시작했던 것이다. 포츠머스조약에 러시아의 전쟁배상금에 대한 조항이 없는 것도 루스벨트의 일본에 대한 견제와 무관하지 않았다.[14]

한편 영국은 일본이 러일전쟁을 승리로 이끌어 러시아의 남하를 견제해주자 이에 대한 대가를 지불할 필요를 느꼈다. 이에 러일전쟁이 끝날 무렵 영국은 일본과 영일동맹을 갱신한 제2차 영일동맹을 체결하였다(1905). 여기에서 영국은 일본의 한국에 대한 보호조치를 승인하는 대신 인도에 대한 권리를 일본으로부터 승인받았다. 1902년의 제1차 영일동맹이 러시아에 대항하는 것을 목적으로 했던 데 반해, 제2차 영일동맹은 일본의 한국지배를 외교적으로 보장하는 것이었다.[15]

대한제국의 대외정책

한반도를 둘러싸고 러·일이 각축을 벌이자 고종은 대한제국의 영세중립화를 추진하였다. 그런데 이것이 실패하자 일방적으로 전시국외중립을 선언하였다. 그리고 한일군사동맹을 추진했는가 하면 밀사외교를 전개하기도 하였다. 그러나 이러한 고종의 노력은 모두 수포로 돌아갔다. 당시 대한제국정부는 국제정세에 밝지 못했고, 더구나 한국의 지식인들은 일본인들이 주장하는 삼국제휴론이나 일한동맹론에 매혹되어 있었기 때문이다.

전시국외중립선언

1901년 대한제국은 유럽 각국에 상주하는 특명전권공사를 파견하였다. 이제까지 한 사람이 몇 개국의 공사를 겸함으로써 대외교섭이 효과적으로 이루어지지 못했다고 판단하였기 때문이다. 즉 러시아·프랑스·오스트리아공사(조선은 오스트리아와 1892년 조오朝墺수호조약을 체결하였다)를 겸하고 있던 이범진을 러시아공사로 임명하여 러시아 외교에 전념하게 하고, 민영찬閔泳瓚을 주프랑스공사로 파견하였다. 또 영국·독일·이탈리아공사를 겸직했던 민철훈閔哲勳을 독일·오스트리아공사에 임명하고, 민영돈閔泳敦을 영국·이탈리아공사에 임명하였다. 대한제국은 러시아, 프랑스, 독일, 영국에 상주공사관을 두었다. 그리고 1902년에는 벨기에와 한백韓白수호통상조약, 덴마크와 한정韓丁수호통상조약을 체결하였다.

대한제국이 유럽에 상주하는 특명전권공사를 파견한 것은 유럽 국가들로 하여금 한국에 파견한 외교관의 지위를 전권공사로 승격시키도록 유도하기 위함이었다. 고종은 서울에 주재하는 열강의 외교관 등급이 변리공사로, 중국이나 일본에 비해 낮은 데 불만을 품고 있었던 것이다. 그리고이들 국가의 도움을 받아 영구히 전쟁에 참가하지 않는 영세중립화를 추진하고, 유사시 그들의 거중조정을 받으려는 의도도 가지고 있었다.[16] 의화단사건을 계기로 청이 분할되는 것을 목격하고 심각한 위기를 느낀 결과였다. 그러나 한국의 영세중립화 방안은 성공하지 못하였다. 우선 일본이 한국을 보호국으로 만드는 것을 국가정책으로 채택하고 있었기 때문에한반도의 현상유지를 의미하는 중립화를 철저히 거부하였다. 동북아시아에 대한 외교적 목표를 러시아의 견제에 두고 있던 영국이나 만주 진출을갈망하고 있던 미국도 한국의 중립화에는 관심을 보이지 않았다.

중립화에 실패한 한국은 러시아와 일본 사이에 전쟁의 위험이 높아지자영토를 유린 당하지 않기 위한 방법의 하나로 전시국외중립戰時局外中立을추진하였다. 그리하여 러일전쟁 개전 2주일 전에 중국 즈푸芝罘에서 전시국외중립선언을 발표하였다(1904). 고종은 밀사를 즈푸에 파견하여 이 선언문을 기습적으로 열강에 타전하는 방법을 선택하였다. 한국의 전신업무가 이미 일본의 실질적인 통제 아래 놓여 있었기 때문에 외부의 방해공작을 우려하였기 때문이다. 즈푸선언은 전시국외중립선언이므로 영구적인것이 아니고, 다만 러일전쟁 시 엄정중립을 지킨다는 일시적인 것에 지나지 않았다. 따라서 그것은 그동안 한국이 추진해온 열강 공동 보증하의 영세중립화와는 차이가 있었다.

한국의 전시국외중립선언에 대해 영국이 회답을 보내왔다. 한국은 이를 한국의 중립을 보장한 것으로 생각했으나 사실은 단순히 문서를 받았다는 회답에 불과하였다. 더구나 한국의 중립 보장과 관련해 가장 중요한 세 나라인 미국, 러시아, 일본에서는 아무런 회답이 없었다. 중립화를 위해서는 한반도에 야심을 갖고 있던 이들 국가의 보장을 받아야 했는데, 그렇지 못했던 것이다. 러시아는 방관적이었으며, 영일동맹으로 한국을 일본에 양보한 영국은 냉소적이었고, 미국은 무시하였다. 일본은 경악하다가 결국 거절하였다. 이러한 국제 환경은 차치하더라도 한국은 내부적으로도 중립화를 실현할 수 있는 조건을 갖추지 못하고 있었다. 국가 재정과 군사력 결핍으로 중립국으로서의 책무를 다하기 어려웠던 것이다.[17]

삼국제휴 구상

일본이 한국을 침략하기 위해 러시아와 전쟁을 벌이고 있을 때, 다수의 한국 지식인들은 일본인들이 주장한 삼국제휴론에 매혹되어 있었다. 삼국제휴론은 1880년대 아시아연대론의 영향을 받은 것이었다. 당시 일본을 방문한 조선인들은 일본이 주장한 아시아연대론에 매력을 느꼈다. 수신사 김홍집은 이에 공감하여 귀국 후 고종에게 올린 보고에서 동양 삼국이 협력하면 유럽인으로부터 수모를 막을 수 있을 것이라고 하였다. 홍영식, 어윤중 등 조사시찰단원들도 김홍집과 인식을 같이하였다. 김옥균 역시 그러하였다. 갑신정변으로 일본에 망명 중이던 그는 후일 상하이에서 살해되었는데(1894), 그가 상하이에 간 것은 청나라의 리훙장을 만나 연대를 협의하기 위함이었다. 이처럼 개화파 인사들은 조선이 청·일 양국과 순망치한脣亡齒寒의 관계에 있기 때문에 동양 삼국의 공존을 위해 협력할 필요가 있다고 인식하고 있었던 것이다.

그런데 일본이 아시아연대론을 내세운 것은 삼국이 대등한 자격에서 자유와 평화를 누리자는 것이 아니었다. 구미 열강에 비해 일본이 약소국이므로 아시아와 연대를 이룩함으로써 그 약함을 보충해보자는 것이었다.[18] 한편 삼국제휴론은 동양 삼국의 황색인종은 백색인종에 대항해야 한다는 인종적제휴론을 바탕에 깔고 있었는데, 그 역시 일본의 한국과 청에 대한 지배를 목표로 한 것으로 일본 제국주의를 정당화하는 논리였다. 일본이 맹주가 되어 황인종을 백인종으로부터 보호해야 한다는 것이었기 때문이다. 그러나 일본은 이를 동양평화론으로 포장함으로써 많은 한국의 지식인들을 현혹하였다. 일본은 자신들이 러시아에 선전포고한 것도 대한제국의 독립과 동양평화를 위한 것임을 누누이 강조하였다.

삼국제휴론은 청나라가 서구 열강에 의해 분할되면서부터 설득력을 가졌다. 청을 중화로 여기고 있던 한국의 지식인들에게 서구 열강에 의한 청의 분할은 큰 충격일 수밖에 없었다. 따라서 많은 지식인들이 삼국제휴론에 동조하였다. 『황성신문』은 서구 열강의 청 분할을 설명한 후 동양 삼국의 황인종은 각성해야 한다고 했는데 박은식朴殷植, 이준李儁, 안중근安重根 등도 이러한 논리에 공감하고 있었다.[19]

고종 역시 삼국제휴론에 이끌리고 있었다. 그가 청과의 국교를 정상화하려는 의지를 적극적으로 드러낸 이유가 여기에 있었다.[20] 그리하여 한청통상조약韓淸通商條約이 체결되었다(1899). 청은 고종의 황제 즉위를 청일전쟁의 패배보다 더욱 모욕적인 일로 여겼으므로 조약체결에 부정적인 반응을 보였다. 새로운 조약을 맺는다는 것은 대한제국정부의 황제를 인정하는 것이었기 때문이다. 그러나 4천 명에 이르는 재한 청나라 상민을 보호할 필요성 때문에 결국 조약체결에 응하였다.[21] 이 조약으로 양국은 전통적인 조공·책봉관계가 아닌 상호 대등한 외교관계를 처음으로 수립하였다.

러일전쟁의 발발 가능성이 커지면서 일본은 청을 제외한 한국과 일본의 제휴론인 '일한동맹론'을 내세웠다. 일본이 근대적 문명을 한국에 이식하고 한국을 지도·개발해야 한다는 것이었다. 따라서 '일한동맹론'의 궁극적 목표 역시 일본의 한국 지배였음은 두말할 나위가 없었는데, 그러나 이를 눈치 채지 못한 한국의 지식인들은 여기에 이끌렸다. 박은식은 이를 적극 지지했으며, 안중근이 러일전쟁 당시 일본이 러시아를 굴복시켜야 했다고 주장한 것도[22] 여기에 공감했기 때문이다.

일본은 주한 일본공사 하야시 곤스케林權助로 하여금 한국정부의 중립화 기도를 봉쇄하고 '일한동맹론'의 구체적인 방안으로 한일군사동맹을 추진하게 하였다. 한국을 러시아로부터 떼어내기 위함이었다. 그러자 고종이 여기에 긍정적인 반응을 보였다. 이는 망명자 처리문제와 관련이 있었다. 고종은 갑오개혁에 참여한 박영효, 유길준 등과 민비살해사건에 연루된 우범선禹範善 그리고 대원군의 손자 이준용 등이 일본에 체류하고 있는 현실을 방관하기 어려웠다. 일본이 다시 갑오개혁과 같은 계기를 만들어 망명자들로 친일정권을 구성할지 모른다는 의구심을 가지고 있었던 것이다. 따라서 고종은 한일군사동맹을 미끼로 이들에 관한 문제를 종결지어 체제불안 요인을 제거하려고 하였다. 그러나 일본정부가 망명자 인도를 거부함으로써 교섭은 결렬되었다. 일본은 한일군사동맹의 내용을 곧이어 체결된 한일의정서韓日議定書에 그대로 반영하였다.

삼국제휴나 한일군사동맹은 동맹관계를 전제로 하므로 비동맹을 지향하는 중립정책과 양립할 수 없었다. 따라서 고종이 중립화에 강한 의지를 보일 때는 삼국제휴 구상은 드러나지 않았으며, 반대로 일본과의 동맹체결을 검토하는 과정에서는 중립화 추진이 중단되었다. 고종은 중립화를 최우선과제로 추진했지만, 중립화가 여의치 않다면 러시아의 남침을 저지하기 위한 차선책으로 삼국제휴와 한일군사동맹을 검토했던 것이다.[23]

밀사외교

고종은 전쟁이 러시아의 승리로 끝날 것으로 전망하고(그는 무당들의 말만을 믿고 이렇게 판단했다고 한다), 여러 차례 러시아에 친서를 보내 지원을 호소하였다.[24] 그리고 러·일 간의 강화회담이 루스벨트 대통령의 중재로 포츠머스에서 열리게 된다는 사실을 안 후에는 이승만李承晚을 밀사로 선정하여 협상이 한국에 유리하게 결정되도록 교섭할 것을 지시하였다. 이승만은 미국무장관 헤이John Hay를 만나는가 하면, 하와이에서 얻은 육군장관 태프트의 소개장으로 루스벨트 대통령을 만나 한국의 독립을 지켜달라고 호소하였다. 이승만이 태프트의 소개장을 얻을 수 있었던 것은 그가 가쓰라-태프트밀약 체결을 위해 도쿄에 가는 도중 하와이에 들렀기 때문이다. 그러나 미국은 이미 일본의 한국 보호국화를 승인한 상태였으므로 이승만의 활동이 특별한 결과를 낳을 수 없었다. 더구나 친일적인 주미 한국대리공사 김윤정金允晶은 한국정부의 공식적인 훈령이 없다는 이유로 이승만의 대미교섭을 지원하지 않았다.

포츠머스조약이 일본의 한국보호권을 승인하는 것으로 결정되자 고종은 한국에서 육영사업에 관계해온 헐버트로 하여금 미국 대통령에게 친서를 전달케 하였다. 1882년 조미수호통상조약의 거중조정에 의거하여 미국이 나서서 열강의 공동보호를 통해 일본의 침략을 견제해달라는 내용의 요청이었다. 또한 전 주한 미국공사 알렌에게도 자금을 주어 미국정부를 상대로 교섭을 벌이게 하였다. 그러나 이러한 고종의 노력은 모두 수포로 돌아갔다.[25] 한편 루스벨트 미국대통령의 딸 앨리스Alice Roosevelt를 단장으로 하는 미국의 평화사절단이 아시아를 순방하는 중에 한국을 방문하자(1905) 한국은 그들을 극진히 환대하였다(루스벨트는 포츠머스 강화회담을 주재하여 아시아대륙에 평화를 가져왔다는 점을 국제사회에 널리 과시하기 위하여 이러한 사절단을 파견

하였다). 미국정부가 일본의 침략으로부터 한국을 구해주기를 바랐기 때문이다.[26]

　을사조약으로 한국이 일본의 실질적인 식민지로 전락하자 고종은 네덜란드의 헤이그Hague에서 열린 만국평화회의에 이상설李相卨, 이준, 이위종李瑋鍾과 미국인 헐버트를 특사로 파견하였다(1907). 그들로 하여금 한국침략에 대한 일본의 불법성을 호소하게 하여 을사조약을 무효화시키려는 것이었다. 그러나 이들은 현지에서 일본의 방해로 회의장에 들어가지도 못하였다. 의장인 러시아대표 넬리도프A. I. Nelidov는 한국이 일본의 보호국으로서 외교권을 상실했으므로 회의에 참석할 자격이 없다고 하여 이들을 거절하였다. 애초에 한국에 평화회의 초청장을 발송하면서 이를 알린 것은 러시아였다. 일본의 한국 보호에 타격을 주기 위함이었다. 그러한 러시아가 한국의 본회의 참석을 거부한 것은 일본과의 사이에 제1차 러일협약이 체결될 예정이었기 때문이다. 그 내용은 외몽고에서의 러시아 권익과 한국에서의 일본 권익을 상호 보장하는 것이었다.[27] 이처럼 당시의 국제회의나 국제기구는 열강의 침략성을 은폐하기 위해 만든 것이거나 그들의 활동을 제약할 수 없는 것들이 대부분이었다. 그러나 국제정세에 무지했던 대한제국은 이러한 기구나 회의에 과도한 신뢰를 보냈다.[28] 본회의 참석에 실패하자 이위종은 기자회견을 열어 한국의 비참한 실정을 세계의 언론인들에게 알렸다.

대한제국의 식민지화

러일전쟁이 발발하자 일본은 한국에 군대를 주둔시키고 철도를 이용해 군수품을 수송하는 등 한국을 전쟁을 위한 전진기지로 활용하였다. 그리고 전쟁에서 승리한 후에는 을사조약乙巳條約(1905)을 체결하여 한국을 실질적으로 지배하였다. 독도가 강탈되고 간도가 청에 넘겨진 것도 이 시기의 일이다. 결국 한국은 1910년 일본에 의해 강점되었다.

일본군의 주둔

러일전쟁이 발발하자 일본은 한국주차군韓國駐箚軍이라는 이름 아래 한국에 대군을 급파하였다. 일본이 한국에 군대를 출동시키면서도 한국이나 국제여론을 전혀 의식하지 않은 것은 영일동맹이 유사시 일본의 군사행동을 보장해주고 있었기 때문이었다.[29] 일본은 무력을 앞세워 한국에 공수동맹攻守同盟의 조약체결을 강요하였다. 이것이 한일의정서인데(1904), 여기에서는 내란이나 제삼국에 의하여 대한제국 황제의 안녕 보전이 위험해질 경우 일본은 황제를 보호하는 데 필요한 조치를 취한다는 허울 좋은 조항이 내세워졌다. 그들은 이를 위하여 군사전략상 필요한 지점을 사용할 수 있다고 규정했는데, 이는 일본이 추진해오던 한일군사동맹의 내용을 그대로 담은 것이었다.

한일의정서에서 일본은 또한 한국정부가 외국과 조약을 체결하거나 그밖의 중요한 외교안건을 처리할 때는 미리 일본정부와 협의해야 한다고 못 박음으로써 사실상 한국의 독자적인 외교권 수행을 제한하였다. 그리하여 한국과 러시아 사이의 조약과 한국이 러시아에게 부여했던 이권이 폐기되었다. 한일의정서 체결로 일본과 한국은 군사동맹관계가 되었으므로 일본과 교전 중인 러시아는 곧 한국의 적국이라는 논리를 내세웠던 것이다. 아울러 한국의 해외공관 철수를 추진하였다. 그러므로 이 의정서는 단순한 공수동맹을 위한 조약이 아니라, 일본의 정치적·군사적 침략을 합리화한 것이었다.[30]

일본은 러일전쟁의 수행에 필요한 병력과 군수품 수송을 위해 경의·경부 두 철도를 부설하고 통신망을 강점하였다. 그리고 한국에 주둔한 일본군의 병력을 증강하고 주차군사령관 하세가와 요시미치長谷川好道를 대장으로 승진시킴으로써 주차군사령관의 격을 주한공사보다 높였다. 이는 한국인의 저항을 무력으로 제압하겠다는 의지를 드러낸 것이었다. 그리고 일본은 한국 황무지 개척권을 요구하였다. 즉 나가모리 도키치로長森藤吉郎라는 자에게 50년간 한국 전 국토의 3할에 이르는 황무지의 개간·정리·척식 등 일체의 경영권과 그곳에서 얻는 모든 권리를 넘기도록 해달라는 것이었다. 이는 한국 국토를 강탈하겠다는 것과 다를 바 없었다. 이 요구는 한국인들의 분노를 불러일으켜 거의 모든 한국인들을 반일감정으로 뭉치게 만들었다. 결국 일본은 이를 취소하지 않을 수 없었다.

영토의 상실

러일전쟁이 발발할 무렵, 일본은 울릉도에 속한 독도를 강제로 약탈하여 다케시마竹島라 명명하고 해군 전략기지로 사용하였다. 독도는 한국의 울진군 죽변竹邊에서 215km, 일본의 시마네현島根縣에서 220km로 양국 본토에서는 대체로 비슷한 거리만큼 떨어져 있고, 울릉도에서는 92km, 시마네현의 오키隱岐섬에서는 160km 떨어져 있어 울릉도에서 훨씬 가깝다. 독도라는 명칭은 "한국인들이 이 섬을 독도라고 부른다"라는 일본 측의 기록에 처음 나타난다(1904). 서양인들에게는 리앙크루 록스Liancourt Rocks라고 알려져 있는데, 서양인들에게 독도의 존재를 처음 알린 것이 프랑스의 고래잡이배 리앙크루였기 때문이다(1848).[31]

대한제국정부는 울릉도에 대한 일본인들의 불법 침입과 삼림森林 남벌이 문제가 되자 1900년 울릉본도鬱陵本島와 죽도竹島(죽서도竹嶼島) 그리고 석도石島를 울도군鬱島郡으로 선포하였다. 여기서 석도는 곧 독도를 가리키는 것으로 여겨지는데, 그러나 명칭이 달랐고 좌표나 방위를 표시하지 않음으로써 문제를 남겼다.[32] 한편 일본은 나카이 요사부로中井養三郎라는 어부가 독도를 자국의 영토로 편입시켜 자신에게 대여해줄 것을 청원한 것(1904)을 계기로 '시마네현 고시告示'를 통해 독도를 일본 영토로 편입했다고 밝혔다(1905).

나카이가 청원서를 제출한 1904년은 러일전쟁 발발 직전으로 초비상 시기였다. 이러한 시기에 어민 한 사람의 생업을 위해 일본이 독도를 자국의 영토로 편입했다는 것은 이해되지 않는다. 더구나 당시 동해의 어업은 러시아함대의 위협으로 정지된 상태였다. 따라서 독도는 망루설치계획을 추진하고 있던 일본정부가 나카이의 청원을 계기로 계획적으로 점유했다는 주장이 더 타당해 보인다. 러시아함대의 동해 종단을 차단할 수 있는 전략기지로서 울릉도와 독도 사용의 필요성이 절실했기 때문이다.[33] 한국 정부는 일본이 독도를 침탈한 사실을 알지 못하다가, 1년 뒤에야 울도군수 심흥택沈興澤의 보고로 사태를 파악하였다. 여기에서 심흥택은 '본 군 소속 독도'라고 했는데, 이것이 한국 측 기록에 보이는 최초의 독도 관련 표기이다. 그러나 당시 한국은 외교권을 일본에 박탈당한 상태였으므로 일본을 상대로 어떠한 조치도 취하지 못하였다.[34]

일본은 또한 간도를 청에 넘겼다. 의화단의 난을 계기로 러시아가 만주를 점령하자 치안이 공백상태인 것을 기회 삼아 청나라 사람들이 간도의 한국인들을 괴롭혔다. 한국정부는 이범윤李範允을 간도시찰視察로 임명했다가 곧 북간도관리管理로 고쳐(1902) 한국인들을 보호하게 하였다. 그러나 이범윤이 사포대私砲隊를 조직하여 청병과 충돌을 일으키자 청은 그의 철수를 요구하였고, 활동을 억제당한 이범윤은 러일전쟁의 발발과 함께 러시아로 건너가 독립운동에 가담하였다.[35]

을사조약 이후 일본은 간도를 장악하였다. 일본은 간도지방의 한국인을 보호한다는 명목으로 통감부 간도파출소를 설치하여 이 지역에 대한 행정권을 행사했으며, 헌병대를 파견하고 경찰초소를 설치하였다. 그리고 간도가 한국의 영토라는 사실을 청에 통보하고, 한국에 대한 자신들의 지배가 간도지역까지 확대되어야 한다고 주장하였다. 일본은 백두산정계비의 토문강은 두만강과 다른 것이라는 한국인들의 주장에 동조했는데, 간도지역의 장악이 중국대륙 침략의 관건임을 인식했기 때문이다. 그런데 이곳은 열강의 이해관계가 첨예하게 대립한 지역으로서 일본은 열강을 의식하지 않을 수 없었다. 이에 일본은 간도지역의 진출은 본국의 정책이 아니고 통감부의 추진사업인 것처럼 포장하였다. 그런데 청의 저항이 예상외로 강경하자 간도 영유권을 포기하는 것에 상응할 수 있는 만주에서의 이익을 확보하려고 하였다.[36] 그리하여 안둥安東(오늘날의 단둥丹東)에서 펑톈奉天(선양) 간의 안봉선철도 개축권改築權 등 만주에서의 이권을 얻어낸 대신 간도지방의 영유권을 청에 넘겨주는 간도협약을 체결하였다(1909). 안봉선철도는 일본이 러일전쟁 당시 일본군 수송을 위해 급하게 부설한 것인데, 화물수송을 위해서는 개량공사가 필요했던 것이다.[37] 안봉선철도 개량은 한반도와 만주를 연결하는 철도의 완성을 의미하는 것이었다. 이로써 일본은 중국대륙을 침략할 수 있는 발판을 마련하였다.

식민지가 된 한국

러일전쟁의 발발과 함께 한일의정서를 체결하여 보호국의 틀을 세운 일본은 한국에 일본인 고문관 초빙을 강요하였다. 한국의 내정을 속속들이 간섭하기 위함이었다. 이를 위해 한일협정서韓日協定書(제1차 한일협약, 1904)를 체결하였다. 이에 따르면 한국은 일본이 추천하는 일본인 1명과 외국인 1명을 각각 재정고문과 외교고문으로 초빙하여 이들 고문의 사전 동의 없이는 재정과 외교에 관한 일체의 사항을 처리할 수 없도록 되어 있었다. 이에 따라 재정고문으로는 메가다 다네타로目賀田種太郞가, 외교고문으로는 미국주재 일본공사관 고문으로 일해온 미국인 스티븐스Durham W. Stevens가 고용되었다. 그들 외에도 협약에는 규정이 없는 군부고문, 경무고문, 궁내부고문, 학정참여관 등이 한국정부의 초청 형식을 빌려 임명되었다. 이리하여 이른바 고문정치顧問政治가 실시되었다. 한국 정치의 실권이 일본인의 손으로 넘어간 것이다.

　포츠머스조약에서 한국에 대한 보호조치를 인정받은 일본은 조약 체결을 위해 정치계의 원로 이토를 파견하였다. 이토는 주한 일본공사 하야시와 함께 군대를 거느리고 궁궐에 들어가서 황제와 대신들을 위협하며 일본의 조약안에 승인할 것을 강요하였다. 그리하여 조약이 체결되었는데, 이것이 제2차 한일협약으로 보통 을사조약이라 부른다(1905).

　을사조약에는 한국 황실의 안녕과 존엄을 유지할 것을 보증한다는 조항이 한국의 요구로 포함되었다. 그리고 한국의 외교권을 완전히 박탈하고 한국의 외교에 관한 사항을 관리하기 위해 통감부統監府를 설치한다는 내용이 규정되었다. 그리하여 초대 통감에는 이토가 내정되었는데, 그에게는 한국주차군의 병력 사용을 명령할 수 있는 권한이 주어졌다. 아울러 일본 유학생을 중심으로 구성된 한국정부 관리들 역시 그의 뜻대로 움직일 수 있었다. 일본은 개항 이후부터 조선의 관리와 유학생을 일본에 파견할 것을 조선정부에 요청하여 그들을 친일세력으로 만들어왔던 것이다.[38]

　이토는 한국의 국정을 개선한다는 이른바 '시정개선施政改善'을 표방하였다. 아울러 그는 한국에서의 사업이 한국인의 복지에 도움이 될 것이며, 또 한국이 부강해져 자립할 능력이 있으면 일본은 물러갈 것이라고 선전하였다. 그런데 그가 내건 '시정개선'은 경찰력의 강화와 도로의 개설, 농사개량 등이었다. 이는 한국인의 반일운동을 봉쇄함과 아울러 일본 내의 식량 및 원료 부족을 해결하는 데 필요한 조치들이었다. 따라서 이토가 말한 한국의 '시정개선'이란 실제로는 한반도의 식민지화라는 그들의 목표 달성에 필요한 시책에 지나지 않았다. 그는 이를 위해 일본에서 차관을 얻도록 한국정부에 강요하였다. 그렇게 해서 얻은 돈은 도로확장과 일본인 거류민을 위한 수도공사 등에 쓰였다.[39] 한국정부는 돈은 만져보지도 못한 채 부채만 짊어진 꼴이었다. 후일 한국인들이 국채보상운동國債報償運動을 전개하며 갚자는 부채가 곧 이것이다.

　을사조약을 공표하면서 일본은 외부外部와 재외공관을 공식적으로 폐지할 것을 한국정부에 요구하였다. 이에 따라 외국에 설치된 한국의 공관이 철폐되었다. 일본은 한일의정서를 체결한 이후부터 한국의 재정 사정이 해외공관을 유지할 여유가 없다는 점을 내세워 해외공관 철수를 요구해오다가 이때에 이르러 철폐를 강요했던 것이다. 그리하여 조선정부가 매입해서 사용해오던 워싱턴의 한국공사관 건물 관할권은 주미 일본공사에게 이관되었다. 그는 후일 단돈 10달러를 받고 이 건물을 미국인에게 양도하였다.[40]

일본은 또한 각국에 주한 공사관 철수를 요청하였다. 이에 부응하여 미국이 제일 먼저 공사관을 폐쇄하였고 곧이어 영국, 프랑스, 독일, 러시아 등도 아무런 항의 없이 외교관을 철수시켰다. 이러한 외교권의 박탈은 일본의 한국침략과 관련하여 매우 중요한 의미를 갖는다. 이렇게 함으로써 일본은 다른 나라의 간섭 없이 한국을 독자적으로 지배할 수 있었기 때문이다.[41] 이후 각국은 한국에 있는 자국민의 영사업무를 관장하기 위해 영사를 파견하였다. 1906년 이후 한국에 영사를 파견한 나라는 영국, 미국, 프랑스, 독일, 청, 이탈리아, 벨기에, 러시아의 8개국이었다. 이들 영사들은 한국 황제가 아닌 일본 천황에게 신임장을 제정提呈했으며, 일본에 주재한 자국 공사의 지휘를 받았다.[42]

1907년 헤이그밀사사건이 일어나자 이토는 일본이 한국에 대해 선전포고를 하지 않을 수 없다고 고종을 협박하였다. 외교권을 일본에 위임한 한국이 통감의 허가도 없이 국제회의에 대표를 파견한 것은 한일협약의 정신을 위반한 것일 뿐만 아니라 국제적으로 일본의 위신을 실추시킨 행위라는 것이었다. 이토의 압력을 받은 고종은 결국 순종純宗(1907~1910)에게 양위하였다.

고종을 양위시킨 일본은 한국을 병합하기 위한 조치들을 취해나갔다. 흔히 정미칠조약丁未七條約이라고 부르는 한일신협약을 체결한 것이다(1907). 이 조약에 따라 통감은 한국의 내정에도 일일이 간섭할 수 있는 권한을 정식으로 가지게 되었다. 그리하여 일본은 고문을 없애는 대신 각 부의 차관에 다수의 일본인 관리를 임명한, 이른바 차관정치次官政治를 실시하였다. 이와 더불어 이토는 새로 즉위한 순종을 협박하여 군대 해산에 관한 조서를 내리게 하여 한국군을 모두 해산시켰다.

1909년 만주 하얼빈 역에서 이토를 안중근이 암살하는 사건이 발생하였다. 이를 계기로 일본에서는 복수를 부르짖는가 하면, 한국을 합병하여 하나의 현縣으로 만들어야 한다는 여론이 비등하였다. 일본은 안중근의 이토 살해를 그 이전부터 추진해오던 한국 합병의 호기로 삼았던 것이다. 일본은 육군대신 데라우치 마사타케寺內正毅를 새 통감으로 임명하여 합병을 추진하게 하였다. 그는 총리 이완용과 더불어 합병조약안을 꾸며 조인했는데, 그 내용은 황족과 친일파들의 신분 보장을 규정한 것이 대부분이었다. 그리고 순종으로 하여금 일본 천황에게 한국의 통치권을 양도한다는 조서를 내리게 하였다. 아울러 대한제국의 국호를 없애고 조선으로 명명하였다. 이때의 조선은 국호가 아닌, 규슈와 마찬가지로 일본의 한 지방을 의미하는 것이었다.[43] 이로써 한국은 일본의 군함을 접한 지 34년 만에 그들의 식민지로 전락하고 말았다. 이는 1854년 미국의 군함에 의해 개항된 일본이 22년 후인 1876년에는 자신들이 직접 군함을 거느리고 조선을 위협했던 것과 대조적이다.

일본은 1905년의 을사조약으로 한국을 자신들의 실질적인 식민지로 만들었다. 그런데도 일본은 5년 후인 1910년에서야 한국을 병합하였다. 이처럼 일본이 한국을 즉시 병합하지 않고 5년을 끈 것은 열강들을 의식했기 때문이다. 우선 일본은 러일전쟁에서 패한 러시아의 복수를 두려워하였다. 러일전쟁을 치른 후에도 러시아의 전투력에 여유가 있었던 것과는 달리, 일본의 군사력이나 재정은 완전히 고갈되어 있었던 것이다. 그리고 미국과의 관계도 원만하지 못하였다. 러일전쟁에서 승리함으로써 일본은 뤼순, 다롄에 대하여 러시아가 가지고 있던 모든 권리를 이어받았으며, 창춘과 뤼순 간의 철도(남만주철도)에 대한 권리 역시 일본의 수중에 들어갔다. 일본은 이를 바탕으로 만주경영에 적극적이었는데, 이는 철도부설권 획득과 차관 제공을 이용한 경제적인 침투를 목표로 한 달러외교Dollar Diplomacy를 전개하고 있던 미국을 자극하였다. 미국이 러일전쟁 당시 일본을 지원한 것은 만주의 문호개방과 러·일의 세력균형을 이끌어내기 위함이었는데, 이제 러시아를 대신하여 일본이 만주를 독점해나감으로써 그들을 긴장시켰던 것이다.[44]

일본은 러일전쟁에서 승리했음에도 단 한 푼의 전쟁배상금도 받지 못한 것이 포츠머스조약을 중재한 루스벨트 때문이라 생각하고 미국에 불만을 품었다. 이러한 반미감정은 하와이와 미국 서부지역의 일본 이민자들에 대한 미국인들의 인종차별 행위가 전해지면서(1907) 더욱 확산되었다. 더구나 미국은 일본과 러시아가 만주에서 점유한 철도를 영국, 미국, 일본, 러시아, 프랑스, 독일의 6개국 공동관리 아래 두자는 만주철도국제화안을 제안하면서 러시아와의 제휴를 모색하기도 하였다. 심지어 일본과의 전쟁을 거론하기도 하였다. 한국을 병합하기 위해서도 만주를 자국의 세력 아래 둘 필요가 있었던 일본은 미국을 의식하지 않을 수 없었다.

일본은 자기들처럼 만주에 이권을 가지고 있던 러시아와 꾸준히 접촉하였다. 안중근에게 살해된 이토가 하얼빈에 간 것도 러시아정부의 실력자를 만나 일본의 한국병합에 대한 러시아의 의향을 타진하기 위함이었다(1909). 그리하여 러시아와 두 번에 걸친 밀약을 성사시켰다. 러시아는 일본의 한국병합을 승인하고, 그에 대한 대가로 일본으로부터 외몽고에서의 권익을 보장받는다는 내용이었다. 이로써 러시아와 미국의 제휴는 차단되었으며, 미국의 만주철도국제화안도 무력화되었다. 이러한 과정을 거쳐 일본은 만주문제를 가지고 더 이상 미국의 눈치를 살필 필요가 없어지자 한국을 병합하였다.[45]

한국인의 저항

을사조약으로 한국이 일본의 실질적인 식민지로 전락한 데 대한 한국인의
대응 태도는 다양하게 나타났다. 일본에 협력하는 자들이 있었는가 하면,
이기李沂 같은 사람은 자신의 무능을 한탄하면서 날마다 한밤중에 통분의
눈물을 흘렸고, 나라를 그 지경으로 만든 책임을 황제와 유생 그리고 국민
이 무능한 탓으로 돌려 그들을 비난하는 사람도 나타났다. 물론 분함을 이
기지 못해 자살한 인물도 있었다. 그러한 가운데 많은 사람들은 의병을 일
으켜 일본과 싸우거나 애국계몽운동愛國啓蒙運動을 벌이는 등 나라의 힘을
기르기 위해 노력하였다.

한일의정서가 체결된 1904년부터 시작된 한국인의 철도부설 방해, 전
선파괴 등의 저항은 을사조약 체결 이후에는 광범위한 의병활동으로 발전
해갔다. 의병활동은 구 군인들이 합류함으로써 열기를 띠게 되었다. 한일
신협약이 맺어진 직후 일본이 한국의 군대를 해산하자 장병들은 지방으로
내려가 의병과 합류했던 것이다. 일본은 의병에 대해 '모조리 약탈하고,
모조리 불사르고, 모조리 살육한다'는 정책으로 대처하였다. 그리하여
1909년의 '남한대토벌작전南韓大討伐作戰'에서는 민긍호閔肯鎬, 허위許蔿, 이
강년李康年 등 의병대장을 비롯한 의병 1만 7천 6백여 명이 희생을 당하였
다. 당시 의병과 일본군의 전사 비율은 131 대 1이었는데, 이러한 전사 비
율은 전투원들 간의 교전에서는 나올 수 없는 것으로 일본군이 무저항 상
태의 촌민들을 일방적으로 공격했음을 알 수 있다. 일본의 '남한대토벌작
전'은 합병을 앞둔 시점에서 의병활동을 근절하려는 의도도 있었지만, 이
를 빙자하여 민간에 대해서도 철저히 살육함으로써 전국을 공포분위기로
몰아넣어 식민지 지배의 기초를 다져나가려는 데에 그 목적이 있었던 것
이다.[46] 이로 말미암아 의병들은 두만강과 압록강을 건너 새로운 대일항쟁

의 기지를 찾아 이동하여 독립군으로 전환하였다.

한편 애국계몽운동가들은 학교를 설립하거나 신문을 이용하여 계몽운동에 나섰다. 당시의 대표적인 신문으로는 영국인 베델Ernest T. Bethell이 만든 『대한매일신보』가 있었다. 영국 신문사의 통신원으로 러일전쟁을 취재하기 위해 한국에 왔던 베델은 『대한매일신보』를 창간하여 고종을 비롯한 한국인들의 재정적인 후원을 받았다. 한국말을 몰랐던 베델은 제작의 실권을 양기탁梁起鐸 등 한국인에게 맡기지 않을 수 없었는데 이에 신채호, 박은식 등은 논설을 실어 국민들의 애국심을 고취시켰다. 그들은 영국인이 한국에서 치외법권을 누리고 있으므로 통감부가 마음대로 검열할 수 없는 점을 이용하여 일본의 침략 행위를 신랄하게 공격하였다. 고종이 을사조약의 불법성을 폭로하는 친서를 발표한 것도 이 신문이었다.

애국운동가들은 한국어와 한국사에 대한 관심과 더불어 세계의 역사에 대해서도 관심이 컸다. 당시의 한국이 당면한 현실에 비추어 모범이 될 건국사나 건국영웅들의 전기, 반성의 자료가 될 망국사 같은 것에 특히 그러하여 윌리엄 텔을 번역한 박은식의 『서사건국지瑞士建國誌』를 비롯하여 『미국독립사』, 『이태리독립사』, 폴란드 왕국 말년의 독립전쟁을 다룬 『파란말년전사波蘭末年戰史』, 베트남의 망국 과정을 설명한 『월남망국사越南亡國史』, 『이태리건국삼걸전伊太利建國三傑傳』, 미국 초대 대통령 조지 워싱턴George Washington 전기인 『화성돈전華盛頓傳』, 러시아의 표트르Pyotr Alekseyevich 1세의 전기인 『피득대제彼得大帝』 등이 번역 소개되었고, 잔 다르크의 일생을 그린 장지연張志淵의 『애국부인전愛國婦人傳』 등도 출판되었다. 독립의지와 역사의식을 높이기 위함이었다.

애국계몽운동이 전개될 당시 한국 사회에는 스펜서Herbert Spencer의 사회진화론이 수용되어 큰 영향을 끼치고 있었다. 사회진화론은 다윈Charles Darwin의 진화론을 인간사회에 적용한 것으로서 인간사회에도 적자생존適

者生存, 우승열패優勝劣敗, 약육강식弱肉强食이 존재한다는 것이었다. 애국계몽운동가들은 적자適者, 우자優者가 되기 위해서는 지식과 실력을 길러야 한다고 주장했다. 실력양성의 필요성을 절감한 애국계몽운동가들은 사회진화론을 끌어들여 자신들의 논리를 보강했던 것이다. 그러나 사회진화론은 친일파 지식인들의 자기변명에 이용되기도 하였다. 그들은 사회진화론의 힘의 논리를 끌어들여 일본을 타도의 대상 아닌 모방의 대상으로 선정함으로써 자신들의 친일을 합리화했던 것이다.[47]

일제강점기

(1910~1945)

6

망명과 이주

한국이 일제의 식민지가 됨으로써 그 이전 독립협회 등이 주도해 전개되었던 국민주권운동은 좌절되었다. 이후 한국인은 민주주의적 정치훈련을 쌓을 기회를 가질 수 없었으며 민주적 자질을 가진 정치지도자도 양성될 수 없었다. 이처럼 일제의 식민지배는 8·15 광복 후 한반도에 민주주의의 정치형태가 정착하는 데 큰 타격을 주었다. 더구나 일제는 자신들에게 협력한 기업가와 지식인들에게는 어느 정도의 특혜를 베푼 반면, 노동자와 농민은 철저하게 탄압함으로써 민족 간의 분열을 심화하는 데 주력하였다. 그 결과 일제의 식민통치는 또한 8·15 광복 후 한반도가 남북으로 분단될 소지를 마련해놓았다.[1]

일제가 한국을 강점하자 한국인들은 독립을 위해 국외에서 투쟁하였다. 그들의 활동무대는 주로 중국과 소련 그리고 미국이었다. 대한민국임시정부는 중국의 국민당정부와 긴밀한 관계를 유지했으며, 만주의 한국인들은 중국공산당과 협력하여 항일무장투쟁을 전개하였다. 또한 이승만 등은 미국을 중심으로 국제적인 활동을 전개했고, 공산주의자들은 소련과 연결되기 위해 노력하였다. 그러나 나라를 잃은 상태였으므로 그들이 외국으로부터 온갖 수모를 당했음은 물론이다. 한편 이 시기에는 일제의 식민통치와 기근을 벗어나 새로운 삶을 개척하기 위해 외국으로 떠난 한국인들이 적지 않았는데, 이주한 이후 그들의 생활은 한결같이 비참하였다.

일제의 식민통치

일제의 식민통치는 세 시기로 나눌 수 있다. 한국을 병합한 이후부터 1919년 3·1운동이 일어날 때까지 일제는 무단통치武斷統治를 실시했으며, 3·1운동 이후부터 1920년대 말까지는 한국민족을 분열시키는 데 주력하였다. 그리고 1930년대 이후는 황국신민화皇國臣民化 정책을 실시하여 한국 민족을 말살시키려고 하였다.

무단통치

1910년 한국을 병합한 일제는 통감부를 조선총독부朝鮮總督府로 바꾸고 총독 이하 관리들을 임명하였다. 육·해군대장 중에서 임명된 총독은 일본 정부의 통제를 받지 않고 오직 천황의 명령만을 받을 뿐이며, 한국에서는 입법권, 행정권, 사법권 및 군사통수권을 한 손에 쥐었다. 그러므로 조선총독은 일본 군부는 물론 정계에서도 그 비중이 컸다. 일본수상을 거쳐 조선총독이 되는 경우도 있었고, 반대로 조선총독을 거쳐 일본수상이 되는 경우도 있었다. 그러므로 그들은 그들의 정치적 야심 때문에 가혹한 식민정책을 실시하는 경우가 허다하였다. 총독 밑에는 행정을 담당한 정무총감政

務總監과 치안을 담당한 경무총감警務總監이 있었다. 그들은 전국을 13개 도로 나누어 한국인을 각 도의 장관에 임명하였다. 지방까지 일본인들이 직접 통치하는 것은 불가능했기 때문이다.[2] 한편 총독부의 부속 관청으로 중추원中樞院을 설치하였다. 한국인으로 구성된 중추원은 총독이 자문하는 사항을 협의하여 건의하는 역할을 맡았다. 그런데 중추원의 의장은 정무총감이었으며 의원은 일제가 임명하였다. 또한 총독이 자문한 사항은 정치나 경제와 같은 중요한 시책이 아니라, 옛 관습의 조사와 같은 것이었다. 일제가 한국인에게 기대한 것은 한국인을 다루는 데 필요한 지식뿐이었던 것이다.[3]

한국을 병합한 이후부터 3·1운동이 일어날 때까지 일제의 통치는 흔히 무단통치라고 불린다. 그런데 일제가 한국을 식민지로 삼은 모든 기간의 통치가 무력에 의한 강압적인 것이었으므로 이 시기만을 무단통치로 설명하는 것은 적절치 않다는 생각이 든다.[4] 기왕에 이 시기의 통치형태를 특히 그렇게 부른 것은 헌병으로 하여금 경찰업무를 맡도록 한 헌병경찰제도와 태형령笞刑令 때문이었다.

헌병경찰제도는 의병운동을 진압할 목적으로 1908년부터 시행되었다. 한국을 병합한 후에는 전국에 1만 명이 넘는 헌병을 배치하여 조선주둔헌병사령관이 경무총감이 되고 각 도의 헌병대장이 경찰부장을 겸임하도록 하는 등 훨씬 조직적인 체계를 갖추었다. 헌병경찰제도에서 특히 주목되는 것은 헌병 수만큼 헌병보조원을 두었다는 점이다. 한국인 중에서 무뢰배를 모집하여 그들의 사기, 강도, 강간 등의 악행을 허용해주는 대신 민족운동을 탄압하기 위한 밀정으로 이용했던 것이다. 한편 일제는 그들의 지시에 따르지 않거나 반항하는 한국인들을 잡아다가 매질을 할 수 있는 태형령을 제정하였는데(1912), 이 때문에 많은 사람들이 사망하거나 불구가 되었다.

민족분열정책

3·1운동 후 총독에 부임한 사이토 마코토齊藤實는 이른바 '문화정치'를 실시한다고 하였다. 3·1운동을 목격한 일제는 형식적이나마 그들의 정책을 수정하지 않을 수 없었던 것이다. 이를 위해 헌병경찰제도 대신 보통경찰제도를 채용하고, 교육을 보급하여 일본인과 같은 수준으로 올리며, 한국인이 경영하는 한글로 된 신문의 간행을 허락한다고 선전하였다. 그리고 한국인에게 겁을 주기 위해 실시했던 일본인 관리나 교원의 칼 차기를 폐지하였다. 그러나 이러한 조치의 이면에는 더욱 악랄한 통치수법이 감추어져 있었다.

일제는 헌병경찰제도를 보통경찰제도로 바꾸었으나 이는 명칭만을 변경한 데 불과하였다. 경찰의 수를 1년 만에 약 3배로 급격히 늘리고, 전국 각지에 경찰서, 파출소, 주재소 등 경찰관서를 약 4배가량 증설하였다.[5] 또 민족운동을 탄압하기 위해 경찰의 정보망을 강화했을 뿐만 아니라, 식민지체제를 부인하는 자들에게 가혹한 형벌을 부과하는 것을 내용으로 한 치안유지법을 만들어 집행하였다(1925).

일제는 1면1교一面一校 주의를 내세워 교육시설을 확장하였다. 그런데 그들이 교육시설을 확장한 것은 민족동화 교육을 강화하여 한국인들의 저항심을 약화시키고, 일제에 충성을 다하는 인물을 만들기 위한 것이었다. 이는 보통학교와 고등보통학교의 교육목적이 일어를 습득·숙달시키는 데 있다고 분명하게 밝힌 것으로도 알 수 있다. 그리고 『동아일보』, 『조선일보』 등 한국인이 경영하는 한글로 된 신문이 창간되었다. 여론을 수렴하고 확산시키는 신문의 기능을 이용하여 여론을 통제하기 위함이었다. 그들이 신문을 엄격히 검열하고 삭제, 압수, 정간을 빈번하게 강행한 이유가 여기에 있었다. 물론 신문을 이용해 여론을 조작하기도 하였다.

한국의 독립정신을 약화시키기 위한 방법의 하나로 일제는 한국인에게도 참정권이나 자치권을 허용할 것처럼 선전하였다. 그리하여 친일파 민원식閔元植은 총독부 경무국장(3·1운동 이후 일제는 경무총감의 명칭을 경무국장으로 바꾸었다) 마루야마 쓰루키치丸山鶴吉의 조종 아래 참정권 청원운동을 전개하였다. 식민지배 아래서 한국인에게 참정권을 주는 방법은 조선 의회를 따로 만드는 방법과 일본 의회에 한국 대표를 참가시키는 방법이 있을 수 있었다. 그런데 일제는 처음부터 어느 쪽도 허용할 생각이 없었다. 따라서 관제의 참정권 청원운동은 무산돼버렸다. 이에 총독부는 지방에 의결권이 없는 부府(일본인 거주지역) 협의회, 면 협의회, 도 협의회 등을 설치하여 지방 행정기관의 예산 및 공공사업에 대한 자문에 응하게 하였다. 지방에 거주하는 친일 인사들의 명예욕을 채워줌으로써 식민통치의 동반자로 만들려는 속셈이었다. 또한 독립을 갈망하는 한국인에게 그 제도가 마치 참정권을 부여한 것 같은 환상을 갖게 하고, 완전한 자치를 실현하기 위한 첫 단계라는 착각을 일으키게 하는 효과도 노렸다.[6]

일제는 새로운 친일세력 양성에 주력하였다. 한일합병 당시 친일파로 활약했던 세력이 민족의 적으로 규탄을 받자 그들을 내세워서는 3·1운동 이후의 민심을 수습하는 것이 불가능하다고 판단했던 것이다. 일제는 독립선언서에 서명했거나 3·1운동에 참여한 명망 있는 인사들을 포섭하여 친일세력으로 만들기 위해 노력하였다. 이를 위해 총독부는 상하이임시정부의 기관지인 『독립신문』의 주필로 있던 이광수李光洙를 회유하여 귀국시키고, 3·1운동으로 복역 중이던 최린崔璘, 최남선崔南善 등을 가출옥시켜 이들로 하여금 언론기관을 통하여 자치운동을 전개하고 '문화정치'를 선전하게 하였다.[7] 3·1운동 당시 지방에서 시위를 주도한 농민들의 감옥생활이 15년이나 되었던 것과는 달리, 이른바 민족대표들의 감옥생활이 길어야 3년이었던 이유가 여기에 있다.

일제는 어용단체를 조직하여 농민과 상인 그리고 종교계를 분열시켰다. 친일파 송병준宋秉畯이 조직한 조선소작인상조회朝鮮小作人相助會를 이용하여 소작운동을 파괴하고, 을사오적 가운데 한사람인 이지용李址鎔이 사장으로 있던 상무사商務社라는 보부상단체를 후원하여 상인들 간의 갈등을 조장하였다. 그리고 유생들을 회유하여 선전에 이용할 목적으로 대동사문회大東斯文會와 유도진흥회儒道振興會를 조직했는가 하면, 친일적인 기독교단체를 세웠다. 또한 천도교天道敎 내에 혁신을 주장하는 신파新派를 만들어 자신들의 편으로 끌어들였으며, 불교의 대처승을 지원하기도 하였다. 이에 따라 종교계에도 친일파와 민족주의자 간의 갈등이 일어나기 시작하였다. 1920년에 총독부의 예산이 급격하게 늘어난 것도 민족 분열을 위한 정치 공작금, 즉 매수자금이 필요했기 때문으로 추측할 수 있다.[8]

일제는 한국인 사회 내부의 계급 대립을 조장하기도 하였다. 예컨대 1919년에 설립된 경성방직京城紡織은 총독부로부터 보조금을 지급받았는가 하면, 총독부의 알선으로 은행에서 융자를 얻는 등 일제의 각별한 비호를 받았다. 이와는 달리 당시 십대 소녀가 대부분이었던 경성방직의 노동자는 비참한 생활을 하였으며, 그들의 상조회와 같은 온건한 노동자조직도 총독부에 해산당하였다. 그런데도 노동쟁의가 일어나자 경성방직은 일제 경찰의 적극적인 개입에 힘입어 이를 진압하였다. 따라서 경성방직의 노동자들이 사장인 김연수金季洙 같은 인물을 존경할 까닭이 없었다.[9]

결국 일제의 이른바 '문화정치'는 다름 아닌 민족분열정책이었다. 그 결과 한국민족 내부에 상호 불신풍조가 깊이 뿌리박히게 되었다. 한국인 사이에 배반과 밀고행위를 자행하는 경향이 생겨난 것도 이 때문이었다. 그런 의미에서 일제의 '문화정치'는 3·1운동 이전의 무단통치보다 더욱 악랄한 통치수법이었다고 하겠다. 따라서 이후 한국의 민족운동은 3·1운동 때처럼 한국인들이 일체가 되어 추진되지 못하였다.[10]

황국신민화정책

일제가 만주사변을 일으켜(1931) 만주를 점령한 이후 한국은 일제의 대륙 침략 중심기지로 부상하였다. 일제는 이러한 식민지 한국을 안정적으로 지배할 필요가 있었다. 그런데 1930년대 한국의 농촌은 매우 피폐해 있었다. 일제의 토지 수탈로 농민 대부분이 영세소작농으로 전락했기 때문인데, 농민들의 불만은 일제에 대한 저항으로 나타날 수밖에 없었다. 조선총독으로 부임한 우가키 가즈시게宇垣一成는 이러한 위기를 극복하고 어떠한 사태가 발생하더라도 '모국' 일본을 배반하지 않을 식민지인을 만들기 위해서는 한국의 농민들에게도 '적당한 빵'을 제공할 필요가 있다고 생각하였다. 그리하여 이른바 농촌진흥운동을 전개하였다(1933). 자력갱생自力更生으로 춘궁春窮을 퇴치하고, 부채를 근절하여 농가의 경제를 다시 일으키겠다는 것이었다.[11] 그러나 여기에는 농촌의 피폐를 정치·사회적인 이유에서 찾지 않고 농민의 나태·도박 등 '나쁜 민족성'에 있다는 논리를 펴 일제에 대한 저항을 약화시키려는 의도가 있었다. 아울러 일제는 농민 가운데 일부를 선발하여 농촌 지도자로 삼아 일제에 협력할 인물로 양성하였으며, 농민생활을 속속들이 간섭하고 통제하였다.

농촌진흥운동을 효과적으로 추진하기 위한 방안으로 조선총독부는 교육정책 개선과 종교계를 이용한 심전개발心田開發운동을 전개하였다. 교육정책 개선은 일제통치에 협력하는 인물들을 만들어내고 조선총독부의 시책을 농민에게 전달하는 데 필요한 것이었으며, 심전개발운동은 농촌진흥운동을 정신적으로 지원하기 위한 것이었다. '심전'은 '정신상태'를 뜻하는 말로, '심전개발'은 '정신 계도'의 의미로 이해할 수 있으므로 심전개발운동은 곧 일본 천황에게 순종하는 충성스러운 신민을 만들기 위한 정신계몽운동이었다고 할 수 있다.[12] 그러나 불교의 부흥을 목표로 하고 있던 불교계만 적극 협력했을 뿐 조선총독부가 주된 대상으로 지목한 청년 층이 열성적으로 참여하지 않음으로써 이 운동은 곧 자취를 감추었다.

일제의 식민통치는 1930년대 후반이 되면서 훨씬 악랄해졌다. 조선총독 미나미 지로南次郎는 일본과 조선은 하나라는 이른바 '내선일체'의 표어를 내걸고, 모든 한국인을 천황의 신민으로 만든다는 황국신민화정책을 적극적으로 추진하였다. 이를 위해 일제는 3·1운동 이후부터 실시되어온 신사참배神社參拜를 강요하기 시작하였다. 신사는 일본의 천황이나 전쟁 영웅 등을 제신祭神으로 삼아 예배하는 곳인데, 일제는 각 지방에 신사를 설치하고 남산에는 신사보다 위인 신궁神宮을 세워 그들의 조상신(아마테라스오미카미天照大神)과 메이지천황에 대한 예배를 강요하였다.[13] 아울러 '우리들은 대일본제국의 신민이다. 우리들은 마음을 합하여 천황폐하께 충성을 다한다'는 내용의 황국신민서사皇國臣民誓詞를 만들어 학생은 물론이고 일반인에게도 이를 일본어로 암송하게 하였다. 일본말을 모르는 농민들이나 부녀자들이 이를 외우지 못해 많은 고초를 겪었음은 물론이다. 그리고 드디어는 창씨創氏라 하여 성명조차 일본식으로 고치도록 강요하였다.[14]

일제는 황국신민화정책을 더욱 효과적으로 추진하기 위해 국민정신총동원조선연맹國民精神總動員朝鮮聯盟을 결성하였다(1938). 이는 황국신민화정책을 선전하고 실천하는 민간기구였는데, 위원으로는 명망 높은 인사들이 자의 혹은 타의로 위촉되었다. 그리고 각 직장연맹을 두는 한편 지방 행정기구에 따라 도연맹, 부·군연맹, 읍·면연맹, 동·리연맹 등이 조직되었다. 또 10호戶를 단위로 애국반愛國班을 만들고 정기적으로 반상회班常會를 열어 신사참배, 일장기 게양 등에 대한 결의를 다지게 하였다. 이 애국반 조직을 통해 전체 한국인은 식민지 지배체제 아래 완전히 장악되었다. 따라서 국내에서의 민족해방운동은 거의 발붙일 곳이 없는 상태가 되었다.

일제가 황국신민화정책을 추진한 것은 한국인을 일본인과 동등하게 대우하기 위함이 아니었다. 3·1운동 이후인 1920년대에 추진된 '내선융화' 정책이 일제의 식민지배에 대한 한국인의 저항의식을 약화시키기 위함이었다면, 1930년대 후반 이후의 황국신민화정책은 중일전쟁(1937)과 태평양전쟁(1941)의 발발과 깊은 관련이 있다. 한국인들로 하여금 일본인과 공동운명체라는 인식을 갖게 하여 아무런 저항 없이 전쟁에 참여하고, 전쟁에서 천황을 위하여 주저함이 없이 죽을 수 있는 인간을 만들기 위한 조치였던 것이다.[15] 실제로 일제는 징병제를 실시했는가 하면, 국가총동원법을 공포하여 침략전쟁을 수행하는 데 필요한 노동력을 한국인으로부터 강제로 수탈하였다. 그리고 1944년에는 여자근로정신대女子勤勞挺身隊('정신'이란 국가를 위해 몸을 바친다는 뜻)를 조직하여 여성 수십만 명을 군수공장 등에서 일하게 만들었다. 심지어 12세 이상 40세 미만의 여성들을 강제로 동원하여 그들 대부분을 중국과 태평양지방의 최전선에 투입하여 군인을 상대하는 위안부가 되게 하는 만행을 저질렀다. 약 20명의 여성들로 약 1천 명 가까운 1개 대대의 병사들의 노리갯감이 되게 함으로써 많은 여성이 희생되었다.[16] 최근 들어 그 진상이 밝혀지기 시작한 종군위안부문제를 간과하기 어려운 까닭은 이러한 범죄 행위가 개인이 아닌 국가에 의해 조직적으로 행해졌다는 데에 있다.

한국인의 대외교섭

3·1운동을 전후하여 국내외에는 여러 개의 임시정부가 수립되었다. 블라디보스토크의 대한국민회의, 상하이의 대한민국임시정부, 서울의 한성정부가 그것이다. 임시정부가 세 곳에 세워지자 자연히 통합문제가 제기되었다. 그리하여 상하이의 대한민국임시정부라는 명칭을 그대로 사용하면서 한성정부의 정통성을 인정한, 대한민국임시정부(임시정부)가 상하이에 수립되었다(1919. 9). 그런데 통합 임시정부의 위치를 두고 독립운동가들 사이에 논란이 있었다. 통신 연락과 외교 활동의 편의성, 프랑스의 조계租界라는 안정성 등을 들어 정부의 위치를 상하이로 하자고 주장한 인물들이 있었는가 하면, 무장독립투쟁을 전개하기에 편리한 연해주나 만주에 정부를 둘 것을 주장한 인물들도 있었다. 결국 통합 임시정부는 상하이에 위치함으로써 외교독립노선에 역점을 두었다.[17]

그러나 잠깐 동안 존속한 쑨원孫文의 호법정부護法政府 이외에 임시정부를 승인한 국가는 없었다. 따라서 한국인들은 한국의 독립과 임시정부에 대한 국제사회의 승인을 얻기 위해 꾸준히 외교활동을 지속하였다. 국내의 공산주의단체들은 코민테른Comintern(국제공산당)의 본부가 있는 소련과 접촉하였으며, 중국을 무대로 활동하던 무장독립운동단체들은 중국공산당과 밀접한 관계를 맺고 독립운동을 전개하였다.

대한민국임시정부의 대외교섭

제1차 세계대전의 강화회의가 파리에서 열리기 직전, 미국의 윌슨Tomas W. Wilson 대통령은 민족자결주의를 포함한 강화원칙을 발표했다(1918). 윌슨의 민족자결주의는 제1차 세계대전의 패전국인 오스트리아 등이 지배했던 식민지 국가들이 독립을 원하면 이를 인정하겠다는 것이었다. 오스트리아의 광대한 영토를 민족에 따라 분할함으로써 잠재적인 적대세력을 무력화하려는 의도가 담긴 것이었다. 한국은 전승국 일본의 식민지였기에 이 원칙이 적용될 수 없었다. 당시 많은 지식인들도 이러한 사실을 알고 있었다. 그러나 그들은 민족자결주의 원칙을 한국에도 적용하라고 요구하고 나섬으로써 이를 독립운동을 고양하는 데 이용하려고 하였다.[18] 그리하여 한국의 독립운동가들은 상하이에서 신한청년당新韓青年黨을 조직하고 (1919. 1), 김규식金奎植을 강화회의가 열리는 파리에 파견하였다. 그는 당시 한국인이 한 사람도 살지 않은 파리에서 한국의 독립을 호소하였다.

임시정부는 파리강화회의 결과 결성된 국제연맹League of Nations으로부터 독립을 보장받고, 연맹에 가입하는 데 외교의 일차적인 목표를 두었다. 그러나 그것이 불가능해지자 중국, 미국, 영국, 소련 등 각국으로부터 개별 승인을 받기 위해 노력하였다. 이를 위해 해외에 주재하는 외교위원부 규정을 공포하여 파리위원부, 런던위원부 등을 설치하였다(1920). 임시정부는 신한청년당에서 파리에 파견한 김규식을 외무총장 겸 주파리위원으로 임명하여 대한민국 정식대표로 삼고, 외교활동을 전개하게 하였다. 미국에는 재미동포들의 전체회의 결의로서 필라델피아에 외교통신부가 설치되었는데, 임시정부가 이를 공식 승인함으로써 한국통신부가 되었다. 이와는 별도로 이승만은 워싱턴에 구미위원부를 설립하고 외교활동을 전개하였다. 그는 자신이 임시정부의 대통령으로 당선되자 한국통신부와 파리위원부를 구미위원부에 흡수하여 파리에서 돌아온 김규식으로 하여금 위원장을 맡게 하였다. 구미위원부는 선전용 간행물을 발행하고 강연회를 개최하는 등 외교활동 이외에 동포사회에서 정부 행정기관으로서의 역할도 수행하였다.[19]

임시정부는 쑨원이 광저우廣州에서 호법정부를 재건하고 대총통에 취임한 것을(제2차 광동정부) 계기로 외무총장인 신규식申圭植을 전권사절로 파견하여 승인을 얻어냈다(1921). 이로써 한국인 학생들이 중국 군관학교에서 교육을 받을 수 있게 되었다. 쑨원은 과거 중국의 조공국들을 중국 영토의 일부로 이해한 인물이었다. 그는 일본의 한국 점령이 중국에 커다란 위협이 된다고 판단하고 임시정부를 승인하였다.[20] 그러나 임시정부는 북양군벌北洋軍閥이 정권을 장악하고 있던 베이징정부의 승인은 받지는 못하였다. 임시정부의 입장에서는 독립군의 활동지역이며 많은 교포가 거주한 만주를 관장하고 있던 베이징정부와의 외교관계 수립이 더 중요했으나 일본의 정치·경제적 영향을 강하게 받고 한국의 독립운동을 부정적으로 보고 있던 베이징정부는 임시정부를 승인하지 않았던 것이다.[21]

1921년 미국의 주도 아래 워싱턴회의가 개최되었다. 여기에서는 해군군비축소문제와 동아시아·태평양지역의 현안문제, 특히 중국의 안전을 확보하는 방법에 관한 문제가 토의되었다. 미국은 이러한 문제를 해결하여 이 지역에 대한 주도권을 장악하려고 하였다. 파리강화회의가 한국문제에 대하여 아무런 보장이나 언급 없이 폐막된 데 실망하고 있던 임시정부는 워싱턴회의가 한국의 독립을 승인해줄 것을 기대하고, 이승만과 정한경鄭翰景을 한국대표단으로 선임하였다. 이승만 등은 독립청원서를 워싱턴회의 사무국에 제출하면서 한국문제를 워싱턴회의의 의제로 상정하거나 자신들을 참석시켜줄 것을 요구하였다. 그러나 미국의 여권발급 거부로 그들은 회의에 참가하지도 못했으며, 한국문제는 일본의 내정문제라는 미국의 일관된 주장 때문에 거론조차 되지 않았다.[22] 이에 반해 중국은 주권회복에 관한 문제를 상정하여 제1차 세계대전에 참전하여 승전국이 된 일본이 패전국인 독일로부터 넘겨받은 산둥반도의 자오저우만 조차지 및 철도에 관한 권리를 되찾는 등 상당한 성과를 보았다.[23]

워싱턴회의에 대항하여 코민테른은 모스크바에서 극동인민대표대회를 개최하였다(1922). 이 대회는 극동아시아에서 공산주의혁명을 효과적으로 수행하기 위한 방법을 논의하기 위한 것이었는데, 한국은 25개 단체에서 52명의 대표를 파견하였다. 전체 참가자 144명 가운데 52명이 한국대표였다는 사실은 이 대회에 거는 한국인들의 기대가 어느 정도였는지를 말해준다. 그러나 이 대회는 식민지의 민족해방운동을 적극 지지할 것과 민족통일전선의 결성 등만을 촉구했을 뿐 한국의 독립문제에 대해서는 아무런 언급이 없었다.[24]

임시정부대통령 이승만은 미국을 움직이는 것이 독립의 지름길이라고 믿고, 미국대통령 윌슨에게 한국의 독립과 국제연맹의 위임통치를 청원하였다. 그런데 이승만의 이러한 독립운동 노선에 대해 신채호를 비롯한 임시정부의 국무위원들이 반감을 품었다. 이승만이 임시정부의 주요 재정원인 하와이 동포들의 인구세人口稅와 애국금愛國金을 대통령 재임기간 동안 줄곧 미국에 머물면서 독점한 것도 국무위원들의 불만을 자아냈다. 6년 동안 대통령을 역임한 이승만이 상하이에 머문 기간은 6개월에 불과했던 것이다. 결국 임시정부는 이승만을 해임하고 구미위원부를 폐지하였다. 그리고 박은식을 2대 대통령으로 추대하였다(1925).

임시정부 내에 노선 갈등이 일어나자 독립운동가들은 하나 둘 임시정부를 빠져나갔다. 임시정부는 활동이 크게 약화되었음은 물론이고, 극도의 재정난에 빠져 정부청사를 초라한 개인 집으로 옮겼는데도 집세를 내지 못할 정도였다. 당시 국내에서는 일제의 민족분열정책이 효과를 거두어 한국인 지도층은 독립을 가망 없는 것으로 보았으며 독립운동 자금을 대면 패가망신한다는 풍조가 퍼져 자금이 전혀 걷히지 않았던 것이다.

임시정부를 지키고 있던 김구金九는 세상을 깜짝 놀라게 하고 국내 동포들의 눈을 뜨게 하는 일을 해야겠다고 결심하였다.[25] 그는 애국단愛國團을 조직하여 이봉창李奉昌으로 하여금 수류탄을 던져 천황을 살해하게 하였다. 이봉창의 의거는 당초의 의도대로 성공하지 못했으나 이 사실은 널리 알려졌다. 중국 국민당 기관지『국민일보國民日報』에는 "한인 이봉창이 일황을 저격했으나 불행히 맞지 않았다〔韓人李奉昌狙擊日皇不幸不中〕"라는 기사가 실리기도 하였다. 이러한 보도에 불만을 품은 일본은 신문사를 습격하여 파괴하였다. 이후 상하이를 침략한 일본은(상하이사변) 홍커우虹口 공원에서 천황의 생일을 맞아 대축제를 열었는데, 이때 윤봉길尹奉吉이 폭탄을 단상에 투척하여 일본군 장교들을 살상하였다(1932).

이봉창, 윤봉길의 행동으로 한국문제는 세계의 관심을 끌게 되고 중국인의 한국인에 대한 감정은 크게 누그러졌다. 당시는 만주에서 수로水路를 두고 한국인과 중국 농민들 사이에 벌어진 갈등이 계기가 되어 만보산萬寶山사건(1931)이 벌어져 중국인의 한국인에 대한 감정이 크게 악화되어 있던 상태였다. 장제스蔣介石는 "중국의 백만 군대가 하지 못한 일을 한국의 한 의사義士가 해냈다"라고 윤봉길을 높이 평가하면서 임시정부에 각종 편의를 제공하는 등 깊은 신뢰를 보였다. 장제스는 쑨원 사망 후 난징南京에 국민당정부를 수립하고 북벌을 단행하여 중국의 통일을 이룬(1928) 인물이다.

이후 임시정부는 상하이를 떠나 난징, 항저우抗州, 창사長沙, 광저우 등지로 떠돌았다. 중일전쟁으로 중국의 국민당정부가 충칭重慶으로 후퇴하자 임시정부도 1940년부터 그곳에 정착하였다. 당시 임시정부에 참여한 우익진영은 김구의 한국국민당, 조소앙趙素昂의 한국독립당, 이청천李靑天(본명 지청천池靑天) 등 만주지역에서 활동하던 인물들의 조선혁명당으로 나뉘어

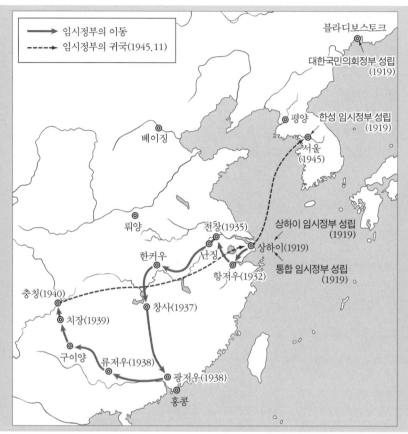

임시정부의 이동
임시정부의 귀국(1945.11)

블라디보스토크

대한국민의회정부 성립
(1919)

평양   한성 임시정부 성립
(1919)

베이징

서울
(1945)

뤄양   전창(1935)   상하이 임시정부 성립
(1919)

한커우   난징   상하이(1919)

항저우(1932)   통합 임시정부 성립
(1919)

충칭(1940)   창사(1937)

치장(1939)

구이양   류저우(1938)

광저우(1938)

홍콩

대한민국 임시정부의 이동경로

있었다. 임시정부는 이들 세 당을 해체 통합하여 한국독립당을 창당함으로써 더욱 확대된 세력기반을 갖게 되었다. 아울러 정부조직을 확대하고 종전의 국무위원제를 주석제로 전환하여 행정부가 강력한 지도력을 발휘할 수 있는 체제로 개편하였다.[26]

중일전쟁이 확산됨에 따라 임시정부는 대일전쟁을 위한 준비를 서둘렀다. 「한국광복군선언문」을 발표하고, 이청천을 총사령으로 하는 한국광복군총사령부를 발족하였다(1940). 광복군이 조직되자 중국 국민당정부의 군사위원회는 광복군 총사령에게 "중국 경내에서 군사활동을 할 때에는 중국군 참모총장의 지휘·명령을 받아야 한다"라는 등의 '한국광복군 행동 9개 준승準繩(준수해야 할 규칙)'을 전달했다(1941). 임시정부가 이를 수용함으로써 광복군은 중국군사위원회에 예속되어 중국 군복과 표지를 사용하는 등 독자적 행동권을 가지지 못하였다. 이는 조선의용대朝鮮義勇隊의 대부분이 중국공산당의 활동무대인 화북으로 옮겨간 데 충격을 받은 장제스의 지시에 따른 결과였다. 조선의용대는 김원봉金元鳳이 조직한 부대로서 (1938) 중국 국민당의 지원을 받으며 그들과 함께 활동하였다. 그런데 국민당정부는 내부의 적을 먼저 소탕해야 한다는 이유로 공산당세력 타도에 전력을 기울인 반면, 대일항전에 소극적인 태도를 보였다. 이에 불만을 품은 조선의용대 대원들 대부분이 중국공산당 지역으로 진출하였다. 그러자 장제스는 남아 있는 조선의용대와 임시정부의 한국광복군을 철저하게 장악하라고 중국군사위원회에 지시했던 것이다. 한편 광복군과 조선의용대가 중국군사위원회의 통제를 받게 되면서 이들 양자의 통합이 추진되었다. 그리하여 김원봉을 광복군 부사령으로 하는 조선의용대의 광복군 편입이 이루어졌다(1942).[27]

태평양전쟁[28]의 발발하자 임시정부는 주석 김구와 외교부장 조소앙의 이름으로 「대한민국임시정부대일선전성명서」를 발표하여 임시정부가 일본과 전쟁에 돌입한다고 선언하였다(1941. 12. 10). 그러나 임시정부의 일제에 대한 이러한 선전포고는 대외적인 설득력을 가지기 어려웠다. 당시 임시정부를 승인한 국가가 없었기 때문이다. 중국의 국민당정부는 임시정부를 승인하지 않았을 뿐만 아니라, 임시정부가 충칭에 주재하는 외국 외교

태평양전쟁 미국은 제2차 세계대전을 대평양전장과 유럽전장으로 구분했는데, 일본군의 하와이 진주만폭격으로 시작된 전쟁을 미국은 태평양전쟁이라고 불렀고, 일본은 대동아전쟁大東亞戰爭이라고 명명하였다.

관들과 직접 접촉하는 것마저도 허락하지 않았다. 한국인들은 중국 영토 내에서 독자적으로 행동할 수 없다는 이유였다.

이러한 상황에서도 임시정부는 연합국군과 공동작전을 수행하기 위해 노력하였다. 전후에 연합국의 지위를 획득하기 위함이었다. 그리하여 임시정부는 비록 중국군사위원회의 동의를 거치기는 했지만, 미얀마에서 대일전쟁을 수행하던 영국군에 9명의 공작대원을 파견하여 돕게 했다(1943). 영국군이 일본어를 구사할 수 있는 요원을 광복군에 요청했기 때문이다. 또한 중국에 주둔한 미국 전략정보부Office of Strategic Services(OSS)의 장교들과 합작하여 요원을 훈련시켜 국내 침투작전을 준비했다(1943). 연합군의 일원으로 참전하려는 광복군 측의 의도와 한국인을 대일전 첩보활동에 이용하려는 미국 측의 이해관계가 맞물려 이루어진 결과였다. 그러나 이는 일제의 항복으로 실현되지는 못하였다.[29]

임시정부는 이승만을 통해 미국에 임시정부를 승인해줄 것을 요청하였다. 이승만은 하와이에서 임시정부에 의하여 폐지된 바 있던 구미위원부를 계승하여 주미외교위원부駐美外交委員部를 조직하고 이를 형식적으로 충칭 임시정부 산하에 소속시켰다(1941). 그리하여 그는 주미외교위원부 위원장 혹은 대한민국임시정부 초대대통령이라는 직함을 내걸고 임시정부의 승인과 광복군에 대한 군사적 지원을 획득하기 위한 외교활동에 나섰다. 이승만은 미국이 임시정부를 승인 지원하면 광복군이 한국 내 일본군의 병참 보급선을 교란시킬 것이며, 소련이 참전할 경우 그들의 한반도 점령을 방지할 수 있다고 역설하였다. 그는 미국이 임시정부의 승인을 서둘러야 하는 이유로 언제나 소련에 의한 한국지배의 위협을 들었던 것이다.[30]

그러나 미국은 임시정부를 승인하지 않았다. 그들은 임시정부가 한반도 내의 한국인과 거의 관련이 없고, 충칭에 거주하는 1천여 명의 한국인만을 대표하며, 한국의 독립운동 단체들이 분열하고 있어 임시정부를 대표기구로 볼 수 없다고 주장하였다.[31] 당시 미국이 임시정부를 승인하지 않은 것은 이미 신탁통치를 통해 한국을 미국의 보호 아래 두려는 계획을 수립하고 있었기 때문이다. 따라서 임시정부의 승인을 줄기차게 요구한 이승만은 미 국무성의 미움을 받았다.[32]

1945년 이후 소련의 대일전 개입 가능성이 높아지자 중국은 임시정부를 승인할 필요성을 느꼈다. 소련이 자국에 있는 한국독립운동단체들을 앞세워 한반도에 거점을 구축할 것에 대비하기 위함이었다.[33] 그런데 임시정부의 승인은 임시정부를 연합군의 일원으로 인정하는 것과 마찬가지이므로 중국 단독으로 처리하기 어려웠다. 중국은 이 문제를 미국에 문의했지만 긍정적인 답변을 듣지 못하였다. 미국은 중국이 임시정부를 승인함으로써 한반도에 대한 영향력을 행사하는 것이 아닌가 하고 우려했던 것이다. 결국 중국은 1945년 단독으로 임시정부를 승인했는데, 이때도 국민당정부의 승인이 아니라 군사위원회의 승인이었다.[34]

무장독립투쟁과 중국

무장독립투쟁은 주로 만주와 연해주를 무대로 전개되었다. 특히 만주는 한국과 국경선을 접하고 있었을 뿐만 아니라 1백만 명에 이르는 한국인이 거주했기 때문에 무장독립투쟁의 본거지가 되었다. 여러 독립운동 단체들 가운데 홍범도洪範圖 휘하의 대한독립군大韓獨立軍은 봉오동전투鳳梧洞戰鬪에서 대승리를 거두었으며, 김좌진金佐鎭의 북로군정서北路軍政署는 청산리전투靑山里戰鬪에서 일본군 1천 2백여 명을 사살하는 큰 전과를 이루었다 (1920). 그러자 일제는 이에 대한 보복으로 이른바 훈춘사건琿春事件을 조작하였다. 중국인 마적을 시켜 일본영사관을 습격케 하고는 한국인에게 뒤

집어씌워 1만여 명의 한국인을 학살했던 것이다. 이를 경신참변庚申慘變 또는 간도학살사건이라고도 부른다. 러일전쟁의 승리 이후 일제는 남만주철도의 경비를 위해 만주에 병력을 주둔시키고 곧 관동군사령부를 설치했는데, 이들을 한국의 독립운동을 탄압하는 데 이용했던 것이다.

만주에서의 독립운동은 미쓰야협약三矢協約 체결로 더욱 제약을 받았다. 일제는 그들의 후원을 받고 있던 펑톈군벌 장쭤린張作霖에게 총독부 경무국장 미쓰야 미야마쓰三矢宮松를 보내 그와 협약을 맺고 독립군을 탄압케 하였다(1925). 이 협약에 따르면 일제는 독립군 1명 사살에 20원, 생포에 50원을 장쭤린에게 지급하기로 하였다. 따라서 한국 독립운동가들은 중국 관리들의 손에 붙잡혀서 일제에 인도되기에 이르렀다. 또한 일제는 베이징정부와도 협정을 맺어 한국독립운동의 지도자들을 체포하여 일본에 인도할 것을 약속받았다(1927).[35]

쑨원의 주도로 국공합작이 이루어지자(1924), 독립운동가들은 호법정부의 본거지인 광저우로 모여들었다. 그들 대부분은 만주에서 독립군으로 활약하다가 중국혁명에 동참하기 위해 광저우에 온 인물들로서 상당수는 쑨원의 호법정부가 북벌을 위해 설립한 황푸군관학교黃埔軍官學校에 재학하고 있었다. 일찍이 만주에서 의열단을 창단한 김원봉이 대표적인 인물이다. 그러나 장제스에 의해 국공합작이 파기되고 공산당에 대한 전면적인 탄압이 가해지는 과정에서 중국공산당을 지지하는 한국인 상당수가 국민당정부에 희생되는 일이 벌어졌다(1927).[36]

이후 독립군단체들은 인적·물적 자원의 부족과 극심한 파벌로 별다른 활동을 벌이지 못하였다. 그런데 일제의 만주 침략은 독립군 단체들을 자극하였다. 그리하여 상하이에서 임시정부를 제외한 대부분의 단체들이 참여한 가운데 이들 단체의 통일체로서 한국대일전선통일동맹韓國對日戰線統一同盟이 결성되었다(1932). 한국대일전선통일동맹은 더욱 강력한 통일전선을 구축하기 위하여 '혁명단체의 제휴' 형태에 불과한 '동맹'을 발전적으로 해체하고, 통일전선정당인 민족혁명당을 발족하였다(1935). 그러나 좌익 성향의 김원봉이 주도권을 장악한 것을 못마땅하게 여긴 우익이 여기에서 탈퇴함으로써 좌우익의 통일전선단체는 와해되었다.[37] 그러자 김원봉은 조선민족전선연맹을 결성하고 그 예하부대로 조선의용대를 조직하여 국민당정부군과 함께 항일투쟁을 전개하였음은 앞에서 언급한 바 있다.

만주지역에서는 1930년대 들어 공산주의자들을 중심으로 유격대활동이 활발하게 전개되었다. 만주지방의 공산주의운동은 1920년대부터 발달하기 시작했는데, 북간도지방은 전체 공산주의자 중 80퍼센트가량이 한국사람이었다. 대부분이 농민이었던 만주지역의 이주 한인들은 토지를 소유할 수 없었으며 법의 보호를 받기도 어려웠다. 그러므로 그들은 피지배계층의 이해를 옹호한 공산주의사상에 쉽게 빠져들 수밖에 없었다.[38] 중국공산당 만주성위원회가 구성되기 1년 전에 이미 조선공산당 만주총국이 결성되었을(1926) 정도였다. 그러나 코민테른의 일국일당 원칙에 따라 만주지방에서 활동하던 한국인 공산주의자들은 독자적으로 공산당을 조직하지 못하고 중국공산당에 가입하여 활동해야 하였다.

일제가 만주사변을 일으키자 중국공산당은 만주지역의 공산주의자들에게 유격대 창건을 지시하였다. 이에 따라 각지에 유격구가 건설되고 유격대가 조직되었다. 그리고 중국공산당은 이들 유격대를 동북인민혁명군으로 편성하였다(1933). 중국공산당은 당시 동북인민혁명군 중 60퍼센트 이상이 한국인인 점을 감안하여 윈난성雲南省 출신의 양징우楊靖宇 등 역량이 뛰어난 공산당원들을 만주지역에 파견하였다. 만주지역의 공산주의운동을 한국인에게 맡기지 않고 중국인이 지도하기 위함이었다.[39]

일제에 의해 만주국이 성립된 이후 만주의 한국인 가운데는 일본의 '법적 신민臣民' 혹은 '이등 국민'임을 내세워 자신의 권익을 옹호하려는 자들이 있었다. 그들은 생활안정과 자치를 내세우며 친일 반공단체인 민생단民生團을 조직하였다(1932). 그런데 그들이 내세운 자치는 일제의 만주정책과 상치되는 것으로 민생단은 일제로부터도 승인을 받지 못했으며 한국인들로부터는 극렬한 반대운동에 직면하였다. 따라서 이 단체는 별 성과 없이 곧 해산하고 말았다. 그런데 민생단사건은 여기에서 끝난 것이 아니라 오히려 시작이었다. 중국인 공산당원이 민생단 혐의를 받고 있던 한 한국인 당원에게 살해되자 중국공산당은 물론이고 항일유격대 내부까지 '반민생단투쟁'이 파급되었던 것이다. 그 결과 많은 한국인 공산주의자들이 무고한 핍박을 당했고, 500여 명이 민생단으로 몰려 처형되었다.[40] 반민생단투쟁은 코민테른의 지시에 따라 중지되고, 동북인민혁명군을 포함한 만주의 모든 항일무장조직들은 동북항일연군東北抗日聯軍에 통합되었다(1936). 한때 민생단원으로 의심받아 처형될 위기에 처했던 김일성金日成도 유격대를 이끌고 여기에 참여하였다.

동북항일연군은 병력 대부분이 한국인으로 이루어진 김일성부대로 하여금 백두산 지구에 근거지를 마련하여 국내 진출에 대비할 것을 지시하였다. 이에 따라 김일성부대는 백두산으로 들어가 유격구를 건설하고, 이 지역을 근거로 민족통일전선을 위한 재만한인조국광복회在滿韓人祖國光復會(조국광복회)를 결성하였다. 그리고 이 조직의 국내 거점을 마련하기 위해 갑산군 보천보普天堡를 공격하였다(보천보전투, 1937). 이 전투로 김일성의 이름은 국내에 널리 알려졌다.[41] 그러나 그도 일제의 소탕작전을 견디지 못하고 동북항일연군과 함께 소련의 연해주로 들어갔다(1940). 중국 침략의 후방기지로서 만주를 안정적으로 확보할 필요를 느낀 일제가 이 지역의 항일무장투쟁세력에 대한 공세를 강화했기 때문이다.

1941년 중국공산당이 활동하던 화베이華北에는 그들과 함께 항일전에 참여하고 있던 여러 독립군 단체의 대표들이 모여들었다. 그들은 마오쩌둥毛澤東과 함께 이른바 대장정에 참가한 유명한 공산주의자 김무정金武亭의 주도 아래 화북조선청년연합회를 결성하였다. 이를 바탕으로 국민당정부지역에서 옮겨온 김두봉金枓奉을 주석으로 하여 조선독립동맹朝鮮獨立同盟이 발족되었다(1942). 그들은 중국공산당의 본거지인 옌안延安에 근거를 두었기 때문에 연안파라고도 불린다. 조선독립동맹은 국민당지역을 떠나 화베이로 모여든 조선의용대원들을 주축으로 조선의용군을 조직하여 그 휘하에 두었다. 대한민국임시정부에 대응하여 조선독립동맹이 결성되었고, 임시정부의 한국광복군에 대응하여 조선의용군이 조직되었던 셈이다. 조선의용군은 중국공산당 팔로군八路軍과 함께 대일전에 참가하여 큰 공을 세웠을 뿐 아니라, 최전방에서 일본군 병사들을 대상으로 한 반전사상 선전과 일본군에 동원된 한국인 병사들의 탈출공작 등에 큰 성과를 올렸다. 해방 후 그들은 국내 입국을 기도했으나 대규모 무장부대의 입국을 꺼린 소련군의 저지로 좌절되었다. 결국 조선독립동맹의 간부들만 개인적으로 입국했고, 조선의용군은 만주에 머물다가 국공내전에 참여하고, 6·25전쟁 직전 북한으로 가서 인민군에 편입되었다.[42]

조선공산당과 소련

3·1운동 이후 독립운동가들은 여러 가지 방법으로 독립운동의 방향을 모색했는데, 그 가운데 하나가 공산주의와의 연결이었다. 1917년 러시아혁명이 성공하자 레닌Vladimir Il'ich Lenin은 약소민족의 독립운동에 대한 원조를 약속하였다. 전 세계 공산주의운동이 동일한 방향성을 가지고 유기적으로 연결될 때 최대의 성과를 거둘 수 있다고 판단한 결과였다. 한국의 독립운동을 지원하는 데 냉담한 서구 국가들의 태도에 상심해 있던 망명

객들에게 소련의 지원은 크게 환영할 만한 것이었다. 사실 3·1운동부터가 러시아혁명의 영향을 크게 받은 것이었다. 도쿄유학생들의 「2·8독립선언서」에 러시아혁명 이후의 변화가 언급된 점이나, 박은식이 1920년에 쓴 『한국독립운동지혈사』에 러시아혁명에 대한 감격과 기대를 서술한 것으로 미루어 알 수 있는 일이다.[43] 따라서 공산주의 사조가 해외 독립운동가 사이에서 풍미한 것은 당연한 일이었다. 김규식조차도 이동휘李東輝, 박헌영朴憲永 등과 함께 코민테른이 모스크바에서 개최한 극동인민대표대회에 참가하는 등[44] 한때 소련의 한국독립에 대한 배려를 높이 평가하고, 공산주의를 이용해서 조선독립을 이루자고 호소했을 정도였다.[45]

최초의 공산주의 단체는 극동 시베리아의 하바롭스크Khabarovsk에서 이동휘를 중심으로 결성된 한인사회당이었다(1918). 이 단체는 이동휘가 임시정부 국무총리로 취임하면서 근거지를 상하이로 옮겼다(1919). 이동휘는 코민테른이 결성되자 공산주의 이론에 밝은 박진순朴鎭淳을 파견하고, 레닌정부에는 정치적 수완이 뛰어난 한형권韓亨權을 보내 임시정부의 승인과 한국의 독립운동을 지원할 것 등을 요구하였다(1920). 그러나 임시정부의 독립운동이 지나치게 소극적이라고 판단한 그는 임시정부를 탈퇴하고, 소련정부에서 지원한 자금을 바탕으로 한인사회당을 고려공산당으로 개편하였다. 이것이 상해파 고려공산당이다.[46] 한편 이르쿠츠크Irkutsk에서도 또 하나의 고려공산당이 조직되었다. 일찍 소련에 귀화한 한인들을 중심으로 이르쿠츠크파 고려공산당이 결성된 것이다. 이후 상해파와 이르쿠츠크파는 코민테른에 대해 경쟁적으로 접근하는 등 한인 공산주의운동에서 주도권을 차지하기 위해 대립하였다. 결국 그들의 갈등은 '자유시참변'으로 구체화되었다.

1920년 일제가 독립군에 대한 보복으로 이른바 훈춘사건을 조작하여 많은 교민들을 학살하자 독립군 부대들은 대한독립군단大韓獨立軍團을 조직하고 아무르강(헤이룽강 또는 흑하黑河) 연안의 스보보드니Svobodnyi(Svoboda가 자유라는 뜻이므로 자유시自由市라고 불린다)로 들어가 소련의 적군(러시아 혁명군)과 연합전선을 펴려고 하였다. 그러나 그곳에서 독립군 부대들 간에 내부 갈등이 일어났다. 공산주의혁명을 우선으로 지향하는 이르쿠츠크파와 민족해방을 우선 과제로 하는 상해파가 이념 갈등과 아울러 군권을 장악하기 위하여 대립했던 것이다. 일찍 이주하여 소련에 귀화한 이르쿠츠크파는 모든 한국 독립군을 자신들의 지휘하에 통합할 것을 주장하면서 상해파를 지지한 대한독립군단을 편협한 민족주의만을 고집하는 반혁명집단이라고 힐책하였다. 이에 반해 대한독립군단은 그들의 이러한 주장은 독립투쟁을 위한 것이 아니라 소련 적군과의 통합을 위한 것이라고 비난하였다. 한편 이 해에 소련은 일본과의 관계 개선을 바라고 교섭을 시도했는데, 여기에서 일본은 소련 영토 내에서 일제에 불만을 품고 있는 한국인의 행동을 억제해줄 것 등을 요구하였다. 소련은 이러한 일본의 요구를 수용할 태세를 갖추고 있었다. 그런데 마침 이 같은 갈등이 일자 결국 소련 적군과 이르쿠츠크파가 상해파를 지지한 대한독립군단을 공격함으로써 많은 독립군들이 살해되고 체포된 비극적인 사건이 발생하였다. 1921년의 이른바 자유시참변 또는 흑하사변이 그것이다.[47]

공산주의 단체들 간에 주도권을 잡기 위한 경쟁이 심해지자 코민테른은 해외의 한국인 공산주의 단체들을 모두 해체하고 그들을 코민테른 극동총국 고려국에 속하게 하였다(1922). 그리하여 1925년 이르쿠츠크파 김재봉金在鳳을 책임비서로 하는 조선공산당과 박헌영을 책임비서로 하는 고려공산청년회가 조직되었다. 그들은 조동호趙東祜와 조봉암曹奉岩을 모스크바에 파견하여 코민테른의 지부로 인준을 받았다. 코민테른은 각국의 공산당을 이론적·조직적·물질적으로 지도했으므로 코민테른의 인준을 받는 것이 중요하였다. 그러나 코민테른은 조선공산당에 대해서 그다지 큰 관심을 보이지 않았다. 중국혁명을 일차 과제로 간주하고 조선혁명은 이에 부수되는 것으로 이해하여 중국혁명이 순조롭게 성공하면 조선혁명도 자연스럽게 완수되는 것으로 판단했던 것이다.[48]

조선공산당은 제대로 활동도 하지 못하고 일제에 의해 파괴되었다. 일제는 국체國體를 변혁하거나 사유재산제도를 부인할 목적으로 결사를 조직하거나 여기에 가입한 자는 엄벌에 처한다는 내용의 치안유지법을 공포했는데, 여기에서 국체의 변혁은 곧 식민지체제의 부정을 의미하였다. 따라서 공산주의 운동가들 대부분은 치안유지법 위반의 사상범으로 투옥되었다. 이후 2차, 3차 조선공산당이 재건되었으나 역시 와해되었다. 인력거부 출신의 차금봉車今奉을 책임비서로 성립한 4차 조선공산당(1928)은 국내 조직을 정비하는 한편, 코민테른으로부터 운동자금을 도입하고 지침을 수령하는 등의 활동을 전개하였다. 그러나 차금봉이 체포되어 옥중에서 사망함으로써 해체상태에 들어갔다. 이후 1930년대에는 국내에서 정치적 성격의 공산주의 단체를 찾아보기 어렵게 되었다. 공산주의 지도자들은 감옥에 갇히거나 일제의 눈길을 피해 해외로 떠나 있었던 것이다.[49] 따라서 코민테른과 한국인 공산주의자들 간의 접촉도 중단되었다.

1940년대에 접어들면서 만주의 항일유격대 일부가 소련의 후원을 받았다. 만주에서 활동하던 한·중 연합의 동북항일연군이 일본군의 토벌을 피해 연해주로 월경했는데, 그들은 하바롭스크 근교에 있는 소련군 88독립보병여단에 편성되었다(1942). 여기에 편성된 중국인들이 자신들의 주체성을 나타내는 의미에서 동북항일연군 교도려敎導旅라고 부르는 이 부대는 소련과 일본 간에 전투가 벌어질 경우 한국과 중국의 지리에 밝고 유격투쟁의 경험이 있는 자들을 정찰활동에 이용하기 위해 조직되었다. 여기에는 최용건崔庸健, 김일성 등 지휘관을 포함한 290여 명의 한인이 참여하였다.[50]

한국인의 해외이주

한국인의 해외이주는 나라의 운명이 기울어가던 19세기 후반부터 본격적으로 시작되었다. 기근을 피해 러시아의 연해주나 만주로의 이주가 늘어났고, 20세기에 들어서는 서양으로의 이주도 이루어졌다. 그들 가운데는 새로운 삶을 개척하기 위해 하와이로 떠난 인물들이 있었는가 하면, 이민 사기꾼에 속아 멕시코에서 노예 같은 생활을 한 사람들도 있었다. 당시 대한제국정부는 외교권을 일본에 빼앗긴 상태였으므로 이들을 보호해줄 수가 없었다. 고종의 명령으로 한국의 이민실태 조사를 위해 멕시코에 간 윤치호가 일본이 한국에 파견한 외교고문 스티븐스에 의해 도중에 귀국하는 등 한국은 외교권을 자주적으로 행사하지 못했던 것이다. 한국이 일제의 식민지가 된 이후에는 일제의 토지조사사업으로 토지를 빼앗긴 농민들의 만주와 일본 이주가 늘었다.

중국

청나라정부가 백두산과 압록강·두만강 이북지역을 봉금지역으로 선포하고 사람들의 이주를 금하였음은 앞에서 언급하였다. 그런데 18세기 후반에 접어들면서 인구밀도가 높은 지역에서 인구밀도가 낮은 동북지역으로 인구이동이 발생하였다. 이와 아울러 러시아가 연해주지방을 차지하자 청나라정부는 변경을 강화하기 위해 동북지방으로 자국민의 이민을 장려하였다. 그 틈을 타 조선인들도 자유롭게 들어가 그 지역에서 본격적인 개간을 하게 되었다.

한국이 일제 식민지가 된 이후 한국인의 만주 이민은 급격히 늘어났다. 일본인 지주와 동양척식주식회사의 한국농민에 대한 착취 때문이었다. 물론 독립운동 등 정치적 목적을 띤 이주민의 수도 적지 않았다. 이주한 한국인들은 1927년 펑톈군벌 장쭤린에게 중국 국적취득을 청원하였으나 거부되었다. 일본영사가 압력을 행사했기 때문이다. 일제는 한국인이 이미 일본 국민이 되었다는 이유로 그들에 대한 사법관할권을 고집하였다. 한국인들이 중국 국적을 취득하면 일본영사와 경찰의 통제를 받지 않으면서 자유롭게 반일활동을 할 수 있기 때문에 일본은 이를 경계했던 것이다.[51]

만주에 이주한 한국인들이 늘어나면서 그들은 중국인과 인종 갈등을 빚기도 하였다. 만보산(완바오산)사건은 그 대표적인 예이다. 1931년 완바오산 부근에 거주한 한국인이 중국인 소유의 토지에 수로를 개설하면서 중국 농민들과 충돌하였다. 일본영사관 경찰은 자국민을 보호한다는 명분으로 개입하여 완바오산을 점령하고, 중국인 농민들을 향해 발포하여 수십 명의 사상자를 냈다. 이는 중국인의 분노를 유발하여 만주 한국인들에게 복수하도록 하기 위함이었다. 그러나 그들이 의도한 바대로 중국인들이 분노하지 않자 그들은 다시 한국에서 이와 관련된 오보를 터트렸다. 완바오산에서 중국인들이 한국인들을 살해하였다는 것이었다. 일제에 의해 한국으로 타전된 이 소식은 일본인이 경영하는 신문사와 『조선일보』 등으로 보도되었다. 한국 내에서 반중감정을 불러일으키기 위함이었다. 이 때문에 결국 전국에서 화교華僑에 대한 습격과 집단폭행사건이 일어나 500여 명이 넘는 사망자와 실종자가 발생하였다.[52]

일제는 만주사변을 일으키면서 중국 동북지역을 대륙침략의 병참기지와 식량기지로 활용하고자 하였다. 이를 위해서는 만주지역에 자국민을 이주시킬 필요가 있었다. 한편 노동·농민운동으로 골머리를 앓고 있던 조선총독부 측에서는 식민지 지배의 모순에 따른 한국인의 불만을 어떻게든 외부로 배출시킬 필요가 있었다. 일제는 우선 한국인을 만주에 이주시키고, 그 성공 여부를 보아 일본인 이주를 추진하고자 하였다. 그런데 관동군이 여기에 제동을 걸고 나섰다. 한국인이 항일투쟁에 앞장서고 있으므로 한국인의 이주는 만주의 치안을 어지럽힌다는 것이었다.

일제가 중일전쟁을 수행하면서 한국인의 만주 이주는 다시 추진되었다. 전쟁을 수행하기 위해서는 무엇보다 원활한 식량자원의 조달이 요구되었기 때문이다. 이주 한국인에 대한 통제가 문제되자 일제는 한국인의 이주를 추진하면서 만주에 안전농촌安全農村과 집단부락集團部落을 설치하였다.[53] 한국인을 수용 통제하여 그들과 항일무장투쟁세력과의 연계를 끊기 위함이었다. 만주의 한국인 이주자는 1940년에 1백 45만 명까지 늘어났는데, 해방이 되자 이들의 40퍼센트인 70만 명이 한국으로 귀환하였다.[54]

연해주

1860년 영국과 프랑스의 베이징 점령에 따른 강화를 알선한 대가로 러시아가 연해주지방을 청에게서 할양받았음은 앞에서 언급하였다. 이때부터 조선은 러시아와 국경을 접하게 되었는데, 1869~1870년에 발생한 이북지역의 대기근은 연해주로의 대규모 이민을 일으켰다. 이민이 시작된 처음 러시아 관리들은 조선인 이민자들을 관대하게 대하였다. 조선인들이 농업생산에 필요한 값싼 노동력을 제공했기 때문이다.[55] 1884년 조로수호통상조약이 체결된 후에는 이주한 조선인들에게 러시아 국적을 인정해주기까지 하였다. 러시아 국적을 취득하면 토지를 받고 세금을 감면받는 혜택이 주어져 적지 않은 조선인들이 이에 응하였다.

을사조약 이후 한국이 일본의 실질적인 식민지로 전락하자 많은 애국지사들이 연해주로 건너갔다. 그리하여 해삼위海蔘威 또는 해삼海蔘이라고 불렸던 블라디보스토크에서는 국내에서와 마찬가지로 계몽운동이 전개되었다. 『해조신문海潮新聞』을 창간하여(1908) 민족의식을 고취한 것이 그 예이다.[56] 그리고 한국이 일제에 강점된 이후에는 연해주지역을 독립운동의 전진기지로 삼으려는 독립운동가와 지식인들이 고국 땅을 등지고 이 지역으로 이동하였다. 그들이 건설한 신한촌新韓村은 1910년대 해외 독립운동의 가장 유력한 근거지가 되었는데, 그 중심기관은 이상설李相卨, 이동휘 등이 조직한 권업회勸業會였다. 독립운동가들은 항일전쟁을 목표로 그곳에서 의병을 조직하기도 했으나, 일제의 요청을 받아들인 러시아정부에 의해 한국인 지도자들은 체포 또는 추방되었다.[57]

이주 한국인들에 대한 소련의 정책은 1931년 만주사변 이후 크게 달라졌다. 소련은 극동에서 자신들과 국경선을 접한 만주국이 출현하자 일본의 팽창에 극도의 우려를 나타내기 시작하였다. 그러한 가운데 일본 관동군과 소련군 사이에 총격전이 발생하자 소련은 한국인을 일본의 정탐꾼으로 지목하고 한국인 지도자 약 2,500여 명을 체포·처형하였다. 그리고 극동지역의 한국인들이 일본의 첩자노릇을 할 것이라는 우려 아래 약 18만 명에 이르는 한국인들을 카자흐스탄과 우즈베키스탄에 강제 이주시켰다(1937). 국경지역에 소련 국적을 취득하지 않은 일본과 친근한 한국인들이 집단으로 거주하는 것은 바람직하지 않다고 판단했던 것이다. 이주민들은 중앙아시아에서 새로운 집단농장(콜호스Kolkhoz)을 형성하여 거주했는데, 정치적인 활동은 물론이고 거주 이전의 자유마저 박탈당하였다. 소련에 거주한 한국인들의 거주이전과 정치활동의 참여가 허용된 것은 흐루쇼프

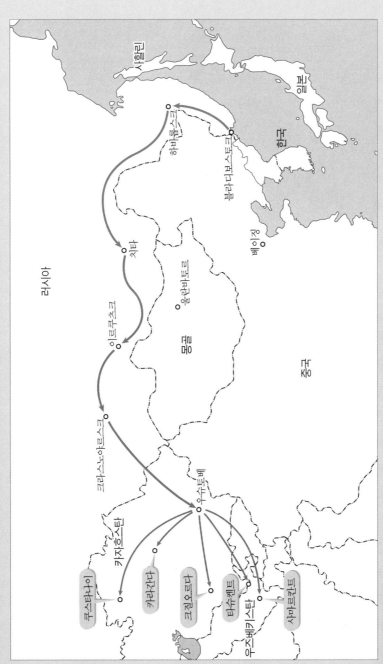

한인 강제 이동경로

Nikita S. Khrushchyov(흐루시초프)가 스탈린Iosif V. Stalin 격하운동을 공식적으로 시작한 1956년 이후부터이다.[58]

연해주보다 늦게 북부 사할린에도 한국인이 거주했는데, 그들 역시 소련에 의해 1937년에 강제 이주되었다. 그리고 석탄산지로 유명한 사할린 남부에는 채탄작업을 위해 일본에 의해 강제로 끌려온 한국인들이 있었다. 러일전쟁의 대가로 그곳을 획득한 일본은 1939년부터 한국인들을 그곳에 강제 연행했던 것이다. 제2차 세계대전 후 한국인들 상당수는 보복을 두려워한 사할린의 일본인들에게 살해되었다.

미주

미국인들은 1830년대부터 하와이에서 사탕수수농장을 시작하였다. 당시 그곳의 노동자들 대부분은 중국인이었다. 그런데 미국이 중국인의 하와이 이민을 금지함에 따라 일본인이 그들을 대신하였다. 일본인 노동자들은 높은 임금과 처우개선을 요구하면서 파업을 주도하였다. 이에 백인 농장주들은 한국인 노동자들을 받아들이기로 하고, 주한 미국공사 알렌에게 접근하였다. 알렌은 한국에 대한 일본의 지배를 억제하기 위한 방안의 하나로 미국의 적극적인 개입을 유도했던 인물인데, 그는 이를 위해 한국인의 하와이 이민을 권장하였다.[59] 그리하여 1902년부터 1905년까지 7천여 명의 한국인이 하와이로 떠났다. 알렌이 선교사였기 때문에 이들 초기 이민의 대부분은 기독교 신자들이었다. 따라서 하와이의 한국인 사회는 교회중심으로 조직되고 운영되었다. 그들은 신민회新民會와 한인협성회韓人協成會라는 한국인 단체를 결성하였다.

하와이에 이민한 한국인들은 여성이 부족해 결혼하기가 어려웠다. 이

멕시코 유카탄 에네켄 농장에서 일하던 한국인 이주노동자들(© 연합뉴스)

문제를 해결하기 위한 것이 사진결혼이었다. 하와이에 이주한 남자가 본국의 처녀에게 사진을 보내 선을 보인 후 그 사진을 보고 시집가기를 원하는 처녀를 데려와 결혼하는 것이었다. 이후 그들은 미국 본토에서 철도 건설장이나 과수원에서 일하면 더 높은 임금을 받을 수 있다는 소식을 듣고 본토로 이주하였다. 그리하여 3년간의 계약기간을 끝낸 사람들의 80퍼센트가 하와이에 정착하고, 나머지는 미국 본토 태평양 연안의 샌프란시스코 등에 정착하였다.[60]

하와이에 이어 멕시코에도 한국인이 이주하였다. 그런데 멕시코 이주는 영국인과 일본인의 사기극으로 그들은 멕시코 생활을 터무니없이 과장선전하고 또 하와이로 간다고 속여 1905년 1천여 명이 넘는 한국인을 멕시코 농장에 팔아넘겼다. 한국 이민자들은 멕시코에서 노예와 같이 취급되었다. 이러한 참상이 알려지자 대한제국정부는 외무협판 윤치호를 파견하여 진상을 조사케 했으나 그가 스티븐스의 방해로 멕시코에 가지 못했음은 앞에서 언급한 바와 같다. 멕시코 이민자들의 열악한 생활환경은 하와이에 이민한 한국인들에게 전해져 그들을 돕는 모금운동이 전개되기도 하였다.[61]

미국에 건너가 샌프란시스코에 거주하던 안창호安昌浩는 그곳에서 인삼 장사를 하며 생계를 유지하던 동포들을 모아 공립협회共立協會를 설립하였다(1905). 공립협회의 회원인 장인환張仁煥과 전명운田明雲은 일본이 한국의 외교고문으로 임명한 스티븐스가 샌프란시스코를 방문하자 그를 저격하여 살해하였다(1908). 스티븐스는 샌프란시스코에 도착하여 「일본의 한국 지배는 한국에게 유익하다」는 글을 각 신문에 발표했던 것이다.[62] 이후 공립협회는 하와이의 신민회, 한인협성회와 통합하여 국민회國民會를 발족하였다(1909). 이로써 미국 본토와 하와이 동포들이 하나의 단체를 결성하게 되었다. 그리고 네브래스카Nebraska에 유학한 박용만朴容萬은 네브래스카 한국소년병학교를 설립하고, 농장에서 일하는 한국인 학생들에게 군사훈련을 하였다(1910). 그러나 이 학교는 그가 하와이의 국민회 기관지 주필로 고빙되어 떠남으로써 문을 닫았다.[63]

일본

한국이 일제의 식민지가 되기 전 일본으로 건너간 한국인은 대부분 유학생이었다. 1907년 당시 도쿄유학생 수가 5백 명에 이르렀을 정도이다. 물론 정치적인 망명자도 상당수 있었다. 그런데 1910년 이후에는 일본에서 일거리를 찾으려는 한국인 노동자들이 일본으로 건너갔다. 당시는 일본이 제1차 세계대전으로 경제적 활황을 맞고 있었기 때문이다. 일제의 한국병합으로 한국인이 일본제국의 신민이 되어 외국인 노동자 입국제한에서 자유로워지게 된 것도 일본 이민이 증가한 원인의 하나이다. 한편 일본 자본가들은 국내의 노동력 부족과 임금상승을 억제하기 위한 방안의 하나로 저임금의 한국인들을 적극적으로 모집하였다.

1920년 들어서 일본으로 도항하는 한국인이 급증하였다. 일제의 토지조사사업 때문에 소작농으로 몰락한 농민들이 생계를 위해 일본으로 떠났던 것이다. 일제는 한국인의 이주를 막기 위해 강력한 통제정책을 실시했으나 달리 생계수단을 찾을 길이 없던 몰락농민들의 일본 이주는 증가일로에 있었다. 그렇다고 일본으로 이주한 한국인들의 생활이 나아진 것은 아니었다.[64] 그들의 생활은 여전히 비참했으며 민족차별에 따른 피해를 당하기도 하였다. 이러한 사실은 1923년에 발생한 간토關東 대지진 때 6천 명가량의 한국인이 일본인에게 학살당한 사실로 알 수 있다. 도쿄지역에 대지진이 발생하자 일제는 재앙에 흥분하고 불안해하는 민중들의 분노가 혹시 황실이나 치안당국으로 향하지 않을까를 염려하여 한국인들이 폭동을 일으켰다고 거짓 선전하여 일본인 자경단自警團으로 하여금 그 지역에 살던 6천여 명의 재일 한국인을 학살케 했던 것이다.[65]

중일전쟁을 개시함에 따라 일제는 병력과 아울러 일본 본토의 전시산업을 지탱할 노동력을 확보해야 하였다. 이를 위해 한국인 노동자를 모집하였는데 형식은 모집이었지만, 실제로는 강제 연행이었다. 그리고 태평양전쟁을 일으키면서 국민징용령을 공포하고(1944) 한국인 노동자들에 대한 징용을 실시하였다. 강제로 끌려간 한국인들이 주로 남부 사할린의 탄광에서 채탄작업에 종사하였음은 앞에서 언급한 바와 같다.

대한민국

(1945~)

세계화

7

1945년 8월 15일 일제의 패망으로 한국은 해방이 되었다. 그런데 이는 한국인의 손으로 쟁취한 것이 아니었다. 남북으로 국토가 분단되는 비극을 맞이한 것은 그 때문이었다. 북위 38도선을 경계로 미·소 양군이 남북을 나누어 점령함으로써 한국은 독일과 같은 전쟁 도발국이 아닌데도 분단되었던 것이다. 미·소의 공격 목표였던 일본이 분단되지 않은 것과 대조적이다.

1950년 북한의 남침으로 시작된 6·25전쟁은 미군과 유엔군 그리고 중국군이 참전함으로써 국제전으로 비화하였다. 이는 한반도문제가 남·북한만의 문제가 아니었음을 확인시켜준 것이었다. 이로써 한반도에 대한 이들 국가의 영향력이 증대되었음은 물론이다. 남한이 미국, 북한이 소련·중국과의 외교에 주력할 수밖에 없었던 이유가 여기에 있다.

남·북한은 동서냉전이 종식되는 틈을 타서 미국과 소련·중국에 대한 의존도를 줄이고 국제적 위상을 제고하는 방법의 하나로 다면외교를 전개하였다. 남한은 소련과 중국을 비롯한 공산권과 수교했으며, 북한은 비동맹국가들과 교류를 추진하는 한편 미국·일본과의 관계 개선을 시도했던 것이다. 그러나 최근 북한의 핵문제가 국제적 관심사로 떠오르면서 한반도는 다시금 미국 등의 강한 영향력 아래 놓이게 되었다. 그리하여 이들과의 관계를 어떻게 이끌고 갈 것인지가 남·북한이 당면한 중요한 과제로 다시 등장하였다.

해방과 미소군정

1945년 38선 이남에 진주한 미군은 군정청軍政廳을 설치하여 직접통치를 실시하였다. 신탁통치함으로써 친미국의 통일정부를 수립한다는 한반도에 대한 기본정책을 실현하기 위함이었다. 한편 김일성을 내세워 북한을 간접통치한 소련은 어떠한 상황에서도 한반도에 미국의 영향 아래 있는 정부가 수립되는 것에 반대하였다. 따라서 한국의 운명을 한국인의 의지대로 결정할 수 없었고, 남북분단은 구체화되어갔다. 미국과 소련이 어떤 구상을 가지고 있었든지 간에 민족이 단결되어 있었다면 분단은 극복되었을지 모른다. 그러나 국내의 좌우분열과 이에 따른 극단적인 갈등은 분단을 기정사실로 만들었다.

38선 설정

38선 설정에 관해서는 크게 두 가지 상반된 견해가 있다. 1945년 소련의 대일전 참전 이전에 이미 한국의 분할점령을 염두에 둔 미국이 이를 계획했다는 견해가 그 하나이며, 이와는 달리 1945년 8월 9일 소련이 대일전에 참전하자 미국이 일본군의 항복을 받기 위해 10일에 러스크Dean Rusk 등 두 대령으로 하여금 38선을 설정하게 해서 소련에 통고했다는, 이른바 '군사적 편의주의'설이 다른 하나이다. 후자에 따르면 38선 설정은 군사작전상 일본군 무장해제를 돕기 위한 임시적인 조치로서 사전 계획에 따른 결과가 아니라는 것이다. 미국의 정치적 야심을 부인한 견해라고 할 수 있다.[1]

38선 설정이 미국이 일본군을 쉽게 무장해제시키기 위한 조치였다고 주장하는 학자들은 다음과 같은 사실을 근거로 들고 있다. 소련군이 대일전에 참전하여 남하 중인데도 미국이 한국에 상륙시킬 수 있는 부대는 한국에서 멀리 떨어진 오키나와와 필리핀에 있는 부대가 고작이었으므로 미군이 한반도에 진주하기까지는 상당한 시일이 필요하였다. 소련군이 한반도 전체를 점령한다고 해도 막을 길이 없었다. 이에 초조해진 미국은 미·소 양군이 일본군의 무장을 해제시키고 항복을 받을 경계선으로 38선을 설정하여 소련에 통고할 수밖에 없었다는 것이다.

이러한 주장에는 몇 가지 의문이 제기된다. 한국문제에 전혀 무지한 두 명의 대령이 왜 하필 북위 38도선으로 한반도를 나누었는지 궁금하다. 또한 남하하는 소련군 때문에 초조해했다는 미국이 38선을 설정하여 소련에 통고함으로써 소련군을 저지할 수 있다고 믿었다는 점도 잘 이해되지 않는다. 38선으로 나누는 것이 왜 일본군을 무장해제시키는 데 편리한지에 대한 충분한 설명도 없는 실정이다. 그리고 일본군 무장해제라는 군사적 편의에 따라 38선이 설정되었다면 이는 일본군의 무장해제와 함께 철폐되어야 했을 것인데, 이후에도 미·소 양군이 이를 일종의 국경선으로 활용했다는 것도 납득하기 어렵다. 무엇보다 제2차 세계대전이 종전되기 이전

38선과 일본군 무장해제 일본군을 무장해제시키는 데 38선으로 나누는 것이 왜 편리한지에 대해서는 일본이 한반도를 북부와 남부로 나누어 한반도 북부지역을 관동군 관할로 재편하고, 남부지역은 종전대로 일본군 대본영 관할로 삼았기 때문이라는 견해가 있다(박준규, 『분단과 통일』, 삼화출판사, 1973, 137~139쪽). 얄타회담에서 소련군은 관동군의 무장해제를 담당하기로 했던 만큼 일본군의 편제 변경으로 한반도 북부는 소련의 군사작전지역이 되었다는 것이다.

부터 한국문제에 관심을 가지고 카이로회담과 얄타회담 등에서 한국문제를 언급해왔던 미국이 정작 소련군의 참전에 따른 한국문제의 처리에는 대책을 세워놓고 있지 않았다는 사실은 이해하기 어렵다.

한편 미국이 한국을 분할점령하기 위해 소련이 대일전에 참전하기 이전에 이미 38선 획정을 계획했다는 주장은 그 시기가 언제였는지를 둘러싸고 여러 견해로 나뉘어 있다. 그 가운데 주목되는 것이 얄타밀약설이다. 1945년 2월 미국의 루스벨트Franklin Roosevelt와 영국의 처칠Winston Churchill 그리고 소련의 스탈린은 얄타에서 회동하였다. 일본 관동군의 병력을 과대평가한 루스벨트가 소련의 대일전 참전을 재촉하기 위함이었다. 여기에서 루스벨트는 미국, 소련, 영국, 중국의 4개국이 짧게는 20년에서 길게는 30년 동안 한반도를 신탁통치할 것을 스탈린에게 제안하였다. 아울러 소련의 대일전 참전 조건으로 러일전쟁에서 승리해 일본이 영유하고 있던 남부 사할린의 반환 등을 보장했는데, 이 회담에서 한반도의 분할도 논의되었을 것이라는 것이 얄타밀약설이다. 이러한 주장은 일찍이 이승만이 제기한 것으로, 그는 이 회담에서 루스벨트가 38선 이북을 소련에 양도했다고 하였다. 그러나 대부분의 학자들은 얄타회담에서 협의된 내용은 거의 알려졌는데도 38선에 관한 언급이 없다는 점을 들어 얄타밀약설을 부인한다.[2] 이승만의 견해는 아무런 근거가 없다는 것이다.[3] 그러나 얄타회담 전에 스탈린이 관동군 공격을 위해 한반도 북부의 여러 항구를 소련이 점령해야 한다고 주장했고, 얄타회담에 대비하여 미국의 전략정책단이 소련에게 한반도 동북지방의 2~3개 도를 할양할 것을 고려했던 점을 감안하면,[4] 얄타밀약설을 무시하기도 어렵다.

오래전부터 외세는 한반도에서 38선을 주목해왔다. 1896년 고종이 러시아 공사관으로 피신함에 따라 조선에서 형세가 불리해진 일본은 러시아에 북위 38도선을 경계로 한 세력권 분할을 제기하였다. 그러나 러시아가 이를 거절함으로써 일본의 제안은 성사되지 않았다. 그런데 영일동맹이 성립하자 여기에 위협을 느낀 러시아는 1903년 북위 39도선 이남에서 일본의 우위를 인정하고 그 이북의 땅을 중립지대로 할 것을 일본에 제의하였다. 그런데 이때는 한반도에서 우세한 위치를 차지하고 있던 일본이 거절하였다. 이러한 사실들을 염두에 두면, 꼭 얄타회담에서가 아니더라도 언제인가 소련이 먼저 미국에게 38선의 설정을 요구를 했을 가능성도 배제하기 어렵다. 그 내용이 알려지지 않았다고 해서 이를 부정할 수만은 없는 것이다. 후일 대일전 참전으로 한반도에 진주한 소련군이 남쪽으로 내려가지 않고 미국이 진주할 때까지 북위 38도선 이북에 머문 것도 미국과의 사전 약속을 지키기 위함이 아니었나 의심된다.[5]

미소군정

해방 이후 한반도에 먼저 진주한 것은 한국과 국경을 접하고 있던 소련군이었다. 소련은 일본의 패망이 거의 확실해진 1945년 8월 9일 선전포고하고, 일본이 항복하자 남진하여 평양, 함흥 등 북한의 주요 도시를 점령하고 북위 38도선 이북에 머물렀다. 일찍이 연해주에 살고 있던 18만 명의 한국인을 일본의 첩자가 될 가능성이 있다는 이유로 일거에 중앙아시아로 강제 이주시켰으며, 코민테른에서 활동하던 한국인 공산주의자들을 일본의 스파이로 몰아 살해한 소련은 한국에 대해서 비교적 충분한 지식을 가지고 있었다. 그리하여 평양에 사령부를 설치하였으나 직접통치를 피하고, 5도 임시인민위원회를 조직하여 이를 통한 간접통치 방식을 채용하였다. 공산당세력이 우세했기 때문에 굳이 직접통치할 필요성을 느끼지 않았던 것이다.[6]

소련은 비록 군정청을 설치하지는 않았으나 철저하게 북한의 행정을 통제·관할하였다. 그리하여 김일성이 주도권을 잡도록 영향력을 행사하였으며, 그와 함께 항일투쟁에 참여한 인물들을 요직에 기용하였다. 소련은 김일성이 중국공산당 당적을 갖고 있으면서도 그에 직속된 적이 없었고, 소련에 들어가 소련 군적을 가진 데다가 국내에서 커다란 명성을 얻고 있었으므로 이러한 김일성을 내세우는 것이 자신들의 점령정책에 도움이 된다고 판단했던 것이다.[7] 아울러 소련은 북한 주민의 환심을 사기 위해 일본인 관리들과 조직을 신속하게 제거하는 등 일제의 잔재를 숙청하는 정책을 추구하였다.

미군은 9월에야 인천에 상륙하여 점차 남한일대에 주둔하였다. 한국에 진주한 미군은 군정청을 설치하고, 일본의 조선총독부 건물을 사용하였다. 그뿐만 아니라 군정의 조직도 조선총독부의 기구를 답습하였다. 그리하여 총독과 같은 존재인 주한 미군사령관에는 하지John R. Hodge 중장이, 그리고 정무총감에 해당하는 군정장관에는 아놀드Archibald V. Arnold 소장이 임명되었다. 소련군이 북한에서 간접통치를 실시한 것과는 달리, 미군은 남한에서 직접 통치방식을 채택했던 것이다. 공산주의자들을 제압하기 위함이었다.

그러나 당시 미군에는 한국에서 점령정책을 실시할 만한 지식을 가진 사람이 없었다. 미군정의 과장에 해당하는 정책 결정의 중간 담당자가 중위 정도였으며, 국장급이라야 대위에서 소령 정도에 불과한 하급 장교들이었는데, 더구나 그들은 전시에 급조된 장교 진급자들로서 사관학교는 물론이고 정규 대학도 이수하지 못한 자가 대부분이었다. 물론 행정 경험이 있을 리도 없었다. 따라서 미군정은 조선총독부에서 일해온 관리들로 하여금 현직을 유지하게 하였다. 도덕적인 면보다는 경험이 풍부한 인물을 필요로 하는 것이 행정이기 때문이다. 그 결과 일제에 적극 협력한 자들이 다시 실권과 지위를 차지하였다. 친일 혐의로 북한에서 피신한 경찰 출신도 대부분 다시 충원되었다. 그리고 미국이나 영국에서 교육을 받은 영어회화 능력이 있는 한국인들이 고위 간부로 임명되었다.[8] 영국 에든버러대학 고고학과를 나온 지주 출신의 윤보선尹潽善이 농상국農商局 고문이 된 것은 그 단적인 예이다.

미군정은 친일파를 중용한 것과는 달리, 김구의 영향력 아래에 있던 대한민국임시정부(임정)나 조선인민공화국(인공)에 대해서는 비판적이었다. 남한에서 직접 통치를 실시한 미군정이 정부형태를 표방한 이들을 인정했을 까닭이 없다. 더구나 김구와 장제스의 관계는 미국으로 하여금 임정을 경계하게 만들었다. 김구가 중국에서 귀국할 때 장제스는 전별금 명목으로 그에게 거액의 돈을 건네주었는데, 이를 본 미국은 중국이 임정의 요인들과 연계해 한국에서 독점적인 영향력을 행사하지 않을까 우려했던 것이다. 미군정은 임정의 지도자들이 '정부 자격'으로 입국하려 하자 그들의 귀국을 통제하고, 남한에서의 유일한 정권인 미군정부에 대한 협력을 조건으로 '개인 자격'으로 귀국시켰다.[9] 한편 미군정은 조선인민공화국이 북한에 있는 소련군과 동맹관계에 있는 것으로 보고, 그 명칭에 '국國' 대신 '당黨'을 쓸 것을 요구하였다. 그리고 지방 인민위원회의 강제 해산에 착수하였다. 미군사령관 하지는 지방의 인민위원회 역시 공산주의자들에 의하여 조종되는 것으로 이해했던 것이다.

조선인민공화국 9월 초 미군이 서울에 들어온다는 소식이 퍼지면서 여운형은 박헌영과 제휴하여 전국 인민대표자회의를 개최하고, 조선인민공화국(인공)이라는 일종의 정부조직을 서둘러 만들었다. 미군이 상륙하기 이전에 정권을 수립하여 기정사실로 인정받고, 미군과 교섭할 대상이 되기 위함이었다. 그러나 우익이 참여하지 않음으로써 조선인민공화국은 좌익이 대부분을 차지하였다.

인민위원회 조선인민공화국의 성립과 더불어 지방에도 인민위원회라는 자치조직이 본격적으로 설치되었다. 그리하여 남한에는 약 3개월 동안 거의 전 지역에 인민위원회가 설치되고, 절반에 가까운 군이 인민위원회의 지배를 받게 되었다.

미군정의 좌익세력에 대한 탄압은 1946년 조선공산당에서 운영하는 출판사인 조선정판사朝鮮精版社에서 위조지폐가 발견된 것을 계기로 노골화되었다. 조선공산당 기관지 『해방일보』를 폐간시켰는가 하면, 조선공산당 간부에 대한 총검거령을 내렸다. 따라서 미군정에 대한 저항은 주로 좌익세력이 주도하였다. 조선공산당은 '신전술新戰術'을 표방하면서, "맞고만 있을 것이 아니라 테러에는 테러로, 피에는 피로 갚자"라고 주장하였다. 그들은 노동자들의 파업으로써 이를 실현시키려고 하였다. 그리하여 대구에서 경찰과 시민들 사이에 대규모 충돌이 일어났다(1946. 10). 노동자들의 파업에 경찰과 극우 테러단이 진압에 나섰고, 이에 항의하는 시위대에 경찰이 발포함으로써 많은 사상자가 발생했던 것이다. 이것이 '대구폭동'으로 불린 사건인데, 이 사건은 다른 지역으로 확산되어 쌀 공출供出 폐지, 토지개혁 실시, 극우테러 반대 등을 요구하는 시위가 전국에서 일어났다.[10]

해방 후에는 농민들의 생산의욕 저하와 화학비료 부족으로 생산량이 줄어 식량부족 현상이 나타났다. 여기에 북에서 내려온 피난민과 해외동포의 유입으로 상황은 더욱 나빠졌다. 한국을 미곡 수출국으로 알았던 미국은 실은 한국이 한국인 수요를 위한 미곡도 생산하지 못한다는 사실에 큰 충격을 받았다. 미군정은 소작료율을 3·1제로 낮추면서 배급제를 폐지하고 미곡시장을 자유화하였다. 미가 하락을 기대하고 취한 조치였다. 그러나 결과적으로는 쌀이 투기의 대상이 되어 도리어 값이 폭등하였다. 이 때문에 식량 사정이 더욱 어렵게 되어 도시 노동자들이 기아에 허덕였다. 미군정은 다시 배급제를 실시하기로 했는데, 이를 위해서는 공출이 불가피하였다. 이에 미곡수집령을 공포하고(1946. 1), 일제강점기 때에도 없던 하곡수매夏穀收買를 실시했으나 농민들의 반발로 실패하였다. 그런데도 미군정은 또다시 시장 가격의 3분의 1 수준의 수매가로 추곡수매를 강행함으로써 농민들의 불만을 유발하였다.[11] 최근에는 이때 일어난 항쟁들을 묶어 '10월

민중항쟁'이라고 부른다. '10월민중항쟁'이 발발하자 미군정은 조선공산당을 이끌던 박헌영에 대한 체포령을 내렸고, 이에 그는 북한으로 도피하였다.

제주도에서는 1947년 3·1절 기념식을 계기로 반미시위가 전개되고, 경찰이 발포하는 사건이 일어났다. 제주도는 다른 지역과 달리 그때까지 인민위원회가 존속하고 있었는데, 이는 제주도의 역사적 특성에 기인한 것이었다. 일제는 미국에 항복하기 전 제주도를 대미 결전의 마지막 보루로 삼아 요새로 만들면서 많은 제주도민들을 노역에 강제 동원하였다. 그리고 일본군은 해방 후에도 한 달간 머물면서 횡포를 일삼았다. 이에 좌익 세력이 중심이 된 보안대가 조직되어 일본군에 맞섰고, 곧이어 인민위원회가 구성되어 활동하였다. 따라서 제주도의 인민위원회는 어느 지방보다 강한 조직을 갖추고 있었는데, 미군정이 이를 불법화하자 반미시위가 전개되었던 것이다. 경찰의 발포에도 항쟁이 수그러들지 않자 미군정은 제주도를 '빨갱이들의 섬' 혹은 '작은 모스크바'로 명명하고, 북한에서 월남한 청년들로 조직된 서북청년단을 파견하여 경찰의 진압을 돕도록 하였다. 당시 제주도민에 대한 미군정의 소탕작전은 전후 아시아에서 행해진 어떠한 작전보다 잔인하고 철저하였다.[12] 그러나 제주도민들은 1948년 4월 3일 남한의 단독선거반대 등을 내세우며 항쟁을 재개하였다. 이것이 '제주 4·3민중항쟁'인데, 그들의 항쟁은 정부수립 이후까지 이어졌다.

신탁통치문제

한국에 대한 신탁통치가 처음 논의된 것은 이탈리아가 항복함으로써 연합군 측의 승리가 예상되던 1943년에 미국, 영국, 중국의 정상이 대일전의 목표와 전략을 검토하기 위해 만난 카이로회담에서였다. 무력한 중국이 여기에 초청된 것은 그들을 일본에 대항시키려는 미국의 전략 때문이었다. 여기에서 한국과 관련하여 논의된 사항은 '적절한 절차in due course'를 거쳐 한국을 자유독립국가로 만든다는 것이었는데, '적절한 절차'란 신탁통치를 의미하는 것이었다.

당시 한국에 대한 신탁통치를 제안한 나라는 미국이었다. 미국은 일본이 패전하면 한반도가 인접국가인 소련이나 중국의 지배를 받거나 그 영향권으로 편입되어 이 지역에서 자국의 영향력이 배제될지도 모른다는 우려를 가지고 있었다. 그렇다고 한반도를 단독으로 점령할 수도 없는 노릇이었다. 한반도는 중국, 러시아, 일본, 영국 등의 이해관계가 첨예하게 대립했던 지역으로 미국의 단독점령은 주변국들의 반발을 일으킬 가능성이 있었기 때문이다. 이에 미국은 신탁통치를 시행함으로써 친미국의 통일정부를 수립한다는 한반도에 대한 기본정책을 세웠다.[13] 그리고 나서 연합국 가운데 최대 식민지 보유국인 영국과 한반도에 일정한 영향력을 갖고 있던 중국에 협조를 구하였다. 영국은 대영제국의 복귀를 희망하고 있어 자국 식민지의 신탁통치에는 반대했으나, 자국과 직접 이해관계가 없는 한반도에 대해서만큼은 연합국인 미국의 입장을 지지하였다. 그리고 일본과의 전쟁을 수행하는 데 미국의 지원이 절실했던 중국의 국민당정부는 미국의 이러한 요청을 거절할 수가 없었다. 결국 전후 한반도에 영향력을 행사하려는 미국에 의해 한반도의 신탁통치안은 구상되었던 것이다.[14]

한국 신탁통치 방침은 앞서 언급한 대로 얄타회담에서도 확인되었다. 여기에서 루스벨트가 한국 신탁통치를 언급하면서 20년에서 30년이면 될 것이라고 하자 스탈린은 신탁통치 기간은 짧을수록 좋으며 외국의 군대주둔은 필요치 않다고 강조하였다. 스탈린이 이러한 주장을 한 것은 그가 한국에 호의적이었기 때문이 아니라, 한반도에서의 경쟁에서 소련이 미국보다 유리하다고 믿었기 때문이다. 소련은 한국에는 공산주의세력이 우세하기에 공산주의 국가를 건설할 수 있다고 판단했던 것이다.[15]

1945년 12월 모스크바Moskva의 삼상회의三相會議에서 미국, 영국, 소련의 외상들은 다음과 같은 세 개 항을 결정하였다. 제1항은 한국에 임시정부를 조속히 수립한다는 것이고, 제2항은 임시정부 수립을 위해 미소공동위원회美蘇共同委員會를 열어 정당·사회단체와 협의한다는 것이며, 제3항은 미국, 영국, 중국, 소련 4개국은 새로 수립된 한국의 임시정부와 상의하여 신탁통치 방안을 마련하고, 그 기한은 최고 5년으로 한다는 것이었다. 애초에 미국이 구상했던 신탁통치안은 한국인이 통치권 행사에 참여할 수 없게 되어 있었다. 그런데 삼상회의에서는 임시정부 수립을 강조하고, 한국인이 장차 수립될 임시정부를 통해 중요한 국사에 참여할 수 있게 하였다. 이는 소련이 제안한 것인데, 군정을 실시하는 동안 한국인의 독립의사를 외면하기 어렵다는 사실을 깨달은 미국이 여기에 동의하였다.[16] 결국 모스크바 삼상회의 결의는 남북한 모두 좌익이 우세하므로 임시정부의 수립이 자국에 유리하다고 판단한 소련과 4개국 신탁통치국가 중 3개국이 미국 또는 친미국이어서 신탁통치체제를 선호하는 미국의 이해관계가 배합된 것이었다.[17]

모스크바 삼상회의의 합의 내용이 전해지자 신탁통치를 반대하는 시위운동이 전국적으로 번져갔다. 임시정부 수립에 대한 내용은 무시된 채 신탁통치문제만이 부각되어 전해졌기 때문이다. 한국인들은 신탁통치를 식민지 상태로 되돌아가는 것으로 이해하여 신탁통치 대신 죽음을 달라고 외쳐댔다. 서울에서는 철시와 시위가 행해졌으며, 미 군정청의 한국인 직원들까지도 일제히 파업에 들어갔다. 따라서 당시 국내의 주요 정치쟁점이던 친일파 처리와 토지문제 해결방안은 뒷전으로 밀리게 되었다. 이러한 상황은 줄곧 수세에 몰리고 있던 한민당에게 도움을 주는 것이었다. 또한 친일세력은 반탁운동에 참여함으로써 '애국자'로 둔갑할 수 있었다.[18] 그리고 김구를 비롯한 우익세력은 반탁을 주도하여 여론을 이끌 수 있게 되었다. 그는 이승만 등 우익세력과 함께 반탁운동을 조직적으로 전개하기 위해 비상국민회의를 결성하였다.

남한의 조선공산당 등 좌익계도 신탁통치안에 반대하였다. 다만 신탁통치를 제안한 것이 소련이라는 설 때문에 공식적인 태도 표명을 보류하고 있었다. 그런데 상황 파악을 위해 북한에 갔던 박헌영이 귀환하면서 찬탁으로 방향을 선회하였다. 소련으로부터 김일성에게 찬탁 지령이 내려졌기 때문이다. 이에 좌익세력은 우익세력의 대한국민대표민주의원(민주의원)에 대항해서 민주주의민족전선(민전)을 결성하였다. 그들은 정보 부족 때문에 반탁의 태도를 취한 것은 과오였음을 시인하면서 임시정부 수립을 탁치안보다 더 강조하였다. 아울러 찬탁 대신 '삼상회의 결정 지지'라는 표현을 사용하였다. 반탁은 소박한 민족감정에서 비롯된 것으로, 자력이 아닌 미·소의 힘으로 독립을 이룬 상황에서는 삼상회의의 결의를 받아들일 수밖에 없다는 것이 그들의 논리였다. 그러나 민족주의적 열정에 사로잡힌 대중들은 그들의 논리에 귀 기울이지 않았다. 따라서 좌익은 대중적 지지기반을 상실하였다. 그들은 일제의 탄압에도 변절하지 않았다는 점에서 대중들의 신뢰를 얻었고, 8·15 이후에는 친일파 처단, 토지개혁 등을 주장함으로써 대중적 지지기반을 굳혀왔는데, 신탁통치문제를 둘러싸고 정국의 주도권을 우익에 넘겨줄 수밖에 없었던 것이다.[19]

누차 언급했듯이 한국의 신탁통치안은 미국이 제안한 것이었다. 그런데도 국내에는 소련이 이를 제안한 것으로 왜곡 보도되었다. 삼상회의 결정서가 공식 발표되기 하루 전,『동아일보』에는 '워싱턴 발' 기사를 인용한 아래와 같은 머리기사가 실렸다.

소련은 신탁통치 주장, 미국은 즉시독립 주장, 소련의 구실은 38선 분할점령.[20]

이에 따라 한민당 등 우익 정당들은 반탁운동을 전개하면서 이를 곧 반소反蘇·반공운동反共運動에 이용하였다. 이것이 반공운동을 일으키기 위한 미국의 음모인지 아니면 단순한 오보인지는 분명치 않다. 그런데 이 기사가 국내의 통신사와 신문사를 통해 신속하게 확산될 수 있었던 데에는 최소한 당시 언론기관을 통제했던 미군정의 고의적인 방조가 있었을 것으로 추측된다.[21] 이러한 사실은 소련의 반응에서도 입증된다. 소련은 소련이 신탁통치를 실시하려고 하고 미국은 즉시독립을 원한다는 허위모략 보도 때문에 반소·반공적인 반탁운동이 일어난 것에 분노하였고, 미군정이 그러한 반탁운동을 사주하는 것으로 의심했던 것이다.[22] 궁금한 것은 한반도의 신탁통치를 제안한 것은 미국이었는데, 미군정은 왜 소련이 신탁통치를 제안한 것처럼 보도한 기사를 용인했으며, 이후 반탁운동을 후원했는가 하는 점이다.

미군정은 한국에서 신탁통치가 실현될 가능성이 희박하다고 판단하였다. 한국인들이 좌우익을 불문하고 모두 신탁통치에 반대했기 때문이다. 따라서 삼상회의가 막바지에 접어들 무렵부터 미군정은 미국이 신탁통치를 제안했다는 사실이 가져올 정치적 곤경을 예상하고, 미국에게 쏟아질 비난의 방향을 소련으로 돌리려 하였다. 이에 미군정은 신탁통치를 실시하고자 한 것은 소련이므로 소련이 비난받아야 한다는 믿음을 한국인들 사이에 조장하려고 노력했고, 미국 국무부도 비슷한 태도를 취하였다.[23] 미군정이 비상국민회의의 최고정무위원회를 대한국민대표민주의원으로 재편성하여 하지의 자문기구로 만든 까닭이 여기에 있다(1946. 2). 반탁세력을 후원하고, 우익 지도자들을 포섭하기 위함이었다.

한편 이 같은 사실이 밝혀진 이후에도 『동아일보』 등은 여전히 소련이 신탁통치를 주도한 것으로 보도하였다. 따라서 이는 소련과 공산당을 매도하기 위한 의도적인 보도가 아니었나 의심되는데, 반탁운동이 점차 좌익에 대항하기 위한 반공이념으로 이용된 것은 이러한 추측에 신빙성을 더한다. 한국인의 민족주의적 열정에서 비롯되었던 반탁운동은 반공세력에 이용되어 이후 분단의 고착화에 기여했던 것이다.[24]

미소공동위원회

모스크바 삼상회의 결정에 따라 미소공동위원회가 1946년 3월 서울에서 개최되었다. 원래 미국의 신탁통치 구상은 영국과 중국을 끌어들여 소련을 견제하는 것이었다. 그런데 미소공동위원회의 설립으로써 알 수 있듯이 한반도문제에 대한 제반 결정이 두 나라 사이의 합의로만 가능하게 되었다. 임정을 통해 한반도에 영향력을 행사하려 했던 중국은 미군정이 임정을 승인하지 않자 신탁통치에 참여함으로써 영향력을 확보하려고 하였다. 그러나 국공내전國共內戰에 돌입하면서 대외문제에 신경을 쓸 여유가 없어졌다. 영국 역시 자국의 식민지 처리문제에 골몰해야 했으므로 한반도문제에 적극 개입할 여유가 없었다. 영국의 관심은 한반도가 아닌 인도, 싱가포르, 홍콩에 집중되었던 것이다.[25]

미소공동위원회에서 해야 할 일은, 첫째로 정당·사회단체와의 협의에 따른 임시정부 수립문제였고, 둘째로는 수립된 임시정부 참여하에 신탁통치 협약을 작성하는 것이었다. 그러나 임시정부 수립을 협의하기 위한 정당·사회단체의 선정과정에서부터 난관에 부딪혔다. 협의 대상이 될 정당·사회단체는 장차 구성될 임시정부의 중심세력이 될 것이므로 그 선정은 매우 중요한 문제였다. 소련이 반탁운동을 편 단체나 개인을 초청 대상에서 제외할 것을 주장한 데 반해 미국은 반탁운동을 '의사 표시의 자유'로 간주해야 한다고 주장하였다. 미국은 어떠한 상황에서도 공산주의자가 지배하고 소련의 꼭두각시정부가 될 임시정부의 수립에 동의하지 않으려 했으며, 소련도 이승만과 김구가 주도하는 임시정부는 수락하지 않으려 했던 것이다. 이 대립으로 결국 제1차 미소공동위원회는 결렬되고 회의는 무기한 연기되었다.[26]

　미소공동위원회가 재개되지 않으면 분단은 불가피하였다. 따라서 분단이라는 민족적 위기를 막기 위해서는 좌우가 일정한 원칙 아래 합작하여 미소공동위원회가 다시 열릴 수 있게 하자는 견해가 제기되었다. 이것이 여운형呂運亨, 김규식을 중심으로 전개된 좌우합작운동左右合作運動이다. 여운형이 민전을 대표하고 김규식이 민주의원을 대표하는 형태로 회담을 시작하자(1946. 5), 미군정은 좌우합작 노력을 지지한다는 성명을 발표하였다. 좌익과 우익의 극단세력을 배격하고 온건한 정치세력을 친미세력으로 키워 그것이 임시정부의 중심이 될 것을 기대한 것이다.[27] 이승만과 김구를 지지하면 중도세력이 좌익세력과 연합할 가능성이 큰 반면, 중도세력을 지지하더라도 이승만과 김구가 공산주의자들과 연합할 가능성은 없다고 판단한 결과였다. 아울러 여운형을 끌어들임으로써 박헌영을 고립시키려는 의도도 가지고 있었다. 즉 한반도의 공산화 방지라는 그들의 목표를 달성하기 위한 수단으로 좌우합작을 지지했던 것이다.[28] 그러나 토지개혁, 친일파 제거, 신탁통치문제를 둘러싸고 좌우 양측의 견해가 엇갈려 회담은 난항을 거듭하였다. 한편 이승만은 미소공동위원회가 결렬된 직후 정읍에서 행한 연설(정읍발언)에서 단독정부 수립의 필요성을 제기하였다. 이승만의 이러한 주장은 좌우합작운동을 지원하면서 소련과의 협의 아래 한반도 문제를 해결하려 한 미군정으로서는 받아들일 수 없는 것이었다. 이에 이승만은 미국으로 건너가(1946. 12) 미 국무성과 유엔을 상대로 단독정부 수립을 위한 외교활동을 전개했으나 큰 성과를 거두지는 못하였다.

좌우합작운동이 제자리걸음을 지속하는 가운데 소련 점령하의 북한에서는 단독정부 수립이 기정사실이 되었다. 그런데 북한의 발전이 미군정을 괴롭혔다.[29] 북한은 북조선임시인민위원회의 주도 아래 1946년 2월 토지개혁과 아울러 일본, 일본인, 친일파가 소유한 모든 산업체를 국유화한 이른바 '반제·반봉건 민주개혁(민주개혁)'을 추진하여 상당한 성과를 거두었다. 따라서 미군정의 직접통치에 대한 남한 사람들의 불만은 커져갔다. 미군정은 이러한 불만이 북한에 대한 지지로 이어지지 않을까 우려하였다. 그리하여 한반도의 공산화를 방지하기 위해서는 북조선임시인민위원회에 대응하는 남한 사람에 의한 대표기관이 설정되어야 한다는 판단을 하게 되었다.[30] 이에 남조선과도입법의원南朝鮮過渡立法議員(입법의원) 선거가 치러졌다. 90명의 입법의원 가운데 45명을 간접선거로 선출하고, 나머지 45명은 좌우합작위원회가 추천한 후보를 미군정이 지명하였다. 그런데 좌우합작위원회에서 후원한 인물은 한 사람도 입법의원에 당선되지 못했을 뿐만 아니라, 좌우합작위원들은 거리에서 젊은이들에게 '반역자'라는 소리를 들어야 하였다. 이는 국민들이 좌우합작을 외면했다는 것과 다를 바 없다. 미군정이 좌우합작을 후원하고 입법의원 선거를 주도했음을 염두에 두면, 좌우합작 자체에 대한 비판이라기보다는 미군정에 대한 불만이 이렇게 표출되었다고 할 수 있다. 소련의 타스Tass통신에 모스크바 삼상회의에서 신탁통치를 제안한 국가가 미국이라는 사실이 공개되면서 한국인들이 미국을 경원한 결과였다.[31] 좌우합작에 대한 미국의 후원이 오히려 좌우합작을 실패하게 만든 원인의 하나가 되었던 것이다. 이러한 우여곡절을 거쳐 입법의원立法議院은 구성되었고, 김규식이 의장이 되었다(1946. 12).

그러나 입법의원은 반수를 미군정이 지명함으로써 국민의 대표기관이라기보다는 미군정의 옹호·자문기관의 성격이 짙었다. 일제강점기 때의 중추원이라는 비난은 여기에서 비롯된 것이었다. 입법의원이 구성되자 미군정은 미군정장관 밑에 한국인 민정장관직을 두어 안재홍安在鴻으로 하여금 이를 맡게 하고, 대법원장에 김용무金用茂를 임명하였다. 이로써 형식상 행정권을 이양하고, 미 군정청의 명칭도 남조선과도정부南朝鮮過渡政府로 바꾸었다(1947. 6). 그런데 안재홍은 출퇴근할 때 미군들의 보호를 받아야만 하였다.[32]

이승만은 모스크바 삼상회의 결정을 파기하고 남한만의 정부를 수립하여 이를 바탕으로 남북통일을 이룩해야 한다고 일관되게 주장하였다. 그의 '즉시독립' 구호는 한민당과 일부 대중들에게 설득력 있게 다가갔다.[33] 이승만의 이러한 주장은 미군정의 의도를 정면에서 비판한 것으로, 그가 미군정과 갈등을 빚었음은 물론이다. 그러나 미군정은 현실적으로 소련의 영향력 아래에 있는 북한과의 대결구도에서 철저한 반소·반공주의자인 이승만을 제외하고는 다른 대안을 찾지 못하였다.[34]

1947년 5월 제2차 미소공동위원회가 열렸다. 여기에 참가를 신청한 단체는 남한이 425개, 북한이 36개였으며, 등록된 회원 수는 7천만 명으로 전체 인구의 2배나 되는 불합리함을 드러냈다.[35] 따라서 제2차 미소공동위원회 역시 1차 회담 때와 마찬가지로 협의 대상단체를 놓고 미·소가 대립하였다. 소련이 반탁을 주장한 정당들을 제외할 것을 주장한 반면, 미국은 그렇게 되면 좌익의 임시정부 지배를 보장하는 것이 된다고 판단해 여기에 반대했던 것이다. 결국 미소공동위원회가 또다시 정체상태에 빠짐으로써 한국의 신탁통치를 위한 임시정부는 구성부터가 불가능해졌다.

미국은 미소공동위원회를 진전시키기 위한 방안으로 한국문제를 워싱턴에서 열리는 미·영·중·소의 4개국 외상회의에 회부할 것을 제의하였다. 소련은 외상회의가 한국문제 해결의 당사자가 아니라는 점을 들어 반대하면서 1948년 초까지 미·소 양군을 철수시키고 한국의 장래문제를 한국인에게 맡길 것을 제안하였다. 그러나 미국이 이를 거절함으로써 제2차 미소공동위원회도 결렬되고 말았다(1947. 10).

유엔한국임시위원단

미소공동위원회가 실패로 끝나자 미국은 소련과 협력해서는 한국문제를 처리하기 어렵다고 판단하였다. 이승만이 남한만의 단독정부 수립에 관한 주장을 높여가고 있는 상황에서 매일 1백만 달러 이상이 소요되는 남한 점령경비도 미국에게는 큰 부담이었다. 미국은 한국이 이처럼 많은 경비를 들여가며 군대를 주둔시킬 만한 전략적인 가치가 있는지 의심하기 시작하였다. 그들은 신탁통치를 통해 친미국의 통일정부를 수립한다는 한반도에 대한 기본정책이 실현불가능하다는 사실을 깨달았다. 그런데 한국에서의 무조건 철수는 곧 한국을 공산주의자와 소련에 넘겨주는 것을 의미하였다. 이에 따라 미국은 자신들의 체면을 유지하면서 남한에서 군대를 철수하는 방법을 모색하기 시작하였다.[36]

미국은 세계 각지에서 소련의 영향력 확산을 저지하기 위한 트루먼독트린Truman Doctrine과 마셜 플랜Marshall Plan을 잇달아 발표하였다(1947). 이로써 동·서냉전이 시작되었다. 미·소 간에 직접적인 열전은 일어나지 않았으나 그렇다고 평화로운 상태를 유지한 것도 아니었으므로 냉전Cold war이라는 표현을 쓰게 된 것이다. 따라서 소련과의 합의를 전제로 하는 한국에 대한 신탁통치는 절대적 필요성을 잃게 되었다. 미국은 한국문제를 자신의 영향력 아래 있던 유엔에 상정하였다(1947. 9). 유엔 감시하에 총선거를 실시하고, 이 절차를 감시 및 협의하기 위하여 유엔한국임시위원단United Nations Temporary Commission on Korea(UNTCOK)을 설치할 것을 내용으로 하는 결의안을 제출했던 것이다.

소련은 한반도문제를 유엔총회 의제에 포함시키는 것에 반대하였다. 유엔에서의 열세로 미소공동위원회에서 한국문제를 해결할 것을 원하고 있던 소련으로서는 미국이 주도하는 유엔 전략에 따를 수 없었던 것이다. 소련의 한국문제에 대한 기본 입장은 정부가 수립된 후 미·소 양군이 철수해야 한다는 미국 측의 주장과는 반대로, 미·소 양군이 철수한 후 한국인들에 의해 남북한 총선거가 실시되어야 한다는 것이었다.[37] 그러나 미국의 결의안은 약간의 수정을 거쳐 다수의 찬성으로 유엔총회를 통과하였다.

1948년 1월 오스트레일리아, 캐나다, 중국, 엘살바도르, 프랑스, 인도, 필리핀, 시리아 등 8개국 대표로 구성된 유엔한국임시위원단이 한국에 도착하여 활동을 개시하였다.[38] 그러나 소련의 반대로 북한에서의 활동은 불가능하였다. 유엔한국임시위원단의 설립은 한국인의 자주권 행사와 상반되는 것이며, 이 기구는 구성원만을 보더라도 미국의 정책을 일방적으로 지지하는 데 이용될 수 있다는 것이 소련의 주장이었다. 아울러 소련은 인구비례에 따른 의석 수 분배의 불합리성을 지적하기도 하였다.

유엔한국임시위원단은 가능한 지역에서만이라도 선거를 실시하여 독립정부를 수립할 것을 결의하였다. 그리하여 1948년 5월 10일 남한 전 지역에서 총선거가 실시되어 북한에 배정된 100석을 제외한 198명이 임기 2년의 제헌국회의원으로 선출되었다. 당시 남한에 배정된 국회의원 수는 200석이었는데, 북제주군 갑구와 을구의 두 개 선거구 투표가 과반수에 미달되어 198명만이 선출되었던 것이다.[39] 이렇게 구성된 제헌국회에서는 헌법을 제정하고 정·부통령을 선출하여 1948년 8월 15일 광복기념일을 맞이하여 대한민국정부 수립을 내외에 선포하였다.

이승만정부

대한민국정부가 수립되자 유엔은 제3차 총회에서 대한민국정부를 한반도 내 유일한 합법정부로 인정하였다(1948). 대한민국은 미국, 중화민국, 영국, 프랑스 등 23개국과 수교하고, 장면을 대사로 하는 주미대사관을 개설하였다(1949). 미국도 무초John J. Muccio를 초대대사로 하는 주한대사관을 설치하였다. 이후 이승만정부의 외교정책은 대미 일변도였다. 이승만정부는 인도와 같은 친서방 중립국과의 교류조차 허용하지 않음으로써 반제국주의와 반식민주의를 내세운 비동맹국가들에 대한 외교적 접근은 상상조차 할 수 없게 만들었다.

그렇다고 이승만정부가 미국과 우호적인 관계를 유지했던 것만은 아니었다. 이승만은 반공포로를 석방함으로써 6·25전쟁의 종전을 서두르던 미국과 갈등을 빚었다. 그리고 일본과의 국교를 재개하라는 미국의 요구를 거절함으로써 일본과 결부시켜 한반도정책을 수립해 나가려던 미국의 동북아정책에 차질을 빚게 하였다. 결국 4월혁명이 일어나 학생들이 대통령 관저인 경무대 앞에서 경찰의 발포로 사망하자 이승만의 북진통일론과 반일정책을 달갑지 않게 여기고 있던 미국은 그의 하야를 지지한다는 성명을 발표하였다.

6 · 25전쟁

1950년 6 · 25전쟁이 발발하였다. 6 · 25전쟁의 남한 측 원인으로는 다음 과 같은 사실들이 지적된다. 우선 주한미군의 철수이다. 소련군이 북한에서 철수하자(1948. 12), 미국도 500여 명의 군사고문단만을 남기고 7만 명이었던 주한미군 모두를 1949년에 철수시켰다. 미국이 후원한 중국의 국민당이 국공내전에서 패해 타이완으로 후퇴한 사실에 실망한 데다가 남한사회의 혼란에 대한 불안 때문이었다. 이승만은 진해鎭海를 미 해군의 극동기지로 사용할 것을 제의하는 등 철군 저지를 위해 노력했으나 실패하였다. 여기에 더하여 미국 국무장관 애치슨Dean G. Acheson은 한국이 미국의 극동 방위선 안에 들어 있지 않다고 발언하였다(애치슨라인). 한편 이승만은 북진 통일론을 제기하면서 '점심은 평양에서, 저녁은 신의주에서'라고 호언하였는데, 이것이 북한을 자극함으로써 6 · 25전쟁의 원인 가운데 하나가 되었다는 지적도 있다. 아울러 1949년 이후 38선을 둘러싼 남북의 군사충돌이 끊임없이 지속된 것도 6 · 25전쟁의 발발과 관련하여 간과하기 어려운 사실이다.[40]

한반도에서 전쟁이 발발하자 미국은 즉각 참전을 결정하였다. 자신이 집권하면서 중국이 공산화되고 동남아시아에 공산주의가 팽창했다는 비판을 받고 있던 트루먼 미국 대통령은 도쿄의 극동군사령관 맥아더Douglas MacArthur에게 한국에 대한 군사적 지원을 명령하였다. 한반도가 공산화되면 일본의 안전이 위협을 받고 미국도 아시아에 대한 영향력을 잃게 될 것으로 판단한 결과였다. 그리고 유엔 안전보장이사회의 결의 아래 유엔군사령부를 구성하고 맥아더를 유엔군사령관에 임명하였다. 유엔은 미국, 영국 등 16개 국가의 군대를 한국에 파병하여 그들을 미국정부의 단일 지휘 아래 두었다. 한국군의 작전지휘권도 유엔군사령관에게 이양되었다.

유엔의 입장에서 볼 때 6·25전쟁은 유엔의 승인을 받은 정부에 대한 승인을 받지 못한 집단의 무력공격을 의미하였다. 유엔 안전보장이사회가 남한이 한반도의 유일한 합법적인 정부라는 사실을 들어 북한군에게 38선 이북으로의 퇴각을 요구한 이유가 여기에 있었다.[41] 이로부터 6·25전쟁은 북한과 미국 간의 전쟁으로 변하였다.

미국이 개입했음에도 북한군의 기세는 누그러지지 않았다. 대전전투에서는 미군 24사단장인 딘William F. Dean 소장이 북한군의 포로가 되기도 하였다. 더구나 미군은 피난민을 가장한 남한의 유격대원들로부터 공격을 받기도 하였다. 이에 미군은 유격대원이 침투해 있다고 생각되는 마을에 불을 질렀고 그들이 숨을 장소를 없앤다는 명목으로 마을을 불태웠으며 민간인들을 학살하였다.[42] 최근 그 진상이 밝혀진 '노근리 학살사건'은 그 가운데 하나이다. 충북 영동에서 3백여 명에 이르는 피난민을 미군이 집단 학살했던 것이다.

대구와 부산을 근거지로 하여 반격전을 벌이던 유엔군은 맥아더의 지휘 아래 인천상륙작전을 성공시키고(9. 15) 서울을 수복했으며 그 여세를 몰아 38선을 넘어 한·중 국경까지 접근하였다. 그러자 20만 명 이상의 중국군이 '의용군'이라는 이름으로 개입하였다(1950. 10). 이로 인해 6·25전쟁은 다시 미국과 중국의 전쟁으로 변모하였다. 중국군의 공세에 직면한 유엔군이 한강 이남으로 후퇴하자 유엔은 휴전문제를 논의하기 시작하였다. 이후 유엔군은 곧 서울을 재탈환하고 다시 38선 이북으로 진출하였다(1951. 3). 그러나 참전국들은 정전停戰을 지지하면서 38도선 이북으로의 진격에 반대하였다. 영국의 경우, 전쟁이 확대되어 자국이 소련의 침략을 받게 될 것을 우려했던 것이다.[43] 결국 유엔군사령관 맥아더를 트루먼이 해임한 것을 계기로 전선은 교착상태에 빠졌다. 맥아더가 원자탄 사용을 고려하는 등 북한과 중국에 대한 과감한 보복조처를 주장하자 트루먼은 그를 파면하였던 것이다. 이는 미국정부가 6·25전쟁의 조기종결을 선언한 것과 다름없었다.

이러한 시기에 그간 전쟁에 소극적으로 참여해온 소련이 유엔을 통해서 휴전을 제의하였다. 미국이 이 제안을 수용함으로써 개성에서 처음으로 유엔군과 북한군 및 중국군 사이에 휴전회담이 개최되었다(1951. 7). 그러나 휴전회담은 군사분계선의 설정, 중립국 감시기구의 구성, 포로 교환 등을 둘러싸고 난항을 거듭하였다. 특히 포로문제에 대해 양측의 견해가 팽팽히 맞섰는데, 유엔군 측은 포로 개개인의 선택에 따를 것을 제의한 반면, 북한과 중국 측은 모든 포로가 본국으로 돌아가야 한다고 주장하였다. 당시 북한군과 중국군의 포로 수는 13만여 명이었고, 한국군 및 유엔군의 포로 수는 1만여 명이었다.

이승만은 휴전은 곧 한반도의 지속적인 분단을 의미한다고 주장하면서 휴전회담 반대운동과 북진통일론을 전개하였다. 그런데 그가 내세운 휴전반대와 북진통일론은 전쟁의 참상 속에서 무엇인가 보상받기를 원하는 대중의 정서를 끌어당기는 힘이 있었다. 정당과 사회단체들이 휴전반대투쟁위원회를 결성한 가운데 북진통일 시위가 전국적으로 전개되었다. 국회도 북진통일을 만장일치로 결의하였다. 이승만은 이를 바탕으로 야당 정치세력과 대중에 대한 장악력을 강화해나갔다. 그가 임시수도인 부산 일대에 계엄령을 선포하고 대통령직선제의 헌법개정을 강행하면서 이에 반대하는 야당의원을 감금한, 이른바 부산정치파동을 일으키고도 대통령에 재선된 이유가 여기에 있었다(1952).[44]

1953년 미국에서는 6·25전쟁 종결을 선거공약으로 내세운 공화당의 아이젠하워Dwight D. Eisenhower가 대통령에 취임하였다. 그리고 소련에서는 스탈린이 사망함으로써 휴전회담이 성립될 가능성이 높아졌다. 그러자 이승만은 일방적으로 2만 5천여 명의 반공포로를 석방하여 세상을 놀라게 했다(1953. 6. 18). 즉 포로 교환 심사과정에서 북한으로의 송환을 거부하는 북한군 포로를 일방적으로 석방한 것이다. 이승만이 미국의 위협에 자신은 굴복하지 않을 것이며, 한국의 운명은 한국인이 결정할 것임을 거듭 천명한 이후의 일이었다. 이는 당사국 대통령의 존재를 무시하고 휴전회담이 진행되고 있는 데 대한 항의 표시였으며, 휴전 후 한미상호방위조약 체결과 경제원조의 지속 등을 미국에게 보장받기 위한 계산된 행동이기도 하였다.[45] 이로 인해 북한과 중국이 휴전회담을 거부하는 등 위기를 맞았으나 결국 유엔군사령관 클라크Mark W. Clark, 조선인민군사령관 김일성, 중화인민공화국 인민지원군사령관 펑더화이彭德懷 사이에 휴전협정이 체결되었다(1953. 7. 27).

남과 북의 내전으로 시작된 6·25전쟁은 미군과 유엔군 그리고 중국군이 참전함으로써 국제전으로 비화하였다. 이는 설사 무력을 사용하더라도 한반도는 남과 북 어느 한쪽에 의해 통일될 수 없다는 사실을 확인시켜준 것이었다. 미국과 소련 그리고 중국이 이를 방관하지 않았던 것이다. 특히 미국은 아시아에서 반공의 보루로 일본을 지목하고, 일본의 안전을 위해서는 한반도 남쪽을 자신의 영향권 안에 두어야 한다고 여기고 있었다.[46]

1953년 조인된 휴전협정은 정전협정이었을 뿐 한반도에 평화를 보장한 것은 아니었다. 그러므로 휴전협정에서는 한국에서 모든 외국군의 철수, 한국문제의 평화적 해결 등을 협의하기 위해 정치회담을 개최하기로 명기하였다. 이에 따라 1954년 제네바에서 정치회담이 개최되었다. 이 회담에서 한국은 통일방안으로 6·25전쟁 참전국들이 권유한 '유엔 감시하 남북한 총선거 실시'안을 뿌리치고, '북한에서는 유엔 감시 아래 총선거를 치르고 남한에서는 대한민국의 헌법절차에 따라 총선거를 실시할 것'을 주장하였다. 아울러 한국문제 해결에 기여한 유엔의 역할을 높이 평가하였다. 이에 대해 북한은 "남북한이 동등하게 전조선위원회를 구성하고, 이위원회로 하여금 선거법을 만들게 하여 외세의 간섭 없이 남북한 총선거를 실시하여 평화적 통일을 실현해야 한다"라고 주장하였다. 북한에 따르면 유엔은 6·25전쟁 교전 당사자이므로 한국문제에 관한 유엔 감시는 불법이며 내정간섭이라는 것이었다.[47] 결국 양측의 주장이 엇갈려 회담은 결렬되었다. 이로써 한반도에는 휴전협정만 있을 뿐 평화협정은 마련되지 못하였다.

제2차 세계대전 후 미국은 한국에 경제원조를 시작하였다. 과잉생산으로 야기될 수 있는 공황문제를 해결하기 위함이었다. 아울러 이는 한반도를 포기하지 않겠다는 의지의 표현이기도 하였다.[48] 미국의 원조는 전쟁을 거치면서 군사원조 중심으로 재편되었다. 그리하여 1954년에는 7억 달러를 원조하기도 하였다. 이러한 미국의 원조는 당시 국가예산의 80퍼센트에 이르는 것으로 한국은 미국 원조를 기준으로 국가예산을 편성할 정도였다. 그 결과 그 내용이나 규모는 전적으로 미국이 결정하였다. 소비재와 양곡이 원조의 주종을 이룬 것은 그 때문이었다. 한편 6·25전쟁과 더불어 양키문화로 비하되는 낮은 수준의 미국문화가 유입되어 한국의 전통문화와 갈등을 빚기도 하였다.[49]

남한이 주장한 '북한만의 선거' 북한에서는 유엔 감시체제 아래 총선거를 실시하고 남한에서는 대한민국 헌법에 따라 총선거를 실시하자는 제네바회담에서의 한국 측 제안은 남북한 총선거 주장과 사실상 다르지 않다(홍석률, 『통일문제와 정치사회적 갈등 : 1953~1961』, 서울대학교출판부, 2001, 94쪽). 그런데 '북한만의 선거'를 국시로 채택해온 한국정부는 제네바회담에서 한국이 제의한 내용이 '북한만의 선거'와 결코 다르지 않다고 강조했다(이 때문에 후일 남북한 총선거 실시를 주장한 조봉암은 간첩혐의로 처형되었다). '북한만의 선거'란 대한민국 제헌국회의원 선거 당시 북한 측 의원을 위해 공석으로 남겨둔 100석의 의석을 채우기 위해 북한만 유엔 감독하에 자유선거를 실시해야 한다는 것이다. 이후 한국정부 측의 기록에 제네바회담 당시 한국의 주장이 '유엔 감시 아래 북한만의 선거를 실시할 것'으로 되어 있는 것도 이 때문이다.

한미상호방위조약 체결

1951년 미국은 일본과 샌프란시스코조약이라고 불리는 강화조약을 체결하고, 아울러 미일안전보장조약에 조인하였다. 이로써 미군이 일본에 주둔하게 되었다. 일본을 부러워한 이승만은 한국도 미국과 이러한 조약을 맺기 위해 노력하였다. 그는 1882년 체결된 조미수호통상조약을 거론하며 휴전에 동의하는 조건으로 한·미 양국 간의 상호방위조약 체결 및 한국군의 증강과 지원을 미국에 요구하였다. 공산주의의 침략과 일본의 위협에 대처하기 위해 필요하다는 것이었다. 이승만은 특히 한국인이 소련보다 일본을 더 두려워한다는 점을 강조했는데, 이는 미국이 한국과 일본의 관계 개선을 열망하고 있다는 사실을 잘 알고 있던 그가 한·일관계를 한·미관계에 이용하려고 한 것이었다.[50] 실제로 이승만은 자신의 '평화선(이승만라인)' 선포를 빌미로 일본이 침략하지 않을까 하는 두려움도 가지고 있었던 듯하다. 뒤에 언급하겠지만, 이승만은 한국이 샌프란시스코강화회의에 참여할 수 없음을 인지하고 강화조약으로 일본의 주권이 회복되기 전에 '인접 해양에 대한 주권선언' 이른바 평화선을 선포했는데(1952), 일본은 자국의 영토인 독도가 그 안에 포함되어 있다고 강력하게 항의했던 것이다.

아시아에서 공산주의 확산을 막을 방패로 한국을 지목한 미국은 한국의 전후 복구와 경제 자립을 시급히 도와줄 필요가 있다고 여겼다. 그러나 한국군을 증강해달라는 이승만의 요구에는 소극적으로 대응하였다. 이승만이 휴전협정을 무시하고 언제든지 단독으로 북한에 대해 군사적인 행동을 감행할 가능성이 있다고 판단했기 때문이다. 그렇게 되면 미국의 군사적 개입이 불가피해지는데, 이는 휴전을 이루어서 전 국민적 환영을 받고 있던 아이젠하워정부로서는 절대로 허용하거나 묵인할 수 없는 일이었다.

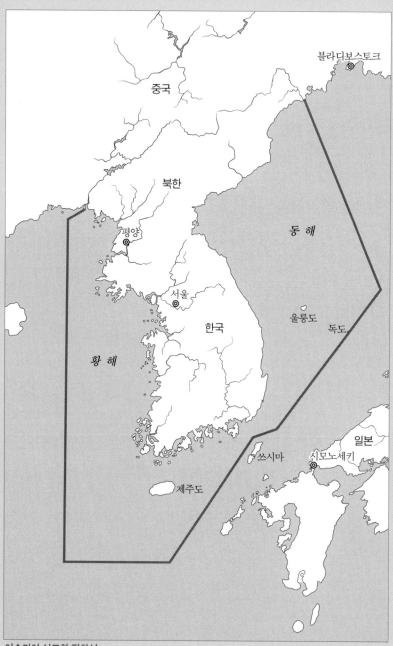

이승만이 선포한 평화선

아울러 한미상호방위조약을 체결해달라는 이승만의 요구도 미국은 수용하기 어려웠다. 유엔군이 주둔하고 있는 상황에서 한미상호방위조약을 체결한다면 미국이 유엔을 비효율적인 기구로 간주하거나 한국 통일을 원하지 않는다는 인상을 줄 수 있었기 때문이다. 그리고 그것이 이승만의 북침을 부추기지나 않을까 하는 우려도 있었다. 아이젠하워정부는 휴전협정이 체결되면 협정 규정대로 미군을 전부 일본으로 철수시킬 것을 구상하고 있었다. 미국은 한반도에 군사적으로 직접 개입하게 되는 한미상호방위조약 체결보다는 군사·경제 원조를 통한 간접적인 개입이 자국에 이익이 된다고 판단했던 것이다.[51]

미국의 이러한 태도에 대해 이승만은 한국군을 유엔군에서 탈퇴시켜 단독 북진도 불사할 것임을 지속적으로 경고하였다. 그리고 이를 위해 6·25전쟁 중 위임한 한국군의 작전지휘권을 유엔군으로부터 찾아오겠다고 미국을 위협하기도 하였다. 당시 한국군의 군사력으로 보아 단독 북진은 허황된 발상이었다. 그러나 이승만은 한미상호방위조약 체결을 위한 대미외교 수단으로 이를 고집하였다.[52] 이승만을 설득하는 것이 어렵다고 판단한 미 국무성과 클라크 유엔군사령관은 이승만을 제거하고 새로운 정부를 수립하는 문제를 검토하였다. 이는 많은 시간과 비용이 요구되며, 잘못될 경우 미국이 침략자로 낙인 찍히게 되는 부담을 안고 있었다. 게다가 그를 대체할 반공지도자를 찾는 것도 어려운 문제였다. 그러한 가운데 한국인의 반대를 무릅쓰고 휴전하기는 어려우니, 한국과 상호방위조약을 체결하여 이승만을 달래자는 주장이 제기되었다.[53]

결국 휴전협정이 성립된 지 몇 달 뒤에 한미상호방위조약이 조인되어 (1953. 10) 1954년 비준 발효되었다. 여기에는 한국이 침략을 당하면 미국이 참전한다는 방위공약이 담겨 있었다. 그런데 한미상호방위조약의 미국 측 초안에는 그 후 확정된 현행 한미상호방위조약 제4조의 내용, 즉 미국이 자국의 육·해·공군을 대한민국의 어느 곳에나 배치할 수 있다는 조항이 들어 있지 않았다. 이러한 사실을 발견한 이승만은 이를 넣자고 미국을 조름으로써 이 조항이 삽입되었다.[54] 아울러 이 조약의 유효기간을 무한정으로 한다는 규정을 넣자고 한 것도 이승만이었다. 따라서 미국은 거의 영구적으로 한국의 방위를 책임져야 하는 입장에 서게 되었다. 그런데 미군의 주둔은 휴전협정과는 모순된 것이었다. 휴전협정에는 미군 사령관과 중국군 사령관은 한국에서의 외국군대 철수와 한국문제의 평화적 해결 등을 협의한다는 조항이 들어 있었던 것이다.

6·25전쟁 기간 중 이승만은 유엔군사령관 맥아더에게 한국군의 작전지휘권을 위임하였다(1950. 7). 한국군에 대한 지원을 미국으로부터 받아내기 위함이었다. 이로써 한국정부는 적은 비용으로 전쟁을 치렀으며, 미국으로부터 군수물자를 지원받았다. 그런데 한미상호방위조약에는 한국군에 대한 지휘권문제가 언급되지 않았다. 이에 한국과 미국은 1954년 한미합의의사록을 통해 종래의 작전지휘권을 작전통제권으로 바꾸어 한국군에 대한 작전통제권이 전후에도 계속 유엔군사령관에 있음을 확인하였다. 이는 미국의 요구에 따른 것이었다. 미국은 이승만의 북침을 견제할 수 있는 확실한 제도적 장치를 마련하고자 했던 것이다. 한미상호방위조약이 북한의 남침을 막기 위한 것이었다면, 한미합의의사록은 남한의 북침을 막기 위한 것이었다.[55]

한일회담

1945년 일본이 연합국에 무조건 항복하자 미국은 도쿄에 연합국군최고사령부(GHQ)를 설치하여 일본 점령업무를 맡아보게 하였다. 연합국군최고

사령부는 일본에 군정을 펴지 않고 사령관인 맥아더가 일본정부에 지령과 권고를 전하는 간접통치정책을 실시하였다. 그런데 6·25전쟁은 미국으로 하여금 일본에 대한 점령상태를 끝내는 강화조약 체결을 서두르게 하였다. 일본을 공산주의세력에 대항하는 국가로 키우기 위해서는 먼저 일본의 주권을 회복시킬 필요가 있다고 판단했던 것이다. 그리하여 제2차 세계대전의 승전국인 미국을 비롯한 연합국과 패전국인 일본 간의 강화조약이 샌프란시스코에서 조인되었다.[56] 이로써 일본에 대한 연합국군의 점령상태는 종결되었다. 일본은 주권을 회복하고(1952), 이들 국가와 외교관계를 맺었다.

한국은 남조선과도입법의원立法議院에서 대일 배상회의에 한국의 참가를 요구하는 결의안을 통과시키는 등(1946) 정부수립 이전부터 대일 강화회의 참가를 당연한 권리로 인식하고 있었다. 따라서 한국은 무초 주한 미국대사를 통해 샌프란시스코에서 열리는 대일강화조약에 한국이 서명국으로 참가해야 한다는 점을 분명히 하였다. 1941년 대한민국임시정부가 일본에 선전포고를 했으므로 한국은 전승국으로서 대일 강화회의에 참가할 권리가 있다는 것이었다.

그러나 미국은 미국 및 주요국이 대한민국임시정부를 승인하지 않았음을 들어 한국의 요구를 묵살하였다. 일부 한국인이 일본과 항쟁한 것은 아무런 의미를 갖지 않는다는 것이었다. 미국의 이러한 주장은 한국은 일본과 교전한 연합국이 아니므로 조약 서명국이 될 수 없다고 한 요시다 시게루吉田茂 일본수상의 견해를 수용한 결과였다.[57] 미국이 일본의 요구를 수용한 데에는 일본의 경제력을 배양하고 국제적 위상을 강화하여 그들을 공산세력에 대항시키려는 전략적 고려가 내포되어 있었다. 미국은 일본에 배상금 청구를 포기하는 입장을 정하고, 연합국에게도 대일 배상청구를 철회하도록 설득하였다. 따라서 한국을 강화조약의 서명국으로 참가시킬 경우에 한국이 상당한 액수의 배상을 요구할 것을 미국은 우려하였다.[58] 이는 한·일관계를 미국이 주도했음을 알려주는데, 이후에도 미국은 한·일관계 전반에 커다란 영향력을 행사하였다. 결국 일본의 책임을 묻는 대일 강화회의에 한국정부가 참여하지 못함으로써 한국은 배상금 청구문제와 독도 영유권문제, 어업문제 등에서 아무런 혜택과 보장을 받지 못하게 되었다.

샌프란시스코강화회의에 참여할 수 없다는 사실이 알려지자 한국정부는 강화조약 초안에 대마도(쓰시마)와 독도 그리고 제주도 서남쪽에 위치한 암초인 파랑도(이어도)가 한국의 영토임을 확인하는 문구를 삽입해달라고 미국정부에 요청하였다. 대마도가 한국영토라는 주장은 1948년 일부 남조선과도입법의원立法議員들이 제안한 바 있으며, 정부 수립 이후에는 이승만도 여러 차례 제기하였다. 그는 대한민국정부 수립 직후 대마도의 영유권을 주장했으며, 1949년의 신년기자회견에서는 대마도의 반환을 일본에 요구하였다.[59] 그러나 대마도가 일본의 영토가 분명하다고 믿은 미국은 냉랭한 반응과 함께 유감을 표시하였다. 더구나 주미 한국대사관은 미국이 파랑도의 위치를 문의하자 동해상에 존재한다고 대답함으로써 위치도 모른 채 영유권을 주장했다는 비난을 모면하기 어렵게 만들었다. 이는 영토문제에 대한 한국정부의 진지성과 신뢰성을 현저히 떨어뜨렸다. 그 결과 미국정부는 독도가 일본영토라고 한국정부에 통보하였다. 1905년 이래 일본의 관할하에 있던 이 섬에 대해 한국이 그 이전에는 권리를 주장한 적이 없었다는 것이었다. 이는 도쿄의 연합국군최고사령부가 취했던 조치와는 다른 것이었다. 1946년 연합국군최고사령부는 일본의 항복문서를 집행하기 위해 '일본의 영토와 주권행사 범위를 정의'한 연합국군최고사령부지령(SCAPIN 677)을 통해 독도를 울릉도, 제주도와 함께 일본의 통치대상에서 제외한다는 점을 일본정부에 통보하였다. 그리고 일본어선의 조업을 제한한 이른바 맥아더라인에서도 일본어선의 독도 접근을 금지하였다.[60]

일본정부의 적극적인 로비와 아울러 대마도를 한국영토에 포함시켜달라는 한국정부의 요구가 도리어 독도에 대한 미국정부의 판단을 흐리게 만들었던 셈이다. 샌프란시스코강화조약에 대비하여 영토문제에 대해 7권 분량의 자료집을 만들어 준비한 일본정부와 영토문제, 배상문제 등 모든 문제를 불과 6장의 문서에 담은 한국정부의 차이가 결국 이러한 결과를 낳았다.[61] 그러나 한·일 간의 갈등을 우려한 미국에 의해 독도는 샌프란시스코강화조약문에서 아예 언급되지 않았다.

샌프란시스코강화회의에 한국의 불참이 정식으로 결정되자 이승만은 일본과의 직접 교섭을 희망하였다. 강화조약에 따라 일본의 주권이 회복되기 전에 일본과 외교교섭을 해 한·일 간의 현안을 처리하는 것이 한국에 유리하다고 판단했던 것이다.[62] 일본 역시 재일한국인의 국적에 대한 문제 때문에 한국정부와 교섭할 필요를 느꼈다. 제2차 세계대전 종전 이전까지 재일한국인은 일본의 국민으로 취급되었으므로 문제가 없었는데, 이제 이들을 법적으로 어떻게 처리할 것인가 하는 문제가 대두되었기 때문이다. 종전 후 재일한국인들은 재일본조선인연맹(조련朝聯)을 결성하여 일본공산당과 관련을 맺고 일본 경찰과 무력 충돌을 벌이기도 했으므로 일본정부는 가능한 한 그들을 한국으로 돌려보내려고 하였다.[63] 그리하여 미국의 알선으로 한·일 간의 예비회담이 열렸다(1951). 여기에서 한국은 한일회담 의제에 청구권請求權으로 불리는 배상문제를 포함시키려고 하였다. 일본이 한

맥아더라인 일본 어선이 세계 도처에서 분별없이 남획을 자행하여 어로자원보호에 많은 문제를 일으키자 이를 막기 위해 연합국군최고사령관 맥아더가 일본 주변에 선을 그어 규제를 가하였다(한표욱, 『이승만과 한미외교』, 중앙일보사, 1996, 271쪽).

재일한국인 종전 당시 재일한국인은 200여 만 명이었으나 상당수는 해방과 더불어 귀국하였다. 그런데 한국에서 다시 일본으로 밀항한 자들을 포함하여 약 60여 만 명이 일본 거주를 희망하였다. 재일본조선인연맹(조련)이 탄생하자 우익을 중심으로 재일본 조선거류민단(민단)이 발족하여 조련과 대결하였다. 조련은 곧 해체되고, 북한과 직결된 조직인 재일조선인총연합회(조총련)가 탄생하였다(1955).

국을 식민지로 지배한 데 대한 피해를 보상해야 한다는 것이었다.

한일회담을 추진하는 한편으로 이승만은 앞에서 잠깐 언급한 바 있듯이 '인접 해양에 대한 주권선언' 이른바 평화선을 선포하였다. 한국의 연안으로부터 평균 60마일(약 97km)까지의 수역에 대해 한국의 주권을 주장한 것이다. 샌프란시스코강화조약 체결로 일본의 주권이 회복되기 3개월 전의 일이었다. 샌프란시스코강화조약 발효와 더불어 맥아더라인이 철폐될 예정이었고, 그렇게 되면 한국 어장을 일본 어선들이 점령할 것이 분명했으므로 한국의 어업자원을 보호하기 위해 이러한 선언을 했던 것이다. 이승만의 평화선 선포에 대해 일본은 자국 영토인 독도가 그 안에 포함되어 있으므로 이는 한국의 일방적인 영토침해라고 항의했으며, 중국과 타이완 그리고 미국도 부당한 조치라고 비판하였다.[64]

1952년 도쿄에서 제1차 한일회담이 개최되었다. 여기에서 일본은 한국의 청구권 주장을 상쇄 혹은 완화하기 위해 일본도 한국에 남겨두고 온 일본정부 및 일본인 재산에 대해 그 권리를 주장할 수 있다는 논리를 전개하였다. 이른바 역청구권逆請求權이다. 당시 한국 전 재산의 85~90퍼센트를 차지하고 있던 일본정부 및 일본인의 재산은 해방 후 미 군정청에 접수되었다가 1948년 한·미 간에 협정이 체결되어 한국정부에 이양되었는데 일본이 이에 대한 권리를 주장하고 나선 것이다. 이로 인해 회담은 결렬되었고, 한국정부는 6·25전쟁 중임에도 평화선을 침범한 일본 어선을 나포하고 어부를 억류하였다.[65]

1953년에 열린 제3차 회담은 일본의 수석대표 구보다 간이치로久保田貫

일본의 역청구권 요구 철회 일본의 역청구권 요구는 1957년 미국이 대한민국 내의 구일본인 재산에 관해서는 일본국 및 일본국민의 권리가 없다고 표명하자 철회되었다. 일본이 미국의 요구를 수용한 것은 미국이 요구하는 한·일관계 타결에 일본이 적극적이라는 인상을 주어 대미교섭에서 유리한 위치를 차지하기 위함이었다.

一郎가 일제의 한반도 통치는 한국인에게 유익하였다는 등의 발언을 함으로써 결렬되었다. 그 후 제4차 회담이 열렸으나(1958) 재일교포 북송문제로 한·일관계는 급속히 악화되었다. 일본정부는 그들에게 귀찮은 존재인 재일한국인을 많이 귀국시키려고 했는데, 한일회담으로는 한국인의 집단귀국이 실현될 가능성이 없다고 판단하였다. 한국이 재일한국인을 받아들일 의사를 가지고 있지 않다는 사실을 확인했기 때문이다. 이에 일본은 재일한국인을 북한으로 보낼 것을 계획하였다. 여기에는 평화선 침범 혐의로 일본 어선을 나포한 한국정부에 대한 보복의 의미가 내포되어 있었다. 한편 북한은 한·일관계를 악화시키고 북·일관계를 개선하며 재일한국인 사회에 영향력을 확보하기 위해 재일한국인 귀국사업을 적극 추진하였다. 이를 통해 북한은 체제의 우월성을 과시하려고 했던 것이다. 그리하여 1959년 북송선 제1호가 일본 니가타항新潟港에서 재일한국인을 싣고 첫 출항한 이래 1987년 말까지 9만 명이 넘는 재일동포들이 북한으로 갔다. 한국정부는 재일한국인의 북송을 한국정부의 위신을 크게 실추시키는 것으로 판단하고, 재일한국인문제는 한국정부와 논의해야 한다고 주장하였다.[66] 따라서 한일회담은 또다시 결렬될 수밖에 없었다.

박정희정부

박정희朴正熙정부의 외교는 크게 닉슨독트린Nixon Doctrine 선언(1970) 이전과 그 이후로 구분할 수 있다. 닉슨독트린 선언 이전은 친미외교로 일관하였다. 정변을 일으켜 정권을 장악했던 만큼 정권의 정통성 확보를 위해서는 불가피했을 것이다. 미국의 요구에 따라 베트남에 군대를 파견했는가 하면, 역시 미국의 강력한 권고에 따라 한일회담을 추진하여 일본과 국교정상화를 이루었다.

닉슨독트린 선언 이후 박정희는 자주국방을 표방하며 핵무기 개발에 착수함으로써 미국과 갈등을 빚었다. 그리고 미국이 민주와 인권을 내세워 박정희정부를 압박하자 비동맹권 국가에 대한 외교적 교섭을 강화함으로써 대미일변도의 외교에서 탈피하려고 하였다. 그러나 박정희의 유신독재로 한국은 국제적 고립을 면하기 어려웠다. 그가 제2기 통일주체국민회의에서 대통령에 선출되어 취임식을 가졌을 때(1978) 여기에 참석한 외국의 축하사절은 전 일본수상 기시 노부스케岸信介가 이끈 일본인뿐이었다.[67]

5·16군사정변과 미국

1961년 5월 박정희 소장을 주동자로 한 군사정변이 일어났다. 그들은 약

250여 명의 장교와 3천 5백여 명의 사병으로 군사정변을 성공으로 이끌었다. 정변군은 중앙청, 육군본부, 서울중앙방송국 등을 점령한 후 비상계엄령을 전국에 선포하고 반공정책 고수, 유엔헌장 준수, 부패 일소 등 6개 항목의 공약을 발표하였다. 이 가운데 반공정책 고수와 유엔헌장 준수는 미국을 겨냥한 것이었다. 사실 박정희의 군사정변이 성공한 것은 미국이 방관하였기에 가능한 일이었다. 6·25전쟁 이후 한국군에 대한 군사지휘권은 유엔군사령관이 가지고 있었으므로 이들의 정변은 곧 유엔군사령관을 겸임한 주한 미군사령관에 대한 반란이기도 하였다. 따라서 미국이 방관하지 않았다면 군사정변은 성공할 수 없었을 것이다.

군사정변이 일어난 그날 매그루더Carter B. Magruder 유엔군사령관과 그린 Marshall Green 미 대사 대리는 장면정부를 지지한다는 성명을 발표하였다. 이를 근거로 미국은 자신들이 군사정변을 진압하지 않은 것은 군사정변을 지지했기 때문이 아니라 한국의 정치적 사정 때문이었다는 점을 강조하였다. 당시 실질적인 국정책임자였으며 군 통수권자였던 국무총리 장면張勉은 숨어 나타나지 않았고, 장면과 정치적 갈등을 빚고 있던 대통령 윤보선은 정변을 암묵적으로 지지함으로써 정변군의 진압에 소극적이었다는 것이다. 그런데 군사정변이 발생하자 장면은 피신지에서 미국대사관에 여러 차례 전화를 걸어 유엔군사령관이 사태를 진정시켜줄 것을 당부하였다. 따라서 장면과 연락이 두절되어 군사정변을 미국이 진압하지 못했다는 논리는 성립하기 어렵다. 결국 매그루더 사령관과 그린 주한 미 대사 대리가 장면정부를 지지한다는 성명을 발표한 것은 장면정권 지지를 명확히 하지 않을 경우 미국이 군사정변을 사주했다는 비난을 받은 소지가 있었기 때문이었다.[68]

장면정권 아래서는 민족주의 열풍이 불면서 통일운동이 일어났다. 이승만정권이 분단상황을 이용하여 독재체제를 구축했음을 감안하면, 이승만

독재가 무너진 이후 통일운동에 불이 붙은 것은 자연스러운 일이었다. 미국은 장면정권 아래에서의 이러한 통일운동을 크게 우려하고 있었다. 그들은 장면정권이 한계에 도달했으며, 그대로 둔다면 한국이 공산화될 가능성이 있다고 판단하였다. 그런데 주한 미군사령관 매그루더는 군사정변의 목적이 장면정권의 전복이며 반미 친공親共의 증거는 없다고 보고하였다. 이를 입증하듯 박정희는 정변 직후 930명의 친공분자를 구속했다고 발표하였다. 미국을 의식한 조치였다. 한국이 공산화되는 것을 결코 용납할 수 없었던 미국은 북한의 위협에 대처해야 한다는 점을 내세운 군사정변을 무력으로 제압할 의도를 가지고 있지 않았다. 미국은 공식성명을 발표해 한국의 사태는 고무적이라고 하였다. 이후 미국은 한국정부 지도자를 신뢰할 수 있다고 판단되면 미국에 초청한 예에 따라 박정희를 워싱턴으로 초청하였다. 박정희는 국가재건최고회의의장 자격으로 미국을 방문하여 케네디John F. Kennedy 대통령과 회담함으로써 군사정부는 미국정부의 지지를 얻었다(1961. 11). 케네디는 공동성명을 발표해 가능한 모든 경제원조와 협조를 계속 제공할 것임을 박정희에게 확약하였다.[69]

한일국교정상화

미국의 아시아정책은 중국과 소련을 견제하면서 태평양에서 미국의 영향력이 보장될 수 있게 하는 것이었다. 그런데 1950년대 말에서 1960년대 초에 이르는 기간 동안 국내에 경제 불황이 닥치자 미국은 동북아시아에서의 안보유지 비용을 절감할 수밖에 없었다. 미국은 일본이 한국에 경제원조를 제공하여 이들 두 나라가 극동지역에서 강력한 반공보루 역할을 수행하기를 바랐다. 한국, 미국, 일본의 삼각동맹체제 결성을 통해 소련,

중국, 북한의 공산주의세력으로부터 위협을 차단하고, 한국에 대한 미국의 재정부담 일부를 일본에게 부담시키려고 했던 것이다. 6·25전쟁으로 발생한 한국특수를 발판으로 고도성장한 일본은 당시 그럴 수 있는 경제적 능력을 갖추고 있었다.

한국의 이승만정부는 일본과의 국교를 재개하라는 미국의 제의를 거절하였다. 이에 불만을 품고 있던 미국은 4월혁명으로 계엄령이 실시되자 한국군의 동원을 승인하였다. 그런데 계엄군으로 동원된 군대는 시위 진압을 위해 무력을 사용하지 않았고, 미국은 이승만의 하야를 지지한다는 성명을 발표하였다. 미국이 지휘권을 가진 군에 권력유지의 핵심인 치안을 맡긴 이승만으로서는 미국의 요구에 굴복할 수밖에 없었다.[70]

장면정부가 들어서자 미국은 한국에 정치적 변동이 있더라도 미국의 지원에는 변함이 없다는 것을 강조하면서 한일국교정상화를 위한 회담을 적극적으로 권유하였다. 장면정부는 선린과 호혜원칙에 입각하여 한·일 양국관계를 정상화한다는 의지를 표명하였다. 이승만정권의 붕괴에 미국이 어떠한 역할을 수행했는지를 잘 알고 있던 장면정부로서는 미국의 권유를 외면하기 어려웠다. 장면정부는 미국이 경제원조 조건으로 미국 관리의 감시와 심사를 받도록 요구했을 때 이를 수락했을 정도로 대미 의존적이었던 것이다.[71] 아울러 5개년 경제개발계획을 입안하고 국토건설계획에 착수했던 장면정부는 여기에 드는 재원을 조달하기 위해서도 한일국교를 정상화할 필요가 있었다. 그리하여 제2차 세계대전 이후 처음으로 일본외상이 한국을 방문하는 등 분위기가 고조된 가운데 5차 회담이 열렸다. 그러나 5·16군사정변으로 도중에서 그치게 되었다.

5·16군사정변 직후 박정희는 한일회담을 연내에 일괄 해결할 방침임을 언명하였다. 그러자 케네디정부는 주한 미국대사에게 박정희 의장의 비공식 미국 방문을 추진하라고 지시하였다. 박정희는 미국을 방문하는

길에 도쿄에 들러 이케다 하야토池田勇人 일본수상과 한일회담의 조기타결에 합의하였으며, 케네디와의 정상회담에서도 일본과의 국교정상화와 민정이양을 약속하였다. 이후 한국의 중앙정보부장 김종필金鍾泌과 일본외상 오히라 마사요시大平正芳는 한일회담의 가장 큰 쟁점이었던 청구권문제에 관한 정치적 절충을 이루어냈다(1962).

1964년 중국의 핵실험성공 발표는 미국을 긴장시켰다. 미국 존슨Andrew Johnson 정부는 본격적으로 베트남에 군사적 개입을 하면서 한·일 양국에 정치·경제적 결속을 꾀해줄 것을 요구하였다. 미국은 한·일관계의 회복을 아시아 반공전선 강화의 기본요건으로 인식하고 있었던 것이다. 박정희 역시 표면적으로는 한·일 반공전선 구축 때문에 한일국교정상화가 필요한 것처럼 언급하였다. 그러나 그가 한일회담에 적극적이었던 것은 실은 경제개발에 필요한 외자를 확보하기 위함이었다. 1960년 당시 한국의 1인당 국민소득은 81달러였으며, 식량이 부족해 굶주리는 농가는 4할에 이르렀다. 군사정부는 시급한 민생고를 해결하여 정변의 정당성을 찾으려고 하였다. 1962년부터 경제적 자급자족을 목표로 하는 제1차 경제개발계획에 착수한 이유가 여기에 있었다. 그런데 미국은 만성 적자에 허덕이는 자국의 경제사정 때문에 대한원조액을 줄여나갔다. 박정희정부는 경제개발을 위한 새로운 형태의 외국자본을 필요로 하였다. 한편 1960년대의 고도성장에 따른 과잉생산문제를 해결하기 위해 해외시장을 찾고 있던 일본은 한국시장 진출을 기대하고 있었다.[72] 그리하여 제7차 한일회담이 개최되고 이어 한·일 외상회담을 거쳐 한일조약이 체결되었다(1965). 1951년 한일회담이 시작된 이래 14년 만의 일이었다. 결국 한일국교정상화는 한·미·일 간의 이해관계가 일치된 결과였다. 미국은 한국에 대한 자신들의 역할을 일본으로 대체하려 했고, 한국은 경제개발을 위한 재원조달을 필요로 했으며, 일본은 외환 보유고의 팽창에 따른 대외자본수출의 불가피함 때문에 한일조약 타결에 기대를 걸었던 것이다.

한일조약은 기본조약과 이에 부속하는 4개의 협정을 일컫는다. 기본조약에서는 새로운 외교 및 영사관계를 수립하고(제1조), 1910년 8월 22일 및 그 이전에 대한제국과 대일본제국 사이에 체결된 모든 조약 및 협약이 이미 무효화되었음을 확인하였다. 그리고 기본조약의 부속협정으로 청구권협정, 재일한국인의 법적지위협정, 어업협정, 문화재협정을 체결하였다.

청구권협정은 3억 달러의 무상원조와 유상 2억 달러, 민간자금 3억 달러를 대부하는 것을 내용으로 하였다. 어업협정에서 양국은 전관수역 12해리 이외는 공해公海로 하는 것에 합의하였다. 여기에서 독도의 전관수역은 설정되지 않았다. 독도문제 자체가 언급되지 않았기 때문이다. 이로써 평화선이 철폐되어 한국 근해의 어장이 개방된 데 따른 보상도 합의되었다. 재일한국인의 법적지위협정으로 일본은 해방 이전부터 일본에 살아온 한국인과 그의 자손에(2세) 한해 영주권을 인정하였다. 이 영주권은 한국 국적을 전제로 부여되어 많은 교포들이 이를 얻기 위해 한국 국적을 택하였다. 그런 가운데 조총련계는 이를 외면함으로써 재일한국인 사회는 분열되어갔다.[73] 그리고 문화재협정에서는 일본이 약탈해간 문화재의 일부가 한국의 요구로 반환되었다. 즉 한국 측이 요청한 문화재 4,479점 가운데 1,432점이 반환되었던 것이다.[74]

한일관계정상화를 위해서는 과거사 청산이 전제되어야 하였다. 그러나 정작 한일조약에서 이는 뒷전으로 밀렸다. 회담 자체가 1961년 박정희 최고회의의장과 이케다 일본수상의 "과거의 역사를 들먹이는 것은 현명치 못하다"라는 합의 아래 시작되었기 때문이다. 일본정부는 과거의 침략행위를 사죄하지 않았고, 징용·정신대문제도 더 이상 국가 차원에서 논의할 수 없게 만들었다. 청구권문제 해결로 일괄 타결되었다는 점을 명시했기 때문이다. 이로 인해 이른바 6·3사태로 불리는 한일회담을 굴욕외교로

1964년 당시 한일회담 반대시위를 벌이고 있는 야당 정치인들과 학생, 시민들(ⓒ 서울신문)

규정하고 이에 반대하는 격렬한 시위가 전개되었다(1965). 국민의 정서를 무시하고 정부가 일방적으로 진행한 회담이었던 만큼 부작용이 심각했던 것이다.[75]

한일국교가 정상화된 이후 한일관계는 한국의 정치적 상황 때문에 한때 냉각되기도 하였다. 1973년 김대중金大中이 일본 도쿄에서 한국의 정보요원들에게 납치되자 일본은 주권침해라며 강하게 반발하였다. 그리고 1975년 8·15경축행사에서 재일한국인이 박정희 대통령을 저격한 과정에서 대통령 부인이 사망한 사건이 발생하자, 한국은 일본이 공작기지를 북한에 제공한 결과라고 하면서 일본에 사과와 재발 방지를 요청하였다. 이에 대해 일본 언론은 자유에 대한 억압이 초래한 자업자득이라고 박정희정권을 비난하였다. 이로써 한·일관계는 상당한 부담을 안게 되었다.

베트남 파병

제2차 세계대전이 끝난 후 호찌민Ho Chi Minh 등 공산주의자들이 중심이 된 베트남독립동맹은 베트남민주공화국을 선포하였다. 그들은 오랫동안 프랑스 식민통치와 일본군의 침략에 대항하여 싸운 인물들이었다. 그런데 프랑스가 다시 베트남을 식민지로 만들려 하자 베트남민주공화국은 이들과 8년 동안 전쟁을 치렀다. 1954년 제네바회담으로 종전되었으나 베트남은 남북으로 분단되었다. 북쪽에 베트남인들이 세운 베트남민주공화국(북베트남, 월맹)에 대항해서 남쪽에는 미국의 지원을 받은 베트남공화국(남베트남, 월남)이 세워졌던 것이다.[76] 미국은 1949년 중국에 공산당정권이 들어서면서부터 프랑스를 지원하다가 프랑스가 물러간 후에는 그를 대신하여 베트남문제에 개입해왔다. 그들은 제네바회담에 따라 총선거를 치르자는 북베트남의 제의를 거절함으로써 분단을 고착화시켰다. 선거가 치러질 경우 호찌민정부의 압승이 뻔했기 때문이다. 이후 남베트남정부의 탄압에 대항하여 북베트남의 지원을 받은 남쪽의 공산주의자들(베트콩Viet Cong)이 무력투쟁을 전개하자 미국이 군사적으로 대응함으로써 베트남전쟁은 시작되었다.[77]

1964년 중국이 핵실험에 성공하자 미국은 베트남에 군사적 개입을 확대해나갔다. 베트남이 공산화되면 인근의 동남아 국가들까지 영향이 미칠 것을 우려했던 것이다. 미국은 공해상을 순찰 중이던 구축함이 북베트남의 공격을 받은 데 대한 보복으로 통킹만Tonking Gulf을 폭격하였다(1964). 이를 계기로 북베트남도 남베트남에 정규군을 투입함으로써 베트남전쟁은 확대되었다. 미국은 미국 단독으로 베트남전쟁을 수행하는 데 따른 부담을 줄이고 세계와 미국 국내 여론의 비난을 피하기 위해 우방국들에게 베트남 파병을 요청하였다. 대부분의 국가가 부정적이거나 신중한 태도를

베트남의 주요도시(1975년 이전)

보인 가운데 한국은 소수의 의무병과 태권도교관을 파견하였다. 그리고 비둘기부대로 명명된 비전투부대를 파견했는데, 그들의 임무는 후방과 건설의 지원이었다.[78]

이어서 미국은 한국에 전투부대 파병을 요청하였다. 여기에는 한국군이 6 · 25전쟁을 치른 양질의 군대였을 뿐 아니라, 한국군의 유지비용이 베트남에 주둔한 미군 1인당 유지비의 절반에도 미치지 못한 점이 고려되었다. 미국은 만일 한국이 전투 병력을 베트남에 보내지 않으면 주한미군 가운데서 그만큼을 베트남으로 재배치하지 않을 수 없다는 일종의 위협을 가하는 한편, 파병 조건으로 이른바 브라운각서(당시 주한 미국대사가 브라운Winthrop Brown이었다)로 일컬어지는 한국군 장비의 현대화와 경제개발을 위한 차관 제공을 약속하였다. 6 · 25전쟁 당시 일본이 얼마나 많은 이익을 챙겼는지를 잘 알고 있던 박정희는 파병에 적극적이었다. 아울러 그는 베트남에 파병함으로써 미국의 지지를 확보하여 한일회담 반대로 인한 정치적 위기를 극복하고 북한이 도발하는 경우 미국의 자동개입을 보장받으려고 하였다.[79] 그러나 국내의 반대가 만만치 않았다. 이로써 얻은 자금이 박정희정권을 뒷받침하는 데 쓰일 것이라는 우려 때문이었다. 그러나 결국 '젊은이의 피를 파는 행위'라는 비난에도 이 안건의 비준안은 국회에서 야당의원들이 전원 불참한 가운데 공화당 의원들만의 찬성으로 통과되었다(1965).

한국은 1965년에서 1970년대 초까지 맹호 · 청룡부대 등 5만 5천여 명의 전투병을 베트남에 파견하였다. 그러한 가운데 베트남에 파병된 한국군의 작전지휘권에 관한 문제로 미국과 실랑이가 벌어졌다. 미국은 한국군의 작전지휘권이 유엔군사령관인 주한 미군사령관에 있음을 들어 주베트남미군사령관이 한국군을 지휘해야 한다고 주장하였다. 이에 대해 한국은 그렇게 되면 한국군이 위험지역에 배치되어 인명 손실이 많아질 수 있다고 판단하여 적극 반대하였다. 더구나 베트남군이 미군의 지휘를 받고 있지 않은 상황에서 한국군이 미군의 지휘를 받을 수는 없는 일이었다. 결국 주베트남 한국군사령부가 독자적인 작전지휘권을 확보함으로써 이 문제는 해결되었다.[80]

베트남 파병 이후 한국과 미국의 관계는 과거의 의존적 관계에서 '동반자적 위치'로 격상되었다. 그리하여 한국의 미국에 대한 발언권이 강화되었다. 주둔군지위협정(SOFA)이 체결된 것은(1966) 그 구체적인 예이다. 미국에서는 국회의 비준 동의를 필요로 하지 않는 행정부 간에 체결되는 조약을 행정협정이라고 하기 때문에 '한미행정협정'이라고도 불리는 이 조약에서는 주한 미군의 범죄에 대해 한국이 재판권을 행사할 수 있다는 점을 규정하였다. 전쟁 중이던 1950년에 체결된 대전협정으로 보장된 주한 미군의 치외법권이 이에 이르러 폐지되었던 것이다. 그러나 이는 형식에 불과하였다. 한국은 공무 집행과 관련된 미군의 범죄는 재판할 수 없었는데, 공무인지 아닌지는 미군 장성이 판단하도록 했으며 더구나 미군의 요청이 있으면 범인을 양도해야 한다고 규정함으로써 실제로는 미군 범죄의 0.7퍼센트만 한국이 재판권을 행사하였다.[81] 따라서 이후 미군 범죄가 발생할 때마다 불평등한 주둔군지위협정을 개정해야 한다는 여론이 비등하였다.

1969년에 출범한 미국의 닉슨Richard M. Nixon정부는 '베트남전쟁은 베트남인이 수행하게 한다'는 이른바 베트남전쟁의 베트남화정책을 추진하면서 한때 54만 명이 넘었던 미군병력을 철수시키기 시작하였다. 이에 따라 한국군도 철수를 시작하여 베트남전쟁의 종식을 위한 파리평화협정 체결과 더불어(1973) 완전히 철수하였다.

한국군의 베트남 파병은 한국의 경제발전에 큰 기여를 하였다. 한국은 미국의 원조를 받는 나라는 미국의 물품을 구매해야 한다는, '바이 아메리칸정책Buy American Policy'의 완화를 위하여 미국과 지속적인 교섭을 벌였다. 그 결과 베트남전에 소요되는 군수물자의 일부를 한국이 공급하고, 건설회사를 비롯한 80여 개의 회사들이 베트남에 진출하였다. 따라서 미국의 경제 및 군사원조 등을 제외하더라도 베트남에서 벌어들이는 외화는 상당한 것이었다. 경부고속도로가 놓이고 한국과학기술원(KIST)이 창설된 것은 이러한 자금이 바탕이 되었기에 가능하였다. 제2차 경제개발 5개년 계획을 수행하는 데 필요한 외자가 베트남에서 들어왔던 것이다. 이는 5천 명에 이르는 인명의 희생과 1만 명이 넘는 부상자들의 고통의 대가였다.[82]

베트남 파병으로 미국과 우호관계를 유지한 것과는 달리, 박정희정부와 유럽 국가들의 관계는 원만하지 못하였다. 1967년 한국의 중앙정보부는 유럽에 유학한 한국의 지식인들이 북한의 자금을 받고 동베를린을 거점으로 간첩활동을 했다는 내용을 발표하고, 이들을 모두 서울로 연행하였다(동베를린공작단사건). 이들에게는 무기징역이나 사형이 구형되었는데, 화가 이응로李應魯, 작곡가 윤이상尹伊桑 등이 포함되어 있었다. 독일과 프랑스 등 이들이 거주하던 국가들은 자국의 경찰권을 침해한 국제법 위반행위라고 박정희정부를 비난하였다. 이들 국가의 한국에 대한 인식이 악화되자 박정희정부는 대통령 특사를 파견하여 사죄하고, 특별사면으로 관련자들을 석방하였다.

1970년대 미국과의 갈등

1968년, 북한은 무장군인들을 파견하여 청와대를 습격하였다(1·21사태). 미국과 싸우고 있는 베트남 공산군을 지원하기 위해서는 한반도에서 긴장을 고조시키는 것이 필요하다고 판단한 결과였다. 이에 박정희는 북한에 대한 공격을 제의하였으나 미국은 냉담한 반응을 보였다. 한편 같은 해 동해 원산 앞바다에서 활동 중이던 미 해군 정보함 푸에블로Pueblo호를 북한이 나포하였다. 미국은 핵 항공모함을 원산 앞바다에 출동시킨 데 이어 일본 오키나와에 있던 공군 전투기를 남한에 배치하였다. 그러나 베트남과 한국에서 동시에 전쟁을 치르기를 원하지 않았던 미국은 자신들이 간첩행위를 했다는 점을 인정하는 수모를 겪으면서도 아무런 군사적 조치를 취하지 않고 북한과 협상하여 사태를 해결하였다. 북한에 대한 군사적 보복은 결국 북한의 의도에 말려드는 것이라고 판단한 결과였다.[83] 박정희는 자신의 목숨을 노렸던 1·21사태에 대해서 냉담했던 것과는 달리, 미국이 푸에블로호 사건에 대해서 요란한 반응을 보인 데 대해 분노하였다. 그는 베트남에 파견 중인 한국군의 철수를 거론하는 등 불만을 표출하였다. 미국은 그를 달래기 위한 방법의 하나로 M-16 소총 공장 건설과 1억 달러의 군사적 지원을 약속하였다.[84]

1968년 미국 대통령에 당선된 닉슨은 베트남전쟁에 대한 국내의 반대 여론 때문에 베트남전쟁에서 승리할 수 없다는 사실을 깨닫고, 베트남에 주둔하고 있던 미군 병력의 철수를 계획하였다. 아울러 그는 아시아 국가들의 미국에 대한 의존도를 줄이고, "아시아 방위는 일차적으로 아시아 국가 자신의 책임하에서 이루어져야 한다"라는 닉슨독트린을 선언하였다 (1969). 이 선언은 괌Guam에서 발표했다고 해서 '괌독트린'이라고도 부르는데, 이후 미국은 각지에 주둔 중인 미군 병력을 줄여나갔다.

닉슨독트린 선언 직후 미국의 요청으로 샌프란시스코에서 한미정상회담이 개최되었다. 닉슨은 박정희에게 중국과의 화해를 포함한 자신의 아시아정책을 설명하고 이해와 협력을 요청하였다. 그는 남북 간 긴장완화 조치의 필요성을 역설하고, 한국이 주도적인 역할을 수행해줄 것을 당부하였다. 여기에 부응하여 남한의 대한적십자사는 남북이산가족찾기운동을 북한에 제안하여 이를 위한 예비회담이 몇 차례 열렸다.[85] 한편 1971년

닉슨이 중국을 방문하기 전, 중국수상 저우언라이周恩來는 미국국무장관
키신저Henry A. Kissinger와 닉슨의 방중문제를 협의하기 위해 회담하였다.
그 직후 저우언라이는 평양을 방문하여 김일성에게 회담 내용을 알렸다.
그는 닉슨독트린에 따른 주한미군 철수를 현실화하기 위해서는 남북대화
라는 가시적인 긴장완화 조치가 필요하다는 점을 김일성에게 주지시켰다.
이에 따라 북한은 남북정치협상의 개최를 남한에 제안하였다. 그리하여
남북적십자회담은 정치회담으로 발전했고, 드디어 평화통일의 원칙에 합
의한 남북공동성명이 서울과 평양에서 동시에 발표되었다(7·4남북공동성명,
1972).[86] 닉슨독트린이 남북대화의 계기를 마련한 셈이었다.

　그러나 박정희는 한반도의 긴장 완화가 자신의 정권 유지에 결코 도움
이 되지 않는다는 사실을 깨닫고 있었다. 그는 1·21사태 직후부터 한반도
의 긴장을 자신의 권력 유지에 이용할 생각을 가지고 있었다. 250만 명의
예비군으로 구성된 향토예비군을 창설했는가 하면, 국민교육헌장을 제정
하여 각종 집회에서 낭송하도록 한 사실로써(1968) 알 수 있는 일이다. 그
런데 미국이 닉슨독트린의 후속 조치로 한미상호방위조약의 '사전협의'
조항을 무시한 채 한국과는 아무런 상의 없이 일방적으로 주한미군 1개 사
단 2만 명을 철수시키자(1971), 박정희는 이를 위기의식을 조장하여 권력기
반을 강화할 수 있는 기회로 이용하였다. 비상계엄령을 선포하여 이른바
'10월유신'을 단행한 것이다(1972). 국민총화와 능률의 극대화가 이루어져
야 남북대화를 뒷받침할 수 있으므로 남북대화를 위해서는 유신체제가 필
요하다는 것이었다. 그리고 '자주국방自主國防'을 선언하였다. 미국의 한국
에 대한 방위공약이 약화된 상황에서 북한의 위협에 대한 대처방안이 필
요하다는 것이었다.

　자주국방의 궁극적 목표는 미사일이나 핵무기와 같은 전략무기의 개발
이었다. 그리하여 평양까지 도달하는 한국형 중장거리 미사일을 개발하여

시험발사에 성공하였다. 이 결과 한국은 세계에서 일곱 번째로 미사일을 자체 개발하여 보유한 국가가 되었다(1978). 그리고 주한미군이 수백 기의 핵폭탄을 보유하고 있었음에도 한국정부는 프랑스와 협력하여 핵폭탄을 제조할 수 있는 핵재처리시설 설치를 추진하였다. 때마침 1975년 봄 인도차이나에서 전개된 사태는 그의 핵무기 개발계획을 정당화하는 데 기여하였다. 캄보디아에 크메르 루즈Khmer Rouge 공산정권이 수립되었으며, 베트남정부가 항복을 선언함으로써 베트남 전체가 공산화되었던 것이다.

그러나 인도가 핵실험에 성공한 것을(1974) 계기로 핵무기 확산을 적극적으로 저지하기 시작한 미국은 이를 용인하지 않았다. 한국의 핵무기 보유는 북한과 일본의 핵무기 개발을 자극할 우려가 있기 때문이었다. 미국은 한국에 대한 방위공약을 철회하겠다고 공개적으로 위협하는 등 한국에 대한 압력을 높여갔다.[87] 박정희는 미국이 감시하고 있는 상황에서 독자적 핵무기 개발이 불가능하다는 사실을 잘 알고 있었다. 그는 독자적 핵무기 개발을 포기하는 대신 주한미군의 주둔과 한국 공군의 전력 증강 등 그에 대한 대가를 미국으로부터 얻으려 하였다. 핵무기 개발을 대미협상의 수단으로 활용했던 것이다.[88] 따라서 베트남전을 거치면서 특별한 관계를 유지해오던 한미관계는 점차 소원해져갔다.

미국과의 관계가 소원해지자 한국정부는 미 의회가 한국에게 유리한 정책을 결정하도록 본격적인 대미 로비를 시작하였다. 그러한 가운데 코리아게이트Korea Gate로 불린, 박동선朴東宣과 한국의 중앙정보부가 박정희의 지시로 미국의 전·현직 국회의원과 공직자들에게 현금을 포함한 선물을 전달한 사실이 드러났다(1976). 이 때문에 한·미관계는 한층 불편해졌는데, 미국대통령에 민주당의 카터James E. Carter가 당선됨으로써 사태는 더욱 악화되었다. 카터는 인권탄압 중지를 한국정부에 요구했는가 하면, 자국민을 억압하는 정부를 지원할 수 없다면서 주한미군 철수를 일방적으로 발표하였다. 박정희의 독재체제는 국민들의 불만을 야기하여 북한의 침투에 대한 취약성을 드러낼 수밖에 없고, 민주주의에도 배치된다는 것이었다.[89] 박정희는 핵재처리시설의 설치계획을 포기할 수밖에 없었다.

카터의 주한미군 철수계획은 실행되지 못하였다. 도리어 미국은 한국에 대한 미국의 방위공약을 확인하는 한미연합사령부(한미연합사)를 창설하였다(1978). 1975년 북한이 상정한 유엔군사령부 해체결의안이 신생독립국들의 지지를 얻어 유엔총회에서 통과되자 그 대안으로 떠오른 것이 한미연합사령부였다. 유엔군사령관이 사령관을 겸하고 있는 한미연합사령부는 사령부 구성요원을 한·미 간 동률보직원칙에 따라 편성하는 등 복잡한 지휘통제 구조를 갖추었다. 이는 박정희의 제안에 따른 것이었다. 그는 미국이 베트남에서 쉽게 철수하게 된 것은 미국과 베트남이 서로 분리된 지휘체계를 유지했기 때문으로 판단하고, 주한미군의 철수를 어렵게 하기 위해 연합지휘체계의 구성을 제안했던 것이다.[90]

카터가 주한미군 철수계획을 취소한 것은 미 행정부 관리들의 반대 때문으로 알려져 있다. 미 행정부 관리들이 반대한 까닭이나 카터가 그들의 건의를 수용한 이유가 궁금하다. 한편 한미연합사령부의 설치는 주한미군의 철수계획을 공포하면서 미국이 약속한 것이었다. 그런데 주한미군의 철수계획이 철회된 상황에서 박정희의 제의에 따라 사령부의 구성요원을 한·미 간 동률보직원칙에 따라 편성한 것은 납득이 잘 되지 않는다. 박정희의 핵재처리시설 설치계획 포기에 대한 대가가 아니었나 생각된다.

유엔군사령관과 한미연합사령관 1957년 도쿄의 유엔군사령부가 서울로 이동하면서 서울에 주한미군사령부가 창설되었다. 그런데 한국에 주둔한 미군은 미8군이다. 따라서 미8군사령관이 곧 주한미군사령관인데, 그는 유엔군사령관을 겸하였다. 유엔군사령부가 해체되지 않고 한미연합사령부가 창설됨으로써 그는 한미연합사령관까지 겸하게 되었다(김일영, 「인계철선으로서의 주한미군」, 『주한미군』, 한울아카데미, 2003, 78쪽, 95~96쪽).

미국과의 관계가 불편해지자 박정희는 이념과 체제를 달리하는 국가들과의 상호 문호개방 등을 내용으로 하는 '평화통일외교정책특별선언'(6·23선언)을 발표했다(1973). 이는 북한과 수교한 나라와는 외교관계를 즉각 단절했던 이제까지의 정책, 이른바 '할슈타인Hallstein 원칙'을 포기한 것으로 여기에는 중립국 또는 비동맹국가와의 관계 개선 의지도 포함되어 있었다.[91] 1971년 중국이 유엔에 가입한 후 아프리카를 비롯한 비동맹국가 가운데 북한과 수교하는 국가가 급증하여 이를 견제할 필요가 있었기 때문이다. 그리하여 유고슬라비아의 사라예보Sarajevo에서 개최된 세계탁구선수권대회와 같은 해 모스크바의 하계 유니버시아드대회에 선수단을 파견하여 스포츠 교류를 활발히 했다(1973). 이후 비록 간접교역 방식이기는 했지만 대동구권 교역이 해마다 증가하였다.

비동맹국가란 자유·공산 어느 진영에도 가담하지 않는 국가를 가리킨다.[92] 영국으로부터 독립한 인도의 네루Pandit J. Nehru 수상은 어렵게 쟁취한 독립을 유지하기 위해 비동맹정책non-alignment policy을 제창했는데, 다수의 아시아·아프리카 신생독립국들이 여기에 호응하였다. 그들은 인도네시아 반둥Bandung에서 개최된 제1차 아시아·아프리카회의(반둥회의, 1955)를 계기로 하나의 세력을 형성하여 자립노선을 추구해나간 결과, 점차 유엔 내에서도 무시할 수 없는 세력으로 성장하였다. 그런데 남한보다는 북한이 비동맹국가들과 훨씬 긴밀한 관계를 유지하고 있었다. 남한의 베트남 파병에 대해 비동맹국가들이 비판적이었기 때문이다. 남한은 이를 만회하기 위해 아프리카 각국에 상주대사관을 설치하고 의사와 태권도 교

할슈타인 원칙 1955년 서독 외무차관 할슈타인Walter Hallstein이 주창한 것으로 서독 외교의 기본방침이 되었다. 서독만이 독일의 유일한 합법국가이므로 동독과 외교관계를 가진 나라는 외교관계를 단절한다는 것이다. 한국도 이를 받아들여 어떤 국가가 북한과 외교관계를 수립하면 단교하는 것을 원칙으로 하였다.

관을 파견하였다. 그리하여 아프리카 대륙에만 남·북한의 대치 공관이 15개나 설치되기에 이르렀다. 남·북한은 유엔총회에서의 표 대결을 의식한 정치적 소모전을 전개했던 것이다.

한국인의 해외진출

1962년 한국정부는 국내 인구문제의 해결, 실업자 구제, 외화 획득이라는 목표 아래 국민의 해외진출정책을 추진하였다. 그리고 농업노동력의 확보가 필요한 남아메리카는 한국인들의 집단 영농이민을 허락하였다. 그리하여 1963년 브라질 이민이 출발한 데 이어 볼리비아와 파라과이(1964), 아르헨티나(1965)로 이민단이 떠났다. 1900년대 초 하와이나 멕시코 이민은 국세가 기울어지던 시기에 가난을 벗어나보기 위한 것이었으나, 1960년대의 외국 이민은 이주비를 지원받는 등 정부의 뒷받침을 받고 추진된 것으로 이민자 가운데는 부유한 사람들이나 해외도피를 목적으로 한 인물들이 끼어 있었다.[93]

해방 후 미군이 한국에 주둔하면서 이들과 혼인한 한국 여성들이 늘어났다. 그들 대부분은 한국에서의 냉대를 피해 남편을 따라 미국에 이민하였다. 또한 미국에 유학한 학생들 상당수도 미국에 정착하였다. 한편 전쟁고아문제를 해결하기 위하여 1954년 해외입양이 시작된 이래 많은 어린이가 해외, 특히 미국에 입양되었다. 이 때문에 한국은 고아수출국이라는 불명예스러운 이름을 얻게 되었다. 한국인의 미국 이민은 1960년대 중반 민권운동의 결과 인종차별적인 미국 이민법이 크게 개정되면서 새로운 전기를 맞았다. 미국의 영주권을 획득한 한국인들이 한국에 있는 가족들을 초청할 수 있게 되었고 이로 인해 미국 이민이 급격하게 증가했던 것이다.[94] 그리하여 한국은 세계에서 열네 번째로 미국에 이민자를 많이 보내는 국가가 되었다. 또한 미국에 유학 중인 한국인 학생 수는 여러 나라 가운데 세 번째에 이르렀다.

캐나다 이민은 캐나다의 개신교 선교사들에 힘입은 바 컸다. 해방 전 캐나다에 유학한 신학생들은 함경도와 간도 출신이 대부분으로 그들은 캐나다 선교사들이 세운 학교에서 교육을 받은 사람들이었다. 본격적인 캐나다 이민은 1967년 캐나다로의 이민 문호가 한인에게 열리면서부터 시작되었다.

1990년대 이후의 해외 이주는 국가적 목적 달성보다도 거주 이전의 자유라는 개인의 기본권 차원에서 이루어졌다. 정부는 이러한 변화를 정책에 반영하여 1991년 해외이주 허가제를 신고제로 바꾸었다. 그런데 1990년 이후부터는 해외이주자가 감소하고 도리어 역이주가 꾸준한 증가 추세를 보이고 있다.[95] 그러한 가운데 최근에는 조기유학 또는 영어연수 목적으로 외국에 보내지는 학생들이 급증하고 있다.

한편 1963년 한국인 광부와 간호원이 서독 탄광과 병원에 취업한 것을 계기로 인력수출이라 불린 해외취업이 시작되었다. 해외취업은 일정기간 고용되어 일시적으로 진출한 것으로서 영주를 목적으로 하는 해외이민과는 구분된다. 그중 중동지역으로의 해외취업이 두드러졌다. 아랍 산유국들이 친이스라엘 국가에 대한 석유 수출을 중지함에 따라 정부는 중동문제와 관련해 아랍 측의 입장을 지지하는 성명을 발표하고(1973) 중동 진출에 눈을 돌렸는데, 특히 건설시장 진출은 괄목할 만한 것이었다. 1988년에는 이 지역의 체류자가 6만 명에 이를 정도였다.[96]

1980년대 이후 한국의 대외관계

1988년에 올림픽을 유치한 한국은 소련, 중국을 비롯한 공산권 국가와 수교하였다. 올림픽을 성공적으로 유치하기 위해서는 공산권 국가의 참여가 필수적이었기 때문이다. 공산권 국가와의 수교는 한국의 국제적 위상을 높이는 계기가 되었을 뿐만 아니라, 민주화를 진전시키는 데도 크게 기여하였다. 한국의 독재자들은 반공을 내세워 독재정권을 합리화했는데, 이제 더이상 반공이념을 고집할 수 없게 되었던 것이다.

미국은 광주민주화운동을 진압하고 집권한 전두환全斗煥을 초청함으로써(1980) 그의 정권을 승인하였다. 민주와 인권을 내세워 박정희정권을 압박하던 태도와는 사뭇 달랐다. 정작 한국의 민주화와 인권이 심각하게 침해된 상황이 도래하자 미국은 자국의 이익을 앞세워 이를 외면했던 것이다. 따라서 한국인들은 미국이 내세운 민주와 인권은 자국의 이익을 실현하기 위한 외교적 수사에 불과한 것이라는 사실을 깨닫게 되었다. 이 결과 한국에서는 반미운동이 일어났다.

북방외교

서독의 바덴바덴Baden Baden에서 개최된 국제올림픽위원회(IOC) 총회에서 서울이 1988년 올림픽의 개최지로 결정되자(1981) 전두환정부는 중국, 소련과의 관계 개선 등을 주요내용으로 하는 '북방정책'을 추진하였다. 그들을 올림픽에 끌어들여야 했기 때문이다. 북방정책은 서독이 동구 공산권과 동독에 취한 동방정책Ostpolitik을 참고하여 사용한 용어로 체제와 이념을 달리한 공산권 여러 나라와의 관계 개선을 적극적으로 도모하는 것을 목표로 하였다.

동구 공산권 국가들을 서울올림픽에 참가시키려는 한국정부의 집요한 노력은 헝가리와의 관계 개선으로 물꼬가 트였다. 한국은 6억 달러의 상업차관을 제공한다는 조건으로 헝가리와 외교관계를 수립하기로 합의했다(1989). 이후 북한의 동맹국으로서 한국을 적대시했던 폴란드, 유고슬라비아, 체코슬로바키아, 불가리아, 루마니아 등 공산권 국가와도 공식적인 외교관계를 수립하고 경제협력 체제를 갖추었다. 이를 바탕으로 노태우정부는 1988년 소련을 비롯한 동구권의 여러 나라와 중국 등 세계 160개국이 참가한 서울올림픽을 성공적으로 치렀다. 여기에서 한국의 관중들은 소련의 농구팀이 미국을 물리치자 한국이 승리한 것처럼 열렬한 갈채를 보냈다.[97] 이후 소련은 볼쇼이 발레단과 모스크바 필하모닉 오케스트라 등을 서울에 파견하였고, 한국무역진흥공사(KOTRA)와 소련상공회의소는 모스크바와 서울에 각각 무역사무소를 개설하여 수교의 가능성을 열어놓았다.

한편 소련의 고르바초프Mikhail S. Gorbachyev는 지나친 군비경쟁이 소련경제를 파탄시키고 있다고 판단하고, 군비를 축소해 경제발전을 꾀하려 하였다. 그런데 이를 위해서는 자본주의 국가와의 관계를 발전시키는 방향으로 나아가지 않을 수 없었다. 그는 미국을 비롯한 유럽 국가와의 관계 증진에 노력하는 한편, 동북아시아 국가로는 한국을 주목하였다. 일본과는 쿠릴열도Kuril Islands를 둘러싼 영토문제로 갈등을 빚고 있었기 때문이다. 그리하여 노태우와 고르바초프는 미국의 주선 아래 샌프란시스코에서 한소정상회담을 개최하여 국교정상화를 논의하였다. 미국이 한소정상회담을 주선한 것은 이를 통해 동북아시아에서 우월한 지위를 보장받으려는 의도였다. 노태우정부는 수교 대가로 30억 달러의 경제협력 차관을 약속하고, 소련과 수교하였다(1990).[98]

소련이 해체되고 러시아 연방이 소련을 계승하자 한소외교는 한러외교로 전환되었다. 옐친Boris N. Yeltsin 러시아대통령의 서울 방문은 이를 확인한 것이었다(1992). 그리고 우크라이나, 카자흐스탄 등 옛 소련에서 독립한 공화국과도 외교관계를 수립하였다. 이러한 동구권과의 외교관계 수립은 해외시장 확대에 기여했을 뿐 아니라 남북관계에서 남한이 북한보다 유리한 위치를 차지하는 계기가 되었다.

한국은 1992년 중화인민공화국과 외교관계를 수립하였다. 그간 중화인민공화국과 대한민국은 서로 국가적 실체를 인정하지 않은 채 정식 국호 대신 '중공'과 '남조선'이라는 별칭으로 서로를 불러왔다. 그런데 1983년 중국인들이 납치한 중국 민항기가 한국에 기착하자 이를 해결하기 위해 양국의 관리들이 접촉하였다. 여기에서 양국 관리들은 상대방 정부를 인정하는 합의각서에 서명하였다. 이후 서울에서 개최된 1986년의 아시아경기대회와 1988년의 서울올림픽에 북한이 불참하였음에도 중국은 대표단을 파견했는데, 이는 한국과 중국이 가까워지는 결정적인 계기가 되었다. 한국은 수출을 증대시키기 위한 새로운 시장으로 중국을 주목했고, 중국은 한국이 기술과 경제발전의 모델을 제공해줄 수 있는 신흥공업국가라는 점에 착안하여 교류를 증진하고자 하였다. 한국은 아시아경기대회 직후 그때까지 금지해온 중국관광을 허락하였다(1987). 그리고 1988년 서울올림픽에 중국이 대규모의 선수단을 파견하자 한중수교는 가시화되었다.[99]

중국과의 국교수립은 중국의 입장에서는 '하나의 조선'에서 '두 개의 한국'을 인정하는 것이었으며, 한국 측에서는 '하나의 중국'이라는 중국

대외정책의 기본원칙을 전면 수락한 것이었다. 따라서 중국과의 수교가 이루어지던 날, 한국은 오랫동안 맹방이었던 타이완과 단교하였다. 이로써 서울 명동의 타이완대사관 부지와 건물은 부산의 영사관저와 함께 중국정부에 이양되어 중국대사관과 영사관저가 되었다. 이는 국제 외교관례에 따른 것으로 영국, 프랑스, 일본 등 대다수 국가들이 중국과의 수교 시 그 나라에 있던 타이완대사관 재산을 중국에 승계하였던 것이다.[100]

북방외교의 성공으로 한국은 비동맹회의에도 영향력을 행사할 수 있게 되었다. 비동맹회의는 1980년대 말 동구 공산권의 몰락을 계기로 자유·공산 어느 진영에도 가담하지 않는다는 이제까지의 노선에서 선진국과 개도국 간의 경제 격차 해소를 위한 '남북문제'를 더욱 중시하는 쪽으로 방향을 전환하였다. 따라서 한국은 1998년 남아프리카공화국 더반Durban에서 열린 비동맹국들의 정상회의에 미국, 일본, 영국 등과 함께 게스트로 참석할 수 있었다.

반미감정의 확산

광주민중항쟁(1980) 이후 대학가에서는 반미운동이 일어났다. 부산 미국문화원 방화사건(1982)을 시작으로 대구, 서울의 미국문화원을 학생들이 잇달아 점거한 것이다. 신군부新軍部에 의한 광주민중항쟁의 무력진압은 미국의 승인 내지는 묵인이 있었기에 가능했다고 인식한 결과였다. 한미연합사령관의 승인 없이는 한국군이 광주에 투입될 수 없었기 때문이다. 레이건Ronald W. Reagan 미국대통령이 취임 직후 최초로 초청한 외국지도자가 전두환이었다는 사실은 비록 그것이 사형이 확정된 김대중을 석방시키는 조건으로 이루어진 것이라 하더라도 이러한 인식이 잘못된 것이 아니었음

을 확인시켜준다.[101]

광주민중항쟁에서 비롯된 반미감정은 무역마찰과 주한미군문제를 둘러싸고 점차 확산되어갔다. 1986년 이후 한국이 국제수지 흑자를 기록하면서부터 미국은 한국 상품에 대한 수입규제 조치와 한국의 시장개방을 요구함으로써 경제부문에서 한·미 간의 마찰이 시작되었다. 미국의 통상압력은 1988년 양국 간 교역에서 한국이 100억 달러의 무역흑자를 달성하자 더욱 가중되었다. 이때부터 미국은 거의 모든 산업분야에 걸쳐 한국에 시장개방을 요구하면서 한국을 통상분야의 우선협상대상국Priority Foreign Country으로 지정할 움직임을 보였다. 우선협상대상국은 불공정 무역을 하는 국가 가운데 가장 심한 국가를 뽑아 지정하는 것으로 여기에 선정되면 미국으로부터 무역협정 철회 등의 보복조치를 당할 수 있었다. 한국은 외교적 노력을 기울여 이의 지정에서 벗어났으나 미국과의 경제부문 마찰은 이후에도 여전히 지속되었다.[102]

주한미군의 주둔경비는 미국이 전적으로 부담해왔다. 한국은 주한미군이 사용하고 있는 시설과 토지를 무상으로 공여하고, 그에 부수되는 각종 세금과 공공요금을 면제해주는 정도의 부담만 졌다. 그러나 닉슨독트린 선언 이후 미국은 연합방위시설에 공동투자할 것을 한국에 요구했고, 이에 한국은 1980년대 들어서 한미연합사령부의 운영비 일부를 부담하기에 이르렀다. 그런데 1989년 미 의회가 주한미군의 방위비 분담문제와 연계하여 주한미군의 감축문제를 논의하자 한국인들의 불만이 쏟아져 나오기

미국의 전두환 지지 5·18 당시 미국이 전두환을 지지한 것은 그가 국방과학연구소가 이끄는 핵무기와 미사일 개발계획을 관장한 위치에 있었기 때문이라는 지적이 있다. 미국은 한국과 동북아시아에서의 미국의 안보 이해를 위해 전두환을 지지했다는 것이다. 실제로 전두환이 그들의 요구에 응해 국방과학연구소의 실무진을 해고함으로써 핵무기와 미사일 개발계획을 무력화하자 미국은 전두환이 남한의 차기 대통령이 되기에 충분한 인물이라는 결론을 내렸다(김형아 지음, 신명주 옮김, 『박정희의 양날의 선택』, 일조각, 2005, 337∼339쪽).

시작하였다. 한국인들은 미군이 미군기지의 환경오염에 대해 별다른 책임이나 의무를 지지 않고 있으며 한 푼의 임대료도 내지 않고 한국의 토지를 무상으로 사용하고 있다는 점 등을 지적하였다. 한국이 지원하는 액수가 결코 적지 않다는 것이었다.[103]

2000년 주한 미 공군의 훈련장인 경기도 화성군 매향리에서 미군이 폭탄을 민가에 잘못 투하한 사건이 일어났다. 시민사회단체들은 사격장의 폐쇄 또는 이전을 요구하였다. 그러던 차에 2002년에는 동두천에서 길 가던 두 여학생이 훈련 중인 미군 소속 장갑차에 깔려 숨진 사건이 발생하였다. 그런데 미군 재판부가 장갑차를 운전한 두 병사에게 무죄를 선고하여 귀국시키자 한국인들은 여중생을 추모하는 촛불집회를 열고 주둔군지위협정(SOFA)의 개정을 요구하는 등 한·미관계 전반에 대해 불만을 터뜨렸다.[104]

한국군에 대한 작전통제권을 유엔군사령부가 보유했음은 앞에서 언급하였다. 그런데 한미연합사령부가 창설되면서(1978) 작전통제권도 이관되었다. 한미연합사령부가 보유한 작전통제권 내용에 따르면, 한국군은 이동할 때마다 미군사령관의 승인을 반드시 얻어야 하였다. 따라서 한국에서는 이에 대한 비판이 끊임없이 제기되어왔다. 그 결과 전시를 제외한 평시작전통제권이 1994년 한국군에 이양되었다.[105] 이후 북한과 대화가 추진되면서 전시작전통제권의 환수문제도 논의되었다. 북한과의 대화를 추진하고 있던 한국정부로서는 전시작전통제권을 미국으로부터 이양받아 북한의 의혹을 제거할 필요가 있었기 때문이다. 이에 전시작전통제권도 2012년까지 한국군이 되돌려 받기로 합의하였다.

미군은 동부전선을 한국군이 전담한 것과는 달리, 주한미군으로 하여금 한국군과 함께 서울 북방의 서부전선을 방어하게 하였다. 북한이 전쟁을 일으킬 경우에 미군이 즉각적으로 자동 개입할 수밖에 없는, 건드리면 터지게 만들어 놓은 부비트랩Booby Trap의 인계철선Trip Wire 같은 역할을 하기 위함이었다. 그렇게 함으로써 북한의 전쟁 도발을 억제하려 했던 것이었다. 그런데 미군이 휴전선 가까이에 배치되어 있다는 것은 북한에 대해 섣불리 군사력을 사용하기 어렵다는 문제점을 내포하고 있었다. 그리고 빠른 시간 안에 이동할 수 있는 항공모함과 장거리 전폭기 위주로 미군의 군사력이 개편되고 있었기 때문에 주한미군을 휴전선 가까이에 배치할 필요성도 줄어들었다. 이에 한·미 양국은 주한미군을 한강 이남의 지역에 재배치하고, 유엔군사령부와 한미연합사령부를 포함한 용산기지도 오산과 평택 등지의 후방으로 이전하였다(2007). 그러자 이러한 재배치는 미군의 생존 가능성을 높이므로 미국의 북한에 대한 선제공격을 용이하게 하는 것이라는 비판이 따랐다.[106]

과거사문제와 한·일관계

1984년 전두환은 한국 국가원수로는 처음으로 일본을 방문하였다. 그 전해에 나카소네 야스히로中曾根康弘 일본수상이 한국을 방문하여 40억 달러 규모의 차관 공여 합의서에 서명한 데 대한 답방이었다. 전두환은 한국이 공산세력의 침략으로부터 일본을 방어하는 방파제 역할을 하고 있다고 주장하면서 일본에 '안보 무임승차론'을 내세워 차관을 요청했는데, 일본이 이를 수용했던 것이다. 전두환이 일본을 방문했을 때 일본천황이 과거사에 대해 유감을 표명함으로써 한·일 간에는 우호적인 분위기가 무르익었다. 그러나 일본역사교과서문제, 일본수상의 야스쿠니신사靖國神社 참배문제, 독도문제 등은 여전히 한일우호관계의 걸림돌로 작용하였다.

　제2차 세계대전 이후 일본의 중·고등학교 교과서에는 난징학살사건(1937)을 비롯한 일제의 중국 침략과 약탈·폭행에 관해 서술하고, 이를 비판하는 내용이 실려 있었다. 그런데 정치가들을 포함한 일본의 우익세력이 교과서에 애국심이라는 용어가 사라지고 있다면서 이러한 서술에 우려를 표시하였다. 이에 문부성은 교과서에서 중국 '침략'이라는 용어를 '진출'로 대체하라고 지시하였다(1982). 이러한 사실이 보도되자 이에 따른 비판이 일본 내에서 고조되었고 한국과 중국에서도 일본의 교과서 서술에 관심을 보이기 시작하였다.[107]

1990년에 들어서면서 한국에서는 태평양전쟁 당시의 종군위안부문제가 대두되었다. 50년이나 지난 후에야 이 문제가 떠오른 것은 피해여성들 대부분이 그 이전까지 따로 자기주장을 할 수 있는 통로를 찾지 못했기 때문이다. 1990년대 한국 여성운동의 발전과 함께 비로소 사회문제가 되었던 것이다. 여성단체 등에서는 일본정부에 한국 여성을 종군위안부로 강제 연행한 사실을 인정하고 사죄할 것, 전모를 밝히고 생존자나 유족에게 보상할 것, 이를 역사교과서에 서술하고 가르칠 것 등을 촉구하였다.[108] 이후 피해자가 일본의 도쿄 지방재판소에 배상청구 소송을 제기한 것을 계기로 종군위안부문제는 한·일 두 나라의 외교 현안으로 다루어졌다. 그러나 일본정부는 한국인 개인에 대한 피해보상문제는 1965년의 한일조약으로 이미 해결이 된 상태이므로 개인에 대한 보상은 할 수 없다는 입장을 고수하였다. 일본정부는 민간기금을 통한 위로금 지급방식으로 해결을 시도하기도 했으나 피해자단체들은 일본정부의 책임이 전제되지 않은 어떤 해결책도 거부하였다.[109]

그러한 가운데 1996년 일본의 중학교 역사교과서에 종군위안부에 관한 기술이 등장하였다. 그러자 이에 반대하는 일본의 우익들은 '자유주의사관'이라는 기치 아래 '새로운 역사교과서를 만드는 모임(새역모)'을 결성하고, 종군위안부에 관한 서술을 삭제한 교과서를 집필하였다. 이들이 만든 교과서가 문부과학성의 검정을 통과하면서(2000) 다시 교과서문제가 불거졌다. 한국의 대통령들은 광복절 식사式辭에서 일본의 교과서문제를 언급함으로써 국민들의 반일감정을 북돋았다. 그러나 한국인들의 우려와는 달리, 황국사관皇國史觀 중심의 이 교과서는 일본 내에서 0.03퍼센트라는 낮은 채택률을 보였다.[110]

오늘날 대다수의 국가들은 국가의 이름으로 동원되어 희생된 자들을 추모하는 국립추도시설을 갖추고 있다. 그런데 일본에는 그러한 추도시설이 없어 종교법인인 야스쿠니신사가 그 역할을 대신하고 있다. 야스쿠니신사에는 1948년 도쿄재판에서 처벌된 도조 히데키東條英機, 무토 아키라武藤章 등 전범 14명과 일제가 전쟁에 동원한 한국인, 타이완인들이 합사合祀되어 있다. 여기에 일본수상의 발길이 이어짐으로써 한국과 중국의 불만을 샀다. 특히 중국정부는 난징대학살의 책임자인 무토가 합사된 야스쿠니신사에 일본수상이 참배하는 것을 자국에 대한 모욕으로 받아들였다. 한국과 중국은 야스쿠니신사가 제국주의의 산물임을 감안할 때 일본수상의 참배는 일본정부가 제국주의의 역사를 긍정하고 이를 재생산하려는 욕구와 연결되는 것이 아닌가 하는 의혹을 제기하였다. 이러한 의혹은 야스쿠니신사 측이 한국인과 타이완인의 분사分祀를 거절함으로써 더욱 짙어졌다. 한국과 타이완은 식민지 출신자의 합사를 문제 삼아 한국인과 타이완인의 분사를 요구했으나 야스쿠니신사 측은 그들이 '일본인'으로 전쟁에 나갔다는 이유로 이를 거부했던 것이다.[111]

독도에 대해서는 앞에서 몇 차례 언급했는데, 문제의 핵심은 독도가 임자 없는 땅이었는지 아니면 울릉도의 부속도서였는지에 있다. 일본은 무주지 선점無主地先占이론을 내세워 독도의 영유권을 주장하였다. 1904년 이전의 독도는 임자 없는 섬이었는데, 자신들이 비로소 시마네현에 편입시켰다는 것이다. 이에 반해 한국은 독도가 한국의 영토인 울릉도의 부속도서로 취급되어 왔으므로 이 섬이 무주지였다는 전제는 잘못이라고 반박하였다. 그리하여 이승만 대통령은 독도가 포함된 평화선을 선포하고 이를 침범한 일본어선을 나포하고 어부를 억류하기도 하였다. 그리고 독도에 등대를 세우고 민간인으로 독도의용수비대를 구성하여 독도를 경비하게 했으며(1954) 곧이어 울릉경찰서 소속의 경찰들로 독도경비대를 창설해 독도를 지키게 하였다.

1965년 한일조약 체결 이후 일본은 한일조약 당시 한·일 간에 교환된 '분쟁의 해결에 관한 교환 공문'의 적용 대상에 독도가 포함된다고 하여 독도문제에 대한 논의 재개를 요구하였다. 한국은 한일조약 어디에도 독도문제가 언급되지 않았다는 점을 들어 이를 거부하였다. 이에 일본은 독도문제를 국제사법재판소에 제소할 것을 제안하였다. 그러나 한국은 한국의 영토 영유권을 국제사법재판소에서 확인받을 하등의 이유가 없다며 이 역시 무시하였다.[112] 일본은 한국 측의 주장에 설득력이 없기 때문에 한국이 이 같은 제의를 무시한다고 주장한 반면, 한국은 일본의 의도가 독도를 분쟁지역으로 만들려는 것인 만큼 여기에 휘말릴 필요가 없다고 하였다. 그리하여 1997년에는 일본정부의 항의에도 한국은 독도에 대한 접안시설 공사를 마무리 지었다.

경제·통상외교

미국의 원조에 의존하던 한국 경제는 1962년부터 시작된 '경제개발 5개년계획'의 성공에 따라 비약적인 발전을 이룩하였다. 그리하여 1998년 한국은 세계 10위권의 수출대국으로 부상하였다. 한국정부는 세계시장에서 경쟁을 통한 한국산업의 체질 강화와 국제경쟁력 제고를 위하여 다자간경제협력체제에 참여하는가 하면, 지역경제협력체제를 주도하였다.

한국은 1967년 '관세 및 무역에 관한 일반협정(GATT)'에 정식 회원국으로 가입하였다. GATT는 1948년에 창설되어 세계무역의 자유화를 통한 무역신장에 크게 기여해왔는데, 여기에 가입함으로써 한국은 국제적인 다자간경제협력에 참여할 수 있게 된 것이다. 이후 한국은 자유무역체제를 잘 활용하여 무역을 확대하고 고도성장을 이룩한 대표적인 국가가 되었다.

세계 여러 나라는 GATT에 기초한 다자간무역체제를 강화하고 만연된 보호주의를 저지하기 위해 1980년대 초부터 새로운 다자간 무역협상을 추진하였다. 그 결과 우루과이 라운드(UR) 무역협상이 타결되었다. 이 협상에서 세계무역기구(WTO)의 설립이 합의됨으로써 GATT체제는 WTO체제로 발전하였다. 이는 더욱 자유롭고 공정한 교역을 추구하는 새로운 국제무역 질서가 형성되었음을 의미한다. WTO가 국제무역을 관리하는 중심기구로 발전함에 따라 한국정부는 미국, 일본, 중국 등과 양자 간 통상협력을 증진해나가는 한편, 상대국들의 지나친 시장개방 요구 등으로 분쟁이 발생했을 경우 WTO의 분쟁해결기구에 제소하는 등 이를 적극 활용하였다.

1989년 정부 간 공식협의체로 아시아태평양경제협력체(APEC)가 발족되었다. 배타적 지역주의를 지양하고 다자무역주의의 보완·강화를 추구하는 개방적 지역주의를 표방한 이 협의체는 무역과 투자의 자유화 및 원활화, 경제·기술 협력 등을 목표로 하였다. 처음 한국 등 12개국이 참가하여 정부 간 공식협의체로 출범했는데, 2006년 현재 21개 회원국으로 확대되었다. 한국은 미국, 일본 등과 함께 이를 주도적으로 이끄는 등 지역경제협력체제에 적극 참여하고 있다.[113]

다자주의적인 세계교역질서가 확대되고 북미자유무역협정(NAFTA), 유럽연합(EU) 등 지역주의화 움직임이 가속화되자 상대적으로 연계성이 미약했던 아시아와 유럽 국가들은 그들 간의 관계를 강화할 필요가 있다고 느꼈다. 그리하여 양 지역 간 경제협력 확대를 목표로 1996년 태국 방콕에서 한·중·일을 포함한 아시아 10개국과 15개 EU 회원국 정상이 참석한 가운데 제1차 아시아유럽 정상회의(ASEM)가 개최되었다. 이후 3차 ASEM은 2000년 서울에서 개최되었다.

한국은 경제 선진국들의 협력기구인 경제협력개발기구(OECD)의 29번째 회원국이 되었다(1996). 한국의 경제 규모에 걸맞게 국제사회에서의 역할을 제고하고, 국제 경제·통상의 규범을 제정하는 데 능동적으로 참여하기 위함이었다. OECD는 세계 경제에서 주도적 위치에 있는 주요 국가들만 참가하는 국제경제기구로서 회원국의 경제성장 촉진과 세계무역 확대를 그 목적으로 하는데, 당시 이 기구는 세계 경제력의 80퍼센트를 점유할 정도였다. 따라서 한국의 OECD 가입은 한국의 대외신인도를 제고하는 데 기여하였다. 그러나 한국은 무역과 자본 자유화 등에 따른 급격한 범세계화 현상에 효과적으로 대응하지 못하였다. 그로 인해 1997년 말에는 외환위기를 맞아 국제통화기금(IMF)의 긴급 구제금융을 지원받기도 하였다.

세계 각국은 정보통신 기술의 발전, WTO에 의한 국제적 규범의 확산 등 대외환경의 변화에 적극적으로 대처하기 위한 방법의 하나로 자유무역협정(FTA)을 활발히 추진하고 있다. FTA는 대부분 프랑스, 독일, 영국 등의 EU와 미국, 캐나다, 멕시코의 NAFTA 등과 같이 인접국가나 일정한 지역을 중심으로 이루어졌다. 동남아지역에서도 아세안자유무역협정(AFTA)이 창설되어 동남아 전 지역을 관할하는 지역무역협력체로 성장하고 있다. 이 때문에 FTA는 지역경제통합체로 불리기도 한다. 그러나 한국과 미국, 한국과 칠레의 예에서 볼 수 있듯이 인접국가나 일정한 지역중심만이 아닌 원거리 국가 간의 FTA도 있다. 한국은 칠레와 체결한 FTA를 발효하였고(2004) 싱가포르와 조인했으며(2005) 2007년 미국과 FTA 타결을 보았다. 그리고 EU, 중국, 일본 등과의 FTA 체결도 추진 중이다.

FTA의 핵심사항은 무역의 자유화를 위해 관세와 기타의 제한적인 무역 규정을 모두 제거하는 것이다. 따라서 FTA는 관세의 지속적 인하를 추구하고 있는 WTO 협정과 차이가 있다. 회원국들 간 차별대우 철폐를 위하여 WTO 협정이 최혜국 대우Most-Favored-Nation Treatment와 내국민 대우National Treatment를 규정하고 있는 데 반하여, FTA에서는 내국민 대우에 관한 규정만을 두고 있는 것이다. 최혜국 대우란 수출국들로부터 수입된 동종상품 간에 차별을 해서는 안 된다는 것인데, 내국민 대우란 국내에서 제조된 상품과 동종의 수입상품 간에 차별을 해서는 아니 됨을 의미한다.[114] 그러므로 FTA 체결국은 높은 가격의 국산재화를 낮은 가격의 상대국 재화로 대체할 수 있으며 시장이 확대됨으로써 기업들 간의 경쟁을 촉진시킬 수도 있다. 이는 가격의 인하와 질의 향상을 유발해 경제성장을 가속화할 수 있는 긍정적 효과가 있는 반면, 저가의 상대국 재화가 높은 가격의 자국상품을 대체하는 부정적 효과도 있다. 예컨대 한국과 미국의 FTA 체결은 값싼 미국 농산물이 한국시장을 잠식하는 결과를 초래하여 한국은 농업 부문에서 치명적인 타격을 입을 것으로 예상되는 것이다.

북한의 외교

유엔한국임시위원단의 남북한 총선거를 거부한 북한은 독자적으로 선거를 실시하여 최고인민회의를 구성하고 1948년 9월 9일 조선민주주의인민공화국을 선포하였다. 북한에 공산당 정부가 들어서자 소련은 북한의 군사력이 안심할 수 있는 수준이라고 판단하고 북한에서 군대를 철수하였다(1948. 10). 북한은 그해 말까지 소련, 몽고, 폴란드, 체코슬로바키아, 루마니아, 헝가리, 불가리아 등과 국교를 수립하고 1949년에는 유엔에 가입 요청서를 제출하였다.

해방 직후 북한은 이른바 '민주개혁'을 실시하여 상당한 성과를 이루었다. 그러나 6·25전쟁으로 발생한 피해와 이후 남한에 주둔한 미군 그리고 그들이 배치한 핵무기는 북한의 발전을 가로막았다. 이에 따른 불안을 극복하기 위해 군사비를 증강했기 때문이다.[115] 더구나 북한은 주체사상을 내세워 소련이나 중국과 갈등을 빚음으로써 그들로부터 원조도 기대하기 어려운 형편이었다. 따라서 경제는 침체되었는데, 여기에서 벗어나기 위해 북한은 미국을 비롯한 서방국가들과의 관계 개선에 나서지 않을 수 없었다.

6·25전쟁과 중국·소련

소련군은 북한에서 철수하면서(1948) 그들이 보유하고 있던 모든 중장비를 북한 인민군에 이양하였다. 이는 남한에서 장비의 60퍼센트를 가지고 떠난 미군과 대조적이다. 한편 북한은 1945년부터 1949년까지 국공내전을 치르고 있던 중국공산당에 물자와 함께 북부지방을 후방기지와 전략적 교통로로 제공하는 등 지원을 아끼지 않았다. 따라서 중국공산당의 국공내전에서의 승리는 북한지도부의 전쟁 욕구를 자극하였다.[116]

김일성은 한반도에서 전쟁이 나도 미국이 개입하지 않을 것이라 여겼다. 소련이 핵실험에 성공했으며(1949) 미국이 장제스와 함께 중국 본토에서 쫓겨난 것이 1년도 되지 않았기 때문이다. 그는 박헌영과 함께 모스크바를 방문하여 스탈린에게 남침계획을 설명하고 동의를 구하였다. 여기서 박헌영은 전쟁이 일어날 경우 20만 당원이 남한에서 폭동을 주도할 것이라고 주장하는 등 남침에서 승리할 것임을 호언하였다. 김일성은 민족해방을 위한 투사로서의 경쟁에서 박헌영을 압도해야 할 필요를 느꼈다.[117]

미국은 국공내전에서 중국공산당이 승리할 가능성이 커지자 아시아에서 공산주의세력을 견제하기 위해서는 일본을 강력한 반공군사기지로 발전시켜야 한다고 판단하였다. 그리하여 자위대自衛隊를 창설하고 중공업을 육성했는가 하면, 일본을 상대로 강화조약의 체결을 추진하였다. 미국의 일본에 대한 이러한 정책은 소련을 불안하게 만들었다. 스탈린은 일본의 미국 군사기지화에 대항할 필요를 느꼈다. 중국과 중소동맹을 체결하고 (1950) 손쉬운 승리가 예상되는 북한의 남침을 통해 한반도 전체를 공산화하려고 하였다. 이를 위해 탱크 등 대량의 중무기를 북한에 공급하였다.[118] 그러나 스탈린은 미국과의 직접 대결을 두려워하여 남침계획에 자신이 개입했음을 드러내지 않았다.[119]

중국은 국공내전을 치렀으므로 6·25전쟁 발발 당시 북한에 영향력을 행사할 수 있는 처지가 못 되었다. 북한이 소련 및 동구 공산국가들과 외교관계를 수립한 이후인 1949년 말에야 비로소 북한과 외교관계를 수립한 것만으로도 알 수 있는 일이다. 국공내전이 끝나자 중국은 김일성의 요구에 따라 중국 인민해방군 각 사단에 소속된 한인 병사 12,000명을 북한에 인도하였다. 이들은 북한에 돌아와 인민군 5사단과 6사단이 되었다.[120] 이들 가운데는 해방 후 소련군에 의해 무장해제 당하고 북한에 들어오지 못한 연안파의 조선의용군이 포함되어 있었다. 그들은 만주로 들어가 현지 한인 청년들을 끌어들여 세력을 키워나갔고, 국공내전에 참여하면서 풍부한 경험과 전투력을 갖추고 있었다.[121]

소련의 무기와 중국으로부터 군대를 지원 받은 김일성은 1950년 6월 25일 대규모 남침을 감행하였다. 그들은 이 전쟁을 조국해방전쟁이라고 불렀다. 그러나 유엔군의 인천상륙으로 전세가 역전되자 김일성은 중국에 출병을 요청하였다. 그리하여 펑더화이를 사령관으로 한 20만 명 이상의 중국군이 '미국에 대항하고 조선을 원조한다(항미원조抗美援朝)'는 명분 아래 6·25전쟁에 개입하였다(1950. 10). 그들이 참전한 것은 우선 중국을 전장으로 만들지 않기 위함이었다. 한반도의 38도선 이북을 완충지대로 이해하고 있던 중국은 미국의 참전을 자신들의 안전을 위협하는 것으로 판단했던 것이다. 아울러 위기의식을 불러일으켜 중국 내부의 모순을 극복하려는 의도도 있었다. 중국공산당은 국공내전에서 승리하여 정권을 수립했지만 내부의 이념·계층 간의 갈등 등으로 정치적 통합을 이루지 못하고 있었다. 실제로 중국공산당은 6·25전쟁의 참전을 국민단결로 연결하여 반대세력을 제거하고 과감히 개혁을 추진해나갔다. 또한 그들은 참전을 통해 소련의 지원을 확보하고, 이를 바탕으로 궁극적으로는 중국에 대한 소련의 간섭을 배제하려고 하였다.[122]

중국군이 참전하면서 북한과 중국은 양국 군대의 통일적인 지휘를 위해 중조연합사령부를 설치하였다. 이 중조연합사령부의 출현으로 6·25전쟁의 주도권은 중국으로 넘어갔다. 이는 마오쩌둥의 요청에 따른 것으로 이로써 작전지휘가 마오쩌둥과 펑더화이 선에서 이루어지고 김일성은 배제되었다.[123] 이후 중국은 소련과 거의 대등한 입장에서 북한에 영향력을 행사할 수 있었다.

주체사상과 소련

6·25전쟁 이후 북한에서는 김일성체제가 강화되었다. 김일성은 패전의 책임을 져야 할 당사자였지만, 도리어 6·25전쟁을 통해 권력 강화에 성공하였다. 우선 전쟁 중 중국군이 개입한 사실로 연안파가 고무될 것을 우려한 김일성은 평양이 함락된 책임을 씌워 연안파의 김무정을 숙청하였다. 김일성으로서는 패배의 책임을 자신이 지지 않기 위한 방책이었으며, 동시에 연안파가 중국군과 함께 국가를 구했다는 주장을 하지 못하도록 만들 필요가 있었던 것이다. 그리고 한편으로는 남로당원들에 대한 대대적인 체포도 지시하였다. 박헌영과 남로당 서울시당위원장을 역임한 이승엽李承燁은 정변을 꾀한 혐의로 재판을 받고 1955년 사형되었다. 그러한 가운데 김일성은 원수 칭호를 수여받아 '김일성 장군'에서 '김일성 원수'로 불렸으며, 『김일성선집』을 간행하기 시작하는 등 자신에 대한 개인숭배를 확대해나갔다.[124]

그러나 김일성의 지도체제는 소련의 도전을 받았다. 스탈린 사후(1953) 일기 시작한 스탈린 개인숭배에 대한 비판은 1956년의 소련공산당 제20차 대회에서 새로운 실력자로 등장한 흐루쇼프에 의해 공식적으로 표명되었다. 여기에서 흐루쇼프는 전쟁은 피할 수 있다고 하면서 자본주의 국가와의 평화공존론平和共存論도 제기하였다. 이로부터 스탈린 격하운동이 본격적으로 전개되었는데, 소련에서의 스탈린 격하운동은 북한에서의 김일성 격하운동으로 연결될 수 있다. 김일성은 체제의 이념이 외부에 근원을 갖고 있다는 것이 정권에 불리하다는 사실을 깨달았다. 외부의 해석이 내정에 영향을 미칠 수 있기 때문이었다. 이에 김일성은 반사대주의反事大主義를 표방하면서 주체主體를 내세웠는데(1955) 이때의 주체는 사상에서의 주체를 의미하였다.[125] 이로부터 언급되기 시작한 북한의 주체사상은 후일 김일성의 언급에 따르면, 무조건 마르크스·레닌주의에 따르는 것이 아니라 '우리의 구체적인 현실에 마르크스·레닌주의의 일반 원리를 적용하는 것'이었다.

　김일성 일인지배체제를 우려한 소련은 1956년 북한의 3차 당대회에 브레즈네프Leonid Breznev를 파견하여 집단지도체제를 촉구하였다. 여기에 고무되어 남일南日, 허가이許哥而 등 소련파는 연안파의 윤공흠尹公欽 등과 합세하여 김일성 단일지도체제를 공략할 계획을 세웠다. 그러나 김일성은 도리어 소련파와 연안파를 출당시키는 데 성공하였다(8월 종파사건). 이 사건을 수습하기 위해 소련은 미코얀Anastas I. Mikoyan 부수상을 평양에 파견했으며, 중국은 6·25전쟁 당시 중조연합사령부 총사령관이었던 국방부장 펑더화이를 보내 소련파와 연안파에 대한 출당 처분을 취소하도록 김일성에게 압력을 넣었다. 김일성은 일시 그들의 요구에 따랐으나 헝가리사태가 발생하는 등 국제정세의 변화로 소련과 중국이 북한 내정에 간섭할 여유가 없는 틈을 타 소련파와 연안파에 대한 공격을 강화하였다.[126] 이후 북한에서는 정치에서의 자주가 강조되었다.

　김일성은 자신의 일인지배체제를 비판하면서 북한의 내정에 간섭하려는 소련에 반감을 품었다. 남한에 주둔한 미군의 끊임없는 위협에 시달리고 있던 북한으로서는 흐루쇼프의 평화공존론도 받아들이기 어려운 것이었다.[127] 북한과 소련의 관계는 악화될 수밖에 없었다. 그러한 가운데 북한은 1961년 소련과 조소우호협조 및 호상원조조약을, 중국과 조중우호합

작호조조약朝中友好合作互助條約을 체결하였다. 소·중 양국과 동시에 군사동맹관계를 맺은 셈인데, 이는 남한의 군사정권에 대항하기 위함이었다.[128]

1962년 쿠바사태가 발생하였다. 소련이 쿠바에 미사일기지를 건설하려 하자 미국이 쿠바를 봉쇄한 것이다. 이에 소련은 미사일기지 건설을 포기하였다. 김일성은 미국대통령 케네디의 강경정책 앞에 흐루쇼프가 보인 후퇴에 큰 충격을 받았다. 그는 흐루쇼프가 미 제국주의자들에게 평화를 구걸했다고 비난하면서 경제개발 7개년계획의 일부를 희생해서라도 국방력을 강화해야 한다고 하였다. 그리하여 이른바 4대 군사노선을 채택하고 이를 추진하였다. 전 인민의 무장화, 전 국토의 요새화, 전군의 간부화, 전군의 현대화가 그것이다.[129] 사상에서의 주체, 정치(외교)에서의 자주, 경제에서의 자립, 국방에서의 자위自衛라는 주체사상의 4대 정책노선도 이 이후에 확립되었다.

그러나 주체사상은 북한을 국제사회에서 고립시켜 소련 및 동유럽 국가들과의 관계 악화를 초래하였다. 이에 따라 북한은 대소련 일변도의 외교정책을 지양하고 비동맹 국가들을 상대로 다면외교를 전개하였다. 김일성이 인도네시아를 방문하여 반둥회의 10주년 기념행사에 참석한 것은 그러한 노력의 일부였다(1965).

북한과 소련의 관계는 흐루쇼프가 실각하면서(1964) 점차 개선되었다. 흐루쇼프를 퇴진시킨 브레즈네프정권은 북한을 중국으로부터 떼어놓고, 북한에서 소련의 영향력과 지위를 되찾기 위해 화해의 손길을 보냈다. 소련의 원조 중단으로 경제적 어려움을 겪어왔던 북한은 즉각 이에 응하였다. 당시 한일국교정상화에 따라 대일무역이 감소하여 소련과의 경제관계 개선이 절실히 필요했기 때문이었다.[130]

베트남전쟁을 둘러싼 중국과의 갈등

스탈린 사후 흐루쇼프가 스탈린 개인숭배를 비판했음은 앞에서 언급하였다. 이는 마오쩌둥 숭배를 조장하고 있던 중국으로서는 수용할 수 없는 것이었다. 평화공존론 역시 타이완해협에서 미국과 군사적으로 대치상태에 있던 중국에게는 이해하기 어려운 것이었다.[131] 중국은 소련이 마르크스·레닌주의를 충실히 따르지 않는 수정주의修正主義 국가로 타락했다고 비난하였다. 그들은 소련의 발전방식을 따르지 않고, 집단농장을 확대한 인민공사人民公社를 설립하고 대약진大躍進운동을 전개하여(1958) 공산주의를 신속하게 달성할 수 있는 독자적인 방법을 발견했다고 주장하였다. 이는 전체 공산주의운동에서 중국이 종주국의 지위를 확보하려는 것과 다를 바 없었다.[132] 이에 대해 소련은 중국을 교조주의敎條主義 국가라고 비난하였다. 이후 양국의 관계는 중국이 인도와 국경분쟁으로 대립하고 있을 때 소련이 인도 공군에 공군기를 제공함으로써(1962) 더욱 악화되었다.

중국의 마오쩌둥은 6·25전쟁을 중국과 미국의 전쟁으로 이끌어가면서 김일성을 지휘계통에서 배제해버렸다. 그리고 1956년 8월 종파사건 때에는 김일성을 견제하기 위해 펑더화이를 파견하였다. 김일성은 이러한 사실에 분노했겠지만, 북한과 소련과의 관계 악화는 그로 하여금 중국에 접근하게 만들었다. 북한은 중국의 대약진운동을 모방하여 천리마운동을 전개하고, 인민공사를 모방하여 협동농장을 설립하였다(1958). 이는 중국을 본받아 공산주의를 달성하겠다는 것으로 소련에 대한 일종의 시위였다.

중국과의 우호적인 분위기 아래에서 북한은 1962년 조중변계(국경)의정서朝中邊界(國境)議定書를 체결하였다. 여기에서 북한과 중국은 압록강과 두만강을 국경선으로 확정하였다. 그리고 압록강에 있는 모든 섬을 북한의 영토로 확정하고 백두산 정상과 천지를 반으로 나누어 중국과 북한 영토의

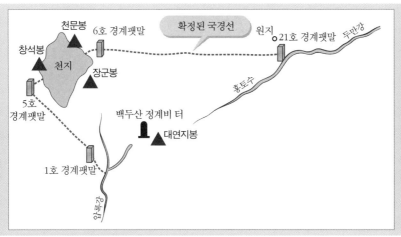

조중변계의정서로 확정된 북한과 중국의 국경선(1962년)

경계로 삼았다.[133] 백두산정계비에 대한 중국 측 해석대로라면 천지는 완전한 중국 소유였는데, 변계의정서 체결로 백두산과 천지의 절반이 북한의 영토가 된 것이다. 백두산은 김일성과 그의 동료들이 항일유격투쟁을 전개했던 곳이었기에 북한에서는 혁명의 성지로 간주되고 있었다. 따라서 북한은 이를 북한의 영토에 포함시키려고 노력하였다.[134]

북한과 중국은 베트남전쟁에 대한 견해 차이로 점차 소원해졌다. 미국이 남한에 핵무기를 배치한 데 대해 불안해했던 북한은 베트남에서 미군이 고전하자 대남혁명에 대한 자신감을 회복하고 있었다. 그러한 북한에게 한국의 베트남 파병은 큰 충격이었다. 이를 계기로 한미군사동맹이 강화되고, 북한군에게는 부족한 실전경험을 한국군이 쌓을 수 있다는 점 등이 북한을 긴장하게 만들었던 것이다.[135] 김일성은 북베트남에 파병을 제의하는

사라진 백두산정계비 조선과 중국의 국경선은 일찍이 조선 숙종대의 백두산정계비에 의해 획정되었다. 그런데 이 비는 1931년 만주사변 직후에 없어졌다. 이는 정계비 기록을 불리하게 여긴 중국이 고의로 철폐한 것으로 생각된다.

등 베트남전쟁에 깊은 관심을 보였다. "미제와 남조선의 도발행위를 결코 수수방관하지 않겠다"라며 대남도발 가능성을 시사하기도 하였다.

김일성은 베트남전에 대한 중국의 태도에 실망하고 있었다. 베트남전에 공동대응하자는 소련의 제의를 중국이 소련의 수정주의적 자세를 구실로 거부했기 때문이다. 김일성은 중국의 이러한 태도를 편협한 교조주의적 행태라고 비난하였다. 이후 김일성은 소련이나 중국에 대해 자주적인 자세를 유지하겠다는 의사를 여러 차례 천명하면서 외교에서의 자주노선을 공식 선포하였다(1966). 중국에서도 김일성에 대한 비판이 거세졌다. 문화혁명 당시 홍위병紅衛兵들은 김일성이 흐루쇼프와 같은 수정주의자이며 조선의 백만장자라고 비난하였다.

북베트남에 파병하겠다는 김일성의 제안은 북베트남정부가 군수물자 및 경제원조는 수락하면서도 직접적인 병력지원은 반대했기 때문에 이루어지지 못하였다. "외세의 도움 없이 민족해방전쟁을 수행하겠다"라는 북베트남의 지도자 호찌민의 의지 때문이었다. 이에 김일성은 앞서 언급한 것처럼 남한의 주요 산업시설 파괴와 요인 암살을 목표로 하는 124군부대를 창설하여 청와대를 습격했는가 하면, 미국에 대한 경고로 미국 정보함 푸에블로호를 나포하기도 했다(1968). 그리고 그 다음해에는 동해안에서 미 해군 정찰기를 격추시켰다. 당시는 베트남에 한국군의 추가파병이 추진되고 있었으므로 한반도에서 긴장을 조성하여 한국군의 베트남 증파를 중지시키고, 군대를 파견하지 않고도 형제국인 북베트남을 돕는다는 명분을 살리기 위함이었다.[136]

1962년 북한과 중국 간의 국경회담에서 백두산 정상과 천지를 반으로 나누었음은 위에서 언급했는데, 1965년 이후 북한은 백두산을 둘러싸고 중국과 몇 차례 국경분쟁을 일으켰다. 중국이 6·25전쟁 당시 그들이 제공한 원조에 대한 대가로 백두산을 자신들에게 할애해야 한다고 주장했기 때문이다. 그러한 가운데 중국의 문화혁명이 일단락되면서 북한과 중국의 갈등은 해소될 기미를 보이기 시작하였다. 1970년 중국수상 저우언라이의 북한 방문은 양국 관계를 정상화시키는 계기가 되었다.[137] 앞에서 언급했듯이 저우언라이는 닉슨의 방중문제를 협의하기 위해 미국 국무장관 키신저와 회담했고, 그 직후 평양을 방문하여 김일성에게 회담 내용을 알렸던 것이다. 북한과의 관계 개선을 위한 조치의 일환이었다.

1970년대 대유엔외교

미국대통령 닉슨은 각지에 주둔 중인 미군병력을 줄이는 것을 내용으로 하는 닉슨독트린을 선언한 데 이어 미국 경제의 악화는 소련을 봉쇄하는 데 따른 국력소모 때문이라고 판단하고, 중국과의 관계를 개선하여 소련을 견제하는 데 이용하려고 하였다. 중국도 소련에 대항하기 위해서는 미국의 후원이 필요하였다. 소련과 중국의 관계는 국경선상에서 무력충돌을 일으킬 정도로 악화되어 있었기 때문이다. 결국 미국은 닉슨의 중국방문을 계기로 '하나의 중국론'을 수용하여 타이완정부와 외교관계를 단절하고 중화인민공화국을 승인하였다(1972).

　미국과 중국 간의 긴장이 완화된 데 편승하여 북한은 외교정책의 세계화를 추진하였다. 경제교류를 통해 차관을 도입하고 자본주의 국가들로부터 설비·기술을 도입하였다. 이러한 정책이 가능했던 것은 제5차 당 대회(1970)에서 유격대 출신 관리들이 퇴진하고 경제분야의 전문가들이 부상하는 등 권력구조의 개편이 이루어진 것과 관련이 있다. 유격대 출신들이 주도한 1968년의 무장군인 남파전략은 남한 국민이 정부를 중심으로 단결하는 역효과를 냈을 뿐만 아니라, 그들의 기세는 김일성이 위협을 느낄 정도였기에 권력구조의 개편이 이루어졌던 것이다.[138] 그 결과 북한은 1971년 유엔에 가입한 중국의 영향을 받아 유엔주재 상주대표부를 개설하였다(1973).

그렇다고 북한과 미국의 관계가 호전된 것은 아니었다. 판문점 공동경비구역에서 발생한 '도끼 살해사건'으로 미국과 북한의 관계는 다시 악화되었다. 미군이 초소의 시야를 가리는 미루나무의 가지를 치자 북한군이 가지를 치는 데 사용한 도끼를 빼앗아 미군 장교 2명을 살해했던 것이다(1976). 박정희는 "미친개한테는 몽둥이가 필요하다"라면서 미국에 강경한 대응을 촉구했고, 미국도 항공모함 등을 동원하여 무력시위를 벌였다. 결국 김일성이 사과함으로써 이 사건은 마무리되었다.

북한이 비동맹외교에 관심을 보였음은 앞에서 언급하였다. 이러한 관심은 유엔을 무대로 하는 외교를 전개하면서 점점 높아져갔다. 유엔에서 표를 얻기 위해 비동맹외교에 주력했던 것이다. 그런데 남한이 비동맹 국가들에 관심을 보이자 북한은 아프리카 국가들에 대해 무상으로 경제 원조를 실시했는가 하면, 20여 개 국가에 관개시설을 설치해주기도 하였다. 그 결과 리마Lima회의(1975)에서는 북한의 비동맹국 단독가입을 만장일치로 의결하였다. 이후에도 북한은 마다가스카르의 대통령 관저를 건설해주었으며(1982) 탄자니아연방공화국에 7만 명을 수용할 수 있는 경기장을 지어주었다(1986). 한편 중앙아프리카공화국의 콜링바André Kolingba 대통령은 김일성에게 국회의사당의 건설을 요청했는데, 그는 그 공사가 끝나기도 전에 서울을 방문하였다.[139] 비동맹국가들의 지지를 얻기 위한 남북한의 과도한 경쟁이 이러한 현상을 초래했던 것이다.

대서방외교

미국과 정식 외교관계를 수립한(1979) 중국은 현대화계획을 국가정책의 최우선 순위에 두고, 서방국가들과의 경제교류를 강화하기 시작하였다. 서방국가들로부터 자본과 기술을 도입하기 위함이었다. 중국의 실력자 덩샤오핑鄧小平은 검은 고양이든 흰 고양이든 쥐를 잘 잡는 쪽이 좋은 고양이고, 공산주의체제든 자본주의체제든 생산성이 높은 쪽이 좋은 제도라는 흑묘백묘론黑猫白猫論을 내세워 개방정책을 옹호하였다. 북한은 이러한 중국의 개방정책을 부분적으로 원용하려고 하였다. 경제 침체의 늪에서 탈출하지 못했기 때문이다. 경제를 경제논리가 아닌 정치와 사상의 논리로 움직이려고 한 것이 가장 큰 원인이었다. 주체사상 때문에 경제면에서도 고립을 면하기 어려웠던 것이다. 북한은 중국의 대외무역정책을 본받아 외국인의 직접투자·합작투자를 유치하기 위한 합작회사운영법(합영법)을 제정했는데(1984) 이는 개방정책을 적극적으로 추진하겠다는 의지의 표현이었다. 그런데도 고르바초프가 개혁·개방정책을 추진한 소련과는 갈등을 빚었다. 소련이 김정일金正日 승계가 가시화된 김일성의 독재체제를 시대착오적인 것으로 인식한 데 따른 것이었다. 북한은 소련의 개혁·개방정책을 북한의 체제를 위협하는 요인으로 간주하였다.[140]

북한의 외국인 투자 유치는 소기의 성과를 거두지 못하였다. 자본과 함께 들어올 자유주의를 차단해야 했으므로 사회주의체제가 훼손되지 않는 범위에서 제한적인 지역에만 개방정책을 추진했기 때문이다. 학생과 시민의 민주화 시위로 야기된 중국의 톈안먼天安門사건(1989)을 목격한 북한으로서는 경제 개방에 따른 부작용을 우려하지 않을 수 없었던 것이다. 그리고 아랍에미리트(UAE)에서 출발한 서울행 칼KAL기를 북한이 폭파한 것을 계기로(1987) 미국이 북한을 테러리스트 국가로 지명하고 경제적 봉쇄정책을 실시한 것도 북한 경제를 어렵게 만들었다. 이 때문에 북한은 국제 금융기관으로부터 더 이상 상업차관을 제공받을 수 없었다.

1989년 체코, 불가리아 등 동유럽 국가에서는 공산주의체제가 붕괴되는 큰 변화가 일어났다. 또한 소련에서는 다당제多黨制가 인정되면서 공산당 서기장 고르바초프가 대통령에 취임하였다(1990). 그리고 다음 해에는 러시아공화국의 옐친 대통령이 독립국가연합을 결성함으로써 소련이 붕괴되었다. 이로써 1945년 이래 지속되어온 동·서 양 진영의 냉전체제도 막을 내렸다. 한편 서독은 동독을 흡수하여 통일을 이루어냈다(1991). 이러한 동유럽 공산권의 몰락은 북한에 큰 충격을 안겨주었다. 북한은 톈안먼 사건 당시 중국공산당이 취한 무력진압 조치를 지지하면서 서울올림픽으로 입은 외교적 열세를 만회하기 위해 평양에서 제13차 세계청년학생축전을 주최하기도 했다(1989). 그러나 1990년의 한·소수교에 이은 1992년의 한·중수교는 북한을 외교적으로 더욱 고립시켰다.

북한은 기존의 외교노선을 변경해 대對서방 관계 개선을 서둘렀다. 그리하여 남북한의 유엔 동시가입은 분단을 영구화한다고 반대했던 기왕의 입장을 바꾸어 중국의 권유로 1991년 남한과 함께 유엔에 가입하였다. 그리고 남한이 소련과 외교관계를 수립하자 일본으로부터의 경제적 보상을 기대하고 일본과의 관계정상화를 추진하였다. 일본 역시 자국의 안전보장을 확보하기 위해서 북한과 수교할 필요성을 느끼고 있었다. 더구나 당시 일본은 한국의 눈치를 볼 필요도 없었다. 한국의 노태우盧泰愚 대통령이 북한과 관계를 맺고자 하는 국가들에 대해서도 적대적인 입장이 아님을 밝혔기 때문이다. 그리하여 일본정계의 실력자 가네마루 신金丸信을 단장으로 하는 일본의원대표단이 평양을 방문하여 김일성과 회담한 후 관계정상화를 위한 공동선언문을 발표하였다(1990).

그러나 북·일수교 협상은 북한 핵문제와 관련한 북·미 갈등이 심화되면서 좌절되었다. 북한을 방문했던 일본대표단은 미국과의 사전협의 없이 공동선언문을 발표한 데 대해 미국에 사과하지 않으면 안 되었다. 이를 통해 북한은 미국을 경유하지 않고는 그들이 필요로 하는 어떠한 대외관계 개선도 불가능하다는 교훈을 얻었다. 아울러 미국과의 관계 개선을 대외 생존전략의 주축으로 삼을 수밖에 없다는 사실도 깨달았다. 북한이 핵무기 개발을 협상 카드로 내세워 미국과의 관계 개선을 적극적으로 추진한 까닭이 여기에 있다. 그러한 가운데 2002년에는 고이즈미 준이치로小泉純一郎 일본수상이 북한을 방문하여 김정일 국방위원장과 최초의 북·일 정상회담을 개최하였다. 북한은 일본수상을 불러들임으로써 미국과의 관계 개선에 이를 이용하려고 했고, 일본은 이를 통해 한반도에 영향력을 행사하는 계기를 마련하려고 했던 것이다. 그러나 과거사 사죄 및 보상을 우선시하는 북한의 입장과 먼저 핵 및 미사일문제의 해결을 요구하는 일본의 입장 차이로 회담은 답보상태를 벗어나지 못하였다.[141]

핵문제를 둘러싼 미국과의 갈등

북한이 핵무기를 개발하고 있다고 판단한 국제원자력기구(IAEA)는 1990년 북한에 핵사찰을 요구하였다. 미국도 북한에 핵무기 개발의 포기를 종용하였다. 북한이 핵폭탄을 보유할 경우 남한과 일본 등의 핵무기 개발 경쟁이 촉발될 것이며, 경제가 어려운 북한이 핵 수출에라도 나선다면 중동지역의 국가들까지 핵 원료를 손에 쥐게 되므로 미국은 이를 방치할 수 없었던 것이다.[142]

북한은 미군이 남한에 핵무기를 배치해 놓은 상태에서는 핵사찰에 동의할 수 없다고 맞섰다. 남한의 핵무기는 1958년 미국이 일본에서 반입하여 설치한 것이었다. 제2차 세계대전 당시 핵 피해를 경험한 일본 국민들은 미국이 일본의 미군기지에 핵탄두를 비치하자 반핵운동을 전개하며 격렬하게 반발하였다. 이에 미국은 일본에 있던 핵무기를 한국으로 옮겼는데, 한국에서는 이에 대한 반발을 걱정할 필요가 없다고 판단하고 핵 반입 사실을 당당하게 밝히면서 일을 진행했던 것이다.[143] 그리고 1975년 슐레신저James R. Schlesinger 미국방장관은 만약 북한이 남침하면 핵공격으로 보복하겠다고 공언하였다.[144]

1954년 제네바회담 결렬 이후 북한의 대남정책은 선전을 이용한 평화공세 양상을 띠었다. 미국의 군사적 위협에서 벗어나기 위함이었다. 6·25전쟁에 참전했던 중국군이 1958년까지 모두 철수한 반면 미군은 계속 주둔할 것이 확실시되었기 때문이다. 남한에 핵무기가 설치되자 북한은 '한반도의 비핵화'를 줄기차게 주장하였다. 미국이 이에 귀 기울이지 않자 북한은 1964년 소련의 기술지원을 받아 평안북도 영변에 원자력연구소를 설립하였다. 이후 핵확산금지조약(NPT)에 가입했으나 비밀 핵시설 건설을 계속 추진하였다.[145]

1991년 미국의 부시George H. W. Bush 대통령은 남한에 있는 모든 핵무기의 철수를 지시하였다. 북한의 핵문제를 해결하기 위해 주한미군이 보유하고 있던 핵무기를 철수하여 북한의 안보에 대한 불안을 해소해주려 했던 것이다. 여기에 부응하여 남북한은 '한반도비핵화공동선언'을 채택하였다(1991). 핵에너지를 평화적 목적을 위해서 사용하며 핵무기를 제조하거나 사용하지 않는다는 내용이었다. 그런데 남한의 원자력 프로그램은 기술적으로 북한에 비해 훨씬 앞서 있었고 군사용으로서의 잠재력 또한 컸다. 그리고 미국은 전쟁이 발발할 경우 북한에 대한 핵무기 선제공격 가능성을 배제하지 않았다. 따라서 북한은 핵무기 개발을 쉽게 포기하지 않았다.[146]

북한은 1992년 영변 핵시설에 대해서 국제원자력기구의 사찰을 허용하면서 미국에 평화 보장을 요구하였다. 이에 한국과 미국은 베트남이 공산화된 데 자극을 받아 1976년부터 실시해오던 한·미연합군 사훈련인 팀스피리트Team Spirit 훈련을 취소하기로 하였다. 그런데 같은 해 김영삼金泳三이 민자당民自黨의 대통령 후보로 지명되면서 팀스피리트 훈련을 재개한다고 발표하였다. 김영삼은 북한과의 관계 개선이 민주당의 김대중 후보에게 유리하게 작용하지 않을까 하는 우려에서 이러한 조치를

나진·선봉 경제특구

취했던 것이다.[147] 이에 북한이 핵확산금지조약 탈퇴를 선언하고 국제원자력기구의 상주 사찰관査察官을 추방함으로써 북미관계는 다시 경색되었다.

그러한 가운데 북한은 외국인 투자가 한층 유리하도록 합영법을 개정하는가 하면(1994), 나진·선봉지구를 경제특구로 지정하면서 외국 기업과의 합작과 자본 도입을 적극 추진하였다. 그리고 독자적 핵개발을 포기하는 대신 핵 원료를 사용하지 않고 전력 수요를 충당할 수 있는 경수로형輕水爐型 원자로 건설에 필요한 자금을 제공해줄 것을 미국에 제의하였다. 이처럼 북한이 미국과의 대화에 다시 나선 것은 옐친 대통령이 한국을 방한하는

남한의 핵원료 2001년 현재 남한은 12기의 원자력발전소를 가동하고 있고, 6기를 건설 중이다. 이들 원자력발전소는 그동안 모두 27톤에 이르는 사용 후의 핵연료를 축적해왔다. 재처리시설을 보유한다면 이는 3천 개가 넘는 핵탄두를 만들기에 충분한 양이다(셀리그 해리슨 지음, 이흥동 옮김, 『코리안 엔드게임』, 삼인, 2003, 384쪽).

등 한·러관계가 우호적으로 변화하고 있었던 것과 깊은 관련이 있었다. 이에 미국은 북한에 경수로 발전소를 제공하기 위한 국제 컨소시엄을 조직하며 그에 대한 대가로 북한이 핵 관련 시설들의 가동을 전면 중단할 것을 제네바에서 합의하였다(1994). 그 결과 북한에 경수로 핵발전소 2기를 건설하기 위한 한반도에너지개발기구(KEDO)가 발족되어 한국전력이 공급사업의 주계약자가 되었다. 이는 북한의 '벼랑 끝 외교brinkmanship diplomacy'가 어느 정도 성공을 거두었음을 의미하는 것이었다. 약자가 문제를 일으켜 강자를 난처한 입장에 빠뜨려 자신의 요구를 들어주도록 하는 것을 '벼랑 끝 외교'라고 하는데, 북한은 이를 대미외교에 구사했던 것이다.

제네바에서 북미 간에 회담이 한창 진행 중일 때 김일성이 사망하였다. 이후 북한은 미사일 사정거리 연장계획을 수립하고, 장거리 사정 미사일인 노동 1호의 발사에 성공한 데(1993) 이어 대포동미사일의 시험발사에도 성공하였다(1998). 북한이 미사일 개발에 주력한 것은 이를 통해 김정일의 지도력을 과시하고 체제를 결속시키고자 했기 때문이다. 아울러 그들은 대미 협상력의 제고도 기대하였다.[148] 실제로 북한은 미사일문제를 무기로 평화협정 체결을 미국에 요구하는 등 이를 양국 간의 관계정상화에 이용하였다.

북·미 간 관계정상화 분위기는 2000년 올브라이트Madeleine Albright 미국무장관의 북한 방문과 북한 조명록趙明祿 특사의 미국 방문으로 무르익었다. 북한이 미사일 발사를 유보하기로 하자 여기에 부응하여 미국은 대북경제제재 완화조치를 발표하였다. 6·25전쟁 이후 북한산 제품의 수출 및 북한지역으로의 설비 반출을 제한해왔던 미국의 경제조치에 변화가 일어난 것이다. 이로써 비록 현실적으로는 다른 국가에 비해 최고 열 배가 넘는 높은 관세율 때문에 북한산 제품의 미국 수출은 불가능했지만, 법적으로 금지됐던 미국기업의 대북진출과 수출입은 허용되었다.

국제테러조직이 뉴욕 세계무역센터와 워싱턴의 국방부를 강타한 9·11 테러가 발생하자(2001), 미국대통령 부시George W. Bush는 2002년 연두교서에서 (테러지원국인) 북한을 '(지구상에서) 없어져야 할 악(악의 축The Axis of Evil)'이라고 규정하였다. 힘의 외교정책을 추구한 부시에게 미사일 등 대량살상무기를 보유한 데다가 핵무기 개발까지 의심받은 북한은 방치할 수 없는 대상이었던 것이다. 그러나 부시의 대북 강경태도는 한국인의 반발을 불러일으켰다. 여기에 미군 장갑차 여중생 치사사건이 발생하자 한국인의 반미감정은 극에 달하였다. 북한은 이러한 분위기에 편승하여 영변 핵시설을 재가동하고 핵확산금지조약에서 탈퇴하였다(2003).

그렇다고 북·미 간의 대화가 단절되었던 것은 아니다. 핵문제 타결을 위한 대화는 계속되었으나 양자 간의 견해 차이가 좁혀지지 않았다. 북한이 핵무기 개발프로그램을 포기하는 대가로 미국에게 체제 보장과 보상을 요구한 데 대해 미국은 사전 보장은 곤란하다는 입장을 견지하였다. 그리고 회담의 형식을 놓고도 북한과 미국은 갈등을 빚었다. 북한이 미국과의 직접 대화를 원한 데 반해 미국은 다자회담의 형식을 통한 문제의 해결을 주장했던 것이다. 미국이 다자회담을 선호한 것은 회담 타결 시 북한이 요구할 것으로 예상되는 체제 보장 및 경제 지원에 필요한 비용을 분담할 수 있고, 실패할 경우 북한을 압박하는 데 그들의 여론을 활용할 수 있다는 판단 때문이었다.[149] 결국 북한 핵문제의 해결을 위한 남한, 북한, 미국, 일본, 중국, 러시아의 6자회담이 베이징에서 열림으로써(1차 회담, 2003) 북한핵문제는 6자회담의 결과에 맡겨지게 되었다.

미주

1장 삼국·통일신라

1 이병도, 「위씨조선흥망고」, 『한국고대사연구』, 박영사, 1976, 86쪽.

2 이기백·이기동, 『한국사강좌』 고대편, 일조각, 1982, 65~66쪽.

3 이기백, 『한국사신론』 신수판, 일조각, 1990, 40쪽.

4 이기백, 『한국사신론』 한글판, 일조각, 1999, 40쪽.

5 김한규, 『한중관계사』 I, 아르케, 1999, 135~136쪽.

6 이기백·이기동, 『한국사강좌』 고대편, 86~87쪽.

7 공석구, 「(고구려의) 영토확장」, 신편 『한국사』 5, 국사편찬위원회, 1996, 73쪽.

8 이기백·이기동, 『한국사강좌』 고대편, 134~135쪽.

9 천관우, 「복원 가야사」, 『문학과 지성』, 1977(가을) ; 『가야사연구』, 일조각, 1991, 23~24쪽.

10 요시노 마코토 지음·한철호 옮김, 『동아시아 속의 한일 2천년사』, 책과함께, 2005, 47~56쪽.

11 김현구, 「가야의 대외관계」, 신편 『한국사』 7, 국사편찬위원회, 1997, 374~385쪽.

12 김상기, 「백제의 요서경략에 대하여」, 『백산학보』 3, 1967 ; 『동방사논총』, 서울대학교출판부, 1974, 426~433쪽.

13 방선주, 「백제군의 화북진출과 그 배경」, 『백산학보』 11, 1971, 1~26쪽.

14 김종완, 「양직공도 백제국기의 문헌적 검토」, 『동아시아 역사의 환류』, 지식산업사, 2000, 41~44쪽.

15 이병도, 『한국사』 고대편, 을유문화사, 1959, 401~402쪽.

16 이 구절에 대한 여러 해석에 대해서는 이기동, 「광개토왕릉비―연구의 현황과 과제」, 『한국사시민강좌』 3, 1988, 24쪽 참고.

17 濱田耕策, 「高句麗開土王陵碑文の研究―碑文の構造と史臣の筆法を中心として」, 『朝鮮史研究會論文集』 11, 1974, 24~32쪽.

18 위의 논문 9쪽.

19 천관우, 「광개토왕릉비문재론」, 『전해종박사화갑기념사학논총』, 일조각, 1979 ; 『가야사연구』, 117~121쪽).

20 이성시 지음, 박경희 옮김, 「표상으로서의 광개토왕비문」, 『만들어진 고대』, 삼인, 2001, 74~75쪽.

21 천관우, 「복원 가야사」, 27~29쪽.

22 노중국, 「고구려·백제·신라 사이의 역관계 변화에 대한 일고찰」, 『동방학지』 28, 1981, 65~67쪽.

23 천관우, 「난하 하류의 조선—중국 동방주현의 치폐와 관련하여」, 『사총』 21·22합집, 1977, 39~40쪽.

24 서영대, 「고구려 평양천도의 동기」, 『한국문화』 2, 1981, 114~137쪽.

25 노태돈, 「5~6세기 동아시아 국제정세와 고구려의 대외관계」, 『동방학지』 44, 1984 ; 『고구려사연구』, 사계절, 1999, 301~303쪽.

26 공석구, 「(고구려의) 5~6세기의 대외관계」, 신편 『한국사』 5, 국사편찬위원회, 1996, 78~79쪽.

27 노태돈, 「고구려와 북위 간의 조공·책봉관계에 대한 연구」, 『한국 고대국가와 중국왕조의 조공·책봉관계』, 고구려연구재단, 2006, 108~112쪽 참고.

28 노태돈, 위의 글, 71~73쪽.

29 이기백, 「중원고구려비의 몇 가지 문제」, 『사학지』 13, 단국사학회, 1979 ; 『한국고대정치사회사연구』, 일조각, 1996, 119~120쪽.

30 이병도, 「서동설화에 대한 신고찰」, 『한국고대사연구』, 540쪽.

31 유원재, 「(백제의) 중국왕조와의 관계」, 신편 『한국사』 6, 국사편찬위원회, 1995, 122~123쪽.

32 이기백·이기동, 『한국사강좌』 고대편, 161~162쪽.

33 김현구, 「가야의 대외관계」, 395~397쪽.

34 제2차 세계대전의 패전 이전 스에마쓰 야스카즈末松保和를 중심으로 한 일본 학자들의 '임나일본부설'에 대해서는 김태식, 「고대한일관계 연구사—임나문제를 중심으로」, 『한국고대사연구』 27, 2002, 17~21쪽 참고.

35 노중국, 「5세기 한일관계사」, 『한일역사공동연구보고서』 제1권, 한일역사공동연구위원회, 2005, 202쪽.

36 坂元義種, 「古代東アジアの國際關係」, 『古代東アジアの日本と朝鮮』, 吉川弘文館, 1978, 28~30쪽.

37 김현구, 「'임나일본부' 연구의 현황과 문제점」, 『한국사 시민강좌』 11, 1992, 13쪽.

38 이기백, 『한국사신론』 신수판, 75쪽.

39 조법종, 「백제 별칭 응준고」, 『한국사연구』 66, 1989, 7~8쪽.

40 이기동, 「백제왕국의 흥망」, 『백제사연구』, 일조각, 1996, 29쪽.

41 이기백, 「사대주의의 재검토」, 『민족과 역사』 신판, 일조각, 1994, 174~176쪽.

42 노태돈, 「고구려의 한강유역 상실 원인에 대하여」, 『한국사연구』 13, 1976, 31~54쪽.

43 이기동, 「백제왕국의 흥망」, 29~30쪽.

44 이호영, 「(고구려의) 수와의 전쟁」, 신편 『한국사』 5, 국사편찬위원회, 1996, 113쪽.

45 이성시, 「고구려와 일수외교」, 『벽사이우성교수정년기념논총』, 교학사, 1990, 68~75쪽.

46 이기백·이기동, 『한국사강좌』 고대편, 198쪽.

47 이용범, 「고구려의 요서 진출기도와 돌궐」, 『사학연구』 4, 1959 ; 『한만교류사연구』, 동화출판공사, 1989, 184~185쪽.

48 김수태, 「백제의 멸망과 당」, 『백제연구』 22, 1991, 153~163쪽.

49 주보돈, 「김춘추의 외교활동과 신라내정」, 『한국학논집』 20, 1993, 27~28쪽.

50 주보돈, 위의 글, 31~32쪽.

51 이기동, 「수당의 제국주의와 신라 외교의 묘체」, 『신라문화』 24, 2004, 12~13쪽.

52 임기환, 「7세기 동북아시아 국제질서의 변동과 전쟁」, 『전쟁과 동북아의 국제질서』, 일조각, 2006, 79쪽.

53 주보돈, 「문관사림에 보이는 한국고대사 관련 외교문서」, 『경북사학』 15, 1992 ; 『금석문과 신라사』, 지식산업사, 2002, 372쪽.

54 주보돈, 「김춘추의 외교활동과 신라내정」, 37~43쪽.

55 권덕영, 「나당교섭사에서의 조공과 책봉」, 『한국고대국가와 중국왕조의 조공책봉관계』, 239쪽.

56 주보돈, 「남북국시대의 지배체제와 정치」, 『한국사』 3, 한길사, 1994, 290~291쪽.

57 노중국, 『백제부흥운동사』, 일조각, 2003, 114~115쪽.

58 연민수, 「개신정권의 성립과 동아시아 외교」, 『고대한일관계사』, 혜안, 1998, 483~485쪽.

59 山尾幸久, 『古代の朝日關係』, 1989, 416~418쪽. 노중국, 『백제부흥운동사』, 146~147쪽에서 재인용.

60 이병도, 『한국사』 고대편, 620~621쪽.

61 이기백, 『한국사신론』 신수판, 101쪽.

62 위와 같음.

63 이병도, 『한국사』 고대편, 621~622쪽.

64 존 씨 재미슨, 「나당동맹의 와해―한중기사 취사의 비교」, 『역사학보』 44, 1969, 10쪽.

65 서영교, 『나당전쟁사』, 아세아문화사, 2006, 89~96쪽·286~292쪽.

66 이기백·이기동, 『한국사강좌』 고대편, 302~303쪽.

67 노태돈, 「연개소문과 김춘추」, 『한국사시민강좌』 5, 일조각, 1989, 37쪽.

68 신형식, 「통일신라의 대당관계」, 『한국고대사의 신연구』, 일조각, 1984, 328~329쪽.

69 권덕영, 「나당교섭사에서의 조공과 책봉」, 243쪽.

70 박성래, 「(통일신라의) 과학과 기술의 발달」, 신편 『한국사』 9, 국사편찬위원회, 1998, 436~437쪽.

71 신형식, 「신라의 숙위외교」, 『한국고대사의 신연구』, 353쪽.

72 권덕영, 『고대한중외교사―견당사연구』, 일조각, 1997, 296쪽.

73 신형식, 「숙위학생고」, 『역사교육』 11·12, 1969 ; 『한국고대사의 신연구』, 446~448쪽.

74 한규철, 「(발해와) 신라와의 관계」, 신편 『한국사』 10, 국사편찬위원회, 1996, 100~101쪽.

75 한규철, 「(발해와) 당과의 관계」, 신편 『한국사』 10, 국사편찬위원회, 1996, 115쪽.

76 위와 같음.

77 노태돈, 「나·당전쟁과 나·일관계」, 『전쟁과 동북아의 국제질서』, 일조각, 2006, 104쪽·118쪽.

78 김은숙, 「(통일신라와) 일본과의 관계」, 신편 『한국사』 9, 국사편찬위원회, 1998, 282~283쪽.

79 김창석, 「8세기 신라·일본간 외교관계의 추이」, 『역사학보』 184, 2004, 28쪽.

80 윤선태, 「752년 신라의 대일교역과 '바이시라기모쯔게(買新羅物解)'」, 『역사와 현실』 24, 1997, 64쪽.

81 이성시, 『동아시아의 왕권과 교역』, 청년사, 1999, 86~87쪽·137~138쪽.

82 이병로, 「일본 지배층의 대신라관 정책 변화의 고찰—주로 9세기를 중심으로」, 『대구사학』 51, 1996, 156쪽.

83 이종욱, 『신라의 역사』 2, 김영사, 2002, 257쪽.

84 한규철, 「(발해와) 일본과의 관계」, 신편 『한국사』 10, 국사편찬위원회, 1996, 130~131쪽.

85 송기호, 「동아시아 국제관계 속의 발해와 신라」, 『한국사시민강좌』 5, 일조각, 1989, 47~48쪽.

86 濱田耕策, 「당에 있어서 발해와 신라의 쟁장사건」, 임상선 편역, 『발해사의 이해』, 신서원, 1990, 254~265쪽.

87 한규철, 『발해의 대외관계사』, 신서원, 1994, 133쪽.

88 강봉룡, 『바다에 새겨진 한국사』, 한얼미디어, 2005, 99~101쪽.

89 권덕영, 『재당 신라인사회 연구』, 일조각, 2005, 40쪽.

90 엔닌 지음, 김문경 역주, 「입당구법순례행기」, 『7~10세기 한·중·일 교역관계 자료 역주—일본편』, 재단법인 해상왕장보고기념사업회, 2003, 351~352쪽.

91 이기동, 「나말여초 남중국 여러 나라와의 교섭」, 『역사학보』 155, 1997, 6~11쪽.

92 권덕영, 「견당사의 왕복항로」, 『고대한중외교사』, 203~205쪽.

93 강봉룡, 『장보고』, 한얼미디어, 2004, 30~33쪽.

94 이기백, 『한국사신론』 신수판, 74쪽.

95 김한규, 『한중관계사』 I, 250쪽.

96 이기백·이기동, 『한국사강좌』 I 고대편, 243쪽.

97 이기백, 『한국사신론』 신수판, 90쪽.

98 이기백·이기동, 『한국사강좌』 고대편, 261쪽.

99 위의 책, 245쪽.

100 김태식, 「고대 한일관계사의 기본 흐름」, 『한국사시민강좌』 40, 2007, 62~67쪽.

101 김한규, 『한중관계사』 I, 339~346쪽.

102 위의 책, 257쪽.

103 이기백·이기동, 『한국사강좌』 고대편, 369쪽.

2장 고려

1 전해종,「대송외교의 성격」,『한국사』4, 국사편찬위원회, 1974, 335~336쪽.
2 노명호,「고려시대의 다원적 천하관과 해동천자」,『한국사연구』105, 1999.
3 한규철,『발해의 대외관계사』, 신서원, 1994, 150쪽.
4 정해은,『고려시대 군사전략』, 국방부 군사편찬연구소, 2006, 47쪽.
5 이기백,「고려 초기 오대와의 관계」,『한국문화연구원논총』1, 1960 ;『고려귀족사회의 형성』, 일조각, 1990, 133쪽.
6 한규철,『발해의 대외관계사』, 234~235쪽.
7 허인욱,「『고려사』세가 중 거란(요) 관계 기사 역주(1)」,『한국중세사연구』22, 2007, 282~283쪽.
8 이기백,「고려 초기 오대와의 관계」, 142~144쪽.
9 이병도,『한국사』중세편, 을유문화사, 1961, 392~393쪽.
10 김상기,『고려시대사』, 동국문화사, 1961, 75쪽.
11 박용운,『고려시대사』수정·증보판, 일지사, 2008, 370쪽.
12 김상기,「단구와의 항쟁」,『국사상의 제문제』2, 국사편찬위원회, 1959, 127쪽.
13 이병도,『국사대관』, 보문각, 1956, 195쪽.
14 박현서,「북방민족과의 항쟁」,『한국사』4, 국사편찬위원회, 1974, 268쪽.
15 이기백,『한국사신론』신수판, 일조각, 1990, 176쪽.
16 김상기,『고려시대사』, 96~97쪽.
17 신채식,「고려와 송의 외교관계」,『한중외교관계와 조공책봉』, 고구려연구재단, 2005, 85쪽.
18 이용범,「고려와 거란과의 관계」,『동양학』7, 1977, 47~48쪽.
19 김상기,「단구와의 항쟁」, 137~138쪽.
20 이병도,『한국사』중세편, 192쪽.
21 김상기,『고려시대사』, 113쪽.
22 박종기,「11세기 고려의 대외관계와 정국운영론의 추이」,『역사와 현실』30, 1998, 155~159쪽.
23 신채호,「조선역사상 일천년래 제일대사건」,『단재 신채호전집』중, 을유문화사, 1972, 108쪽.
24 의천은 국내는 물론 송과 거란·일본에서까지 경소를 수집하여『신편제종교장총록新編諸宗敎藏總錄』이라는 목록을 만들고, 수집한 경소를 조조雕造하여『속장』이라고 했다(김상기,『고려시대사』, 171~172쪽). 이 속장경판의 소재는 현재 알려져 있지 않다.
25 김영미,「11세기 후반~12세기 초 고려·요 외교관계와 불경 교류」,『역사와 현실』43, 2002, 54쪽.
26 박현서,「북방민족과의 항쟁」, 287~288쪽.
27 박용운,「고려·송 교빙의 목적과 사절에 대한 고찰」,『한국학보』81·82, 1995·1996 ;『고려사회의 여러 역사상』, 신서원, 2002, 165~168쪽.
28 丸龜金作,「高麗と宋との通交問題 (一)」,『朝鮮學報』17, 1960, 25~37쪽.
29 김상기,「여송무역소고」,『진단학보』7, 1937 ;『동방문화교류사논고』, 을유문화사, 1984, 49~51쪽.
30 奧村周司,「高麗における八關會的秩序と國際環境」,『朝鮮史研究會論文集』6, 1979, 80~

83쪽.

31 전해종,「대송외교의 성격」, 335~336쪽. 민현구,「고려전기의 대외관계와 국방정책―문종 대를 중심으로」,『고려정치사론』, 고려대학교출판부, 2004, 120쪽.

32 신채식,「고려와 송의 외교관계」, 84쪽·104쪽.

33 조동원,「선화봉사고려도경해제」,『고려도경』, 황소자리, 2005, 18~22쪽.

34 정수아,「고려중기 개혁정책과 그 사상적 배경」,『수촌박영석교수화갑기념한국사학논총』, 1993, 460~461쪽.

35 김상기,「여진 관계의 시말과 윤관의 북정」,『국사상의 제문제』 4, 국사편찬위원회, 1959 ; 『동방사논총』, 서울대학교출판부, 1974, 467~470쪽.

36 박용운,『고려시대사』 수정·증보판, 378쪽.

37 김상기,「금의 시조」,『동방사논총』, 274~288쪽.

38 윤용혁,「대외항쟁사」,『고려시대사의 길잡이』, 일지사, 2007, 238쪽.

39 김상기,「고려와 금·송과의 관계」,『국사상의 제문제』 5, 국사편찬위원회, 1959 ;『동방사논 총』, 570~571쪽.

40 박한남,「(고려의) 거란 및 금과의 통교」, 신편『한국사』 15, 국사편찬위원회, 1995, 347쪽.

41 이용범,「10~12세기의 국제정세」,『한국사』 4, 국사편찬위원회, 1974, 247쪽.

42 심재석,「고려와 금의 책봉관계」,『고려국왕 책봉연구』, 혜안, 2002, 152쪽.

43 박한남,「(고려의) 거란 및 금과의 통교」, 354쪽.

44 김상기,「고려와 금·송과의 관계」, 595~596쪽.

45 고병익,「몽고·고려의 형제맹약의 성격」,『백산학보』 6, 1969 ;『동아교섭사의 연구』, 서울 대학교출판부, 1970, 162~170쪽.

46 강진철,「몽고의 침입에 대한 항쟁」,『한국사』 7, 국사편찬위원회, 1973, 340~342쪽.

47 윤용혁,「최씨무인정권의 대몽항전자세」,『사총』 21·22합집, 1977, 317~318쪽.

48 강진철,「몽고의 침입에 대한 항쟁」, 366쪽.

49 유재성,『대몽항쟁사』, 국방부전사편찬위원회, 1988, 117쪽.

50 방동인,「동령부치폐소고」,『관동사학』 2, 1984 ;『한국의 국경획정연구』, 일조각, 1997, 102 쪽 참고.

51 이익주,「고려 대몽항쟁기 주화론의 연구」,『역사학보』 151, 1996, 8~18쪽.

52 김호동,『몽골제국과 고려』, 서울대학교출판부, 2007, 88~89쪽.

53 이익주,「고려·원관계의 구조에 대한 연구―소위 '세조구제'의 분석을 중심으로」,『한국사 론』 36, 1996, 6~10쪽. 한편, 풍속의 유지를 허락한 것을 왕조체제의 존속을 보장하는 것으 로 해석할 수 없다는 견해도 있다(김호동, 위의 책, 93~99쪽).

54 윤용혁,「삼별초의 대몽항전」, 신편『한국사』 20, 국사편찬위원회, 1994, 254쪽.

55 『원사』는 25사 가운데 유일하게 고려와 별도로 탐라(제주도)의 외이外夷 열전을 설정하였다. 이는 몽고가 탐라를 중시했음을 알려주는 구체적인 예이다(주채혁,「몽골―고려사 연구의 재 검토」,『국사관논총』 8, 1989, 47쪽).

56 강진철,「몽고의 침입에 대한 항쟁」, 375쪽.

57 김상기,『고려시대사』, 594~599쪽.

58 김위현,「여·원 일본정벌군의 출정과 여·원관계」,『고려시대 대외관계사 연구』, 경인문화 사, 2004, 476쪽.

59 고병익, 「여대 정동행성의 연구」, 『역사학보』 14·19, 1961·1962 ; 『동아교섭사의 연구』, 190~195쪽.

60 남기학, 「몽고침입과 일본의 대외관계」, 『아시아문화』 12, 한림대 아시아문화연구소, 1996, 477~482쪽.

61 김상기, 『고려시대사』, 612~616쪽.

62 이익주, 「고려·원관계의 구조에 대한 연구-소위 '세조구제'의 분석을 중심으로」, 41쪽.

63 정구복, 「이제현의 역사의식」, 『진단학보』 51, 1981 ; 『한국중세사학사(1)』, 집문당, 1999, 316쪽.

64 고병익, 「몽고·고려의 형제맹약의 성격」, 179~183쪽.

65 김호동, 『몽골제국과 고려』, 98쪽.

66 『고려사』 33, 충선왕 복위년 10월 丙申.

67 변동명, 「고려 충렬왕대의 만호」, 『역사학보』 121, 115~117쪽.

68 이개석, 「대몽고국-고려 관계 연구의 재검토」, 『사학연구』 88, 2007, 61쪽.

69 장동익, 「여원관계의 전개」, 270~275쪽.

70 장동익, 「여원관계의 전개」, 신편 『한국사』 20, 국사편찬위원회, 1994, 288쪽.

71 민현구, 「고려 공민왕의 즉위배경」, 『한우근박사정년기념사학논총』, 지식산업사, 1981, 792~793쪽.

72 윤남한, 「(고려)유학의 성격」, 『한국사』 6, 국사편찬위원회, 1975, 247~249쪽. 변동명, 『고려후기 성리학수용연구』, 일조각, 1995, 12~21쪽.

73 이용범, 「원대 라마교의 고려전래」, 『불교학보』 2, 1964 ; 『한만교류사연구』, 동화출판공사, 1989, 265쪽.

74 內藤雋輔, 「高麗風俗に及ぼせる蒙古の影響について」, 『桑原記念東洋史論叢』, 1930 ; 『朝鮮史研究』, 京都大學東洋史硏究會, 1961, 90~91쪽.

75 장동익, 「여원관계의 전개」, 304쪽.

76 고병익, 「원과의 관계의 변천」, 『한국사』 7, 국사편찬위원회, 1973, 433~437쪽.

77 장동익, 「여원관계의 전개」, 305~306쪽.

78 김성준, 「친원파와 친명파의 대립과 요동정벌」, 신편 『한국사』 20, 국사편찬위원회, 1994 참조.

79 장동익, 「여원관계의 전개」, 279쪽.

80 민현구, 「고려 공민왕대의 '주기철공신'에 대한 검토-반원적 개혁정치의 주도세력」, 『이기백선생고희기념한국사학논총』 (상), 일조각, 1994, 912~913쪽.

81 김성준, 「고려와 원·명 관계」, 『한국사』 8, 국사편찬위원회, 1975, 179~181쪽.

82 방동인, 「동령부폐치소고」, 『한국의 국경획정연구』, 110쪽.

83 박순, 「고려말 동녕부 정벌에 대하여」, 『중앙사론』 4, 1985, 121~124쪽.

84 김순자, 「원·명의 교체와 중국과의 관계 변화」, 『한국 중세 한중관계사』, 혜안, 2007, 48~49쪽.

85 김성준, 「고려와 원·명 관계」, 184쪽.

86 末松保和, 「麗末鮮初に於ける對明關係」, 『史學論叢』 2, 1941 ; 『靑丘史草』 1, 笠井出版印刷社, 1969, 344쪽.

87 김성준, 「고려 말의 정국과 원·명 관계」, 신편 『한국사』 20, 국사편찬위원회, 1994, 375~

376쪽.

88 박원호, 「고려말 조선초 대명외교의 우여곡절」, 『한국사시민강좌』 36, 일조각, 2005, 83~84
쪽.

89 강지언, 「위화도 회군과 그 추진세력에 대한 검토」, 『이화사학연구』 20 · 21, 1993, 62~64쪽.
유창규, 「고려말 최영세력의 형성과 요동공략」, 『역사학보』 143, 1994, 58~59쪽.

90 이태진, 「14세기 동아시아 국제정세와 목은 이색의 외교적 역할」, 『목은 이색의 생애와 사
상』, 일조각, 1996, 79~80쪽.

91 나종우, 「왜구」, 신편 『한국사』 20, 국사편찬위원회, 1994, 406쪽.

92 전상운, 「과학과 기술」, 『한국사』 8, 국사편찬위원회, 1974, 249~251쪽.

3장 조선

1 김한규, 『한중관계사』 I, 아르케, 1999, 25~31쪽.
2 이현종, 「(조선초기의) 대명관계」, 『한국사』 9, 국사편찬위원회, 1973, 308쪽.
3 『태조실록』, 권3, 태조 2년 5월 정묘.
4 김한규, 『한중관계사』 II, 아르케, 1999, 598쪽.
5 末松保和, 「麗末鮮初に於ける對明關係」, 『史學論叢』 2, 1941 ; 『靑丘史草』 1, 笠井出版印刷社, 1965, 396~401쪽.
6 신석호, 「조선 왕조 개국 당시의 대명 관계」, 『국사상의 제문제』 1, 국사편찬위원회, 1959, 115~120쪽.
7 위의 글, 125~126쪽.
8 末松保和, 「麗末鮮初に於ける對明關係」, 420쪽.
9 고석원, 「여말선초의 대명외교」, 『백산학보』 23, 1977, 230쪽.
10 박성주, 「조선전기 조명관계에서의 종계 문제」, 『경주사학』 22, 2003, 203~211쪽.
11 김상기, 「고대의 무역형태와 나말의 해상발전에 대하여」, 『진단학보』 1·2, 1934 ; 『동방문화교류사논고』, 을유문화사, 1984, 4~6쪽.
12 전해종, 「한중 조공관계 개요」, 『한중관계사연구』, 일조각, 1982, 56쪽.
13 김경록, 「조선초기 대명외교와 외교절차」, 『한국사론』 44, 2000, 4~5쪽·25쪽.
14 전해종, 「15세기 동아정세」, 『한국사』 9, 국사편찬위원회, 1973, 289~291쪽.
15 김한규, 『한중관계사』 II, 627~631쪽.
16 末松保和, 「麗末鮮初に於ける對明關係」, 462~478쪽.
17 김구진, 「조선전기 한중관계사의 시론」, 『홍익사학』 4, 1990, 5쪽 주 3.
18 김한규, 『한중관계사』 II, 645~648쪽.
19 조영록, 「선초의 조선출신 명사고」, 『국사관논총』 14, 1990, 108~111쪽.
20 이상배, 「조선전기 외국사신 접대와 명사의 유관 연구」, 『국사관논총』 104, 2004, 2쪽.
21 안장리, 「조선 전기 『황화집』 및 명사신의 조선관련서적 출판에 대한 연구」, 『국어교육』 107, 2002, 348쪽.
22 동월 지음, 윤호진 옮김, 『조선부』, 까치, 1995, 7쪽.
23 하우봉, 「(조선전기) 일본과의 관계」, 신편 『한국사』 22, 국사편찬위원회, 1995, 389~390쪽.
24 손승철, 「조선전기 중화적 교린체제」, 『조선시대 한일관계사연구』, 경인문화사, 2006, 76쪽.
25 따라서 피로인은 전투에 참여한 포로와는 구분된다(김덕진, 「왜란과 소쇄원사람들, 그리고 소쇄원」, 『역사학연구』 28, 2006, 62쪽).
26 한우근, 『한국통사』, 을유문화사, 1970, 236쪽.
27 손승철, 『조선통신사, 일본과 통하다』, 동아시아, 2006, 65쪽.
28 한우근, 『한국통사』, 을유문화사, 1970, 236쪽.
29 전해종, 「15세기 동아정세」, 『한국사』 9, 국사편찬위원회, 1973, 296쪽.
30 하우봉, 「(조선전기) 일본과의 관계」, 386~387쪽.
31 위의 글, 407~408쪽.
32 위의 글, 381~383쪽.
33 한문종, 「조선전기 일본국왕사의 조선통교」, 『한일관계사연구』 21, 2004, 16~27쪽.

34 하우봉, 「(조선전기) 일본과의 관계」, 404~405쪽.

35 하우봉, 「(조선전기) 유구와의 관계」, 신편 『한국사』 22, 국사편찬위원회, 1995, 423~425쪽.

36 김한규, 「한대의 천하사상과 기미지의」, 『중국의 천하사상』, 민음사, 1988, 88~99쪽.

37 서병국, 「조선전기 대여진관계사」, 『국사관논총』 14, 1990, 137쪽.

38 박원호, 「15세기 동아시아의 정세」, 『명초조선관계사연구』, 일조각, 2002, 240~241쪽.

39 박원호, 「영락연간 명과 조선간의 여진문제」, 『명초조선관계사연구』, 173~179쪽.

40 김구진, 「조선전기 대여진관계와 여진사회의 실태」, 『동양학』 14, 1984, 42쪽.

41 河內良弘, 「李朝初期の女眞人侍衛」, 『朝鮮學報』 14, 1959, 390쪽.

42 신석호, 「조선 왕조 개국 당시의 대명 관계」, 126쪽.

43 김구진, 「(조선전기) 여진과의 관계」, 신편 『한국사』 22, 국사편찬위원회, 1995, 362~364쪽.

44 위의 글, 356쪽.

45 김구진, 「13C~17C 여진사회의 연구」, 고려대학교 박사학위청구논문, 1988, 340쪽.

46 박원호, 「선덕년간 명과 조선간의 건주여진」, 『명초조선관계사연구』, 231~232쪽.

47 이기백, 『한국사신론』 신수판, 일조각, 1990, 257쪽.

48 송병기, 「동북·서북계의 수복」, 『한국사』 9, 국사편찬위원회, 1977, 157~172쪽.

49 서병국, 「조선전기 대여진관계사」, 143~146쪽.

50 이상백, 『한국사』 근세전기편, 을유문화사, 1962, 132쪽.

51 한명기, 『임진왜란과 한중관계』, 역사비평사, 1999, 74~82쪽.

52 민두기, 『일본의 역사』, 지식산업사, 1976, 123~124쪽.

53 기타지마 만지 지음, 김유성·이민웅 옮김, 『도요토미 히데요시의 조선 침략』, 경인문화사, 2008, 7~30쪽.

54 이상백, 『한국사』 근세전기편, 602~603쪽.

55 中村榮孝, 「豊臣秀吉の外征─文祿·慶長の役」, 『日鮮關係史の硏究』 中, 吉川弘文館, 1969, 120~121쪽. 박재광, 「임진왜란기 일본군의 점령정책과 영향」, 『군사』 44, 2001, 253~254쪽.

56 최영희, 「임진왜란중의 대명사대에 대하여」, 『사학연구』 18, 1980, 424~428쪽.

57 기타지마 만지 지음, 김유성·이민웅 옮김, 『도요토미 히데요시의 조선 침략』, 91쪽.

58 이민웅, 『임진왜란 해전사』, 청어람미디어, 2004, 114쪽.

59 한명기, 『임진왜란과 한중관계』, 58~59쪽.

60 한명기, 「임진왜란과 명나라 군대」, 『역사비평』 54, 2001, 384쪽.

61 이민웅, 『임진왜란 해전사』, 127쪽, 164쪽.

62 한명기, 『임진왜란과 한중관계』, 62~65쪽.

63 강재언 지음, 이규수 옮김, 『조선통신사의 일본견문록』, 한길사, 2005, 283~288쪽.

64 곽차섭, 『조선 청년 안토니오 코레아, 루벤스를 만나다』, 푸른역사, 2004, 49쪽·100쪽.

65 이상백, 『한국사』 근세전기편, 676쪽.

66 강재언 지음, 이규수 옮김, 『조선통신사의 일본견문록』, 한길사, 2005, 97~98쪽.

67 계승범, 「임진왜란과 누르하치」, 『임진왜란, 동아시아 삼국전쟁』, 휴머니스트, 2007, 366~367쪽.

68 이병도, 「광해군의 대후금 정책」, 『국사상의 제문제』 1, 1959, 153쪽.

69 위의 글, 158~160쪽.

70 한명기, 『광해군』, 역사비평사, 2000, 211~212쪽.

71 한명기, 「광해군대의 대중국 관계」, 『진단학보』 79, 1995, 114~121쪽.

72 한편, 서인정권의 외교정책은 실상 광해군대의 그것과 다를 바 없었다는 주장도 있다. 그들이 비록 '친명배금親明排金'의 기치를 내걸었다고 하지만, 배금정책을 구체적으로 실현한 예는 없었다는 것이다(한명기, 「조청관계의 추이」, 『조선중기 정치와 정책』, 아카넷, 2003, 262~268쪽).

73 전해종, 「여진족의 침구」, 『한국사』 12, 국사편찬위원회, 1977, 332~333쪽.

74 김종원, 「조선과 후금의 교섭」, 『근세 동아시아관계사 연구』, 혜안, 1999, 96~100쪽.

75 전해종, 「여진족의 침구」, 342쪽.

76 하우봉, 「조선후기 대외인식의 구조와 추이」, 『조선시대 한국인의 일본인식』, 혜안, 2006, 47쪽.

77 정옥자, 「정조대 대명의리론의 정리작업」, 『한국학보』 69, 1992, 115~116쪽.

78 이상백, 『한국사』 근세후기편, 을유문화사, 1965, 108~109쪽.

79 김용덕, 「소현세자연구」, 『사학연구』 18, 1964 ; 『조선후기사상사연구』, 을유문화사, 1977, 426~434쪽.

80 한명기, 「정묘 · 병자호란과 동아시아질서」, 『전쟁과 동북아의 국제질서』, 일조각, 2006, 247~248쪽.

81 우인수, 「조선 효종대 북벌정책과 산림」, 『역사교육논집』 15, 1990, 98쪽.

82 이상백, 『한국사』 근세후기편, 23쪽.

83 위의 책, 136~138쪽.

84 이경찬, 「조선효종조의 북벌운동」, 『청계사학』 5, 1988, 206~207쪽.

85 홍종필, 「삼번란을 전후한 현종 숙종연간의 북벌론」, 『사학연구』 27, 1977, 99쪽.

86 정옥자, 『조선후기 조선중화사상연구』, 일지사, 1998, 106~107쪽.

87 위의 책, 17쪽.

88 김한규, 『한중관계사』 II, 728쪽.

89 『숙종실록』 권 51, 숙종 38년 7월 신축(20일).

90 조광, 「조선후기의 변경의식」, 『백산학보』 16, 1974, 164~167쪽.

91 정옥자, 『조선후기 조선중화사상연구』, 137~154쪽.

92 박제가 지음, 안대회 옮김, 『북학의』, 돌베개, 2003, 16쪽.

93 김일환, 「조선후기 중국 사행의 규모와 구성」, 『연행의 사회사』, 경기문화재단, 2005, 296~314쪽.

94 강재언, 「조선 실학에 있어서의 북학사상」, 『근대한국사상사연구』, 미래사, 1983, 32~36쪽.

95 전해종, 「호란후의 대청관계」, 『한국사』 12, 국사편찬위원회, 1977, 404~407쪽.

96 전해종, 「청대학술과 완당」, 『한중관계사연구』, 213~217쪽.

97 정옥자, 「조선후기 한문학 사조의 개관」, 『조선후기 역사의 이해』, 일지사, 1993, 113~116쪽.

98 유봉학, 「조선후기 경화사족의 대두와 '실학'」, 『다시, 실학이란 무엇인가』, 푸른역사, 2007, 113~115쪽.

99 정재훈, 「청조학술과 조선성리학」, 『추사와 그의 시대』, 돌베개, 2002, 149~150쪽.

100 William E. Griffis, *Corea, Hermit Nation*, London: Haper & Brother, 1905 ; 홍순호, 「개항전의 대외관계」, 『한국외교사』 I, 집문당, 1993, 52쪽에서 재인용.

101 유봉학, 『연암일파 북학사상연구』, 일지사, 1995, 72쪽.

102 『박규수전집』(『환재집』) 상, 아세아문화사, 1978, 557~559쪽.

103 유봉학, 『연암일파 북학사상연구』, 66~68쪽.

104 이철성, 「조선시대의 무역」, 『한국무역의 역사』, 재단법인 해상왕장보고기념사업회, 2004, 398~400쪽.

105 전해종, 「청대 한중조공관계고」, 『한중관계사연구』, 104쪽.

106 김한규, 『한중관계사』 II, 725쪽.

107 전해종, 「청대 한중조공관계고」, 61~74쪽.

108 위의 글, 100~107쪽 참고.

109 김종원, 「조선후기 대청무역에 대한 일고찰」, 『진단학보』 43, 1977, 55~56쪽.

110 김한규, 『한중관계사』 II, 735~736쪽.

111 오성, 「조선후기 인삼무역의 전개와 삼상의 활동」, 『19세기 한일양국의 전통사회와 외래문화』, 한일문화교류기금, 1991, 24~26쪽.

112 손승철, 「임란직후 중화적 교린체제의 부활」, 『조선시대 한일관계사연구』, 107쪽.

113 위의 글, 121쪽.

114 다시로 가즈이 지음, 정성일 옮김, 『왜관』, 논형, 2005, 31~33쪽.

115 손승철, 「조선외교체제의 형태와 기능」, 『근세한일관계사』, 강원대학교출판부, 1987, 109쪽.

116 이훈, 「(조선 후기) 일본과의 관계」, 신편 『한국사』 32, 국사편찬위원회, 1997, 436쪽.

117 손승철, 「조선후기 탈중화의 교린체제」, 『조선시대 한일관계사연구』, 196쪽.

118 田代和生, 「兼帶制の成立と貿易方法の改變」, 『近世日朝通交貿易史の研究』, 創文社, 1982, 156~161쪽.

119 田代和生, 「寬永六年(仁祖 7, 1629)對馬使節朝鮮國上京—'御上京之時每日記'とその背景」(一), 『朝鮮學報』 96, 1980, 89~93쪽.

120 다시로 가즈이 지음, 정성일 옮김, 『왜관』, 69~89쪽·132~137쪽.

121 김태훈, 「숙종대 대일정책의 전개와 그 성과」, 『한국사론』 47, 2002, 294~310쪽.

122 요시노 마코토 지음, 한철호 옮김, 『동아시아 속의 한일2천년사』, 책과함께, 2005, 217쪽.

123 이혜순, 「신유한, 『해유록』」, 『한국사시민강좌』 42, 2008, 83~90쪽.

124 한영우, 『다시찾는 우리역사』 제2권, 경세원, 1998, 149쪽.

125 이기백, 『한국사신론』 신수판, 일조각, 1990, 331쪽.

126 민덕기, 「아라이 하쿠세키(신정백석)의 '일본국왕' 복호론의 의도」, 『전근대 동아시아 세계의 한·일관계』, 경인문화사, 2007, 349쪽.

127 이훈, 「(조선 후기) 일본과의 관계」, 456쪽.

128 미야케 히데토시 지음, 김세민 등 옮김, 『조선통신사와 일본』, 지성의 샘, 1996, 118쪽.

129 김기혁, 「근대초기에 있어서 한·청·일 관계의 전개」, 『사상과 정책』 1-4, 경향신문사, 1984 ; 『근대한중일관계사』, 연세대학교출판부, 2007, 130~131쪽.

130 장순순, 「초량왜관의 폐쇄와 일본 조계화 과정」, 『일본사상』 7, 2004, 117~125쪽.

131 조광, 「(조선 후기) 서양과의 관계」, 신편 『한국사』 32, 국사편찬위원회, 1997, 525쪽.

132 한우근, 『한국통사』, 347쪽.

133 이원순, 「서양문물 한역의술서의 전래」, 『한국사』 14, 국사편찬위원회, 1975, 56쪽.

134 위의 글, 57쪽.

135 천기철, 「『직방외기』의 저술의도와 조선 지식인들의 반응」, 줄리오 알레니 지음, 천기철 옮김, 『직방외기』, 일조각, 2005, 325쪽.

136 강재언, 『조선서학사』, 민음사, 1990, 102~106쪽.

137 위의 책, 179쪽.

138 한우근, 『한국통사』, 347쪽.

139 이원순, 「천주교의 수용과 전파」, 신편 『한국사』 35, 국사편찬위원회, 1998, 87쪽.

140 위의 글, 98쪽.

141 최석우, 「천주교의 수용」, 『한국사』 14, 국사편찬위원회, 1975, 111쪽.

142 최석우, 「천주교의 유교사회에의 도전」, 『한국사』 15, 국사편찬위원회, 1975, 156~160쪽.

143 이원순, 「천주교의 수용과 전파」, 116~117쪽.

144 조광, 「(조선 후기) 서양과의 관계」, 492~493쪽.

145 김원모, 「대원군의 대외정책」, 신편 『한국사』 37, 국사편찬위원회, 2000, 181~183쪽.

146 이태진, 『왕조의 유산』, 지식산업사, 1994, 169~178쪽.

147 조광, 「병인양요에 대한 조선측의 반응」, 『병인양요의 역사적 재조명』, 정신문화연구원, 2001, 129~131쪽.

148 손형부, 「19세기 초·중엽의 해방론과 박규수」, 『박규수의 개화사상연구』, 일조각, 1997, 79~91쪽.

149 김원모, 「오페르트의 남연군묘 도굴사건」, 『근대한미관계사』, 철학과 실천사, 1992, 338쪽.

150 김원모, 「미국의 대한접근 시도」, 『한미수교 100년사』, 국제역사학회의 한국위원회, 1982, 33쪽.

151 田保橋潔, 『近代日鮮關係の硏究』 上卷, 朝鮮總督府中樞院, 1940, 96쪽.

152 연갑수, 『대원군집권기 부국강병정책 연구』, 서울대학교출판부, 2001, 259~261쪽.

4장 조선의 개항

1 旗田巍, 『朝鮮史』, 岩波書店, 1954, 164쪽.
2 김기혁, 「강화도조약의 역사적 배경과 국제적 환경」, 『국사관논총』 25, 1991 ; 『근대한중일관계사』, 연세대학교출판부, 2007, 89~90쪽.
3 위의 글, 111~112쪽.
4 최영희, 「강화도조약의 체결과 그 영향」, 『한국사』 16, 국사편찬위원회, 1975, 127쪽.
5 박일근, 『미국의 개국정책과 한미외교관계』, 일조각, 1981, 123쪽.
6 한우근, 「개항후 외국상인의 침투」, 『한국개항기의 상업연구』, 일조각, 1970, 46쪽.
7 수신사절단의 인원이 73명이라는 것은 『일동기유日東記游』에 따른 것이다.
8 그러나 김기수가 일본에서의 견문을 기록한 『일동기유』에는 일본문명에 대한 조심스런 비판이 담겨 있었다(조항래, 「병자수신사 김기수사행고」, 『대구사학』 1, 1969, 18~21쪽).
9 이광린, 『한국사강좌』 근대편, 일조각, 1981, 85~88쪽.
10 황준헌 지음, 조일문 역주, 『조선책략』, 건국대학교 출판부, 1988, 10~11쪽.,
11 권석봉, 「『조선책략』과 청측 의도」, 『전해종박사화갑기념사학논총』, 일조각, 1979, 422~436쪽.
12 임계순, 「한로밀약과 청의 대응」, 『청일전쟁을 전후한 한국과 열강』, 한국정신문화연구원, 1984, 53쪽.
13 김기혁, 「근대초기에 있어서 한·청·일 관계의 전개」, 『사상과 정책』 1-4, 경향신문사, 1984 ; 『근대한중일관계사』, 연세대학교출판부, 2007, 152쪽.
14 허동현, 『근대한일관계사연구』, 국학자료원, 2000, 78쪽.
15 권석봉, 「영선사행고」, 『청말 대조선 정책사연구』, 일조각, 1986, 169~171쪽.
16 수신사는 네 차례 사행이 있었다. 김기수와 김홍집 이외에 1881년에는 제3차 수신사로 조병호趙秉鎬, 그리고 1882년에는 제4차 수신사로 박영효朴泳孝가 더 파견되었다.
17 허동현, 『근대한일관계사연구』, 280쪽에서 재인용.
18 허동현, 『근대한일관계사연구』, 279~288쪽.
19 박일근, 『미국의 개국정책과 한미외교관계』, 182쪽.
20 송병기, 『근대한중관계사연구』, 단국대학교 출판부, 1985, 170~171쪽.
21 위의 책, 210~218쪽.
22 이보형, 「구미제국에 대한 통상수호조약체결」, 『한국사』 16, 국사편찬위원회, 1975, 212쪽.
23 송병기, 「조미조약의 체결」, 신편 『한국사』 37, 국사편찬위원회, 2000, 301~302쪽.
24 최문형, 「한영수교와 그 역사적 의의」, 『제국주의시대의 열강과 한국』, 민음사, 1990, 72~75쪽. 영국과 독일은 관세율을 낮춘 새로운 조약을 체결하기 위해 노력하였다.
25 최석우, 「한불조약체결과 그 후의 양국 관계」, 『한불수교 100년사』, 한국사연구협의회, 1986, 72~73쪽.
26 田保橋潔, 『近代日鮮關係の硏究』 上卷, 朝鮮總督府中樞院, 1940, 832쪽.
27 김정기, 「청의 원세개 파견과 조선군사정책」, 『역사비평』 54, 2001, 401쪽,
28 신기석, 「청한종속관계─임오군란을 전후한」, 『아세아연구』 2~1, 1954, 72쪽.
29 임계순, 「한로밀약과 청의 대응」, 59~60쪽.
30 이광린, 『한국사강좌』 근대편, 155쪽.

31 임계순, 「한로밀약과 청의 대응」, 62~63쪽.

32 이태진, 「고종의 국기 제정과 군민일체의 정치이념」, 『고종시대의 재조명』, 태학사, 2000, 247쪽. 태극팔괘기는 그보다 3개월 전 조미수호조약의 체결과정에서 이미 사용되었다 한다.

33 김종원, 「조·청상민수륙무역장정의 체결과 그 영향」, 『한국사』 16, 국사편찬위원회, 1975, 147~150쪽.

34 신기석, 「청한종속관계—임오군란을 전후한」, 84쪽.

35 김기혁, 「근대초기에 있어서 한·청·일 관계의 전개」, 155~156쪽.

36 고병익, 「목린덕의 고빙과 그 배경」, 『진단학보』 25·26·27합병호, 1964 ; 『동아교섭사연구』, 서울대학교출판부, 1970, 449~450쪽.

37 신용하, 「김옥균의 개화사상」, 『동방학지』 46·47·48합집, 1985 ; 『한국근대사회사상사연구』, 일지사, 1987, 207쪽.

38 이광린, 『한국사강좌』 근대편, 170쪽.

39 문일평 지음, 이광린 교주, 『한미오십년사』, 탐구당, 1975, 120~124쪽.

40 신용하, 「갑신정변의 주체세력과 개화당의 북청·광주 양병」, 『한국학보』 95, 1999 ; 『초기개화사상과 갑신정변연구』, 지식산업사, 2000, 184~198쪽.

41 이광린, 『한국사강좌』 근대편, 193쪽.

42 유영익, 「조미조약(1882)과 초기 한미관계의 전개」, 『동양학』 13, 1982, 9쪽.

43 김원모, 「전권대신 민영익의 대미자주외교와 세계일주항행」, 『한미수교사』, 철학과 실천사, 1999, 142쪽.

44 유영익, 「조미조약(1882)과 초기 한미관계의 전개」, 13~15쪽.

45 최문형, 「한로수교와 한말의 정황」, 『제국주의시대의 열강과 한국』, 96쪽.

46 최문형, 『한국을 둘러싼 제국주의 열강의 각축』, 지식산업사, 2001, 68~71쪽.

47 최문형, 『한국을 둘러싼 제국주의 열강의 각축』, 275~276쪽.

48 F. H. 해링턴 지음, 이광린 옮김, 『개화기의 한미관계—알렌박사의 활동을 중심으로』, 일조각, 1974, 257쪽.

49 임계순, 「한로밀약과 청의 대응」, 109~111쪽.

50 유영박, 「청한론 해제」, 『청한론』, 동방도서주식회사, 1989, 82~83쪽.

51 하원호, 「개화기 조선의 간도인식과 정책의 변화」, 『동북아역사논총』 14, 2006, 11~21쪽.

52 김경태, 「갑오이전 방곡령사건과 일본의 부당배상요구」, 『국사관논총』 53, 1994, 129쪽.

53 한철호, 「개화기(1887~1894) 주일 조선공사의 파견과 외교 활동」, 『한국문화』 27, 2001, 289~291쪽.

54 F. H. 해링턴 지음, 이광린 옮김, 『개화기의 한미관계—알렌박사의 활동을 중심으로』, 56쪽.

55 이광린, 『한국사강좌』 근대편, 211쪽.

56 강만길, 「유길준의 한반도 중립화론」, 『창작과 비평』 30, 1973 겨울호 ; 『분단시대의 역사인식』, 창작과비평사, 1978, 111~116쪽.

57 신기석, 「조선국의 미·구파사에 대한 청국의 간섭」, 『학술원논문집』 2, 1960, 52~57쪽.

58 송병기, 「소위 「삼단」에 대하여」, 『사학지』 6, 단국대, 1972, 114~115쪽.

59 이광린, 『한국사강좌』 근대편, 218~219쪽.

60 김정기, 「대원군 납치와 반청의식의 형성」, 『한국사론』 19, 1988, 497~503쪽.

61 백영서, 「대한제국기 한국언론의 중국 인식」, 『역사학보』 153, 1997, 113~117쪽.

62 동덕모, 「청·일전쟁과 한국」, 『조선조의 국제관계』, 박영사, 1990, 161~163쪽.

63 이태진, 「1894년 6월 청군 출병 과정의 진상—자진 청병설 비판」, 『한국문화』 24, 1999 ; 『고종시대의 재조명』, 206~223쪽.

64 井上清 지음, 서동만 옮김, 『일본의 역사』, 이론과 실천, 1989, 304~305쪽.

65 백종기, 「김옥균 암살사건을 에워싼 한일간의 외교분쟁과 일본의 항청운동」, 『대동문화연구』 11, 1976, 96~101쪽.

66 후지무라 미치오 지음, 허남린 옮김, 『청일전쟁』, 소화, 1997, 71~74쪽.

67 동덕모, 「청·일전쟁과 한국」, 177쪽.

68 신기석, 신고 『동양외교사』, 탐구당, 1988, 152쪽.

69 이구용, 「조선에서의 당소의의 활동과 그 역할」, 『남사정재각박사고희기념 동양학논총』, 고려원, 1984, 420~422쪽.

70 田保橋潔, 『近代日鮮關係の硏究』 下卷, 朝鮮總督府中樞院, 1940, 388쪽.

71 박종근 지음, 박영재 옮김, 『청일전쟁과 조선』, 일조각, 1989, 76~82쪽.

72 井上清 지음, 서동만 옮김, 『일본의 역사』, 335~336쪽.

73 이광린, 『한국사강좌』 근대편, 316쪽.

74 박종근 지음, 박영재 옮김, 『청일전쟁과 조선』, 160~161쪽.

75 이광린, 『한국사강좌』 근대편, 316~317쪽.

76 田保橋潔, 「近代朝鮮に於ける政治的改革」, 『近代朝鮮史硏究』, 朝鮮史編修會, 1944, 183쪽.

77 姜德相, 「甲午改革における新式貨幣發行章程の硏究」, 『朝鮮史硏究會論文集』 3, 1967, 99~108쪽.

78 1874년 타이완을 침략한 일본은 군사적으로 큰 성과를 거두지 못한 데다가 서양 제국이 이를 비난하자 청으로부터 원정 비용을 보상받고 곧 이를 되돌려주었다.

79 최문형, 『한국을 둘러싼 제국주의 열강의 각축』, 153쪽.

80 이민원, 「민비살해의 배경과 구도」, 『명성황후 살해사건』, 민음사, 1992, 71~84쪽.

81 박종근 지음, 박영재 옮김, 『청일전쟁과 조선』, 304~377쪽.

82 이배용, 「개화기 명성황후 민비의 정치적 역할」, 『국사관논총』 66, 1995, 94~96쪽.

83 F. H. 해링턴 지음, 이광린 옮김, 『개화기의 한미관계—알렌박사의 활동을 중심으로』, 46쪽. 실제로 개신교는 천주교와는 달리 커다란 박해 없이 왕실의 묵인 아래 순조로운 전도 활동을 전개하였다.

84 이광린, 『한국사강좌』 근대편, 374~375쪽.

85 이민원, 「상투와 단발령」, 『사학지』 31, 단국사학회, 1998, 280~285쪽.

86 최문형, 『한국을 둘러싼 제국주의 열강의 각축』, 283~284쪽.

87 이민원, 「아관파천」, 신편 『한국사』 41, 국사편찬위원회, 1999, 63쪽.

88 위의 글, 76~80쪽.

89 신승권, 「러일의 한반도 분할획책」, 신편 『한국사』 41, 국사편찬위원회, 1999, 101~106쪽.

90 구대열, 「다모클레스의 칼?—러일전쟁에 대한 한국의 인식과 대응」, 『러일전쟁과 동북아의 변화』, 선인, 2005, 40~42쪽.

91 F. H. 해링턴 지음, 이광린 옮김, 『개화기의 한미관계—알렌박사의 활동을 중심으로』, 132쪽.

92 이배용, 「열강의 이권침탈상」, 신편 『한국사』 41, 1999, 국사편찬위원회, 117쪽.

93 이배용, 「독립협회 전후 일제의 이권강점」, 신편 『한국사』 41, 국사편찬위원회, 147쪽.

94 최종고, 「구한말의 한독관계 — 정치·문화적 측면」, 『한독수교 100년사』, 한국사연구협의회, 1984, 108쪽.

95 이광린, 「제중원연구」, 『한국개화사의 제문제』, 일조각, 1986, 115~133쪽.

96 이광린, 『한국사강좌』 근대편, 230~231쪽.

97 윤인진, 『코리안 디아스포라』, 고려대학교출판부, 2004, 269~270쪽.

98 고병익, 「로황대관식에의 사행과 한로교섭」, 『역사학보』 28, 1965 ; 『동아교섭사의 연구』, 515~518쪽.

99 조기준, 「(개항후의) 상업·무역」, 『한국사』 16, 국사편찬위원회, 1975, 686~689쪽.

100 김원모, 「손탁의 친러배일운동」, 『개화기 한미 교섭관계사』, 단국대학교출판부, 2003, 721~726쪽.

101 김원모, 「에케르트 군악대와 대한제국애국가(1902)」, 『개화기 한미 교섭관계사』, 664~672쪽.

102 이영호, 「국호영문표기, Corea에서 Korea로의 전환과 의미」, 『역사와 현실』 58, 2005, 335~348쪽.

5장 대한제국

1 이민원, 「대한제국의 성립과 열국의 반응」, 신편 『한국사』 42, 국사편찬위원회, 1999, 30~38쪽.

2 존 K. 페어뱅크 외 지음, 전해종·민두기 옮김, 『동양문화사』 하, 을유문화사, 1969, 545~548쪽.

3 신승권, 「러일의 한반도 분할획책」, 신편 『한국사』 41, 국사편찬위원회, 1999, 107~108쪽.

4 김의환, 「조선을 둘러싼 근대 로·일관계 연구」, 『아세아연구』 11-3, 1968, 228~265쪽.

5 구대열, 「러일전쟁의 배경」, 신편 『한국사』 42, 국사편찬위원회, 1999, 183~192쪽.

6 신승권, 「러일의 한반도 분할획책」, 110쪽.

7 최문형, 「로일전쟁 전후 미국의 동아시아정책과 일본의 한국침략」, 『역사학보』 59, 1973 ; 『제국주의시대의 열강과 한국』, 민음사, 1990, 344쪽.

8 신기석, 신고 『동양외교사』, 탐구당, 1988, 301~303쪽.

9 백낙준, 「디어도르 루즈벨트의 조선정책」, 『동광』 3권 8호, 1931 ; 『백낙준전집』 제6권, 1955, 360~361쪽.

10 정동귀, 「20세기 초두에 있어서의 미국의 대한정책과 한국의 대응—태프트·계협정을 중심으로」, 『한국정치학보』 16, 1982, 253~255쪽.

11 신상용, 「영일동맹과 일본의 한국침략」, 『노일전쟁전후 일본의 한국침략』, 일조각, 1986, 63~68쪽.

12 석화정, 「러일전쟁」, 『동아시아의 전쟁과 평화』, 연세대학교출판부, 2006, 178~179쪽.

13 신기석, 신고 『동양외교사』, 259~260쪽.

14 석화정, 「러일전쟁」, 181쪽·187쪽.

15 이광린, 『한국사강좌』 근대편, 일조각, 1981, 468쪽.

16 현광호, 『대한제국의 대외정책』, 신서원, 2002, 88쪽.

17 박희호, 「대한제국의 전시국외중립선언말」, 『국사관논총』 60, 1994, 169쪽·175~196쪽.

18 이광린, 「개화기 한국인의 아시아연대론」, 『한국사연구』 61·62, 1988 ; 『개화파와 개화사상 연구』, 일조각, 1989, 139~146쪽.

19 김도형, 「대한제국기 계몽주의계열 지식층의 '삼국제휴론'」, 『한국근현대사연구』 13, 2000, 19~22쪽.

20 현광호, 『대한제국의 대외정책』, 148~149쪽.

21 이민원, 「대한제국의 성립과 열국의 반응」, 36~37쪽.

22 최기영, 「안중근의 『동양평화론』」, 『한국근대계몽사상연구』, 일조각, 2003, 95쪽.

23 현광호, 『대한제국의 대외정책』, 154쪽.

24 구대열, 「다모클레스의 칼?—러일전쟁에 대한 한국의 인식과 대응」, 『러일전쟁과 동북아의 변화』, 선인, 2005, 36~37쪽.

25 서영희, 『대한제국 정치사연구』, 서울대학교출판부, 2003, 230~231쪽.

26 김원모, 「앨리스 평화사절단의 서울 방문과 대한제국의 운명」, 『개화기 한미 교섭관계사』, 단국대학교출판부, 2003, 269~279쪽.

27 석화정, 「한국 '보호' 문제를 둘러싼 러·일의 대립— '헤이그 밀사사건'을 중심으로」, 『러일전쟁과 동북아의 변화』, 80~86쪽.

28 현광호, 『대한제국의 대외정책』, 286쪽.

29 조명철, 「러일전쟁과 동아시아 국제질서」, 『전쟁과 동북아의 국제질서』, 일조각, 2006, 365쪽.

30 최영희, 「한일의정서에 관하여」, 『사학연구』 20, 1968, 246쪽.

31 김병렬, 『독도 자료총람』, 다다미디어, 1997, 23~50쪽.

32 정병준, 「한일 독도영유권 논쟁과 미국의 역할」, 『역사와 현실』 60, 2006, 13쪽.

33 최문형, 「발틱함대의 래항과 일본의 독도병합」, 『제국주의시대의 열강과 한국』, 324~331쪽.

34 신용하, 『독도의 민족영토사 연구』, 지식산업사, 1996, 225~230쪽.

35 하원호, 「개화기 조선의 간도인식과 정책의 변화」, 『동북아역사논총』 14, 2006, 24~27쪽.

36 강창석, 「통감부와 일본의 중국대륙 침략정책」, 『조선 통감부 연구』, 국학자료원, 1994, 125
    ~139쪽, 231~234쪽.

37 신기석, 신고 『동양외교사』, 279~285쪽.

38 김운태, 『일본제국주의의 한국통치』 개정판, 박영사, 1998, 140~141쪽.

39 권태억, 「1904~1910년 일제의 한국 침략 구상과 '시정개선'」, 『한국사론』 31, 1994, 233~
    240쪽.

40 김원모, 「박정양의 대미자주외교와 상주공사관 개설」, 『개화기 한미 교섭관계사』, 646~
    647쪽.

41 강창석, 「통감부연구—그 설치와 외국의 반응을 중심으로」, 『부산사학』 14·15합집, 1988,
    11~15쪽.

42 서영희, 『대한제국 정치사연구』, 218쪽.

43 변태섭, 『한국사통론』 4정판, 삼영사, 1996, 433쪽.

44 석화정, 「러일전쟁」, 186~187쪽.

45 최문형, 『국제관계로 본 러일전쟁과 일본의 한국병합』, 지식산업사, 2004, 412~418쪽.

46 강재언, 「의병전쟁의 발전」, 『신편 한국사』 43, 국사편찬위원회, 1999, 502~508쪽.

47 박성진, 「사회진화론의 전개과정에 대한 연구」, 『청계사학』 12, 1996, 207~208쪽.

6장 일제강점기

1 강만길,「일제통치의 민족사적 피해」,『한국 민족운동사론』, 한길사, 1985, 274~276쪽.
2 유영익,「조선총독부 초기의 구조와 기능」,『3·1운동 50주년 기념논집』, 동아일보사, 1969, 98~102쪽.
3 양영환,「일제의 침략기구」,『한국사』 21, 국사편찬위원회, 1976, 34~36쪽.
4 김용덕,「헌병경찰제도의 성립」,『김재원박사회갑기념논총』, 1969, 381~382쪽.
5 박경식,「기만적인 '문화정치'」,『일본제국주의의 조선지배』, 청아출판사, 1986, 198~206쪽.
6 한배호,「3·1운동 직후의 조선 식민지 정책」,『일제의 한국 식민통치』, 정음사, 1985, 93~101쪽.
7 강동진,「3·1운동 후의 친일파 육성·이용」,『일제의 한국침략정책사』, 한길사, 1980, 167~168쪽.
8 강동진,「친일단체의 조직」,『일제의 한국침략정책사』, 220~240쪽.
9 Carter J. Eckert, *Offspring of Empire: The Koch'ang Kims and the Colonial Origins of Korean Capitalism*, 1876~1945, University of Washington Press, 1991, 193~223쪽.
10 Michael Robinson 지음, 김민환 옮김,『일제하 문화적 민족주의』, 나남, 1990, 251쪽.
11 宮田節子,「1930年代日帝下朝鮮における農村振興運動の展開」,『歷史學硏究』 297, 1962, 19쪽. 양영환,「1930년대 조선총독부의 농촌진흥운동」,『숭실사학』 6, 1991, 125~126쪽.
12 한긍희,「1935~37년 일제의 '심전개발' 정책과 그 성격」,『한국사론』 35, 1996, 138쪽.
13 손정목,「조선총독부의 신사보급·신사참배 강요정책연구」,『한국사연구』 58, 1987, 106~115쪽.
14 박경식,「민족말살의 '황민화운동'」,『일본제국주의의 조선지배』, 376~392쪽.
15 宮田節子,「'창씨개명'에 대하여」,『벽사이우성교수정년퇴직기념논총』, 일조각, 1990, 986~987쪽.
16 김대상,『일제하 강제인력수탈사』, 정음사, 1975, 122쪽. 여순주,「일본군 '위안부' 생활에 관한 연구」,『일본군 '위안부' 문제의 진상』, 역사비평사, 1997, 120~137쪽.
17 강만길,「독립운동의 역사적 성격」,『분단시대의 역사인식』, 창작과비평사, 1978, 165~174쪽.
18 신용하,「3·1독립운동의 역사적 동인과 내인·외인론의 제문제」,『한국학보』 58, 1990, 8~16쪽.
19 신재홍,「대한민국임시정부의 외교활동」,『항일독립운동연구』, 신서원, 1999, 159~162쪽.
20 배경한,「쑨원의 '대아시아주의'와 한국」,『쑨원과 한국』, 한울아카데미, 2007, 131쪽·145쪽.
21 신재홍,「대한민국임시정부의 외교활동」, 146쪽.
22 위의 글, 170~172쪽.
23 신기석, 신고『동양외교사』, 418쪽.
24 홍순호,「임시정부의 외교활동(1919~1945)」,『한국외교사』 II, 집문당, 1995, 162쪽.
25 송건호,「8·15의 민족사적 인식」,『해방전후사의 인식』 I, 한길사, 1979, 20쪽.
26 한시준,「대한민국임시정부의 체제정비」, 신편『한국사』 50, 국사편찬위원회, 2003, 439~442쪽.
27 한시준,「한국광복군의 창설과 활동」, 신편『한국사』 50, 국사편찬위원회, 2003, 451~455쪽.

28 김명섭, 「아시아·태평양전쟁」, 『동아시아의 전쟁과 평화』, 연세대학교출판부, 2006, 198쪽.

29 한시준, 「한국광복군의 창설과 활동」, 457~458쪽.

30 고정휴, 「제2차 세계대전기 재미한인사회의 동향과 주미외교위원부의 활동」, 『국사관논총』 49, 1993, 232~240쪽.

31 구대열, 「중국의 한국정책」, 『한국 국제관계사 연구』 II, 역사비평사, 1995, 122쪽.

32 차상철, 『해방전후 미국의 한반도정책』, 지식산업사, 1991, 19쪽.

33 이동현, 「연합국의 전시외교와 한국」, 『한국외교사』 II, 233쪽.

34 홍순호, 「임시정부의 외교활동(1919~1945)」, 165쪽.

35 독립운동사편찬위원회 엮음, 『독립운동사』 5, 독립유공자사업기금운용위원회, 1973, 529~ 540쪽.

36 한상도, 『중국혁명 속의 한국독립운동』, 집문당, 2004, 46~50쪽.

37 강만길, 『고쳐 쓴 한국현대사』, 창작과비평사, 1994, 91~93쪽.

38 강호출, 「국외민족해방운동세력의 활동과 민족유일당운동」, 『우리민족해방운동사』, 역사비 평사, 2000, 117~118쪽.

39 이덕일, 「민생단 사건이 동북항일연군2군에 미친 영향」, 『한국사연구』 91, 1995, 135쪽.

40 위의 글, 142~155쪽.

41 와다 하루끼 지음, 이종석 옮김, 『김일성과 만주항일전쟁』, 창작과비평사, 1992, 131~167쪽.

42 염인호, 『조선의용군의 독립운동』, 나남, 2001, 330~355쪽.

43 전명혁, 「조선공산당의 성립과 활동」, 신편 『한국사』 49, 국사편찬위원회, 2003, 63쪽.

44 송건호, 「항일독립운동기의 인물 연구—김규식의 일생」, 『국사관논총』 18, 1990, 120쪽.

45 서대숙, 「새천년의 한-러관계—과거, 현재, 그리고 미래」, 『한러수교 10주년 기념국제학술회 의 발표논문집』, 경남대학교 극동문제연구소, 2000. 이영형, 「러시아의 입장과 상호성에 기 초한 한러관계 100년의 평가와 전망」, 『한국과 러시아관계』, 경남대 극동문제연구소, 2001, 482쪽에서 재인용.

46 김방, 「이동휘연구」, 『국사관논총』 18, 1990, 77~78쪽.

47 스칼라피노·이정식 지음, 한홍구 옮김, 『한국공산주의운동사』 1, 돌베개, 1986, 71~77쪽.

48 강원식, 「한인의 항일투쟁과 스탈린」, 『한국과 러시아관계』, 119쪽.

49 임대식, 「사회주의운동과 조선공산당」, 『한국사』 15, 한길사, 1994, 108~112쪽.

50 기광서, 「1940년대 전반 소련군 88 독립보병여단 내 김일성그룹의 동향」, 『역사와 현실』 28, 1998, 255~268쪽.

51 김한규, 『한중관계사』 II, 아르케, 1999, 947쪽.

52 박영석, 『만보산사건연구』, 아세아문화사, 1978, 90~101쪽.

53 현규환, 『한국유이민사』 상, 어문각, 1967, 313~321쪽.

54 권태환, 『세계의 한민족 : 중국』, 통일원, 1996, 49~54쪽.

55 권희영, 『세계의 한민족 : 독립국가연합』, 통일원, 1996, 43쪽.

56 박환, 「재러한인 민족운동의 태동과 해조신문의 간행」, 『러시아한인민족운동사』, 탐구당, 1995, 45~60쪽.

57 박환, 「권업회의 조직과 활동」, 『러시아한인민족운동사』, 121~131쪽.

58 반병률, 「한국인의 러시아이주사—연해주로의 유랑과 중앙아시아로의 강제이주」, 『문화역 사지리』 제18권 제3호, 2006, 148쪽.

59 웨인 패터슨 지음, 정대화 옮김, 『아메리카로 가는 길』, 들녘, 2002, 19~73쪽.

60 현규환, 『한국유이민사』 하, 삼화인쇄주식회사, 1976, 794~796쪽.

61 위의 책, 976~986쪽.

62 김원모, 「장인환의 스티븐스 사살의거(1908)」, 『개화기 한미 교섭관계사』, 단국대학교 출판
   부, 2003, 1010~1011쪽.

63 방선주, 「박용만평전」, 『재미한인의 독립운동』, 한림대학교 아시아문화연구소, 1989, 22~
   43쪽.

64 현규환, 『한국유이민사』 하, 422~446쪽.

65 강덕상 지음, 김동수·박수철 옮김, 『학살의 기억, 관동대지진』, 역사비평사, 2005.

7장 대한민국

1 38선 획정에 관한 여러 견해는 이완범, 『삼팔선 획정의 진실』, 지식산업사, 2001, 13~44쪽 참고.

2 조효원, 「38선은 누가 획정?」, 『서울신문』 1955년 1월 21일 ; 「8·15이전 국제회담과 38선의 획정」, 『분단전후의 현대사』, 일월서각, 1983, 415~417쪽에서 재인용.

3 고정휴, 『이승만과 한국독립운동』, 연세대학교출판부, 2004, 454~468쪽. 정병준, 『우남 이승만연구』, 역사비평사, 2005, 265쪽.

4 김기조, 「38선 획정의 국제적 요인」, 『한국 현대사의 재조명』, 명인문화사, 2007, 85~87쪽.

5 이용희, 「"38선" 획정의 시비」, 『조선일보』 1955년 1월 26일 ; 「8·15이전 국제회담과 38선의 획정」, 『분단전후의 현대사』, 일월서각, 1983, 418쪽.

6 조순승, 『한국분단사』, 형성사, 1982, 83쪽. 박재권, 「해방 직후의 소련의 대북한정책」, 『해방전후사의 인식』 5, 한길사, 1989, 369~373쪽.

7 와다 하루키 지음, 서동만·남기정 옮김, 『북조선』, 돌베개, 2002, 63쪽.

8 김정원, 『분단한국사』, 동녘, 1985, 76쪽.

9 최상용, 『미군정과 한국민족주의』, 나남, 1988, 137쪽.

10 브루스 커밍스 지음, 김자동 옮김, 『한국전쟁의 기원』, 일월서각, 1986, 443~458쪽.

11 유광호, 「미군정시대 남조선의 농업실상과 농업정책—주한미군사에 서술된 내용을 중심으로」, 『주한미군사와 미군정기연구』, 백산서당, 2004, 152~162쪽.

12 고창훈, 「4·3민중항쟁의 전개와 성격」, 『해방전후사의 인식』 4, 한길사, 1989, 252~265쪽.

13 이우진, 「미국의 대한반도정책」, 『한국현대사의 재인식』 I, 오름, 1998, 66쪽.

14 고정휴, 「8·15 전후 국제정세와 정치세력의 동향」, 『우리민족해방운동사』, 역사비평사, 2000, 282~283쪽.

15 이완범, 「한반도 신탁통치문제 1943~46」, 『해방전후사의 인식』 3, 한길사, 1987, 232쪽.

16 고정휴, 「8·15 전후 국제정세와 정치세력의 동향」, 295쪽.

17 최상룡, 『미군정과 한국민족주의』, 203쪽.

18 허은, 「8·15직후 민족국가 건설운동」, 『우리민족해방운동사』, 316쪽.

19 최상용, 『미군정과 한국민족주의』, 210쪽.

20 『동아일보』 1945년 12월 27일(정용욱, 『해방전후 미국의 대한정책』, 서울대학교출판부, 2003, 158쪽에서 재인용).

21 위의 책, 176~182쪽.

22 서중석, 「좌우합작과 남북협상」, 『한국사시민강좌』 12, 1993, 70쪽.

23 정용욱, 『해방전후 미국의 대한정책』, 167~170쪽.

24 최상용, 『미군정과 한국민족주의』, 203쪽.

25 고정휴, 「8·15 전후 국제정세와 정치세력의 동향」, 297쪽.

26 심지연, 「미소공동위원회 연구」, 『국사관논총』 54, 국사편찬위원회, 1994, 34쪽.

27 강만길, 「좌우합작운동의 경위와 그 성격」, 『한국민족주의론』 II, 창작과비평사, 1983, 85쪽.

28 이완범, 「한반도 분단의 성격」, 『한국 현대사의 재조명』, 54~55쪽.

29 조순승, 『한국분단사』, 144쪽.

30 이완범, 『한국해방 3년사』, 태학사, 2007, 146~147쪽.

31 정용욱, 『해방전후 미국의 대한정책』, 185쪽.

32 김정원, 『분단한국사』, 92~95쪽.

33 김영명, 「남한의 정치적 동태와 미군정」, 『한국현대사의 재인식』 I , 92쪽.

34 차상철, 「이승만과 하지」, 『이승만 연구』, 연세대학교출판부, 2000, 396쪽.

35 강만길, 『고쳐 쓴 한국현대사』, 창작과비평사, 1994, 212쪽.

36 조순승, 『한국분단사』, 142~145쪽. 이우진, 「미국의 대한반도정책」, 62~63쪽.

37 신복룡, 「미군 철수와 한국문제의 UN이관」, 『한국분단사연구』 동개정판, 한울아카데미, 2006, 603~604쪽.

38 위원국은 원래 9개국이었으나, 우크라이나가 위원국들의 친미적 성격을 이유로 불참함으로 써 8개국이 되었다.

39 『제주일보』 4·3취재반, 『4·3은 말한다』 2, 전예원, 1994, 236~241쪽.

40 강만길, 『고쳐 쓴 한국현대사』, 215~218쪽.

41 박명림, 『한국 1950 : 전쟁과 평화』, 나남출판, 2002, 118~119쪽.

42 브루스 커밍스·존 할리데이 지음, 차성수·양동주 옮김, 『한국전쟁의 전개과정』, 도서출판 태암, 1989, 86~87쪽.

43 윌리엄 스툭 지음, 김형인 외 옮김, 『한국전쟁의 국제사』, 푸른역사, 2001, 292쪽.

44 홍석률, 「이승만 정권의 북진통일론과 냉전외교정책」, 『한국사연구』 85, 1994, 141쪽.

45 박경서, 「한·미관계」, 『한국외교 반세기의 재조명』, 나남, 1993, 212쪽.

46 강만길, 『고쳐 쓴 한국현대사』, 227쪽.

47 이호재, 「제1공화국의 외교정책」, 『국사관논총』 27, 국사편찬위원회, 1991, 26쪽.

48 박태균, 「미국의 대한 경제부흥정책의 성격(1948~1950)」, 『역사와 현실』 27, 1998, 83~ 86쪽.

49 김학준, 『한국전쟁』, 박영사, 1989, 364~365쪽.

50 문창극, 『한미 갈등의 해부』, 나남, 1994, 28쪽.

51 최철영, 「한미상호방위조약의 불평등성과 우호협력적 한미관계의 모색」, 『전환기 한미관계 의 새판짜기』, 한울, 2005, 147쪽.

52 김일영, 「한미 동맹의 삼위일체구조의 형성과정」, 『주한미군』, 한울아카데미, 2003, 51쪽.

53 김창수, 「한미상호방위조약과 한미행정협정」, 『역사비평』 54, 2001, 421~422쪽.

54 리영희, 「1953년 한미상호방위조약─ '북진통일'과 예속의 이중주」, 『역사비평』 17, 1992, 42쪽.

55 김일영, 「한미 동맹의 삼위일체구조의 형성과정」, 70~73쪽.

56 강화회담에는 처음 54개국이 초청되었으나 인도 등이 불참하고, 소련이 조약안에 서명을 거 부함으로써 48개의 연합국과 일본 간에 조약이 체결되었다.

57 영국도 만일 한국을 서명국으로 참가시키면 소련이 평화조약을 방해할 것이라는 점을 들어 한국이 서명국으로 참여하는 것을 반대하였다. 박진희, 「전후 한일관계와 샌프란시스코 평화 조약」, 『한국사연구』 131, 2005, 19쪽.

58 이원덕, 『한일과거사 처리의 원점』, 서울대학교출판부, 1996, 38쪽.

59 하우봉, 「한국인의 대마도인식─조선시대를 중심으로」, 『조선시대 한국인의 일본인식』, 혜 안, 2006, 105~107쪽.

60 신용하, 「샌프란시스코 대일강화조약과 독도영유권」, 『한국과 일본의 독도영유권 논쟁』, 한

양대학교출판부, 2003, 207~229쪽.

61 정병준, 「한일 독도영유권 논쟁과 미국의 역할」, 『역사와 현실』 60, 2006, 13~14쪽.

62 이원덕, 『한일과거사 처리의 원점』, 42~43쪽.

63 김태기, 「일본정부의 재일한국인 정책」, 『근·현대 한일관계와 재일동포』, 서울대학교출판부, 1999, 398쪽.

64 김창훈, 『한국 외교 어제와 오늘』, 다락원, 2002, 70쪽.

65 이원덕, 『한일과거사 처리의 원점』, 93쪽.

66 위의 책, 105~106쪽.

67 서중석, 「한국현대사 속의 대통령선거 : 선거와 바람—바람의 정치」, 『역사비평』 60, 2002, 55~56쪽.

68 이완범, 「박정희와 미국—쿠데타와 민정이양 문제를 중심으로, 1961~1963」, 『박정희시대 연구』, 백산서당, 2002, 123~124쪽.

69 위의 글, 133~137쪽.

70 문창극, 『한미 갈등의 해부』, 32~33쪽.

71 박경서, 「한·미관계」, 214~215쪽.

72 유병용, 「박정희정부와 한일협정」, 『1960년대의 대외관계와 남북문제』, 백산서당, 1999, 13~19쪽.

73 정인섭, 「재일교포의 법적지위협정」, 『한일협정을 다시 본다』, 아세아문화사, 1995, 220~223쪽.

74 정수훈·김형만, 「일제의 문화재약탈과 그 해결방안」, 『한일간의 미청산과제』, 아세아문화사, 1997, 48~49쪽.

75 지명관, 「한일관계와 '과거청산'의 문제」, 『한국사시민강좌』 19, 일조각, 1996, 125쪽.

76 유인선, 『새로 쓴 베트남의 역사』, 이산, 2002, 386~396쪽.

77 최용호, 『베트남전쟁과 한국군』, 국방부 군사편찬연구소, 2004, 75~82쪽.

78 나종삼, 『월남파병과 국가발전』, 국방군사연구소, 1996, 167~172쪽.

79 홍규덕, 「베트남전 참전 결정과정과 그 영향」, 『1960년대의 대외관계와 남북문제』, 백산서당, 1999, 58쪽.

80 나종삼, 『월남파병과 국가발전』, 186~187쪽.

81 한국법률문제연구모임, 「한미 행정협정의 불평등성과 개정방향」, 『한미관계의 재인식』, 두리, 1990, 192쪽.

82 홍규덕, 「베트남전 참전 결정과정과 그 영향」, 75~81쪽.

83 홍석률, 「1968년 푸에블로 사건과 남한·북한·미국의 삼각관계」, 『한국사연구』 113, 2001, 190~191쪽.

84 이상우, 『박정권 18년—그 권력의 내막』, 동아일보사, 1986, 85쪽.

85 홍석률, 「닉슨독트린과 박정희 유신 체제」, 『내일을 여는 역사』 26, 2006, 78쪽.

86 김지형, 『데탕트와 남북관계』, 선인, 2008, 101~105쪽.

87 차상철, 『한미동맹 50년』, 생각의 나무, 2004, 152~159쪽.

88 조철호, 「박정희의 자주국방과 핵개발」, 『역사비평』 80, 2007, 365~368쪽.

89 문창극, 『한미 갈등의 해부』, 247쪽·275쪽.

90 한용섭, 「전시작전통제권 환수문제」, 『한미동맹 50년—법적 쟁점과 미래의 전망』, 백산서당,

2004, 74~75쪽.

91 김용호, 「제3·4공화국의 대외정책」, 『한국외교사』 II, 집문당, 1995, 408~409쪽.

92 이들은 자유진영의 제1세계, 공산진영의 제2세계와 구분하여 제3세계라고도 부른다.

93 현규환, 『한국유이민사』 하, 삼화인쇄주식회사, 1976, 1010~1011쪽.

94 윤인진, 『코리안 디아스포라』, 고려대학교출판부, 2004, 208~209쪽.

95 외교통상부, 『한국외교 50년』, 1999, 274~275쪽.

96 외무부, 『한국외교 40년』 1948~1988, 1990, 65~69쪽, 337~338쪽.

97 돈 오버도퍼 지음, 이종길 옮김, 『두 개의 한국』, 291~295쪽.

98 이영형, 「고르바쵸프의 대한반도 '신사고' 외교 논리」, 『한국과 러시아관계』, 경남대 극동문제연구소, 2001, 345~347쪽.

99 김한규, 『한중관계사』 II, 아르케, 1999, 999~1000쪽.

100 이상옥, 『전환기의 한국외교』, 삶과꿈, 2002, 194~198쪽. 명동의 중국대사관 부지는 1882년 조선과 청 사이에 조중상민수륙무역장정이 체결된 이후 청의 소유가 된 땅으로 대한민국 정부 수립 이후에는 타이완정부가 이를 승계하였다.

101 김형아 지음, 신명주 옮김, 『박정희의 양날의 선택』, 일조각, 2005, 336~337쪽.

102 문창극, 『한미 갈등의 해부』, 181쪽·203쪽·212~215쪽.

103 위의 책, 135~141쪽.

104 김재엽, 『122년간의 동거』, 살림, 2004, 179~181쪽.

105 김창수, 「한미상호방위조약과 한미행정협정」, 433쪽.

106 서재정, 「주한미군의 재배치와 한미동맹의 성격 변화」, 『전환기 한미관계의 새판짜기』, 78~79쪽.

107 장은주, 「1945년 이후 한일양국의 상호인식」, 『해방 후 한일관계의 쟁점과 전망』, 72~80쪽.

108 강정숙, 「일본군 '위안부' 문제의 본질과 한국인의 인식」, 『역사교과서 속의 한국과 일본』, 혜안, 2000, 388~389쪽.

109 정용욱, 「해방후 한일관계 연구동향―현대 '한일관계사'의 역사인식」, 『해방 후 한일관계의 쟁점과 전망』, 27~32쪽.

110 장은주, 「1945년 이후 한일양국의 상호인식」, 81~82쪽.

111 김성보, 「야스쿠니 신사의 과거와 현재」, 『해방 후 한일관계의 쟁점과 전망』, 340~351쪽.

112 김병렬, 『독도 자료총람』, 다다미디어, 1997, 115쪽.

113 외교통상부, 『한국외교 50년』, 184~191쪽.

114 고준성, 「FTA 주요 내용」, 『글로벌시대의 FTA전략』, 도서출판 해남, 2005, 94~99쪽.

115 피터 헤이즈 지음, 고대승·고경은 옮김, 『핵 딜레마』, 한울, 1993, 193~194쪽.

116 이종석, 『북한―중국관계』, 중심, 2000, 59~69쪽, 120쪽.

117 김학준, 『한국전쟁』, 135쪽.

118 위의 책, 64~73쪽.

119 박명림, 『한국전쟁의 발발과 기원』 I, 나남출판, 1996, 197~199쪽.

120 위의 책, 103쪽.

121 강재언, 「전후 만주에서의 조선의용군」, 『오세창교수화갑기념한국근·현대사논총』, 1995, 509~520쪽.

122 박두복, 「중국의 한국전쟁 개입원인」, 『탈냉전시대 한국전쟁의 재조명』, 백산서당, 2000,

154~170쪽.

123 이종석, 『북한—중국관계』, 169~170쪽.

124 서동만, 「한국전쟁과 김일성」, 『역사비평』 51, 2000, 41쪽.

125 김정원, 『분단한국사』, 236쪽.

126 이종석, 「한국전쟁과 '반종파투쟁'」, 『조선로동당연구』, 역사비평사, 1995, 275~279쪽.

127 은천기, 『북한의 대 중소 외교정책』, 남지, 1994, 112쪽.

128 정진위, 『북방삼각관계—북한의 대중·소관계를 중심으로』, 법문사, 1985, 64~70쪽.

129 서대숙 지음, 서주석 옮김, 『김일성』, 청계연구소, 1989, 186쪽.

130 정규섭, 「1960년대 중소관계와 북한」, 『1960년대 대외관계와 남북문제』, 한국정신문화연구원, 1999, 255쪽.

131 위의 글, 223쪽.

132 은천기, 『북한의 대 중소 외교정책』, 100쪽.

133 이종석, 『북한—중국관계』, 233~234쪽.

134 서대숙 지음, 서주석 옮김, 『김일성』, 172쪽.

135 김학준, 『북한 50년사』, 동아출판사, 1995, 233쪽.

136 나종삼, 『월남파병과 국가발전』, 254~256쪽.

137 정규섭, 「1960년대 중소관계와 북한」, 261~262쪽.

138 서대숙 지음, 서주석 옮김, 『김일성』, 207~208쪽.

139 와다 하루키 지음, 서동만·남기정 옮김, 『북조선』, 226쪽.

140 허문영, 『탈냉전기 북한의 대중국·러시아관계』, 민족통일연구원, 1993, 36쪽.

141 진창수, 「탈냉전기 북일관계의 개선방향」, 『해방 후 한일관계의 쟁점과 전망』, 경인문화사, 2005, 290쪽.

142 돈 오버도퍼 지음, 이종길 옮김, 『두 개의 한국』, 길산, 2002, 373쪽.

143 피터 헤이즈 지음, 고대승·고경은 옮김, 『핵 딜레마』, 85~91쪽.

144 피터 헤이즈, 「미국의 핵전략과 한반도의 핵상황」, 『한미관계사』, 실천문학사, 1990, 282쪽.

145 김일영, 「주한미군과 핵전략의 변화」, 『주한미군』, 116쪽.

146 셀리그 헤리슨 지음, 이홍동 옮김, 『코리안 엔드게임』, 삼인, 2003, 35쪽.

147 돈 오버도퍼 지음, 이종길 옮김, 『두 개의 한국』, 406쪽.

148 서보혁, 『탈냉전기 북미관계사』, 선인, 2004, 259~264쪽.

149 위의 책, 343~346쪽.

찾아보기

446

한국 대외교류의 역사

1판 1쇄 펴낸날 2009년 6월 3일
1판 2쇄 펴낸날 2016년 11월 1일

지은이 ┃ 김당택
펴낸이 ┃ 김시연

펴낸곳 ┃ (주) 일조각
등록 ┃ 1953년 9월 3일 제300-1953-1호(구 : 제1-298호)
주소 ┃ 03176 서울시 종로구 경희궁길 39
전화 ┃ 734-3545 / 733-8811(편집부)
　　　 733-5430 / 733-5431(영업부)
팩스 ┃ 735-9994(편집부) / 738-5857(영업부)
이메일 ┃ ilchokak@hanmail.net
홈페이지 ┃ www.ilchokak.co.kr

ISBN 978-89-337-0563-6　93910
값 18,000 원

* 지은이와 협의하여 인지를 생략합니다.
* 이 도서의 국립중앙도서관 출판시도서목록(CIP)은 e-CIP홈페이지
(http://www.nl.go.kr/ecip)에서 이용하실 수 있습니다.
(CIP제어번호 : CIP2009001524)